창업개론

오영환·신상권·이태헌
황우연·김광현·박미수   공저

꿈   창의   열정

도전   혁신   **창업**   미래

지원   도약   성장

일자리

MJ미디어

최근 경제에 활력을 불어넣기 위한 방편의 일환으로 창업 교육의 필요성이 크게 대두하였습니다. 자신의 꿈과 희망을 실현하기 위하여 창업에 관심을 갖는 학생들이 늘고 있으며, 평소 경영학 과목을 이수하지 못한 이공계 재학생들도 기술창업을 위해 창업 경영학 과목의 이수에 목말라하고 있습니다. 정부도 창의력과 도전정신을 지닌 청년들의 창업에 대해 지원을 확대하고 있습니다.

저자들은 대학과 기업현장에서 창업개론 강의와 기업지원업무를 담당하며 이러한 경향을 목도하고 있었으나, 대부분의 창업관련 교재들이 학생들에게 다소 어렵거나, 즉시 창업 준비자들을 위한 내용들이었습니다. 그리하여 차제에 교양과정의 학생들에게 적합한 창업개론 교재를 만들기로 의기투합하여 본 교재를 집필하게 되었습니다.

본서는 창업에 관한 기본지식을 전반적으로 이해할 수 있도록 쉽고 간결하게 구성하였습니다. 그리고 최근의 창업관련 법규의 개정 내용과 그 간의 현장 경험도 반영하였습니다. 불필요한 내용은 과감히 줄이고 핵심 내용을 담고자 하였습니다. 여러 가지 미진한 점은 향후 계속 보완하겠습니다. 창업을 공부하는 학생들에게 적으나마 도움이 되기를 바랍니다.

2015년 8월
공동 저자

Contents | **차 례**

제6장   시장조사/상권분석 / 135

제14장 창업 시뮬레이션 / 401

제 1 장

기업경영과 창업의 의의

제1절   기업경영에 대한 이해

제2절   창업의 의의와 필수요소

기업경영과 창업의 의의

2013년도 말 우리나라 전체 사업체수는 3,418,993개이다.[1] 그 중 개인이 2,984,676 개이고 434,317개가 법인이다. 또 중소기업은 3,415,863개에 달한다. 모두 창업의 과정을 거친 기업들이다.

창업은 기업경영의 첫 번째 단계이다. 모든 경영활동이 어렵지만 특히 창업은 더욱 그렇다. 따라서 기업경영에 대한 기본지식이 없이 창업에 뛰어든다면 비용이 많이 들게 마련이다. 제1장에서는 기업경영에 대한 이해를 하고 창업의 개념과 창업의 필수요소에 대하여 알아보고자 한다.

표 1.1 우리나라 중소기업 현황 (2013년)

(단위 : 개, %)

산업분류	전체			중소기업		
	소계	개인	법인	소계	개인	법인
전산업	3,418,993	2,984,676	434,317	3,415,863	2,984,603	431,260
	(100.0)	(87.3)	(12.7)	(100.0)	(87.4)	(12.6)

제1절 기업경영에 대한 이해

기업경영을 이해하기 위하여 기업의 개념과 기업의 목적을 생각하여 보고 기업의 성장단계, 그리고 기업의 경영관리과정을 경영전략 수립, 집행, 평가의 과정 순으로 살펴보자.

1. 기업의 개념과 목적

기업은 투입된 자원보다 더 많은 산출을 위하여 구성된 조직이다. 한 나라의 경제는 가계, 기업, 정부, 그리고 해외부문이라는 경제주체로 구성되며 그 중 기업은 국가경제의 근간이 되고 있는 가장 중요한 경제주체이다.

기업은 보유하고 있는 자산을 최대한 활용하여 생산의 주체가 되고, 채권자에게 투자수익을 올려주는 한편, 투자자에게는 배당수익을 돌려준다. 또 기업은 가장 중요한 이해관계자인 종업원에게 임금을 지불하여 가계의 기초가 되며 지역사회의 구성원으로서 사회적 책임을 다한다.

기업의 목적은 무엇일까? 첫째, 계속기업(going concern)[2]으로 존속하는 것이며, 둘째, 기업가치의 극대화를 추구하는 것이고, 마지막으로 기업의 사회적 책임을 다하는 것이다.

1) 계속기업 존속

기업은 지속적인 생존과 발전을 위하여 지속적인 경영관리과정이 반복되며 재투자가 지속적으로 이루어진다. 기업은 기간을 정하여 놓고 사업을 하는 것이 아니라 영원히 존속하는 것을 전제로 한다.

재무제표의 자산평가를 할 경우에 기업이 계속 존속한다는 전제하에 자산을 청산가치로 평가하는 것이 아니라 감가상각 방법을 사용하는 것도 이 때문이다. 또 대손충당금 등도 계속기업을 전제로 생겨난 개념이다.

2) 기업가치의 극대화

기업은 자본을 투하하여 제품과 용역을 소비자에게 제공하고 이익을 실현하는 조직이다. 따라서 매년 얼마나 이익을 냈는지가 중요하다. 기업의 경영자는 당기 이익극대화가 최대의 관심사가 되며 전문경영자가 경영을 책임지고 있는 경우에 더욱 심하다. 왜냐하면 당기순이익이 경영성과의 잣대가 되고 연봉이나 상여금의 기초가 되기 때문이다.

그러나 기업의 소유자가 일반주주로 확장되면서 기업의 목적은 단기업적주의에 의한 당기 이익극대화에서 장기적인 관점인 기업가치의 극대화로 확대 발전되어 가고 있다. 이를 주식가치의 극대화라고도 한다.

3) 사회적 책임

기업은 계속기업을 전제로 존속하여 기업가치의 극대화를 추구하며 그 규모가 확대되었다. 또 이 과정에서 기업이 시장을 독점 또는 과점체제로 지배하게 되었다. 이제 기업의 목적이 기업의 이해관계자인 고객과 지역사회 등에 대한 기업의 사회적 책임[3]으로 확대되는 추세이다.

기업의 성장과정에서 사회적 자본과 사회적 자원을 사용하고 정부의 지원도 받게 되면서 기업의 사회적 책임이 커지게 되었다. 적정한 임금의 지불과 기술혁신을 통한 양질의 상품제공과 함께 다양한 사회기여활동이 요구되고 있다.

2. 기업의 성장단계

기업의 성장단계는 창업, 성장, 그리고 정리단계의 3단계로 크게 구분할 수 있다. 창업은 기업을 새로이 일으키는 것이고 성장은 기업의 매출과 이익의 규모가 증가하는 것이다. 그리고 기업의 정리는 생명력이 다한 기업이 해산이나 청산의 과정을 겪는 것을 말한다.

1) 기업의 창업

기업의 창업은 고객의 니즈를 만족시키는 사업아이디어를 재화나 용역으로 전환시키기 위하여 사람을 모으고 자본을 끌어들여 기업을 설립하는 것을 말한다. 그러나 우리나라 기업의 평균수명이 짧은 것을 보면 기업의 창업에서 성장단계로 나아가기가 쉽지 않음을 알 수 있다.

2011년 5월에 대한상공회의소가 발표한 보고서 '한국 중소기업의 진로와 과제'에 의하면 국내 중소제조업의 평균수명은 2009년 12.3년이다. 일본의 경우 1,000년이 넘는 기업도 많지만 산업화의 역사가 짧은 우리나라의 경우 기업의 창업도 어렵고 생존도 매우 어렵다.

2) 기업의 성장

기업의 창업과정을 마친 후 자산의 규모와 매출의 규모가 증가하고 재화와 용역의 질이 기술적 혁신과정을 통하여 진보하게 된다. 이 과정을 통하여 기업은 우수한 인적자원을 확보하고 시장지배력을 키워가며 기업의 성장을 이루게 된다.

기업은 내부적인 역량을 모아 성장하기도 한고 정부의 정책에 의하여 기회를 맞기도 한다. 또 각기 다른 사업영역을 영위하는 기업들이 시너지 효과를 내기 위하여 다른 기업을 인수합병하여 외적 성장을 도모하기도 한다.

3) 기업의 정리

창업과정을 거쳐 성장과정을 걷던 기업도 고객의 니즈를 충족시키지 못하여 기업이 존속할 수 없을 경우 기업을 정리하게 된다. 기업의 정리는 해산, 그리고 워크아웃과 법정관리가 있다.

기업의 해산은 기업 스스로 더 이상의 기업경영을 포기하여 남은 자산을 청산하는 과정을 말한다. 기업의 워크아웃은 채권자의 채무 탕감과 채무조건의 완화를 통한 기업회생방안의 하나이고 법정관리는 기업의 사회적 가치를 고려하여 법원에서 채권자들에게 채무조건을 완화시켜주는 방안이다.

기업의 도산원인은 기본적으로 고객의 니즈를 충족시키지 못하여 시장의 외면을 받을 때 발생한다. 경영전략의 실패, 인력자원의 이탈, 매출부진에 따른 자금부족, 시장에서의 과당경쟁으로 인한 손실누적과 리스크 관리 실패가 기업도산의 주요 원인이다.

3. 기업경영관리

기업은 계속기업으로의 존속, 기업가치의 극대화, 그리고 사회적 책임이라는 기업의 목적을 달성하기 위하여, 경영환경을 분석하고 내부 역량을 점검하여 경영목표를 설정한다. 그리고 경영전략을 수립하여 실행에 옮긴 후 그 결과를 평가하여 다시 경영전략에 반영한다.

1) 경영전략의 수립

기업의 경영전략 수립은 경영비전의 수립과 경영목표의 설정, 경영전략의 수립, 부문별 경영전략으로 구분할 수 있다.

(1) 기업의 비전과 경영목표의 설정

기업의 경영전략을 수립하기 위한 첫 단계는 경영비전 선포와 사훈 제정, 그리고 경영목표의 설정과 경영방침의 수립이다. 기업의 설립초기부터 경영비전과 사훈을 가지고 있는 경우 전 조직구성원에게 커다란 자극제가 되어 그들의 역량을 모을 수 있고 기업의 성장에 기초 자양분이 된다.

① 기업의 비전

경영비전은 그 기업이 앞으로 어떤 기업이 될 것인지를 그린 '기업의 미래 이상형'이다. 경영비전은 경영자와 종업원이 추구하는 기업의 모델이며 고객이 그 기업에 대한 인식과 그 기업이 제공하는 제품이나 서비스 품질의 수준을 의미하기도 한다. 또 중장기 기업경영을 하는 과정에서 등대 역할을 하는 것이다.

② 경영목표의 설정

경영목표는 기업이 단기 또는 중장기 달성해야 할 경영의 예상실적이다. 경영목표는 계량화 할 수 있는 항목과 그렇지 못한 항목으로 구분할 수 있다. 대다수 기업들은 매 1년 단위의 경영목표를 제시하고 목표대비 실적을 토대로 조직구성원들의 인사고과를 하며 임금과 성과급을 결정한다.

(2) 경영전략의 수립

① PDS

경영전략의 수립은 기업의 목표를 달성하기 위한 기업경영의 필수요소이다. 헨리

페이욜(Henry Fayol)의 관리 5요소를 기본으로 계획(plan), 실행(do), 평가(see) 등의 경영관리 과정이 있다.

계획(plan)은 기업의 경영목표를 제시하고 이를 달성하기 위한 인적자원과 물적자원의 배치활동을 말한다. 실행(do)은 계획된 내용대로 인적자원, 물적자원을 활용하는 것을 말하며 평가(see)는 계획대로 실행이 되었는지를 점검하고 다시 계획에 반영하는 활동이다.

② 중장기 경영계획

경영계획은 기업이 나가야 할 지향점과 활동 과정을 결정하는 것을 말하며 이는 단기계획과 중장기계획으로 구분한다. 단기계획은 1년 동안의 실행계획을 뜻하고 중장기 경영계획은 통상 3년 정도의 계획을 의미한다.

중장기 경영계획의 전제조건은 경영환경의 분석이다. 세계의 정치, 경제동향을 살피고 국내의 정치, 경제동향을 확인하며 업계의 기술혁신내용도 점검한다. 우리나라의 경우는 특히 중국의 경재성장률이 주요 변수가 되고 있다.

③ 목표관리(MBO)

경영목표를 효율적으로 달성하기 위하여 드러커(P. Drucker)는 목표관리(MBO)를 제시하였는데 목표의 설정, 조직구성원들의 참여, 그리고 피드백으로 구성된다. 측정이 가능한 정량적인 목표가 제시되어야 하고 조직구성원들이 스스로 참여하여 목표를 결정하며 주기적으로 조직의 상하가 검토하는 것이다.

기업의 경영환경은 국내외 많은 경영변수에 따라 아주 빠른 속도로 변화하고 있다. 경영환경의 변화에 따른 시나리오를 설정하여 예측했던 경영환경과 이에 맞는 시나리오 경영전략을 채택하여 경영계획을 집행한다.

(3) BCG매트릭스

다음으로 부문별 경영계획을 수립한다. 국제적 컨설팅그룹인 보스톤 컨설팅그룹(Boston Consulting Group)은 시장점유율과 사업의 성장률 등 2가지를 변수로 하여 사업포트폴리오 전략인 'BCG 매트릭스'를 제시하였다.

시장점유율이 높고 시장성장률이 높은 스타(Star)사업, 시장점유율이 높으나 시장성장률이 낮은 캐시카우(Cash Cow)사업, 시장점유율이 낮고 시장성장률이 높은 물음표(Question)사업, 그리고 모두 낮은 개(Dog)사업으로 구분하여 부문사업의 포트폴리오를 결정하는 것이다.

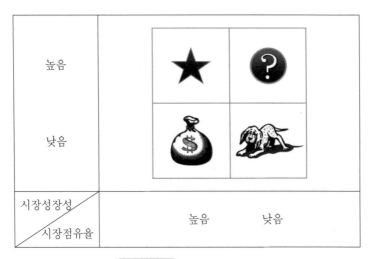

그림 1.1   BCG매트릭스[4]

사업포트폴리오가 결정되면 경영의 각 부문별 경영전략을 수립한다. 부분별 전략은 각 기업의 매출 구성비를 감안하여 결정할 수도 있고 제품이나 공정에 따라 결정할 수도 있다.

2) 경영전략의 집행

경영비전과 목표를 달성하기 위한 경영계획의 집행은 크게 조직 및 인사관리, 연구개발(R&D[5]) 및 생산관리, 마케팅관리, 그리고 재무관리로 나누어 볼 수 있다. 조직 및 인사관리는 크게 기업의 조직을 체계화하는 조직관리, 인사관리, 그리고 리더십으로 구분할 수 있다. 또 연구개발(R&D) 및 생산관리는 연구개발, 생산관리, 공정관리, 재고관리, 그리고 품질관리로 구분한다. 마케팅관리는 홍보 및 광고 전략, 마케팅믹스, 마케팅전략, 제품전략, 그리고 판매촉진으로 구분한다. 그리고 재무관리는 자본조달결정, 투자결정, 그리고 경영분석으로 나누어 볼 수 있다.

(1) 조직 및 인사관리

① 조직관리

기업의 조직관리는 기장 기본적인 관리기능이라 할 수 있다. 기업의 조직을 결정한 후 각 조직별 담당자에게 업무를 부여한다. 이에 따라 권한을 부여하고 의무를 분담시키며 책임을 물을 수 있다.

조직은 그 조직이 담당하는 업무를 기준으로 결정하게 되며 핵심적 역할을 하는 라인조직과 참모역할을 하는 스텝조직으로 구분할 수 있다. 또 권한을 중앙에 집권하는 집중형 조직과 하부에 위임하는 분권형 조직이 있으며 고객, 지역, 제품별 특성별로 구분하여 단위조직을 만들어 독립채산제를 운영하는 사업부제가 있다.

② 인사관리

조직관리가 완성되면 이 조직에 인적자원을 배치하고 관리하는 인사관리를 하여야 한다. 인사관리의 주요 목적은 한정된 인적자원의 적재적소 배치와 인적자원 효율성의 극대화이다. 인사관리의 주요내용은 채용, 배치, 이동, 교육훈련, 인사고과, 승진 등이다.

채용은 공개채용과 특별채용으로 구분한다. 공개채용은 기업이 필요로 하는 자격요건을 공고하고 불특정다수가 응시하여 그 중 적합인 인력을 선발하는 제도이고 특별채용은 특정한 직무에 필요한 특정한 인재를 공개방식이 아닌 비공개방식으로 직접 접촉하여 선발하는 제도이다.

배치와 채용절차를 거쳐 선발한 인력자원을 가정 적합한 직무를 담당하게 하는 것이 중요하며 적재적소 배치원칙과 능력주의 원칙을 적용한다.

또 이동은 인력을 육성한다는 차원에서 적절한 기간을 고려하여 다른 업무로 직무를 변경시켜주는 것을 말한다. 인력육성은 직무재배치뿐만 아니라 직무 및 직급에 해당하는 교육훈련을 통하여 이루어진다.

적절한 기간을 통하여 근무태도와 업무성적을 감안한 인사고과제도를 통하여 승진을 하게 된다. 승진은 가장 중요한 동기부여 수단이며 급여인상의 주요한 수단이다. 생산성 향상에도 크게 기여하므로 인사원칙이 매우 중요하다.

③ 임금 및 복지관리

임금관리 및 복지후생관리는 생산성 향상의 기본적 기능을 가지며 기업의 원가관리에도 크게 영향을 미친다. 임금은 근로기준법에서 규정한 최저임금의 지급은 필수이며 동종 업종의 임금수준도 고려할 사항이다.

복지후생관리 역시 인력관리의 핵심이며 원가관리의 기본이기도 하다. 이 역시 근로기준법에 규정한 기본 복지후생수준과 함께 다른 업종의 수준도 감안하여야 한다. 또 생산성 등 영업실적과 연계한 성과급 제도도 좋은 방안이다.

④ 노사관계관리

노사관계관리도 중요한 관리기능이다. 노동관계법에 따라 노동조합의 구성이 이루어질 수 있음을 감안하여야 하고 근로자들의 단결권, 단체교섭권, 그리고 단체행동권에 대한 기본지식을 갖추어야 한다.

노동조합이 아니더라도 노동법에 근거한 취업규칙 또는 노사협의회 등에 대한 지식도 반드시 필요하다.

⑤ 리더십관리

기업의 조직 및 인사관리의 핵심에는 최고경영자의 리더십이 자리하고 있다. 리더십이란 '리더가 조직구성원들을 원하는 방향으로 움직이도록 하는 힘'이라고 정의할 수 있다.

1980년도 이전만 하더라도 기업의 최고경영자가 종업원들에게 '입혀주고 재워주고 먹여준다.'라는 가부장적이고 전제적인 리더십이 대세였고, 1990년대에는 성과급 노사관계가 대두되면서 모든 업무처리가 성과와 연계되는 분위기로 '거래형 리더십'이 그 중심에 있었다.

그러나 21세기 이후 전제형 리더십과 거래형 리더십의 한계를 극복하고자 변혁적 리더십이 대두되었다. 이는 리더가 조직구성원들이 닮고 싶은 카리스마를 지니고, 조직구성원들의 특성을 배려하며, 업무처리를 함에 있어서 방향을 제시하고 이끌어주는 지적자극을 하는 리더를 말한다.

맥그리거(D. McGreger)는 인간이 원래 일하기를 싫어한다는 'X이론'과 일하는 것을 좋아한다는 'Y이론'을 가정으로 제시하였다. 따라서 'X이론'에 따라 리더는 조직구성원들에게 관리를 하는 것이고, 'Y이론'에 따라 인간이 성장하도록 동기를 부여하는 것이다.

동기부여는 조직구성원들의 욕구를 파악하여 이를 자극하는 방법으로 이는 리더나 조직구성원 모두에게 매우 중요하다. 매슬로(A. Maslow)는 욕구단계설(Maslow's hierarchy of needs)을 제시하였다. 1단계 욕구는 생리 욕구로 식욕과 성욕 등을 말한다. 2단계 욕구는 안전 욕구로 위험, 위협으로부터 자신을 보호하려는 욕구이다. 3단계 욕구는 애정·소속 욕구로 조직에 귀속되고 싶은 욕구이고, 4단계는 존경 욕구로 사람들로부터 인정을 받고 싶은 욕구이며, 마지막으로 5단계 욕구는 자아실현 욕구로 자신을 지속적으로 발전시켜 나가고 싶은 욕구이다. 리더는 이러한 욕구의 특성을 기본적으로 헤아려 그들의 요구를 채워줄 때 성과의 향상이 이루어질 수 있다.

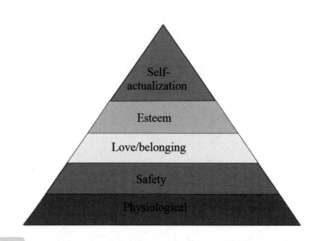

그림 1.2   매슬로(A. Maslow)는 욕구단계설(Maslow's hierarchy of needs)[6]

(2) 연구개발(R&D) 및 생산관리

연구개발(R&D)은 생산관리의 전제조건으로 고객의 니즈를 만족시킬 수 있는 제품을 생산하기 위한 연구활동과 제품의 개발을 말한다. 좋은 제품이 시장에서 성공할 수 있고 이를 위하여 끊임없는 연구개발 활동이 지속되고 있다.

연구개발(R&D)은 시장에서 발생하는 고객의 니즈와 생산자의 아이디어에서 출발한다. 먼저 연구활동과 각종 실험 및 테스트를 하게 된다. 그리고 시제품을 생산하고 시험 과정을 거쳐 대량 생산과 시장판매를 하게 된다. 기업은 끊임없는 기술혁신 과정을 통하여 시장의 움직임을 파악하여 능동적으로 대응할 때 존속할 수 있다.

생산관리는 공정관리, 재고관리, 품질관리로 구분할 수 있다. 공정관리는 원재료에서 완제품이 나오는 전 과정을 효율적으로 통제 관리하는 것을 의미한다. 공정관리는 기업이 보유하고 있는 자원을 가장 효율적으로 활용하는 기준이 되며 특히 납품기일 관리가 매우 중요하다. 공정관리는 제조업에만 해당된다고 생각하는 경우가 있으나 사무직에서 고객에 대한 업무처리의 동선관리도 공정관리로 보아야 한다. 재고관리는 공급과 수요의 과정에 놓여 있는 자원관리의 핵심이며 원자재 재고, 반제품 재고, 완제품 재고 등이 있고, 재고가 많다는 것은 현금흐름 관리의 치명적 문제점이기도 하다. 특히 생산관리 과정에서 재고는 적어도 문제이지만 많아도 역시 문제이므로 적정재고관리가 가장 중요하다.

품질관리는 시장에서 고객이 요구하는 제품의 수준을 유지하고 관리하는 것이다. 품질은 원가와 직접적인 관계에 있으므로 시장의 요구를 감안하여야 한다.

(3) 마케팅관리

시장을 누가 지배하느냐에 따라 판매자 지배시장(seller's market)과 구매자 지배시장(buyer's market)으로 구분할 수 있다. 판매자 지배시장은 공급보다 수요가 많아 시장에서 판매자가 우월적 지위를 가지고 있어 판매자가 특별한 마케팅활동을 하지 않아도 되는 시장이다. 이와는 반대로 구매자 지배시장은 수요보다 공급이 많아 시장에서 구매자가 우월적 지위를 가지고 있어 판매자들 간의 경쟁이 필연적이다.

과거에는 판매자 지배시장으로 볼 수 있었으나 이제는 공급의 증가와 함께 시장에서 인터넷과 SNS의 발달에 따라 정보의 비대칭성이 사라지고 구매자 지배시장으로 바뀌었다. 따라서 기업의 홍보 및 광고 등 마케팅관리의 중요성이 더욱 커졌다.

마케팅관리의 가장 중요한 요소는 1960년대 미국 미시간주립대학의 매카시 교수(E. Jerome McCarthy)가 제시한 마케팅믹스(marketing mix), 즉 제품(Product), 가격(Pricing), 장소(Place), 촉진(Promotion)을 적절히 혼용하여 사용하는 4P로 요약할 수 있다. '제품'은 제품의 다양화 또는 제품의 단순화 등 제품계획을 말하며 '가격'은 원가를 기준으로 책정하는 방법과 시장에서 수요에 따라 가격을 결정하는 방법이 있고, 초기에는 고가정책을 펴서 개발비를 충당하는 정책도 있다. 그리고 '장소' 즉 유통경로는 직접마케팅으로 할 것인지, 간접마케팅으로 할 것인지를 결정한다. '판매촉진'은 가장 일반적인 방법으로 판매에 크게 영향을 미친다. 광고, 인적판매 방법, 그리고 판매 대리점이나 소비자들에게 대한 경품 또는 할인판매 등을 들 수 있다.

(4) 재무관리

기업의 재무관리는 자본을 얼마만큼 어떻게 조달할 것인가, 그 조달된 자본을 어떻게 생산 활동에 투자할 것인가, 그리고 매출과 매출원가를 통하여 형성된 기업의 이익을 어떻게 관리할 것인가, 마지막으로 경영이 원활하게 이루어지고 있는지 분석하는 것을 말한다.

이를 위하여 현금흐름(cash flow), 화폐의 시간가치(time vaule of money), 위험과 수익률(risk, return)의 개념이 정립되어야 한다.

자본조달의 결정은 기업경영의 원천인 자본을 대출금으로 조달할 것인지 주식으로 조달할 것인지를 결정하는 것이다. 대출금으로 조달할 경우에는 일정한 대출금 이자를 지불하여야 하며, 자본금으로 조달할 경우에는 이자는 지불할 필요가 없지만 결산 결과 이익에 대한 배당을 하여야 한다. 또한 대출금과 자본금의 비율이 기업체 신용평가에 영향을 주며 기업의 리스크 관리에도 매우 중요하므로 이러한 자본구조도 적절히 설계를 하여야 한다.

이렇게 자본조달의 결정이 이루어지면 이를 어떻게 투자할 것인지를 결정한다. 공장을 신축하기 위하여 대지를 구입하고 건물을 신축하며 기계를 도입하는 등 시설투자를 할 수도 있고 원재료 구입이나 인건비 등 기업경영에 필수적인 판매 및 일반관리비에 사용할 할 수도 있다. 또 기존 제조업의 경우에는 새로운 제품생산을 위하여 신규 공장과 기계도입을 결정한다. 이때 투자내용과 조달내용의 균형을 이루도록 노력하여 기업의 위험을 제거하여야 하며, 투자대비 수익률을 점검하여 의사결정을 하여야 한다.

자본의 조달과 투자결정으로 영업활동이 이루어져 회계결산을 마친 후에는, 이익관리를 하게 된다. 기업의 순이익을 주주에게 배당을 할 것인지, 회사 내부에 유보를 해서 새로운 투자 등 경영활동에 사용할 것인지를 결정한다.

기업의 조직구성에 따른 부문별 활동이 기업의 당초 목표대로 제대로 가고 있는지 분석을 하게 되는데 이를 경영분석이라고 한다. 경영분석은 사람이 건강검진을 받는 것처럼 주요항목을 점검하여 분석하고 결과를 확인한다. 경영분석의 주요내용은 재무자료 분석과 비재무자료 분석으로 구분되며 기업의 성장성, 안정성, 수익성 등을 분석하여 기업의 부실가능성을 알아보고 기업의 가치를 평가하는데 사용되기도 한다.

현금흐름은 흔히 자금이라고도 하며 현금유입에서 현금유출을 차감한 금액을 말한다. 현금흐름은 기업의 영업활동에 의한 현금유입과 현금유출, 투자활동에 의한 현금유입과 현금유출, 그리고 주식발행이나 배당 또는 대출금의 차입이나 상환 등 재무활동에 의한 현금흐름이 있다. 현금흐름 분석은 기업의 흑자도산을 방지하며 기업의 생존과 발전에 중요한 역할을 한다.

기업이 지금 가지고 있는 현금흐름은 시간이 지남에 따라 물가상승률에 따라 가치가 하락한다. 따라서 투자에 따른 미래의 현금흐름을 현재의 가치로 환산하여 투자의사결정을 한다. 화폐의 현재가치는 일정기간이 지남에 따라 원금에 일정한 이율을 더하여 미래가치가 결정되는데, 마찬가지로 미래에 확보하게 되는 현금흐름도 현재로 환산하여 투자의사결정을 하여야 한다. 이를 재무관리의 제1원리라 한다.

모든 투자활동에는 위험이 따르며 이를 감안한 수익률이 가능할 때 투자의사결정을 하여야 하며, 이를 위험과 수익률 분석이라고 한다. 모든 기업의 투자활동은 불확실한 것보다 확실한 것을 더 좋아한다고 가정하는 것을 '재무관리의 제2원리'라고 하는데, 더 높은 수익률을 원할 경우에는 더 높은 위험을 감내하여야 한다. 기업의 가장 안전한 투자활동은 현금을 보유하는 것인데, 현금은 수익률이 0이고 다음으로 안전한 것은 예금보유이지만 수익률이 매우 낮다. 기업의 목적이 경영활동을 통한 수익률 극대화라면 적정한 위험을 수용하여야 한다.

3) 경영전략의 평가

기업은 경영비전과 목표를 설정하고 이를 위한 경영계획을 집행하고 당초 계획대로 이행되었는지를 주기적으로 평가하게 된다. 경영전략의 평가는 리스크관리와 경영평가로 나누어 볼 수 있다.

(1) 리스크관리

기업의 리스크는 경영과정에서 발생하는 예견하지 못한 불확실성이며 리스크관리는 이러한 불확실성을 관리하여 위험을 최소화하고 기업가치의 극대화라는 기업의 목표를 달성하기 위한 관리방안이다. 리스크의 관리는 리스크의 인식, 리스크의 측정, 리스크 대비활동으로 나눌 수 있다.

리스크의 종류는 업종별로 고유한 특성을 반영한 리스크가 존재하지만 대체로 시장리스크, 신용리스크, 운영리스크, 그리고 평판리스크 등으로 구분할 수 있다.

시장리스크는 시장에서 금융, 실물자산, 부채의 가격변화로 인한 손실, 즉 가격의 변동성을 의미한다. 시장가격에 노출된 위험회피가 되지 않는 포지션이 위험이며 이의 측정은 포지션의 크기에 가격변동성을 곱하여 산출된다.

신용리스크는 거래상대방의 부도나 파산 위험, 고의적인 계약의무 불이행 위험, 상대방 신용등급 하락으로 인한 실질적인 자산가치의 하락 위험, 그리고 거래상대방이 속하는 산업이나 국가에 대한 전체 위험을 의미한다.

운영리스크는 부적절한 관리시스템, 시장과 괴리된 모델, 시스템의 마비 또는 중단, 자금이체의 지연, 거액자금의 방치, 직원의 각종 실수, 고의적 사기, 자연재해, 중요 직원의 급작스런 인사사고, 회계처리방식의 오류, 각종 범죄행위와의 연결, 고의적인 정보나 자료의 왜곡 등에 의한 위험을 의미한다.

그리고 평판리스크는 그 기업이나 직원의 행위로 말미암아 외부시장에서 그 기업이나 제품에 대한 지명도 및 가격에 악영향을 초래하는 위험을 말한다.

과거와는 달리 기업의 경영환경이 급속도로 변화하고 있고 특히 소비자들의 정보 비대칭현상이 사라져 기업의 리스크관리는 기업생존의 필수요건이 되고 있다.

(2) 경영평가

경영평가는 기업의 목표 대비 실적을 평가하여 차기년도 경영목표를 설정하고 동시에 경영목표 달성에 따른 직원들의 성과보상과 인사평가의 기본 자료로 삼기 위한 전략이다.

경영평가는 기업의 비전과 목표를 효율적으로 관리하기 위한 항목으로 구분하여 핵심지표와 기타지표로 구분한다. 핵심지표는 매출액이나 당기순이익 등 현금흐름과 관련한 지표 등이 많고 기타지표는 거래처의 증가나 기업의 기반확충지표 등을 말한다.

또 경영평가는 연간평가, 반기평가, 분기평가, 월별평가, 주간평가로 구분하는데 업종별 특성을 감안하여 결정한다.

경영평가는 정량평가와 정성평가로 구분하며, 정량평가는 경영목표상 제시된 정량에 대한 달성도를 의미하며 정성평가는 계량화하기 어려운 것을 말하나 이 또한 평가의 공정성을 위하여 계량화를 하게 된다. 최근에는 리스크관리를 주요한 평가항목에 넣고 있다.

제2절 창업의 의의와 필수요소

기업경영에 대한 전반적인 개념과 기업경영과정을 살펴보았다. 이제 창업이란 무엇인가, 그리고 창업을 위한 필수요소는 무엇인가를 알아본다. 경영학적 개념과 정부의 창업지원을 염두에 두고 중소기업창업지원법에서의 창업, 창업자, 중소기업의 개념을 파악한다.

이어서 왜 창업을 하는지, 창업의 특성은 무엇인지를 알아보고 창업을 위한 필수요소를 파악한다.

1. 창업의 의의

기업경영에서의 창업과 정부의 중소창업기업의 보호와 육성을 위한 중소기업창업지원법의 창업개념을 살펴보자.

1) 경영학에서의 창업

창업은 새로운 기업체를 설립하는 것을 말한다. 창업은 "창업자가 고객의 니즈를 만족시킬 재화나 용역아이디어를 가지고 자본을 출자하여 새로운 기업체를 설립하는 것"이다. 기업체를 법인사업자로 할 수도 있고 개인사업자로 할 수도 있다.

창업은 사업성공에 대한 불확실성이 매우 크고 투자에 대한 위험도가 아주 크기 때문에 모험적이다. 기존 시장의 시장진입장벽이 큰 경우 바로 손실로 이어질 가능성이 굉장히 높다. 또한 창업 후 실패할 경우에는 신용불량의 너울을 쓰게 되므로, 투철한 기업가 정신이 필수이며 오랜 시간의 창업 준비가 선행되어야 한다.

2) 중소기업창업지원법상 창업

중소기업은 자본력이 취약하고 시장지배력이 약하지만 2013년도 기준으로 우리나라 기업체수의 99.9%와 취업자수의 87.5%를 차지하여[7] 중요한 경제하부 구조를 구성하고 있다. 정부는 중소기업을 보호하고 육성하는 정책을 펴고 있다.

헌법 제 123조 제3항 "국가는 중소기업을 보호·육성하여야 한다."라고 하여 우리나라 중소기업을 보호하고 육성하도록 명시하고 있다.

또 중소기업창업지원법은 창업 지원계획의 수립, 창업촉진사업의 추진, 재창업 지원 지역특화산업 창업의 지원, 창업 정보의 제공, 창업보육센터사업자의 지정, 창업 교육, 대학 내 창업지원 전담조직의 설립·운영, 창업대학원의 지정, 기금의 우선 지원 등 창업을 지원하는 각종 정책을 담고 있다.

중소기업의 창업은 자본력이 취약하고 시장지배력이 약하므로 정부에서 경제발전을 위한 수단으로 창업을 장려하면서 지원정책을 펼치고 있다. 정부의 지원정책의 수혜를 받기 위하여서는 법적 요건에 맞아야 하므로 창업, 창업자, 중소기업의 법적 개념을 정확히 알아야 한다.

(1) 창업

중소기업창업지원법 제2조는 '창업'이란 중소기업을 새로 설립하는 것으로 규정하고 있다. 그리고 대통령령에서 창업의 범위[8]를 "창업은 다음 각 호의 어느 하나에 해당하지 아니하는 것으로서 중소기업을 새로 설립하여 사업을 개시하는 것을 말한다."라고 정하고 있다.

① 타인으로부터 사업을 승계하여 승계 전의 사업과 같은 종류의 사업을 계속하는 경우. 다만, 사업의 일부를 분리하여 해당 기업의 임직원이나 그 외의 자가 사업을 개시하는 경우로서 산업통상자원부령으로 정하는 요건에 해당하는 경우는 제외한다.
② 개인사업자인 중소기업자가 법인으로 전환하거나 법인의 조직변경 등 기업형태를 변경하여 변경 전의 사업과 같은 종류의 사업을 계속하는 경우
③ 폐업 후 사업을 개시하여 폐업 전의 사업과 같은 종류의 사업을 계속하는 경우

(2) 창업자

창업자에 대한 정의를 내려 정부의 창업지원 대상을 명확히 하고 있다. '창업자'란 중소기업을 창업하는 자와 중소기업을 창업하여 사업을 개시한 날부터 7년이 지나지 아니한 자를 말한다(중소기업창업지원법 제2조제2호).

(3) 중소기업

'중소기업'이란 「중소기업기본법」 제2조에 따른 중소기업을 말한다. 그 동안 업종에

따라 종업원 수, 자본금 규모 또는 매출액 등을 따져 정하던 것을, 2014년 4월 업종별 규모기준을 '최근 3년 평균 매출액'으로 단일화시켜 중소기업의 범위를 재편하였다.

종전에 상시 근로자 수, 자본금·매출액 중 하나만 충족하면 중소기업범위에 들었으나, 이제 업종별 규모기준 '3년 평균매출액'으로 변경되어 매출액 단일 기준으로 바뀌었다. 종전에는 제조업 단일 기준이었으나 또 업종구분 기준이 24개 제조업종으로 세분화되었다. 그리고 상한기준을 '자산총액 5천억 원'만 남기고 모두 폐지하였다. 종전의 상시 근로자 수 1천 명, 자기자본 1천억 원, 3년 평균 매출액 1,500억 원 기준이 폐지되었다. 창업기업, 모든 관계기업은 상한기준 초과시에 1회에 한하여 유예를 허용하였다.

관계기업 판단기준을 개정하였는데 종전에는 모든 기업에 해당되고, 직전사업연도 말일 기준이었으나, 해당 사업연도에 창업·합병·분할·폐업한 경우 해당 사유 발생일 기준으로 변경되었다. 독립성기준 중 '자산총액 5천억 원 이상인 모법인'을 비영리법인까지 확대하고, 외국법인의 자산총액 산정시 환율 적용을 5년 평균치로 변경하였으며, 비영리 사회적기업 및 협동조합도 동일 기준으로 신설하였다. 변경된 중소기업의 범위는 다음과 같다.

표 1.2 중소기업자의 범위

중소기업기본법 시행령 제3조(중소기업자의 범위)
중소기업기본법 제2조 제1항 제1호에 따른 중소기업은 다음 각 항목의 기준을 모두 갖춘 기업으로 한다. ① 해당 기업이 영위하는 주된 업종과 해당 기업의 평균매출액 또는 연간매출이 [별표 1]의 기준에 맞을 것 ② 자산총액이 5천억 원 미만일 것 ③ 소유와 경영의 실질적인 독립성이 다음의 어느 하나에 해당하지 아니하는 기업일 것 •「독점규제 및 공정거래에 관한 법률」 제14조제1항에 따른 상호출자제한 기업집단 또는 채무보증제한 기업집단에 속하는 회사 •자산총액이 5천억 원 이상인 법인이 주식 등의 100분의 30이상을 직접적 또는 간접적으로 소유한 경우로서 최다출자자인 기업

【별표 1】 <개정 2014.4.14.>

주된 업종별 평균매출액등의 규모 기준(제3조제1항제1호가목 관련)

해당 기업의 주된 업종	분류기호	규모 기준
1. 의복, 의복액세서리 및 모피제품 제조업	C14	평균매출액등 1,500억 원 이하
2. 가죽, 가방 및 신발 제조업	C15	
3. 펄프, 종이 및 종이제품 제조업	C17	
4. 1차 금속 제조업	C24	
5. 전기장비 제조업	C28	
6. 가구 제조업	C32	
7. 농업, 임업 및 어업	A	평균매출액등 1,000억 원 이하
8. 광업	B	
9. 식료품 제조업	C10	
10. 담배 제조업	C12	
11. 섬유제품 제조업(의복 제조업은 제외한다)	C13	
12. 목재 및 나무제품 제조업(가구 제조업은 제외한다)	C16	
13. 코크스, 연탄 및 석유정제품 제조업	C19	
14. 화학물질 및 화학제품 제조업(의약품 제조업은 제외한다)	C20	
15. 고무제품 및 플라스틱제품 제조업	C22	
16. 금속가공제품 제조업(기계 및 가구 제조업은 제외한다)	C25	
17. 전자부품, 컴퓨터, 영상, 음향 및 통신장비 제조업	C26	
18. 그 밖의 기계 및 장비 제조업	C29	
19. 자동차 및 트레일러 제조업	C30	
20. 그 밖의 운송장비 제조업	C31	
21. 전기, 가스, 증기 및 수도사업	D	
22. 건설업	F	
23. 도매 및 소매업	G	

해당 기업의 주된 업종	분류기호	규모 기준
24. 음료 제조업	C11	평균매출액등 800억 원 이하
25. 인쇄 및 기록매체 복제업	C18	
26. 의료용 물질 및 의약품 제조업	C21	
27. 비금속 광물제품 제조업	C23	
28. 의료, 정밀, 광학기기 및 시계 제조업	C27	
29. 그 밖의 제품 제조업	C33	
30. 하수·폐기물 처리, 원료재생 및 환경복원업	E	
31. 운수업	H	
32. 출판, 영상, 방송통신 및 정보서비스업	J	
33. 전문, 과학 및 기술 서비스업	M	평균매출액등 600억 원 이하
34. 사업시설관리 및 사업지원 서비스업	N	
35. 보건업 및 사회복지 서비스업	Q	
36. 예술, 스포츠 및 여가 관련 서비스업	R	
37. 수리(修理) 및 기타 개인 서비스업	S	
38. 숙박 및 음식점업	I	평균매출액등 400억 원 이하
39. 금융 및 보험업	K	
40. 부동산업 및 임대업	L	
41. 교육 서비스업	P	

비고 : 해당 기업의 주된 업종의 분류 및 분류기호는 「통계법」 제22조에 따라 통계청장이 고시한 한국표준산업분류에 따른다.

| 표 1.3 | 창업 및 중소기업의 의의 |

구분	내용
경영학상 창업	창업자가 재화나 용역아이디어를 가지고 자본을 출자하여 새로운 기업체를 설립
중소기업창업지원법상 창업기업	중소기업을 창업하여 7년이 지나지 아니한 기업
중소기업	• 업종별 평균매출액등 금액기준 충족(별표1) • 자산총액이 5천억 원 미만일 것 • 상호출자제한 기업집단 비 해당 • 총자산 5천억 원 이상 법인 지배회사 비 해당

2. 창업의 필수요소

창업의 동기는 물론 창업의 성공을 통하여 부와 명성을 얻는 일이지만, 경우에 따라서 생계형 창업도 있고 가업을 이어받는 경우도 있다. 또 대기업에 근무를 하다 창업 아이템을 가지고 퇴사를 하여 성공한 사례도 있고, 대기업이 사업부문을 폐쇄하면서 그 사업의 책임자가 독립을 한 경우도 있다.

1) 창업의 동기

창업의 동기는 당연히 경제적 동기와 생계유지이다. 또 시대별로 창업기업의 숫자를 살펴보면 그 시대마다 창업의 동기를 파악할 수 있고, 최근에는 청년들이 취업의 어려움을 겪고 있어 정부가 청년창업을 장려하고 있다.

(1) 경제적 동기와 생계유지

2013년에 중소기업청이 실시한 소상공인 실태조사에 따르면 '생계유지'가 82.6%, '성공가능성이 있어서'가 14.3%, 가업승계가 1.3%이었다. 소상공인들의 창업 동기는 대체적으로 경제적 동기이며, 자신이 관심을 가지고 있는 분야에서 성취를 이루고 싶은 경우는 상대적으로 많지 않았다.

표 1.4　창업의 동기

구분	생계유지	성공 가능성	가업승계
비율(%)	82.6	14.3	1.3

(2013년 중소기업청이 실시한 소상공인실태조사)

(2) 시대별 창업동기

중소기업중앙회가 조사한 2015년 중소기업현황 자료에서 창업년도별 사업체수를 살펴보면 그 시대의 창업동기를 알 수 있다.

먼저 1960년대까지는 창업기업수가 적었고 도소매업이 주를 이루어 생계형이 많음을 알 수 있고 1980년~1990년대에는 제조업, 도소매, 운수업, 서비스업이 많아 산업구조가 선진국화 되어가고 있음을 알 수 있다.

1998년 IMF외환위기 이후에는 숙박업 및 음식점업이 많아 다시 생계형 자영업이 주를 이루고 있음을 알 수가 있다. 2000년부터 2009년까지 출판영상, 방송 및 정보통신서비스업의 창업이 12,694개에 이르러 당시 벤처붐을 짐작할 수가 있다.

2013년도 전체 창업기업은 494,201개 중 숙박업 및 음식점업은 144,566개, 도매 및 소매업이 140,005개, 수리 및 기타개인서비스업이 34,134개로 생계형 창업이 늘어난 반면에 제조업은 33,931개, 건설업은 13,763개이다.

최근 청년들의 취업이 더욱 어려워지고 있다. 통계청이 운영하는 '이나라지표'에 따르면 2015년 6월 현재 우리나라 전체 실업률이 3.9%인데 반하여 청년실업률은 10.2% 44만 명에 이르고 있다. 따라서 정부는 청년들의 취업문제 해결의 돌파구로 청년창업에 지대한 관심을 가지고 지원활동을 하고 있다.

표 1.5　창업년도별 사업체수(2013년)

(단위 : 개, %)

산업분류		계	'50년 이전 (~1949)	50년대 (1950~1959)	60년대 (1960~1969)	70년대 (1970~1979)	80년대 (1980~1989)	90년대 (1990~1999)	2000년대 (2000~2009)	2010년대 (2010~2012)	2013년
전산업		3,418,993	1,042	1,530	7,571	36,597	140,035	466,039	1,330,401	941,577	494,201
		(100.0)	(0.0)	(0.0)	(0.2)	(1.1)	(4.1)	(13.6)	(38.9)	(27.5)	(14.5)
A	농업, 임업 및 어업	984	–	2	8	12	21	130	406	325	80
		(100.0)	(–)	(0.2)	(0.8)	(1.2)	(2.1)	(13.2)	(41.3)	(33.0)	(8.1)

	산업분류	계	'50년 이전 (~1949)	50년대 (1950~ 1959)	60년대 (1960~ 1969)	70년대 (1970~ 1979)	80년대 (1980~ 1989)	90년대 (1990~ 1999)	2000년대 (2000~ 2009)	2010년대 (2010~ 2012)	2013년
B	광업	1,872	9	51	103	213	228	407	539	230	92
		(100.0)	(0.5)	(2.7)	(5.5)	(11.4)	(12.2)	(21.7)	(28.8)	(12.3)	(4.9)
C	제조업	367,868	125	334	1,249	5,668	21,625	75,638	154,655	74,643	33,931
		(100.0)	(0.0)	(0.1)	(0.3)	(1.5)	(5.9)	(20.6)	(42.0)	(20.3)	(9.2)
D	전기, 가스, 증기 및 수도사업	435	–	1	3	8	32	38	202	108	43
		(100.0)	(–)	(0.2)	(0.7)	(1.8)	(7.4)	(8.7)	(46.4)	(24.8)	(9.9)
E	하수·폐기물처리, 원료재생 및 환경복원업	6,370	1	4	4	79	308	1,192	2,730	1,433	619
		(100.0)	(0.0)	(0.1)	(0.1)	(1.2)	(4.8)	(18.7)	(42.9)	(22.5)	(9.7)
F	건설업	117,021	31	87	139	641	3,367	20,730	51,917	26,346	13,763
		(100.0)	(0.0)	(0.1)	(0.1)	(0.5)	(2.9)	(17.7)	(44.4)	(22.5)	(11.8)
G	도매 및 소매업	952,418	199	512	3,139	13,485	46,367	137,966	358,215	252,530	140,005
		(100.0)	(0.0)	(0.1)	(0.3)	(1.4)	(4.9)	(14.5)	(37.6)	(26.5)	(14.7)
H	운수업	368,448	489	175	882	7,285	29,264	75,435	162,476	60,619	31,823
		(100.0)	(0.1)	(0.0)	(0.2)	(2.0)	(7.9)	(20.5)	(44.1)	(16.5)	(8.6)
I	숙박 및 음식점업	684,478	34	72	353	1,989	9,866	48,656	230,694	248,248	144,566
		(100.0)	(0.0)	(0.0)	(0.1)	(0.3)	(1.4)	(7.1)	(33.7)	(36.3)	(21.1)
J	출판, 영상, 방송통신정보서비스업	31,426	26	27	111	147	627	2,992	12,594	9,209	5,693
		(100.0)	(0.1)	(0.1)	(0.4)	(0.5)	(2.0)	(9.5)	(40.1)	(29.3)	(18.1)
K	금융 및 보험업	10,700	9	15	37	143	443	1,060	4,263	2,988	1,742
		(100.0)	(0.1)	(0.1)	(0.3)	(1.3)	(4.1)	(9.9)	(39.8)	(27.9)	(16.3)
L	부동산업 및 임대업	111,209	16	55	184	765	3,397	7,986	46,909	35,137	16,760
		(100.0)	(0.0)	(0.0)	(0.2)	(0.7)	(3.1)	(7.2)	(42.2)	(31.6)	(15.1)
M	전문, 과학 및 기술서비스업	80,318	51	87	293	1,128	2,888	12,071	33,590	19,750	10,460
		(100.0)	(0.1)	(0.1)	(0.4)	(1.4)	(3.6)	(15.0)	(41.8)	(24.6)	(13.0)
N	사업시설관리 및 사업지원서비스업	43,672	13	15	65	289	932	4,638	16,962	13,221	7,537
		(100.0)	(0.0)	(0.0)	(0.1)	(0.7)	(2.1)	(10.6)	(38.8)	(30.3)	(17.3)
P	교육서비스업	147,845	6	4	64	247	1,833	9,652	57,688	54,198	24,153
		(100.0)	(0.0)	(0.0)	(0.0)	(0.2)	(1.2)	(6.5)	(39.0)	(36.7)	(16.3)
Q	보건업 및 사회복지서비스업	98,075	6	22	209	856	3,881	14,345	42,852	26,579	9,325
		(100.0)	(0.0)	(0.0)	(0.2)	(0.9)	(4.0)	(14.6)	(43.7)	(27.1)	(9.5)
R	예술, 스포츠 및 여가관련서비스업	97,456	–	2	17	71	389	3,981	33,963	39,558	19,475
		(100.0)	(–)	(0.0)	(0.0)	(0.1)	(0.4)	(4.1)	(34.8)	(40.6)	(20.0)
S	수리 및 기타 개인서비스업	298,398	27	65	711	3,571	14,567	49,122	119,746	76,455	34,134
		(100.0)	(0.0)	(0.0)	(0.2)	(1.2)	(4.9)	(16.5)	(40.1)	(25.6)	(11.4)

주 : ( )안은 각 산업별 계에 대한 창업년도별 사업체수 구성비(%)임.

자료 : 통계청, 『2013년기준 전국사업체조사』에서 재편·가공

(3) 취업시장의 어려움과 창업

최근 청년실업의 어려움을 겪고 있는 청년들은 취업이 어려워지자 차라리 창업을 하자는 움직임이 일고 있다. 대기업들이 기술개발로 인한 고용 없는 성장을 추구하고 있고, 정부도 청년창업을 적극적으로 지원하고 있다.

정부는 청년창업사관학교를 개설하고 만 39세 이하인 자로서 창업을 희망하는 경우 1년에 최대 1억 원을 총 사업비의 70% 범위 내에서 지원하며, 창업절차에서부터 기술개발, 시제품 제작, 시험생산, 판로개척 등을 One-stop 지원하고 있다.

2) 창업의 특성

창업의 특성은 불확실한 투자의사 결정이고 많은 자원을 투자하게 되며, 또 모험적인 의사결정이다.

(1) 불확실한 투자의사 결정

투자의사 결정에는 위험회피형, 위험중립형, 위험선호형 등 3가지 유형이 있다. 대체적으로 합리적인 성향을 가진 경우라면 불확실한 창업을 하지 않는다. 그러나 기업가 정신을 가지고 있는 창업자는 위험을 선호함으로써 보다 더 큰 투자수익을 기대하는 것이다. 그러나 창업을 하려면 위험선호형인지 여부를 스스로 점검해보아야 한다.

(2) 많은 자원의 투자의사결정

창업의 두 번째 특성은 일반적인 비용지출보다 상당히 큰 자원의 투자를 결정하여야 한다. 이는 창업자가 가지고 있는 전부를 쏟아 부어야 할 경우도 있고, 이는 바로 위험으로 연결되기도 한다.

(3) 모험적인 투자의사결정

창업은 모험적인 투자의사결정이다. 아무도 가지 않는 길을 스스로 걸어가는 것으로서, 상당한 시간과 에너지를 쏟아 모험의 길로 걸어야 한다.

3) 창업의 요소

정상적인 경영활동을 영위하는 기업의 경우에도 각종 경영상의 어려움에 직면하고 있는데 새로운 기업을 만드는 일은 더욱 어려운 일이다. 기업의 핵심적인 4대 요소를 인사관리, 생산관리, 마케팅관리, 재무관리라고 가정할 때, 창업을 위한 필수요소는 인적자원, 제품과 서비스, 그리고 자본을 들 수 있다.

(1) 창업자와 인적자원

인적자원은 창업의 주체인 창업자, 종업원, 그리고 모험투자자인 동업자를 들 수 있다. 그 중에서 창업자가 가장 중요하다. 종업원이나 동업자는 경영과정에서 찾을 수 있기 때문이다.

창업자는 창업의 목표를 확실히 인식하고 있는 기업가 정신의 소유자여야 한다. 창업을 기획하고 실행하며 전체 리스크를 모두 책임지게 된다. 창업자는 대체로 해당업종에 오래 종사하다 자신의 사업을 하려는 경우이고, 최근에는 청년창업 등 자신의 꿈을 실현할 의지로 시작하는 경우도 있다.

창업기업의 경우 대부분 중소기업으로서, 우수인력을 채용하기가 쉽지 않다. 부문별 업무를 담당할 종업원을 구하기 어렵고 오래 근무하지도 않는다. 따라서 창업기업과 함께 성장할 도전정신이 있는 종업원이 창업의 성공요소이다. 따라서 대체로 가족기업의 창업인 경우 유리한 측면이 있다.

창업의 경우 자본이 부족한 경우가 많으므로 자본투자자를 동업자로 함께 하는 것이 매우 중요하다. 또 핵심기술 보유자는 해당 창업기업의 핵심능력보유자로 성공의 가늠자이다.

(2) 제품과 서비스

고객의 니즈를 만족시킬 수 있는 제품과 서비스가 창업의 두 번째 필수요소이다. 제품과 서비스가 고객의 니즈를 만족시킬 수 있어야 한다. 이미 시장에서 평가를 받고 있는 기존 제품과 서비스가 있는 경우 신규시장의 진입장벽이 높다. 가격경쟁력이나 품질 면에서 기존 제품을 뛰어 넘을 수 있어야 한다.

창업아이디어를 찾는 방법은 고객의 니즈에서 출발한다. 그리고 창업에 대한 타당성 검토를 마친 후 선별하여 아이디어를 좁혀 가장 타당성이 높은 하나의 아이디어를 선택한다. 그리고 이 아이디어를 설계하여 고객의 니즈를 맞춘 파일럿 제품을 만들어 실험을 거쳐 설계를 하고 공정을 거쳐 시장에 출시한다.

(3) 초기 창업자본

창업자본은 창업자가 창업을 하는데 소요되는 시설을 갖추고 인력, 제품 및 서비스를 창출하는데 필요한 근간이 된다. 창업자와 창업 아이디어만 가지고는 현실적으로 창업을 할 수가 없다.

창업에 필요한 시설자금과 운전자금 조달이 필수적이다. 시설자금은 제품을 생산할 공장부지 구입자금, 건축자금, 기계설비자금 등을 들 수 있고 운전자금은 원재료비, 인건비 또는 판매 및 일반관리비 등을 말한다.

자금조달은 자기자금과 타인자금으로 구분할 수 있다. 창업기업의 경우 신용도가 낮아 외부자금을 조달하는데 한계가 있으므로 창업 초기에는 자기자금으로 조달하게 된다. 그리고 부족한 자금은 정부의 지원책을 최대한 활용하여야 한다. 기술력이 있는 경우라면 벤처캐피탈을 활용하는 것도 방법이지만 주식지분을 상당히 낮은 가격으로 양도하는 부담이 있으므로 신중할 필요가 있다. 최대한 자체의 매출을 늘려 자금력을 확보하며 기업의 신용도를 높여 은행으로부터 일반 자금의 차입을 추진할 일이다.

---

1) 중소기업중앙회 2015년도 중소기업현황(통계청, 『2013년기준 전국사업체조사』에서 가공)
2) 기업의 구성원이나 소유자인 기업가와는 별개로 기업은 계속적인 생명을 가지고 경영활동을 전개하는 조직체라고 보는 개념이다.
3) CSR(Corporate Social Responsibility, 기업의 사회적 책임)이란 기업활동에 의해 영향을 받거나 영향을 주는 직·간접적 이해관계자들에 대하여 발생 가능한 제반 이슈들에 대한 법적, 경제적, 윤리적 책임을 감당할 뿐 아니라, 기업의 리스크를 줄이고 기회를 포착하여 중장기적 기업가치를 제고할 수 있도록 추진하는 일련의 "이해관계자 기반 경영활동이다."(http://www.csr.go.kr/csr/define.asp)
4) https://msdn.microsoft.com/en-us/library/ie/bg183312(v=vs.85).aspx 내용 수정
5) Research and Development : 연구개발, research는 기초연구와 그 응용화 연구, development는 이러한 연구성과를 기초로 제품화까지 진행하는 개발업무를 가리킨다.(매일경제)
6) https://en.wikipedia.org/wiki/Maslow%27s_hierarchy_of_needs
7) 중소기업중앙회, 중소기업위상지표, 2015. 5
8) 중소기업창업지원법 시행령 제2조

제 2장

창업기업가 정신

창업기업가 정신

제1절 기업가 정신

1. 기업과 기업가

기업(企業 enterprise)은 일정한 기획 아래 계속적으로 영리활동을 하는 경제적 조직체이다. 기업에는 사람, 사업아이템, 사업자본 등이 중요 요소인데, 그중에 사람이 제일 중요하고 그중에서도 기업가가 가장 중요하다. 기업가(entrepreneur)라는 프랑스 용어는 18세기 초 아일랜드 출신인 프랑스 근대 중상주의 경제학자 깡띠용(Richard Cantillon 1680~1734)이 그의 저서 「상업론」(Essai sur la nature du commerce en general, 1734)에서 '자기고용'(self-employment)되는 자가 기업가(entrepreneurship)이며, "기업가는 현재 확실한 가격에 재화나 용역(서비스)을 구입하여 장래에 불확실한 가격으로 판매하는 불확실성의 위험을 부담하는 자"라고 하였다. 고전학파 세이(Jean Baptiste Say, 1767~1832)는 여기에 생산기능의 개념을 도입하여, 기업가의 핵심 역할은 생산공정·생산요소의 혁신, 제품·시장·조직의 혁신을 담당하여 이윤을 창출하는 것이라고 하고,[1] 기업가는 경제자원을 생산성이 낮은 곳에서 높은 곳으로 이동시키며, "생산과잉이란 있을 수 없으며, 공급은 스스로 그 수요를 창출한다"(세이의 법칙)고 하였다.

'앙트르프러뇌' 라는 용어는 개척자 정신이라는 의미를 내포하고 있다. 즉, 기업가는 일정한 수익을 기대하면서 위험을 무릅쓰고 사업을 일으켜 경영하는 사람을 의미한다.

영어 attempt(기도하다)에서 유래된 말이라고 하고, 이에 해당되는 영어 단어가 adven-turer(모험가), undertaker(기업가, 기획자)라고 하기도 한다. 어느 조직의 성장과 발전에 있어서 수장(首長)의 영향력은 절대적이며, 기업의 성패의 관건은 기업가인 것이다. 이들의 열성적인 노력과 창의성에 의해 신제품이나 새로운 형태의 서비스가 출현하고, 그로 인하여 국가나 사회의 경제활동이 활력을 띠게 되므로 기업가는 국가나 사회 발전의 동인(動因)이 된다.

2. 기업가 정신

기업가 정신에 대해 최초로 체계적인 접근을 한 사람은 오스트리아 태생으로서 빈 대학(Universitat Wien) 법학과를 졸업하고 25세에 대학교수가 된 후 본대학 등의 교수, 비더만 은행장, 그리고 36세에 오스트리아 재무장관을 역임하고, 1932년 이후 미국으로 건너가 하버드대학 경제학 교수로 재직했던 슘페터(Joseph Alois Schumpeter, 1883~1950)였다. 그는 저서 「자본주의, 사회주의, 민주주의」(Capitalism, Socialism, and Democracy, 1942)에서 "자본주의 경제발전의 원동력은 경제 내부에 있는 기업가인데, 기업가란 기술혁신(renovation) 즉 신상품의 개발이나 신기술의 도입, 새로운 시장의 개척, 원료 등의 새로운 공급원 확보, 독점 형성 등 새로운 조직의 형성을 통해 창조적 파괴(creative destruction)를 능동적으로 수행하고 리드하는 공헌자"로 보았다.

마찬가지로 오스트리아 빈에서 태어난 프랑크푸르크대학교 법학박사이며, 영국에서 일하다가 미국으로 건너가 뉴욕대학의 경영학 교수로 재직하며 경영학을 크게 발전시켰던 경제학자 피터 드러커(Peter Ferdinand Druker, 1909~2005)는 저서 「혁신과 기업가정신」(Innovation Entrepreneurship, Practice and Principles, 1985)에서 "기업가란 변화(change)를 탐지하고, 변화에 대응·도전(challenge)하며, 또한 변화를 기회(chance)로서 이용하는 자이며, 자원의 생산성에 변화를 가져오는 사람이다"라고 하였다.

뉴욕 브루클린 로스쿨을 졸업하고 자신의 적성을 법조계보다는 사업에서 발견, 1979년 택배회사인 Perfect Courier를 맨해턴에 창업하면서 사업을 시작하였고, 그 후에도 여러 기업을 창업하면서 그 부침을 경험한 CitiStorage의 창업자 놈 브로드스키(Norm Brodsky)는 "기업가는 새로운 벤처에 대한 아이디어만으로 시작하여 그러한 아이디어를 스스로 성장시키며, 그 사업으로부터 나온 자금을 통하여 기업을 지속적으로 발전시키는 사람"이라고 정의하였다.

대표적인 기업가 정신 교육기관인 미국의 매사추세츠주 뱁슨대학(Bapson College)의 티몬스(Jeffry Timmons) 교수는 "기업가 정신이란 가치 없는 것으로부터 가치 있는 것을 이루어내는 인간적이고 창조적인 행동이다." "기업가정신이 있는 사람은 기회를 추구하며, 현재의 보유자원이나 자원부족에 연연해하지 않고 비전을 갖고 사람들을 이끌어가는 열정과 헌신을 발휘하며, 계산된 위험에 대한 감수능력을 갖고 있다."고 하였다. 동 대학에서 벤처기업 연구로 유명한 론스타드(Robert C. Ronstadt) 교수는 그의 저서 「기업가 정신」에서 "기업가 정신은 스스로 사업을 일으키고, 이를 자기 인생의 가장 즐거운 일로 받아들이는 것"이라고 하였다. 그리고 워싱턴대 베스퍼(Karl Vesper) 교수는 기업가 정신을 가진 사람은 바로 "타인이 발견하지 못한 기회를 찾아내는 사람, 사회의 상식이나 권위에 연연하지 않고 새로운 사업을 추진하며 행복을 추구하는 사람이다."라고 하였다.

KAIST 신기술창업지원단에서는, 창업기업가 정신을 "현재 통제할 수 있는 자원에 구애받지 않고, 기회를 포착하고 추구하는 방식"(the pursuit of opportunity without regard to resource currently controlled)이라고 정의하였다.[2]

이상의 다양한 내용들을 정리해 보면, 일반적으로 기업가란 단순한 경영자를 뜻하는 것이 아니고, 기업에 자본을 대고 경영을 담당하는 기업가(企業家, business man)라기보다는, 오히려 '높은 소득을 기대하고 왕성한 개척자 정신으로 사업을 일으키며, 위험을 감수하고 난관을 이기며 기존에 없었던 새로운 가치나 새로운 일자리를 추구하며 추진해 나가는 기업가'(起業家, entrepreneur)라고 할 수 있다. 그런 의미에서 기업가 정신은 그러한 마인드와 더불어 도전하고 추진하는 행동양식을 포함하는 의미이다. 한편 entrepreneurship은 창업학의 의미도 갖고 있다.[3]

3. 기업가 정신의 중요성

세계는 이미 대량생산 위주의 산업사회로부터 지식 위주의 정보를 생산·가공·유통·판매하는 지식정보 산업사회로 접어들었다. 제4차 산업이라고도 하는 지식정보 산업은 교육, 출판, 인쇄, 신문, 방송, 통신 분야 등을 망라하며 우리의 기술과 사회구조를 변화시키고 있다. 지금 우리가 소유하고 있는 지식의 90%는 불과 30년 사이에 창출된 것이며, 앞으로 10~15년이 더 지나면 지식의 양은 현재의 2배가 될 것이라고 한다. 이러한 사회구조와 기술변화에 대응하여 새로운 지식을 사업화하거나 사업에 반영하는 의지와 행동으로 상징되는 기업가 정신은 개인과 기업 차원에서 뿐만 아니라 경제발전의 차원에서도 상당히 중요하다.

흔히 기업이 경쟁력이 있으려면 차별화된 기술이 있어야 한다고 한다. 제조업치고 기술력의 중요성을 부정하는 기업은 없겠지만, 단순히 중요성을 인식하는 것에 그치지 않고 그것을 적극적으로 실행에 옮기는 것이 더 중요하다. 기술개발, 특히 첨단 고부가가치 기술을 개발하는 데에는 개발의 성공 여부에 대한 불확실성도 크고 기술개발 경쟁도 치열하다. 성공한 기업들은 모두 열과 성을 다하는 경영자에 의하여 사업이 주도되고, 불확실한 미래에 대한 과감한 도전 정신과 왕성한 추진력 등이 발휘되었다. 이렇듯 기업가에게는 새로운 기회를 모색하고 그 가능성을 보며 아무리 어려운 상황에서라도 위기에 도전하고 이를 극복해내는 불굴의 정신력이 필요하다.

도산 안창호 선생은 "실천 없는 이론은 먹을 수 없는 식량과 같다"고 하셨다. 기업이 새로운 기술의 중요성을 인식하고 있다면 적극적이고 모험도 무릅쓰고 헤쳐 나가는 자세를 가져야 한다. 도전에는 항시 모험이 따르고 난관도 닥치지만, 이를 극복하면 그만큼 성공에 따른 수익도 크다. 기업가 정신이란 현재의 조건에 만족하기보다는 불리한 조건을 극복해내고 성공하려는 의지, 구체적으로 자원의 현실적인 제약을 무릅쓰고 기회를 포착하여 사업화하려는 의지이다.

2008년 미국발 리만 브라더스(Leman Brothers) 사태로 글로벌 금융위기가 발생하였고, 이에 따라 세계경제가 침체하면서 그동안 각 기업들이 이윤추구에 열중해 왔던 시장경제 위주의 경제체제에 의구심이 제기되었다. 그리하여 이러한 경제적 위기와 양극화 및 청년 실업 등 사회적 문제에 대한 해결책과 신성장 동력 확보의 해법을 유능한 정부의 등장과 창조경제를 위한 기업가 정신에서 찾고자 하여, 다시 기업가 정신이 강조되고 있는 것이다.

4. 기업가와 경영자(관리자)의 구별

일반적으로 기업(business)의 설립자인 기업가(entrepreneur)와 이미 설립된 기업을 관리하는 경영자(administrator)는 그 개인적 특성에 있어서 다소 차이가 있는 것으로 인식되고 있다. 이와 관련하여 기업가 정신을 학문의 영역으로 끌어올린 하버드 경영대학원 스티븐슨(Howard H. Stevenson) 명예교수는 그 차이점을 전략적 행동양식, 기회에의 대처 방식, 자원의 투입과 통제 방식, 경영관리 구조, 그리고 보상정책 등 다섯 가지 기준에서 설명하였다.

① 전략적 행동양식(strategic orientation)

　기업가는 주어진 자원의 한계를 넘어서 사업기회를 발견하고 추구하는 자세를 보이나, 반면에 경영자는 현재 통제 가능한 자원의 한계 내에서만 사업기회를 찾으려하는 경향이 있다.

② 기회 포착과 과감한 추진(commitment to opportunity)

　기업가는 단순히 창의적이고 혁신적인 수준을 넘어서 발견된 기회를 신속히 포착하여 적극적으로 추구하고 완수하는 면모를 보이나, 거대 기업의 경영자는 의사결정이 느려서 사업기회에 대하여 매우 느리게 대처하고 변화를 거의 보이지 않는 경향이 있다. 기업가는 계속 새로운 실험을 하지만, 경영자는 실험정신이 약하다.

③ 자원의 활용과 투입 방식(control of resources)

　기업가는 인력이나 자금 등에서 자신의 자원뿐 아니라 타인의 자원도 활용하는 것도 주저하지 않으나, 반면에 경영자는 기업이 직접적으로 소유하는 자원의 한계 내에서만 경영활동을 고수하는 경향이 있어서 자기가 봉급을 주는 사람의 숫자만 세고 고려하는 경향이 있다. 또한 기업가는 주요 의사결정의 단계에 따라 다단계로 자원을 투입함으로써 단계별로 최소한의 자원을 투입하는 반면에, 경영자는 철저한 분석을 통하여 일단 결정된 사안에 대해서는 초기부터 집중적으로 자원을 투입한다.

④ 경영관리 구조(management structure)

　기업가는 비공식 네트워크를 적극 활용하는 수평적 관리 방식을 특징으로 하고 탄력적인 경영을 구사하는 반면에, 경영자는 공식적이고 수직적인 위계구조 하에서 주어진 권한을 행사하고 책무를 수행한다.

⑤ 이익의 공유 내지 보상 정책(reward philosophy)

　보상 정책에 있어서 창업 기업가의 경영방식은 가치창조 중심의 보상체계를 특징으로 하고, 성과에 따른 보상을 추구한다. 또한 대부분의 성과가 팀워크에 의해 결정되기 때문에 기업가는 팀 중심의 경영을 선호한다. 반면에 관리적 경영방식은 가치창조보다는 개인적 지위와 신분 보장을 위한 보상의 경향이 있으며, 따라서 보상도 팀보다는 개인적 경영성과와 단기적 수익 달성에 따라 승진을 중심으로 이루어지는 것이 보통이다.

또한 스티븐슨(Howard Stevenson) 교수는 "용기를 내서 자기 발에 맞지 않는 신발을 과감히 벗어버리는 전환점(inflection point)이 필요하다. 경주마는 달리기 위하여 생각을 멈추지만, 야생마는 생각하기 위해 달리기를 멈춘다. 인생을 즐기는 야생마로 살아라." 즉 "기업가는 트랙만 도는 경주마가 아니라, 즐거운 야생마로 살아야 한다."고 강조하였다.

표 2.1 기업가(entrepreneur)와 경영자(administrator)

	기업가	경영자
행동양식, 추진 동기	기회의 포착	현존 자원 중심
기회에의 대처 방식	신속한 의사 결정	장기적 의사 결정
자원의 활용 방식	필요 자원의 임대, 차입 불사	필요 자원의 직접 소유 내지 고용
자원의 투입 방식	단계별로 투입, 최소의 위험 부담	의사가 결정되면 전적인 투입
경영관리 구조	다양한 비공식 루트를 가진 수평적 조직	위계를 중시하는 수직적 조직
이익 공유, 보상 정책	개인적 부 획득 가능성 주지, 경쟁방식 활용	단기실적 자료에 기반한 승진

제2절 창업자의 특성과 자질

1. 창업자의 개념과 특성

창업자(創業者, founder)란 기업을 처음에 세우거나 시작한 사람을 말한다. 창업이 성공적이기 위하여는 창업자 자신의 지도력과 능력이 절대적으로 중요하다. 성공적인 창업자의 일반적인 특징으로는 큰 그림을 볼 줄 아는 사업적 시각, 사업기회를 포착하는 능력 외에, 대의(大義)에 헌신하는 성향, 정의에 대한 관심, 능력의 중시, 인맥의 활용, 특별한 노하우 등 개인적 성향과, 불확실성을 감내하는 심리적 특성, 그리고 가정환경과 교육수준 등 배경적 특성을 들 수 있는데, 대체로 그 교육수준은 임금 노동자보다 높은 수준이라고 한다.[4] 이들이 창업을 하는 동기는 주로 자신의 기술과 재능을 활용한 제품의 생산 욕구, 혁신적 사고의 현실화 및 사업 기회의 추구, 노력의 대가 및 부의 추구, 자유로운 근무 욕구, 독립과 자영 의지, 성취 욕구, 인정받고 싶은 욕구, 그리고 후생에 대한 고려 등이다.

창업자 정신은 일반적으로 기업가 정신과 잘 구별되지 않고 동의어로 쓰이고 있으나, 창업자의 창업에는 업(業)을 만드는(創) 즉 새로운 기업을 만들어 무에서 유를 창조한다는 의미가 있다. 즉 창업자 정신은 급변하며 불확실성이 높은 외부 환경에 잘 대응하면서, 자신의 적성과 역량에 맞는 업을 새로 창조할 기회를 살려 혁신적인 사고와 행동으로 시장에 새로운 활력을 불러일으키는 사람이다. 그리하여 기업의 최고경영자(CEO), 최고재무책임자(CFO), 최고운영책임자(COO) 등 기업가(business man)로 통용되는 자와 구별된다.

창업이 새로운 직업과 일자리를 창출하고 경제를 활성화하는 등 중요한 기능을 발휘하므로, 전반적으로 창업과 창업자 정신의 중요성에 대한 이해가 점증되고 있다. 이에 따라 정부도 창업의 권장에 역점을 두고, 그 교육 지원, 행정 지도, 그리고 세제 지원을 강력 추진하고 있다.

우리나라에서 가장 성공적인 창업자의 대표적인 예를 들면 삼성그룹의 창업자 이병철 회장, 현대그룹의 정주영 회장, LG그룹의 구인회 회장, 코오롱그룹의 이동찬 회장 등을 들 수 있다. 이들 창업자들의 사업 기회의 포착, 근면검약과 불굴의 도전정신, 그리고 많은 사회적 공헌은 우리에게 큰 교훈을 주고 있다. 한편 외국의 성공 창업자의 사례로는 미국 CNN의 창업자 테드 터너(Ted Turner), 이탈리아의 루시아노 베네통(Luciano Benetton), 미국 휴렛패커드의 빌 휴렛과 데이빗 패커드(Bill Hewlett, David Packard), 마이크로소프트의 빌 게이츠(Bill Gates), 애플의 스티브 잡스(Steve Jobs), 페이스북의 공동창업자 마크 저커버그(Maek Zuckerberg)와 더스틴 모스코비치(Dustin Moskovitz), 거버 이유식의 다니엘 거버(Daniel Frank Gerber), 일본 유니클로(UNIQLO)의 모기업 패스트리테일링의 야나이 다다시, 소프트뱅크의 손정의 등을 들 수 있다.

2. 창업자의 자질

창업과 사업의 성공을 위하여 창업자와 기업가가 갖추어야 할 자질은 다음과 같다.

(1) 개념적 능력

개념적(Conceptual) 능력은 복잡한 현상의 핵심을 간파하고 그것을 간결한 형태로 재구성함으로써 보다 효과적으로 문제 해결책을 제시할 수 있는 능력을 말한다. 창업자와 기업가는 이러한 개념적 능력에 기초하여 남들이 간파하고 있지 못하는 기회를 포착하고 효과적인 전략적 대안을 제시하게 된다. 또한 회사 내부에서도 전체 조직의 특성과 문제점을 파악하여, 조직의 각 부문이 사업 성공을 향해 함께 힘을 모을 수 있도록 하여야 한다.

(2) 지적 수준

지적 수준이란 IQ와 지적 능력, 창조적 사고력, 분석적 사고력 등을 포함한다. 창업자는 이러한 정신적 능력에 의하여 사업의 당면문제를 체계적으로 분석해 내고, 창조적인 문제 해결책을 제시하며 합리적으로 일처리를 할 수 있어야 한다. 이러한 능력은 기회를 포착하고 현실화하는 데 중요하다.

(3) 강한 의욕

강한 의욕은 사업과 일에 전념하고 열정적으로 몰입하는 데 필요하다. 특히 새로운 사업을 설립하고 운영하는 데에는 많은 노력과 열정이 필요하므로 이러한 개인적 특성이 요구된다. 그러나 강한 의욕만으로는 부족하며, 합리적인 계획과 판단이 병행되어야 함은 물론이다.

(4) 의사결정 능력

사업운영과 관련하여 시의적절한 의사결정을 적확하게 하는 것이 사업 성공에 필수적이다. 이러한 의사결정을 통하여 기업은 여러 대안 중 가장 바람직하고 적절한 방향으로 나아가며 지속적으로 발전할 수 있다.

(5) 기술능력

사업이 성공하기 위해서는 궁극적으로 시장에서 판매될 수 있는 제품과 서비스를 생산해내야 한다. 여기서 기술적 지식은 고객이 원하는 제품과 서비스를 제작하고 판매하는 과정에서 필요한 우수한 기술과 기법을 포함한다. 예컨대 제품제조 기술, 설비가동 기술, 판매 기법, 재무분석 기법 등이 그 것이다.

(6) 대인관계(네트워킹) 능력

대인관계(네트워킹) 능력은 주로 정서적 안정성, 사교성, 대인관계의 기술, 타인에 대한 배려도, 감정이입 능력 등을 포함한다. 예컨대, 감정이입 능력이 뛰어난 기업가의 경우 타인의 입장에서 사물을 바라보고 생각하는 능력이 있어서 거래처나 고객의 느낌과 생각을 효과적으로 파악할 수 있다. 이러한 인간관계 능력은 고객과 종업원의 생각과 입장을 이해할 수 있도록 함으로써 사업운영에 많은 도움을 준다. 창업자와 기업가는 모름지기 거래처(고객)나 종업원 등 이해관계자들과 좋은 관계를 유지해야 하기 때문에 대인관계(네트워킹) 능력은 사업성공의 관건이 된다.

(7) 의사소통 능력

의사소통 능력은 문서 또는 말로써 자신의 의사를 효과적으로 전달하는 능력을 말한다. 사업을 성공적이고 원활하게 운영하기 위하여는 고객, 종업원, 공급자, 그리고 채권자 등과 효과적으로 의사소통을 할 수 있어야 한다.

이상 제시된 7가지 능력이 창업과 사업성공의 필요충분조건은 결코 아니다. 즉, 창업기업의 기업가가 위의 능력과 특성을 모두 갖추었다고 하더라도 성공이 보장되는 것은 아니며, 이러한 능력과 특성이 있다고 하더라도 이를 제대로 발휘하지 못하거나, 간혹 사업에 이러한 개인특성보다 외부환경 등의 상황요인이 더 큰 영향을 미치는 경우에는 사업 자체가 실패하기 쉽다. 그래도 이러한 능력을 제대로 갖춘 창업기업가는 그렇지 못한 경우에 비해 성공할 확률이 더 높은 것은 물론이다.

창업 적성과 창업자의 자질을 테스트하기 위하여 가장 많이 사용되는 설문으로서 미국의 Baumback Test가 있다. 이를 통해 창업자로서의 열성, 경쟁력, 진취성, 책임감, 결단력, 개성, 비판 수용 태도, 독립성, 성실성, 근면성, 학습 선호도 등의 자질을 측정할 수 있다.

□ Baumback 교수의 창업자 자질 테스트[5] : Clifford Mason Baumback & Joseph R. Mancuso

각 항목에 그렇다(3점), 간혹 그렇다(2점), 그렇지 않다(1점)로 답한 후, 점수를 합산해 평가한다.

1. 다른 사람과의 경쟁에 희열을 느낀다. (　　)
2. 보상이 없어도 경쟁이 즐겁다. (　　)
3. 신중히 경쟁하지만 때로는 허세를 부린다. (　　)
4. 앞날을 생각해 위험을 각오한다. (　　)
5. 업무를 잘 처리해 확실한 성취감을 맛본다. (　　)
6. 일단 하기로 결정한 일이면 뭐든 최고가 되고 싶다. (　　)
7. 전통에 연연하지 않는다. (　　)
8. 일단 일을 먼저 시작하고 나중에 의논하고는 한다. (　　)
9. 칭찬을 받기 위해서라기보다는 일 자체를 중요하게 여긴다. (　　)
10. 남의 의견에 연연하지 않고 내 스타일대로 한다. (　　)
11. 내 잘못이나 패배를 잘 인정하지 않는다. (　　)
12. 남의 말을 잘 듣지 않는다. (　　)
13. 웬만해서는 좌절하지 않는다. (　　)
14. 문제가 발생했을 때는 직접 해결책을 모색한다. (　　)
15. 호기심이 강하다. (　　)
16. 남이 간섭하는 것을 못 참는다. (　　)
17. 남의 지시를 듣기 싫어한다. (　　)
18. 비판을 받고도 참을 수 있다. (　　)
19. 일의 완성을 꼭 봐야 한다. (　　)
20. 동료나 후배도 나처럼 일을 열심히 하기를 바란다. (　　)
21. 사업지식을 넓히기 위하여 독서를 한다. (　　)

□ 평가 결과 : 63점 이상 ☞ 창업자의 자질 매우 많음
　　　　　　　52~62점 ☞ 창업자로서 좋은 자질임
　　　　　　　42~51점 ☞ 보통
　　　　　　　41점 이하 ☞ 매우 부족

3. 창업자의 과업

창업자가 수행하는 일이란 궁극적으로 기회를 감지하고 필요한 인적, 물적 자원들을 동원하여 기회로부터 실제로 성공적 결과를 이끌어내는 일이다. 이러한 창업자의 과업은 다음과 같은 4가지 단계로 나누어 볼 수 있다.

(1) 기회의 포착과 사업 구상

남들이 인지하지 못하는 사업기회를 감지해내고 이를 사업화하기 위한 아이디어가 있어야 한다. 이를 위하여 창업자의 창조적 사고력과 통찰력이 필요하다.

(2) 실제 사업의 수행

실제로 사업 수행을 위한 실무를 담당해야 한다. 이를 위하여 실무 지식과 그 활용 능력이 필요하다.

(3) 좋은 대인관계의 유지

부족한 자원을 조달하기 위하여 창업지원기관, 은행 등 금융기관, 대학, 컨설팅기관 등의 지원과 도움을 받아야 한다. 또한 생산과 판매와 관련하여 거래처(고객)와 공급자 등 외부 이해관계자들과도 좋은 관계를 유지해야 한다.

(4) 리더십의 발휘

종업원들을 고용하여 사업을 하는 경우에 이들에게 비전을 제시해 주고, 이들이 사업 목표에 적합한 일을 열정적으로 해낼 수 있도록 동기를 부여해 주고, 그 잠재력을 최대한 이끌어내는 리더십을 발휘하여야 한다.

4. 창업 성공의 기본원칙

그간 경제 부진과 높은 실업률, 그리고 저출산으로 인하여 창업환경이 열악해졌고, 창업에는 실패 가능성도 존재하므로 창업하고자 하는 사람은 신중하게 창업의 성공을 위한 기본원칙을 충실히 점검하는 것이 바람직하다.

① 사업 아이템은 구매를 창출할 수 있는 확실한 것으로 한다.

② 경쟁업체나 경쟁회사의 노하우와 장단점을 부단하게 파악하도록 한다.

경쟁업체나 경쟁회사에게 사업전략에서 뒤지면 그 사업은 실패하기 쉽다. 그러므로 경쟁업체나 경쟁회사의 기업 분위기, 가격, 대고객 서비스 및 특색 있는 경영비결 등을 부단하게 파악하고 분석하여 더 우월한 사업전략을 짜도록 한다.

③ 사업 입지 선정을 잘 하고, 최악의 입지는 피한다.

④ 사업은 가급적 최소 규모로 시작하고, 리스크를 최소화할 수 있는 경영시스템을 갖춘다. 조달 가능한 자본의 2분의 1 내지 3분의 1 수준에서 사업규모를 결정하여 시작하며, 직원 고용보다는 가족 경영을 추구하여 인건비 등의 비용 부담을 줄이고 그 리스크를 최소화한다. 사업에는 항상 추가자금이 소요되기 때문에, 예비비도 확보할 수 있어야 한다.

⑤ 손익분기점인 매출액을 파악한 후 오픈하도록 한다. 창업한 후에는 1일 단위로 결산을 해보고, 월 손익분기 매출액도 계산해보며 점검한다.

⑥ 6개월 이내에는 수지를 맞출 수 없다는 것을 인식하고, 자금을 절약하도록 한다. 사업 의지와 자금이 부족하면 실패 가능성이 더 높아진다.

⑦ 창업자는 샐러리맨의 3~4배 이상 노력해야 한다. 사업계획 수립에서부터 영업, 그리고 그 관리에 이르기까지 철저한 사전 준비와 계획에 따른 행동이 필요하다.

⑧ 거래처와 고객에 헌신한다.

거래처와 고객이 애용해줘야 사업이 잘 된다. 거래처와 고객 위주로 충실하도록 한다.

⑨ 철저하게 자신을 낮춘다.

직장 다닐 때의 직위와 체면은 버리고 현재의 사업에 충실하여야 하며, 업무상 요구되는 만큼 자기 자신을 낮추어야 한다.

⑩ 건강과 가정도 중요하다.

사업상의 명예와 재산보다 건강이 우선이며, 가정이 편안해야 사업에 전념할 수 있고 사업도 번창한다.

제3절 기업과 윤리경영

1. 윤리경영의 요구

기업은 사회로부터 받은 혜택에 대한 보답으로서 이윤의 일부를 사회에 환원할 것이 요구되고 있다. 또한 기업의 속성은 영리의 추구이지만, 그 사회적 책임의 일환으로 윤리경영의 요구가 지속적으로 확산되고 있다. 이와 관련하여 미국의 유기농식품 체인업체 Whole Food Market의 공동대표인 존 매키(Jhon Mackey)는 2013년 1월 「Conscious Capitalism」이라는 저서에서, 자본주의 체제의 위기 원인을 기업의 이윤극대화 추구에서 찾고 이것이 금융위기와 대중의 비난도 초래하였다고 지적하며, 기업 목표로서 Higher Purpose(보다 높은 목적과 핵심가치의 추구), Stakeholder Integration (주주, 사원, 협력업체 등 이해관계자의 통합), Conscious Leadership(깨어 있는 선량한 리더십), Conscious Culture and Management(늘 깨어 있는 문화와 경영)의 4가지 신조(tenet)를 제시하였다.

한편 2014년 영국의 파이낸셜 타임즈(Financial Times)지가 선정한 런던증권거래소에 상장된 기업 중 자본금 규모 350대 기업(FTSE350)을 대상으로 한 설문조사에서 그 98%가 기업윤리의 실천을 위한 가장 중요한 요소로 기업윤리강령을 들었다.

대한상공회의소가 2009년 중소기업 300사를 대상으로 설문조사한 바에 의하면, 선진국 일류기업을 100으로 했을 때 국내 중소기업들은 41 정도가 윤리경영 제도를 채택하고 있는 것으로 나타났다. 대체로 윤리경영 도입 후에 대외적 이미지와 브랜드 가치가 높아지고 경영실적도 좋아졌으며, 종업원들의 사기와 만족도가 높아지고 회사와의 관계도 개선되는 등 회사 경쟁력을 높이는 긍정적 효과가 있었다고 한다. 선진국 일류 기업 대비 국내 대기업의 윤리경영 점수는 65.1점, 중소기업은 55.2점 정도라고 하여 국내 중소기업들의 윤리경영 수준은 선진국과는 다소 격차가 있었다. 현행 국내 기업의 실정상 윤리경영이 가장 필요한 부분으로는 회계(24.6%), 하도급(23.6%), 노사(22.1%) 분야 등이 지적되었으며, 환경(6.7%)과 소비자보호(4.5%) 분야는 상대적으로 낮은 지적률이 나왔다.

미국에서의 2001년 엔론(Enron)사의 회계부정 사건은 기업이 회계 부정 등 비윤리적으로 경영하여 소비자와 시장을 기만하게 되면, 결국 고객의 불신과 시장의 응징을 받게 되어 기업의 몰락과 글로벌 경제적 파국까지 불러오게 된다는 것을 극명하게 보여주었다. 이 사태를 계기로 제정된 미국의 기업회계개혁법인 '샤베인스-옥슬리법'(Sarbanes-Oxley Act, 2002. 7.)은 기업경영진이 기업회계장부의 정확성을 보증하고, 이에 잘못이 있으면 형사처벌을 받는 내용을 규정하고 있다.

최근의 윤리경영 흐름은 이전의 선언적이고 구호적인 차원을 넘어 보다 체계화되고 제도화되고 있는데, 이를 미국 EOA(Ethics Officer Association, 기업윤리 담당임원협회)가 주도하여 미국표준협회(ANSI)에 기업윤리표준을 제출하고 있고 이것이 연방법원의 판결 지침(Federal Sentencing Guideline)에도 반영되고 있다. 또한 국제표준기구(ISO) 산하 소비자정책위원회도 '기업의 사회적 책임(Corporate Social Responsibility)' 관련 표준기준을 승인함으로써, 윤리경영을 ISO 9000(품질 인증), ISO 14000(환경보호 인증)과 같은 범주로 중요시하고 있는 실정이다.

윤리경영에 관한 이와 같은 관심은 전 세계적으로 더욱 확산되고 가고 있으며, 국가 간 그리고 기업 간의 새로운 통상현안으로까지 떠오르고 있다. 즉 선진국들이 자국기업과 동일한 정도의 윤리경영 수준을 자국에 들어와 있는 외국계 기업에까지 요구함으로써 윤리경영은 글로벌 경영전략의 새로운 규범으로 자리잡고 있다.

2. 최고경영자의 의지와 윤리경영

기업의 윤리강령의 제정 및 그 실천과 더불어, 윤리경영의 또 다른 결정적 요소는 최고경영자(CEO)의 의지이다. 즉 국내기업에 있어서 윤리경영이 확산되기 위해서는 최고경영자(CEO)의 윤리경영과 관련된 인식 제고가 중요하다. 미국의 기업회계개혁법(Sarbanes-Oxley Act)이 상장회사의 최고경영자(CEO)들에게 기업회계의 정확성을 보증하는 서약을 하게 한 것도 이들이 윤리경영의 결정적 주체라는 점에 착안한 것이다.

3. 기업의 윤리경영 정착과 윤리경영에 대한 인센티브

1) 기업의 윤리경영 실천 프로그램의 정착화

기업의 윤리경영과 관련된 실천 프로그램으로서 다음의 사항이 정착되어야 한다.

① 윤리경영 실천매뉴얼의 작성, 보급

② 윤리경영 관련 전담부서의 설치

③ 기업윤리경영 전담 임원 및 책임자의 배치

④ 임직원에 대한 윤리경영 교육 실시

⑤ 윤리경영의 인사고과 반영

⑥ 내부고발(whistle blower) 제도의 도입

2) 윤리경영에 대한 인센티브 제도

이는 윤리경영을 모범적으로 잘 실천하고 있는 기업들을 우대하고, 그렇지 않은 기업들이 윤리경영의 장(場)으로 나와 합류할 수 있도록 여건을 조성해 주기 위한 것이다. 기업들은 윤리경영 우수기업에 대해 정부가 세무조사 면제, 신용등급 우대, 민·형사상 처벌 경감 등의 인센티브를 주기를 기대하고 있다.

4. 기업 총수의 구속과 주력사의 신용도·실적과의 관계

1) 최근의 국내 기업 총수 구속 현황

표 2.2 국내 대규모 기업집단 총수 구속 현황

구속 시기	기업	총수	비고
1994. 1. 2007. 9. 2011. 1.	한화그룹	김승연	외환관리법 위반 보복 폭행 배임
2006. 4.	현대차	정몽구	비자금 횡령
2008. 4.	삼성전자	이건희	배임, 조세 포탈 불구속기소
2011. 1.	태광산업	이호진	
2013. 1.	SK	최태원	횡령
2013. 1.	SK에너지	최신원	
2013. 7.	CJ 제일제당	이재현	

2) 국내 기업 총수의 구속과 주력사의 신용도 · 실적과의 관계

대규모 기업집단의 총수가 비리로 구속될 때에도 해당 주력회사의 실적과 신용도에는 별다른 영향이 없는 것으로 나타났다. 즉 대규모 기업집단의 총수가 구속됐던 재벌그룹들의 주요 계열사 재무제표를 살펴보면 총수가 구속된 회계연도의 실적이 전년과 비교해 오히려 개선되는 등 총수의 신병처리와 일관된 방향성을 보이지 않았다. 기업 총수가 구속될 때마다 재벌그룹의 '경영 마비'를 우려하는 재계의 통념과는 사뭇 다른 결과이다.[6]

5. 보부상의 상도의와 경주 최부자댁 6훈

1) 보부상

보부상(褓負商)은 삼국시대부터 유래되는 우리의 전통적 상인제도이다. 조선시대 한양 시가지 종로에 위치하고 있던 큰 상점인 시전(市廛) 육의전에 대하여, 시장(市場)을 중심으로 이동하면서 유통의 주체 역할을 하였던 봇짐장수(褓商)와 등짐장수(負商) 또는 그 조직이다. 이들이 항상 지니고 다니던 신표에는 물망언(勿妄言), 물행패(勿行悖), 물음란(勿淫亂), 물도적(勿盜賊)이라는 네 가지 윤리적 행동강령이 적혀 있었다고 한다. 기업윤리와 관련하여 보부상의 전통적 상도의(商道義)인 12령을 살펴보면 다음과 같다.

□ 보부상의 12령[7]

1. 불량품은 취급하지 말 것
2. 물건의 품질을 보증할 것
3. 터무니없는 값을 받지 말 것
4. 내 물건을 팔기 위해 동료의 물건을 모략하지 말 것
5. 없거나 매진된 물건은 구해 주되, 약속한 날자까지 구해 줄 것
6. 동료가 사정이 있어서 장사를 못할 때에는 내 일을 제치고 도와줄 것
7. 부탁받은 물건은 수소문하여 구해 주고, 약속일자 전에 갖다 줄 것
8. 외국 물건을 요구할 때에는 신분을 확인하고, 그 사용처를 알고 난 후 주선할 것

9. 농민의 물건을 살 때에는 제값을 다 쳐줄 것

10. 사정상 부득이 외상을 요청할 때에는 의심하지 말고 줄 것

11. 나만의 이익을 위하여 개인행동을 하지 말 것

12. 도품이나 의심나는 물건은 취급하지 말 것

2) 경주 최부자댁 6훈

기업의 윤리경영과 관련하여 경상북도 경주 지역에서 10대 300년간에 걸쳐 진정한 노블레스 오블리쥬(noblesse oblige, nobility obliges)를 실천해 왔던 최부자댁에 전해 내려오는 6훈(六訓)을 소개하기로 한다. 이 6훈은 부를 축적하는 데 있어서 수단과 방법을 가리지 않거나 남이 어려울 때를 오히려 축재의 기회로 삼는 일부 모리배 악덕 기업인들에게 가르침과 훈계가 될 수 있다.

(1) 만석 이상의 재산은 사회에 환원하라.

욕심이 지나치면 화를 부른다. 일만 석 이상의 재산은 이웃과 사회에 환원해라. 당시 인근의 다른 부자집들이 수확의 70% 정도를 소작료로 받을 때 경주 최부자댁은 이를 40%로 낮추어 줘 부의 혜택이 자연스럽게 소작인들에게 분배되도록 하였다. 그리하여 경주 일대의 소작인들이 앞 다투어 이 댁 농사를 지으려고 줄을 섰고, 소작인들이 더욱 열심히 일하여 최부자댁의 재산도 계속 늘어났다고 한다.

(2) 흉년기에는 땅을 늘리지 말라.

남들이 흉년에 곤궁하여 헐값에 내놓은 전답을 사서, 그들을 원통하게 하지 말라. 이웃의 어려움을 이용해 재산을 늘리지 말고, 이웃이 어려울 때 재산을 나누어 구제하는 데 앞장서라. 또한 파장 때 물건을 사지 말라. 다른 부자집들은 오전에는 물건을 사지 않고 파장 무렵이 되어 '떨이' 물건이 되기를 기다렸으나, 최부자집은 항상 물건을 오전에 제값을 주고 구입하였다. 그러다 보니 상인들이 제일 질이 좋은 물건을 최부자댁에 먼저 가지고 오고는 하였다.

(3) 과객(나그네)을 후하게 대접해줘라.

손님을 후하게 대접함으로써 덕을 쌓고 인심을 얻어라. 과객(過客)들에게 숙식을 제

공하여 나눔을 실천하는 것은 선행을 베푸는 것이기도 하지만, 이곳저곳을 돌아다니며 정보전달자의 역할을 하던 과객들로부터 정보를 수집하고 다른 지역의 민심을 파악할 수가 있다. 그렇게 후한 대접을 받았던 이들이 조선 팔도에 최부자댁의 인심과 선행을 소문내고 다녔으며, 그 '적선지가'(積善之家, 선을 쌓는 집)'라는 평판은 사회적 혼란기에도 그 집을 무사하게 지켜낼 수 있게 하였다. 즉 동학란 이후에 경상도 일대에서 부자집을 터는 활빈당이 유행하였고, 다른 부자집들은 대부분 그들로부터 재산을 털렸지만, 이 댁만큼은 그렇지 않았다고 한다.

(4) 주변 100리 안에 굶어죽는 사람이 없게 하라.

경주를 중심으로 사방 100리는 동으로 경주 동해안 일대, 서로는 영천, 남쪽으로는 울산, 북으로는 포항까지 아우른다. 최부자댁은 춘궁기나 보릿고개가 되면 한 달에 약 100석 정도의 쌀을 이웃에게 나누어 주었고, 흉년이 심할 때는 800석 큰 창고가 바닥이 날 정도로 구휼하였다고 한다. 최부자댁에서 매년 소비하는 쌀의 양은 대략 300석 정도였다고 하는데, 그중 100석은 식구들 양식으로, 그 다음 100석은 과객들의 식사 대접에, 그리고 나머지 100석은 빈민 구제에 썼다고 한다.

최부자댁의 이러한 전통은 1대 부자인 최국선의 선행으로부터 비롯되었다고 한다. 최국선은 신해년(1671)에 큰 흉년이 들었을 때, "주변 사람들이 다 굶어 죽을 형편인데 나 혼자 재물을 지켜서 무엇 하겠느냐"며 곳간을 열어 이웃을 구제하였다고 한다. 그 이후 '사방 100리 안에 굶어 죽는 사람이 없게 하라.'는 가르침이 이 댁 가훈의 하나가 되었다고 한다.

(5) 시집온 며느리들은 3년간 무명옷을 입혀라.

내가 어려움을 알아야 다른 사람의 고통을 헤아릴 수 있다. 이 가르침은 집안의 살림을 하는 여자들에게 근검·절약하는 생활을 강조하여 자기 자신에게는 박하고 엄격하게, 남에게는 후하고 자비롭게 대하는 최부자댁 생활철학의 진수가 되었다. 보릿고개 때에는 집안 식구들도 쌀밥을 먹지 못하게 하였고, 은수저도 사용하지 못하게 하였다. 이렇게 교육받은 후손들은 재산을 낭비하지 않았기에, 이 교훈이야말로 최부자댁이 300년 동안이나 부를 유지할 수 있었던 비결 중의 비결이 되었다.

(6) 과거를 보되 진사 이상 벼슬을 하지 마라.

양반 신분은 유지하되 권력과는 일정 거리를 유지하라. 높은 벼슬에 올랐다가 세파에 휘말리면 집안에 화를 초래할 수 있다.

마지막 최부자로 불리는 최준 씨 형제 중, 최준(1884~1970)과 그의 둘째 동생인 최완(1889~1927)은 독립운동 유공자로 인정받아 지난 1990년에 건국훈장 애족장이 추서되었다. 최완은 상해임시정부에서 일하다가 일본 경찰에게 체포되어 모진 고문 끝에 1921년에 35세로 순국하였다. 한편 동생 최윤(1886~1969)은 형 최준을 위해 대신 일본참의가 되는 등으로 인해 오명을 뒤집어썼다가, 해방 후 반민족행위자특별조사위원회에서 조사받는 고초를 겪기도 하였다.

□ 최부자 가문의 6연(六然): 자신을 다스리는 교훈

1. 자초초연(自處超然) 스스로 초연하게 지내고
2. 대인애연(對人靄然) 남에게 온화하게 대하며
3. 무사징연(無事澄然) 일이 없을 때에도 마음을 맑게 가지고
4. 유사감연(有事敢然) 일을 당해서는 용감하게 대처하며
5. 득의담연(得意淡然) 성공했더라도 담담하게 행동하고
6. 실의태연(失意泰然) 실패하더라도 태연히 행동한다.

1) 차부근·김철호·최창선, 「창업과 경영의 이해」, 삼영사, 2014, 29면.
2) 강경모 외 2인, 「중소기업창업론」, 신광문화사, 2006. 7., 146면.
3) 박춘엽, 「창업학」, 동국대학교 출판부, 2011. 9., 18면.
4) 강경모 외 2인, 앞의 책, 149면.
5) Palmer Michael, "The application of psychological testing to entrepreneurial potential," 「Entrepreneurship and venture management」, Prentice Hall, 2nd ed., 1987.
6) 강훈상, '경영마비 된다는 주장은 엄살', 연합뉴스 2014. 5. 20.
7) 유퍼스트 경영전략연구소, "상인 교육 및 재테크," 2013. 11. 25.

제 3 장

창업의 유형

제 3 장

창업의 유형

제1절 목적에 따른 창업유형

창업유형에 대해서는 일률적으로 정해진 것은 없으나 일반적으로 창업자의 창업목적에 따라 구분할 수 있는데, 창업목적이 생계 목적으로 소규모사업을 영위하고자 창업하는 생계형 창업과 새로운 사업 아이디어를 통해 기업으로 지속 성장해 나갈 목적의 기회형 창업, 그리고, 모기업의 일부 사업부문을 독립해서 소사장제로 창업하는 협업형 창업 등으로 구분할 수 있다. 처음부터 창업을 하는 독립적인 창업과 기존 사업장을 인수해서 창업하는 인수창업이 있으며, 업종별로는 제조업, 음식 및 서비스업, 도/소매, 유통업 등 창업유형은 다양하게 분류할 수 있다.

1. 생계형 창업

창업자가 최소한의 생계유지를 목적으로 창업을 하는 것으로서, 명칭은 다양하게 불리고 있는데 주로 소상공인, 자영업자, 소호기업 등이 여기에 해당된다. 생계형창업은 최소비용을 출자해서 생계를 위한 안정적인 수익을 창출하는 것을 목적으로 하고 있으며, 일반적으로 부가가치가 낮고 신규진입이 용이하여 경쟁이 심한 레드오션 시장에 존재하는 창업유형이다.

우리나라 전체 창업 가운데 생계형 창업 비중이 40%에 육박해 저부가가치형 창업비중이 지나치게 높은 편이다. '글로벌 기업가활동 모니터'(GEM. Global Entrepreneurship

Monitor)가 펴낸 '글로벌 리포트 2013'에 따르면 한국의 42개월(3년 6개월) 미만 초기 창업 가운데 생계형 창업 비중은 36.5%로 나타났으며, GEM이 꼽은 26개 혁신경제국 (Innovation-driven Economies)의 생계형 창업 비중 평균은 18.2%로 우리나라의 절반 수준이었다.

우리나라는 최근 1세대 베이비부머(1955~1963년생) 은퇴자들이 매년 증가하고 있고, 2세대 베이비부머(1968~1974년생)들도 자영업 진출이 늘어나고 있는 실정으로서 신규 시장진입이 상대적으로 쉬워 사업장이 난립하고, 사업자의 창업 준비도 소홀해지면서 과당경쟁과 폐업이 반복되고 있는 구조적인 약점을 보이고 있다.

과거 1999년 7월, IMF시절 어려운 서민경제 활성화를 위해, K은행과 신용보증기금 이 협약을 체결하여 생계형창업자를 대상으로 최고 3천만 원까지 생계형창업대출(보 증)을 지원했는데, 종료시점인 2002년 6월까지 3년간 총 2,500여억 원을 지원하였으나 지원금액의 20%인 500억 원 정도는 부실처리된 사례가 있다. 이와같이 생계형 창업 은 실패확률이 매우 높은 특징을 가지고 있다.

2. 기회형 창업

기회형 창업은 창업자의 아이디어나 새로운 기술을 기반으로 사업기회를 살려 창업 하는 것으로서, 벤처기업 등이 여기에 해당된다. 기회형 창업의 경우 계속 기업이 성장·발전해 나갈 수 있도록 각종 경영관리, 생산관리 등이 필요하고, 리스크측면에서는 기업특성상 위험은 보유하고 있지만 성공할 경우 많은 수익을 기대할 수 있고, 계속기 업으로서 고용창출과 소득증대 효과가 높아 국가경제발전에 기여하는 창업이라고 할 수 있다. 기회형 창업을 일반형 창업과 기술형 창업으로 구분하여 설명하기로 한다.

1) 일반형 창업

제조업에서 제조하는 물품을 제품이라고 하고, 제조된 제품을 판매자 입장에서는 상품이라고 하는데 상품을 소매인에게 공급하는 도매업과 상품을 최종소비자에게 판매 하는 소매업이 일반형 창업에 해당되며, 업종별로 보면 도소매업, 건설업, 서비스업 등 일반상품을 단순형태로 유통하거나 기술을 기반으로 하지 않는 형태의 용역과 서비스 를 제공하는 일을 업(業)으로 하는 창업을 일반형 창업이라 한다.

일반형 창업의 특징은 연구개발에 의한 제품역량에 집중하는 기술형 창업과 달리 상품을 잘 팔거나 고객이 상품을 많이 구매할 수 있도록 하는 마케팅에 역량을 집중하는 특징이 있다. 또한, 일반형 창업은 말 그대로 특정한 기술을 요구하지 않아 진입장벽이 낮고, 소자본 창업이 많아 창업이 활발하게 이루어지고 있으나, 경쟁력은 기술형에 비해 취약한 편이다.

2) 기술형 창업

기술형 창업은 기술형이라는 말 그대로 기술을 기반으로 회사를 창업을 하는 것으로서, 새로운 아이디어 또는 신기술을 가지고 제품을 생산하거나 전문서비스를 제공하는 것을 말한다. 기술력을 보유한다는 것은 제품이나 서비스와 관련하여 연구개발 등을 통해 획득한 기술을 특허권 등을 통해 배타적인 권리를 부여받는 것으로서, 기술력이 있는 기업이 벤처기업, 이노비즈(INNO-BIZ)[1] 기업 등으로 선정되어 기술력을 인정받아 이를 토대로 창업하는 것을 기술형 창업이라 한다.

기술형 창업에는 일반적으로 제조업과 최근 관심이 높은 영화제작, K-POP공연 등 문화콘텐츠산업, 다음카카오, 쿠팡 등 전문유통서비스업 등이 해당된다. 또한, 농업의 경우 과거에는 시골 할아버지가 농사짓는 농업을 1차산업이라고 하였다면, 지금은 신기술을 적용하여 새로운 품종을 개발하거나 첨단장치를 농업에 접목하여 생산성을 획기적으로 높이는 등 첨단화하고 있어 이를 6차산업(1차+2차+3차)[2]이라고도 한다.

이처럼 기술형 창업은 기술을 기반으로 창업하여 계속기업으로 성장해 나감으로써 우리나라의 산업발전에 크게 기여하고 해외 수출이나 진출 등을 통해 세계화로 나가는 창업군으로서, 정부에서도 적극 지원하고 있는 창업형태이다.

3. 협업형 창업

협업형 창업이란 사업을 영위하는 기존 기업에서 사업내용 중 일정부분을 분사해서 회사를 별도로 설립하여 일정 사업부분을 맡아 기존 기업체에 납품하는 형태의 창업이다. 통상 기존 기업체의 임직원이 퇴사해서 일정 사업부분을 독립시켜 별도의 사업을 영위하면서, 모기업과 계속 납품관계를 형성해 나가는 창업을 말한다.

예를 들어, 인쇄업을 영위하는 회사가 다양한 인쇄종류 중 특수 인쇄부분을 임직원 중 1인을 독립시켜 소사장으로 운영할 때, 소사장은 새로 창업한 경우인데 이런 창업을 협업형 창업이라고 한다. 독립한 소사장은 모기업과 계속 납품관계를 유지한다.

4. 독립창업과 인수창업

1) 독립창업

독립창업은 처음부터 사업아이템을 가지고 창업하는 형태로서 모든 것을 처음부터 준비해야 한다. 집을 새로 짓는다고 가정할 때 처음 대지를 구입하고 그 대지위에 지을 집을 설계하고 설계에 따라 재료를 구입하고 건축기술자에 의해 건축을 하는 과정을 거쳐야 하듯 창업과정도 이와 같아 창업아이템을 선정하고 사업타당성을 거쳐 입지를 선정하고 상권을 분석하는 등 모든 과정을 창업자 스스로 하여야 한다. 대단히 복잡하고 어려운 과정일 수 있다. 그렇지만 내 입맛에 맞는 나만의 집을 지을 수 있다는 점에서는 장점이 될 수 있다.

2) 인수창업

기존에 하던 사업을 인수하면서 창업을 하는 것을 인수창업이라 한다. 인수창업은 독립창업에 비해 창업절차가 비교적 쉬운 편으로서 많이 선호되는 방법이다. 그러나 주의해서 점검해야할 부분도 많다. 먼저, 사업양도 사유를 파악해야 한다. 일반적으로 장사가 잘되는데 다른 사람에게 사업을 넘기는 경우는 많지 않기 때문에 개인적인 사유인지, 사업과 관련이 있는 사유인지를 파악하는 것이 중요하다. 둘째로 영업과 관련된 사항을 파악한다. 사업인수 전에 인수예정 사업장을 지속적으로 관찰하여 고객분포 및 영업상황을 파악하는 것이 필요하다. 셋째, 입지여건 즉 상권이 활발한지 파악한다. 지하철역이 새로 개통되어서 상권이 변할 수 있는지, 경쟁업체가 새로 개점을 하는지 등을 점검해 본다. 마지막으로 인수할 사업장에 과거에 근무했던 직원이나 현재 직원, 고객, 상품공급자, 전문가들의 의견을 잘 듣고 인수해야 위험을 낮출 수 있다.

예를 들어 프랜차이즈 커피점을 인수하고자 할 때, 부동산을 소개하는지 그 업(業)을 인수하는 것인지 헷갈리게 하는 경우가 있다. 부동산중개인은 부동산 중개가 목적이지 사업인수가 아니므로 적극 계약을 성사시키려고 하는데, 단순하게 부동산 계약하듯 쉽게 생각하는 오류를 범하면 안 된다.

인수창업시에도 독립창업과 마찬가지로 창업과 관련하여 신중한 검토가 필요하다.

제2절 형태에 따른 창업유형

1. 벤처기업

벤처기업이란 신기술과 아이디어를 개발하여 사업화하는 기술집약형 중소기업으로서 벤처기업확인서를 발급받은 기업을 말한다. 벤처기업협회는 '개인 또는 소수의 창업인이 위험성은 크지만 성공할 경우 높은 기대수익이 예상되는 신기술과 아이디어를 독자적인 기반 위에서 사업화하려는 신생 중소기업'으로 정의하고 있다.

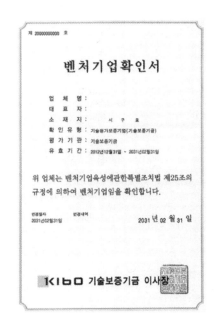

주요 특성으로는 첫째, 소수의 기술 창업인이 기술혁신의 아이디어를 상업화하기 위해 설립한 신생기업이다. 둘째, 높은 위험부담이 있으나 성공할 경우 높은 기대이익이 예상된다. 셋째, 모험적 사업에 도전하는 왕성한 기업가정신을 가진 기업가에 의해 주도된다.

우리나라는 1998년 3월 「벤처기업육성에 관한 특별조치법」이 제정되었고, 이후 몇 차례 개정해 오다가 2006년 6월 전면적인 제도개편이 단행되어, 실제 자금시장에서 벤처자금을 운영하고 있는 기업을 벤처기업으로 인증해주는 기술평가보증(대출)을 벤처확인요건으로 추가하고, 기존 신기술기업에 의한 벤처확인요건을 폐지하는 등 시장친화적인 방향으로 제도를 개선하였다.

우리나라 벤처인증기업은 성공한 결과로서의 기업이라기보다는 세계적인 일류기업으로 육성하기 위한 지원대상으로서의 기업이라는 성격이 강하다.

벤처기업 인증유형을 살펴보면, 벤처투자기업, 연구개발기업, 기술평가보증·대출기업, 예비벤처기업으로 4가지 유형이 있다.

아래 요건이 충족되면 벤처기업인증을 받을 수 있다.

표 3.1 벤처기업인증 기업

벤처 유형	기준요건(각 항목 모두 충족 요함)	확인기관
벤처투자기업	− 벤처투자기관으로부터 투자받은 금액이 5천만 원 이상이면서, 자본금의 10% 이상일 것(단, 문화상품 제작자는 자본금의 7% 이상) ※ 벤처투자기관 : 중소기업창업투자회사, 중소기업창업투자조합, 신기술사업금융업자, 신기술사업투자조합, 한국벤처투자조합, 투자전담회사, 기타 대통령령으로 정하는 기관	한국벤처캐피탈협회
연구개발기업	− 기업부설연구소 보유하고 연구개발비가 5천만 원 이상일 것(한국산업기술진흥협회의 기업부설연구소 인정서 보유) − 신청 직전 4분기 연구개발비가 총매출액의 5~10% 이상일 것(창업 후 3년 미경과, 매출액이 없는 기업은 비율적용 배제) − 사업성 평가가 우수할 것 ※ 사업성 평가기관 : 기술보증기금, 중소기업진흥공단, 정보통신산업진흥원, 한국발명진흥회, 한국과학기술정보연구원, 한국보건산업진흥원, 전자부품연구원, 산업은행	기술보증기금·중소기업진흥공단
기술평가보증·대출기업	− 보증·대출(가능 결정) 금액 8천만 원 이상일 것 − 보증·대출(가능 결정) 금액이 총자산에서 차지하는 비율이 5% 이상일 것(창업후 1년 미만 기업과 보증금액이 10억 원 이상인 기업은 비율적용 배제) − 기술성 평가가 우수할 것(총점 65점 이상 및 기술성 부분 25점 이상) ※ 대출금액은 중진공이 취급한 무담보 신용대출에 한함	
예비벤처기업	− 법인설립 또는 사업자등록을 준비 중인 자 − 기술성 평가가 우수할 것	

2. 소호와 소상공인

1) 소호기업

소호기업(SOHO)이란 Small Office Home Office의 약자로서 자택이나 작은 사무실에서 자신의 아이디어로 규모가 작은 사업을 하는 것이다. 통상 인터넷 등의 정보매체를 통해 사업하는 소규모 인터넷비즈니스가 주류를 이룬다. 소호기업 특성상 자본이 많지 않고, 특별한 기술을 요하지 않는 마케팅 중심의 사업이 이루어지고 있는데, 최근 쇼핑문화가 과거 오프라인 시장에서 온라인시장으로 확장되고 있어 소호창업이 어느 때보다 활발하다.

온라인시장의 주류는 인터넷쇼핑몰이라고 할 수 있다. 대표적으로 쿠팡, 티몬 등의 소셜커머스시장과 옥션, 인터파크 같은 오픈몰에 상품을 게시하여 판매하는 방식이다. 또한, 자신만의 특기를 살려 인터넷과 모바일 사이트를 직접 개설하여 액세서리, 옷, 신발, 소품 등을 판매하기도 한다.

2) 소상공인

소상공인이란 소기업 중에서도 규모가 작은 기업과 생계형 자영업자들이 해당된다. 소기업 및 소상공인지원을 위한 특별조치법 시행령 제2조에 의거 도소매업, 음식업, 숙박업, 서비스업의 경우 상시근로자 5인 미만 사업자를, 광업, 제조업, 건설업 및 운수업의 경우는 상시근로자 10인 미만 사업자를 소상공인이라고 한다.

소상공인과 관련해서는 소상공인지원센터가 전국에 조직되어 있는데 서울은 서울특별시 소상공인경영지원센터, 경기도는 경기도 소상공인종합지원센터에서 창업자금, 경영안정자금 등 소상공인 정책자금을 지원하고 있으며, 소상공인시장진흥공단에서는 예비창업자 및 업종전환 예정자를 대상으로 창업준비단계부터 창업 전 과정에 걸쳐 체계적인 교육과 자금을 지원해 주고 있다.

소호기업 및 소상공인의 경우 온라인마케팅에 취약한 편인데 지원기관을 적절히 활용하면 인터넷마케팅 도구를 손쉽게 마련할 수 있다. 예를들어, 네이버가 출연한 중소상공인희망재단의 경우 온라인 비즈니스 및 인터넷 마케팅 커뮤니케이션 활성화를 위해 중소상공인을 대상으로 "SMB 모바일 프론티어 교육"을 실시하면서 온라인 홍보방법 및 블로그마케팅, 모바일 홈페이지 만드는 방법 등을 교육하는 사업을 실시, 무료로 하고 있다.

(중소상공인희망재단 www.heemangfdn.or.kr)

3. 프랜차이즈 가맹점

1) 프랜차이즈란

프랜차이즈란 프랜차이즈 본사(프랜차이저)가 가맹점(프랜차이지)에게 자기의 브랜드를 사용하여 자기와 동일한 이미지로 상품 및 용역, 마케팅 등 일정한 영업 활동을 지원하고 그에 따른 물품대금, 가맹비 등을 지급하는 계속적인 거래관계를 말한다. 가맹점사업은 본사의 지점형태로 이루어지지만, 본사가 직접운영하는 직영점이 있고 사업자를 모집해서 영업하는 가맹점이 있다.

사업경험이 없거나 생계형 창업자 라면 프랜차이즈 가맹점 창업을 고려해 볼 만하다. 가맹점 창업은 사업에 대한 전문지식이 부족하더라도 본사가 갖고 있는 각종 경영관리기법, 조직 및 인력 관리능력, 교육, 점포 인테리어, 광고, 판촉지원, 경영지도 등을 창업 시점부터 지속적으로 제공받을 수 있어서, 어느 정도 안정된 사업을 영위해 나갈 수 있기 때문이다.

2) 프랜차이즈 본사

프랜차이즈 본사 선택에 있어 신중을 기해야 한다. 프랜차이즈 본사의 브랜드파워가 낮거나 가맹점 지원시스템이 원활하지 않으면, 직접 창업하는 것보다 못한 경우도 있기 때문이다. 프랜차이즈 창업을 준비 중이라면 이미 개설해서 영업을 하고 있는 프랜차이즈 가맹점들을 사전에 답사하여 영업성과를 직접 체크해 보고, 사업 성공 가능성을 가늠해 보는 것이 중요하다.

요즘 청년실업 및 베이비붐 세대[3)]의 퇴직자가 증가함에 따라 창업을 많이 고민하게 되는데 특별한 기술이나 경험이 부족한 경우에는 프랜차이즈 가맹점 창업을 통해 부족 부분을 어느 정도 보완할 수가 있어서, 사업성패 여부가 불확실한 자영점포나 여타 사업에 비해 안정적인 사업 참여가 가능한 장점이 있다.

3) 우수 프랜차이즈 본사

중소기업청에서는 2010년부터 우수 프랜차이즈를 선정하고 있는데, 첫 해에 선정된 브랜드는 본죽, 와바, 다사랑, 놀부부대찌게, 빚은, 교촌치킨, 김가네, 미소야, 명인만두 등 9개의 외식업체와 YBM잉글루, 얼짱몸짱 등 2개의 서비스업체였다. 이들 기업에 대하여는 투자설명회(IR) 개최, 서비스 및 디자인R&D 지원과 해외진출 등을 지원하고 있다. 우수프랜차이즈 본사 선정은 매년하고 있으므로, 프랜차이즈 가맹점 창업시 우수 프랜차이즈 브랜드를 선택하면 리스크를 줄일 수 있을 것이다.

사실 프랜차이즈 본사도 처음에는 독립형 창업을 발전시켜 프랜차이즈 가맹사업으로 확대된 것으로서, 자신만의 캐릭터와 기술력을 가지고 있다면 얼마든지 브랜드화에 성공할 수 있다. 요즘 우리 주변에 떡볶기 가게들이 많은데 프랜차이즈인 국대떡볶기의 경우에도 이화여대 앞에서 10년간 떡볶기 가게를 하다가 현재 120개가 넘는 프랜차이즈 가맹점으로 발전시킨 사례로서, 철저히 기업가 정신을 살려 여러분도 얼마든지 도전해볼 수 있는 것이다.

제3절 기업규모/업종/연령에 따른 창업유형

1. 기업규모별 분류

창업을 고려할 때, 내가 어느 업종을 창업하는지, 기업규모는 어느 정도로 할 것인지를 정하게 된다. 일반적으로 기업을 구분할 때에는 기업규모별로 대기업, 중견기업, 중소기업(중기업+소기업), 소상공인(소호, 자영업자)으로 분류할 수 있다. 소상공인은 흔히 소호기업, 자영업자로도 불리고 있으며, 기업규모에 관련하여 대기업은 별도 규정되어 있지 않으나, 중소기업과 소상공인은 법률에 의해 정의되고 있다.

1) 중소기업의 범위

중소기업은 중소기업기본법 제2조(중소기업자의 범위)제1항제1조에서 업종별로 매출액 또는 자산총액을 기준으로 제한하고 있는데, 구체적인 범위는 동법 시행령 제3조에 게시하고 별표로 구분하였다. 또한, 중기업과 소기업의 구분은 중소기업기본법 2항에서 소기업을 업종별, 종업원수를 기준으로 정의하고 있다.

표 3.2 소기업 기준

업　종	상시 근로자 수
1. 광업, 제조업, 건설업, 운수업, 출판·영상·방송통신 및 정보서비스업, 사업시설 관리 및 사업지원 서비스업, 보건업 및 사회복지 서비스업, 전문·과학 및 기술 서비스업을 영위하는 업종	상시 근로자 수가 50명 미만인 기업
2. 제1호 외의 업종	상시 근로자 수가 10명 미만인 기업

반면 중견기업은 중소기업 범위를 벗어나고 상호출자제한기업집단(대기업)에 속하지 않는 기업을 말하는데, 중견기업 성장촉진 및 경쟁력강화에 대한 특별법 제2조제1호에 규정되어 있다.

구분	법령 내용
중소기업기본법	제2조(중소기업자의 범위) ① 중소기업을 육성하기 위한 시책(이하 "중소기업시책"이라 한다)의 대상이 되는 중소기업자는 다음 각 호의 어느 하나에 해당하는 기업(이하 "중소기업"이라 한다)을 영위하는 자로 한다. 1. 다음 각 목의 요건을 모두 갖추고 영리를 목적으로 사업을 하는 기업 　가. 업종별로 매출액 또는 자산총액 등이 대통령령으로 정하는 기준에 맞을 것 ② 중소기업은 대통령령으로 정하는 구분기준에 따라 소기업(小企業)과 중기업(中企業)으로 구분한다.
중소기업기본법 시행령	제3조(중소기업의 범위) ①「중소기업기본법」(이하 "법"이라 한다) 제2조제1항제1호에 따른 중소기업은 다음 각 호의 기준을 모두 갖춘 기업으로 한다. 1. 다음 각 목의 요건을 모두 갖춘 기업일 것 　가. 해당 기업이 영위하는 주된 업종과 해당 기업의 평균매출액 또는 연간매출액(이하 "평균매출액등"이라 한다)이 별표 1의 기준에 맞을 것 　나. 자산총액이 5천억 원 미만일 것 제8조(소기업과 중기업의 구분) ① 법 제2조제2항에 따른 소기업(小企業)은 중소기업 중 다음 각 호의 어느 하나에 해당하는 기업을 말하고, 중기업(中企業)은 중소기업 중 소기업을 제외한 기업을 말한다. 1. 광업, 제조업, 건설업, 운수업, 출판·영상·방송통신 및 정보서비스업, 사업시설관리 및 사업지원 서비스업, 보건업 및 사회복지 서비스업, 전문·과학 및 기술 서비스업을 주된 업종으로 하는 경우 : 상시 근로자 수가 50명 미만인 기업 2. 제1호 외의 업종을 주된 업종으로 하는 경우 : 상시 근로자 수가 10명 미만인 기업

표 3.3 중소기업기본법 및 동법 시행령

소기업에게는 주어지는 혜택이 많다. 소기업에 대해서는 우선조달제도에 의해 추정가격 1억 원 미만의 물품 및 용역 구매시 입찰우대, 공장설립 및 창업지원에 관한 특례로 1,000m^2 미만의 공장을 소기업이 비수도권에 신설시 농지보전부담금, 대체산림자원조성비, 개발부담금 면제혜택이 있다. 그리고 노란우산 공제 가입, 지역신용보증재단을 통한 자금 및 보증지원 등의 면에서 우대하여 지원하고 있는데 이는 상대적으로 경쟁력이 낮은 소기업에 대한 지원을 통해, 그 안정적인 경영기반을 도모하고자 하는 데 목적이 있다.

※ 업종별 중소기업의 범위는 중소기업기본법 시행령 제3조제1항제1호의 "별표1"을 참고할 것(본 교재 32면 참조).

2) 소상공인의 범위

소상공인은 소상공인 보호 및 지원에 관한 법률에 의해 업종별로 상시근로자수를 기준으로 분류된다. 소상공인의 경우 규모가 적고 경쟁력이 취약해서 정부 및 지원기관에서 자금지원 또는 마케팅을 적극 지원하기 위해, 법령에 소상공인의 범위를 규정한 것이다.

표 3.4 소상공인 보호 및 지원에 관한 법률

구분	법령내용
소상공인 보호 및 지원에 관한 법률	제2조(정의) 이 법에서 "소상공인"이란 「중소기업기본법」 제2조제2항에 따른 소기업(小企業) 중 다음 각 호의 요건을 모두 갖춘 자를 말한다. 1. 상시 근로자 수가 10명 미만일 것 2. 업종별 상시 근로자 수 등이 대통령령으로 정하는 기준에 해당할 것
소상공인 보호 및 지원에 관한 법률 시행령	1. 광업 · 제조업 · 건설업 및 운수업 : 10명 미만 2. 그밖의 업종 : 5명 미만

2. 업종별 창업

우리나라 업종은 통계청의 한국표준산업분류에 의거하여 분류되고 있으며, 통계목적 이외에도 일반 행정 및 산업정책관련 법령에서 적용대상 산업영역을 결정하는 기준으로 준용되고 있다. 산업분류 코드는 대분류-중분류-소분류-세분류-세세분류로 구분되어 있다.

내가 창업하고자 하는 업종의 산업분류가 어떻게 되는지 알아보려면 통계청 사이트에서 한국표준산업분류를 조회하면 된다. 예를들어, 인터넷쇼핑몰을 창업한다고 한다면 업종코드가 어떻게 될까? 통계분류포털(kssc.kostat.go.kr)을 클릭하고 "인터넷 쇼핑몰"을 입력하면 업종코드는 47911 전자상거래업이 뜨게 된다. 이것이 바로 나의 산업

분류코드다. 밑줄친 47이 도·소매업 대분류 산업분류코드이다.

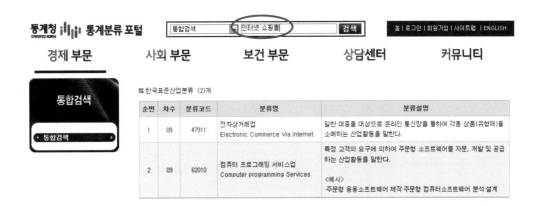

표 3.5   한국산업분류 코드

대분류	업종 및 고유번호
A	농업,임업 및 어업(01 ~ 03)
B	광 업(05 ~ 08)
C	제조업(10 ~ 33)
D	전기, 가스, 증기 및 수도사업(35 ~ 36)
E	하수·폐기물 처리, 원료재생 및 환경복원업(37 ~ 39)
F	건 설 업(41 ~ 42)
G	도매 및 소매업(45 ~ 47)
H	운 수 업 (49 ~ 52)
I	숙박 및 음식점업(55 ~ 56)
J	출판, 영상, 방송통신 및 정보서비스업(58 ~ 63)
K	금융 및 보험업(64 ~ 66)
L	부동산업 및 임대업(68 ~ 69)
M	전문, 과학 및 기술 서비스업(70 ~ 73)
N	사업시설관리 및 사업지원 서비스업(74 ~ 75)
O	공공행정, 국방 및 사회보장 행정(84)

대분류	업종 및 고유번호
P	교육 서비스업(85)
Q	보건업 및 사회복지 서비스업(86~87)
R	예술, 스포츠 및 여가관련 서비스업(90~91)
S	협회 및 단체, 수리 및 기타 개인 서비스업(94~96)
T	가구내 고용활동 및 달리 분류되지 않은 자가소비 생산활동(97~98)
U	국제 및 외국기관(99)

3. 연령별 창업

우리나라에서 창업을 할 때 창업자의 연령에 대해 따로 규제하는 경우는 없다. 다만, 신용보증기관[4] 등 지원기관에서 청년들의 창업과 정년(명예)퇴직자의 일자리 창출을 위해 창업보증을 지원하고 있는데, 이 때 창업자의 연령을 기준으로 만 39세까지를 청년창업, 만 40세 이상을 실버창업으로 구분해서 지원하고 있다.

창업보육센터 입주자격 등, 지원부문별로 연령제한은 달리 적용되는 경우가 많다.

1) 청년창업

청년들이 공무원이나 대기업, 중소기업 등 직장에 들어가려는 구직활동이 있는가 하면, 자신만의 취미와 특기를 살려 희망하는 업종을 선택해서 창업활동을 하는 경우가 있는데 후자의 경우를 청년창업이라고 할 수 있다. 청년창업은 굳이 연령을 말하기 보다는 젊은이가 창업을 하는 것으로서, 청년들은 경험이 적고 자본력이나 기술력이 취약하므로 각종 지원기관을 잘 이용하고 동종업종의 성공한 선배를 찾아 벤치마킹을 통해 착실히 준비해야 성공창업으로 이어질 수 있다.

한 나라의 소득수준이 높아질수록 직장생활보다는 자신만의 일을 하고 싶어하는 사람들이 늘어나게 되어, 직업종류도 선진국형으로 세분화되고 직업도 원래있는 직업이 아닌 새로운 직업을 창조해 나가는 창직(創職)시대가 확대됨에 따라, 소규모의 사업이 늘어나고 청년들의 창업이 점차 증가할 것으로 보인다.

최근에는 청년창업자가 아이디어를 사업화할 수 있도록 경기지방중소기업청에서 제품디자인부터 제품설계, 시제품제작까지의 전과정을 전문가와 함께하는 전문가 서비스를 지원받을 수 있으며, 각종 정보와 장소를 제공하는 전국 지원센터를 활용하면 많은 도움이 된다. 참고로 서울시 청년창업센터는 송파구 가든파이브에 설치·운영되고 있으며, 경기도는 청년사관학교 등을 운영하고 있고, 지역별로 소상공인지원센터 또는 창업보육센터네트워크시스템(www.bi.go.kr)에서 검색을 통해 전국 창업보육센터 입주에 관한 공고 등을 확인할 수 있는데 이를 잘 활용해 보도록 하자.

2) 실버창업

실버창업은 기존의 직장생활을 하다가 정년퇴직 또는 명예퇴직 등으로, 노후생활이 보장되지 않은 실업자 상태에서 생계 등을 목적으로 창업하는 것을 실버창업이라고 할 수 있다. 우리나라의 급여생활자의 특징은 평소 직장생활을 하면서 다른 업종에 눈 돌릴 틈이 없이 우직하게 일만 열심히 몰입하는 경우가 대부분이다. 퇴직을 하게 되면 창업준비가 소홀한 상태에서 창업전선에 뛰어들다 보니 다른 선진국에 비해 도소매업, 음식업 숙박업, 운수업, 개인서비스업과 같은 부가가치가 낮은 생계형 업종에 집중되어 있어, 안정적인 소득이 보장되지 못하고 있는 실정이다.

실버창업 특징은 창업에 실패할 경우 다시 일어나기가 어려운 점과 뛰어들 창업업종에 대한 전문적인 지식이 적다는데 문제가 있다. 따라서, 실버창업은 사업계획을 너무 무리하게 세우거나, 변화가 급하게 변하는 모험적인 업종 대신 다소 보수적이고 본인이 잘하고 관심이 높으며 풍부한 경험을 잘 접목할 수 있는 업종을 선택하는 것이 바람직하고, 소득보다는 안정적인 사업부분에 진출하는 등 사전에 철저한 창업준비로 성공 창업을 만들어 가야 한다.

최근 국민연금연구원에서 2015년 7월 발표한 "중·고령자 경제생활 및 노후준비 실태" 연구보고서를 보면, 50세 이상 비임금 근로자의 월 평균 급여비율은 월 100만 원 미만이 44.7%로 가장 높게 나타났고, 100만~200만 원 21.3%, 월 300만 원 이상 17.9%, 월 200만~300만 원 16.1% 순이었다. 자영업자 2명중 1명의 수입이 월 백만 원 이하라는 우울한 소식이 남의 이야기가 아닐 수 있음을 명심해야 한다.

제4절 법적구조에 따른 창업유형

1. 개인기업과 법인기업의 비교

기업을 창업할 경우에는 먼저 개인기업이냐, 법인기업이냐를 선택하여 창업하여야 한다. 창업과정에서 기업형태를 결정하는 것은 매우 중요사항 중 하나이다. 일반적으로 소기업, 소상공인의 경우 개인기업으로 창업을 하고, 소기업이 점차 사업규모가 커지게 되면 그때가서 법인으로 전환하면 될 것이고, 기술력을 토대로 성장을 추구하는 벤처기업 등의 경우에는 바로 법인으로 창업하는 것이 좋다. 법인기업과 개인기업의 차이를 비교해 보면 아래와 같다.

표 3.6 법인기업과 개인기업의 차이

비교항목	법인기업	개인기업
설립절차	개인에 비해 복잡	사업자등록만으로 가능
기업영속성	대표가 바뀌어도 계속성 유지	대표가 바뀌면 신규사업자
대표자책임	유한책임(지분한도내)	무한책임
대외신인도	대체로 높음	대체로 낮음
설립비용	일정 비용 필요	거의 없음
자금조달	자금조달 용이, 대자본 가능	자금조달 한계, 대자본 불가능
이익금 사용	제약 있음(사적 유용 금지) 등	제약 없음(개인 자금 사용)
관리비용	비교적 많음	비교적 적음
세금부담	10~22%	6~38%
과세체계	법인세, 대표급여의 비용 인정	소득세, 대표급여의 비용 불인정
복식부기의무	있음	요건에 따라 다름
외부감사제도	자산총액이 100억 원 이상인 경우 공인회계사의 외부감사를 받음	적용되지 않음

2. 개인기업과 법인기업의 설립

1) 개인기업

개인기업을 설립하는 데는 별도의 상법적 절차가 필요하지 않아 절차가 매우 간소하고 휴폐업 절차도 비교적 간단하다. 사업 시작 전 인허가가 필요한 경우를 제외하고는 관할 세무서에 사업자등록증만 교부 받으면 언제나 영업활동이 가능하다.

2) 법인기업

법인기업에는 합명회사, 합자회사, 유한책임회사, 유한회사, 주식회사의 5가지 종류의 법인기업이 있는데, 대부분의 법인기업의 형태인 주식회사를 기준으로 그 설립절차를 알아본다.

(1) 설립방법

발기설립	모집설립
– 설립시 발행하는 주식 전부를 발기인이 인수함으로써 설립하는 방법 – 이사와 감사의 선임은 발기인 의결권의 과반수로 결정 – 대체로 중소규모 기업에 적합	– 설립시 발행하는 주식 일부는 발기인이 인수하고 나머지는 주주를 통해 인수시키는 방법 – 이사와 감사의 선임은 창립총회의 결의로 결정 – 대체로 대규모 기업에 적합

(2) 법인설립 지원 인터넷 사이트

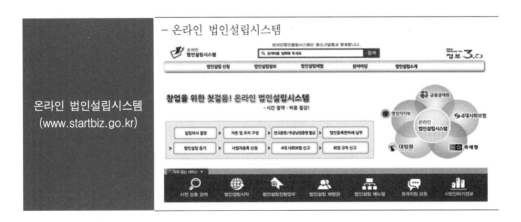

대법원 인터넷 등기소 (www.iros.go.kr)	– 법인설립등기신청서식 및 작성요령 안내 – 법인등기전자 신청 및 온라인 처리
온라인 재택창업시스템 (www,startbiz.go.kr)	– 회사 설립 절차를 간소화하여 온라인으로 설립 지원 – 사업 인허가 대상 여부 조회, 회사 설립 정보 및 상담지원
중소기업청 지역별 중소기업창업지원센터	– 법인 설립에 필요한 절차 및 서식을 One-stop지원

(3) 주식회사 설립 전 결정사항

회사 상호	– 법인 설립시 발기인 조합에서 가장 먼저 검토하고 선정해야 할 일임.
	– 회사 상호에 로마자, 한자, 아라비아숫자, 일정기호 병기 가능(상법 개정)
	  • 동일 상호는 동일 지역 내에서만 문제시됨.
	  • 인터넷등기소(www.iros.go.kr)에서 상호 검색으로 확인 가능

본점 소재지	– 주식회사 설립 등기에는 본점 사무실 계약체결 여부에 상관없이 소재지 주소가 반드시 필요 – 본점 사무실 계약체결 여부는 사업자등록시 관할세무서에서 확인
자본금 규모	– 상법상 최저자본금제도(최저 5천만 원 이상)규정이 폐지됨. – 소액의 자본금으로 주식회사 설립 가능(중기업, 소기업 모두 포함)
이사와 감사의 수	– 자본금 10억 원 이상 : 이사 3인, 감사 1인 이상 필요 – 자본금 10억 원 미만 : 이사는 1인 또는 2인으로 할 수 있으며, 감사는 선임 하지 않을 수 있음.
사업 목적	– 사업 목적 작성시에는 현재 시행하고자 하는 사업뿐만 아니라, 향후 예상되는 사업까지도 포함하여야 정관 및 등기 변경에 드는 비용을 절약할 수 있음.

3. 개인기업과 법인기업의 장단점

일반적으로 개인기업은 안정적인 소규모사업에 적합한 기업형태이고, 반대로 법인은 규모가 있고 소득이 많은 사업에 유리하다.

	표 3.7 개인기업과 법인기업의 장단점	
	법인기업	**개인기업**
장점	1) 자본조달이 용이하고 대자본 형성이 쉬우며 설립 후에도 일반대중으로부터 소액자금을 신주발행이나 회사채발행 등을 통하여 외부로부터 투자 받기가 용이 2) 주주의 개인 재산과 회사의 재산이 명백히 구분되므로 투자자는 회사 도산시에도 출자금액 범위 내에서 법적 유한책임을 지게 되어 안정적인 경영이 가능 3) 전문 경영인에 의한 기업경영이 가능하므로 소유와 경영의 분리가 가능, 즉 소유와 경영이 분리가 되어 기업 대표자가 사망하여도 기업은 영속적으로 존재 4) 제3시장지정 코스닥상장 증권거래소 상장 등을 통하여 기업의 대중화 및 거대화가 가능 5) 사회 일반적으로 법인에 대한 공신력이 높으므로 영업상 유리	1) 설립등기가 필요없고, 사업자등록만으로 사업개시가 가능하므로 기업설립이 용이 2) 기업이윤 전부를 기업주가 독점할 수 있고, 이익 및 손실은 기업주에게 귀속 3) 창업비용과 창업자금이 비교적 적게 소요되어, 소자본을 가진 창업자도 창업 가능 4) 기업활동에 있어 자유롭고, 신속한 계획수립, 계획변경 등이 용이
단점	1) 법인의 경우는 설립절차가 복잡하고 최소 100원 이상의 자본금이 필요 2) 기업이윤이 주주의 출자지분에 따라 배당(이익배당 주식배당)되므로 대표자의 독점적인 이윤이 보장되지 않음 3) 소유와 경영이 분리되고 회사기관이 분리되어 있고 각기 견제장치가 있으므로 신속한 경영의사결정이 어려우며, 주주 상호간의 이해관계 대립 마찰의 소지가 있음 4) 대표이사의 개인재산과 법인 재산이 구분이 되어 대표자가 기업자금을 개인용도로 사용하면 회사는 대표자로부터 이자를 받아야 하는 등 세제상의 불이익 존재 5) 각종 법상 각종 의무 등이 개인기업에 비하여 많음(예 : 등기의무)	1) 기업주가 기업경영상의 모든 부채와 손실을 전액 부담해야 하는 무한책임이 있음 2) 기업주개인의 사정이 기업에 직접적인 영향을 미쳐 기업의 영속성이 결여 3) 투자 등 자본조달 능력에 한계 4) 소유와 경영의 일치로 사업주 개인의 사업이므로, 경영능력에 한계

1) 이노비즈 기업이란, Innovation(혁신)과 Business(기업)의 합성어로 기술 우위를 바탕으로 경쟁력을 확보한 '기술혁신형 중소기업'을 말하고 중소기업청에서 선정한다.

2) 1차산업 : 농업, 2차산업 : 공업, 3차산업 : 서비스업

3) 베이비붐 세대란 우리나라 전후 인구가 급증한 1955~1963년에 태어난 세대로서, 2010년부터는 퇴직이 한꺼번에 많아진 우리나라 성장을 함께한 세대를 말한다.

4) 신용보증기금, 기술보증기금, 전국지역보증재단

제 4 장

창업계획의 수립

창업계획의 수립

제1절 창업환경 분석

1. 취업시장과 창업시장

1) 취업시장

취업시장의 채용 감소추세는 전세계적으로 나타나는 현상이다. 취업준비생들은 좋은 일자리를 구하기가 갈수록 어려워지고 있으며, 임시직에 근무하는 비율이 높아지고 있다. 기술의 발달로 인간 대신에 기계 또는 로봇이 대체하여 처리하게 됨에 따라 전통적인 일자리가 갈수록 감소하고 있다. 고도의 지식과 기술이 필요하거나 단순한 직무의 형태로, 직업의 양극화 현상이 이어지게 될 것이다.

장기화된 경기침체로 청년을 위한 채용시장은 감소추세에 있다. 현재 우리사회 청년층의 취업률은 50%대에 머물고 있어서, 청년실업이 사회적 이슈가 되고 있다. 2015년도 국내 기업의 일자리 조사 결과, 채용계획을 확정한 기업(180개)의 평균 채용인원이 126.9명으로 집계되었는데, 이는 전년도 평균 채용인원 129.9명보다 2.3% 줄어든 수치다. 또한 채용여부를 확정한 180개사의 전체 신규채용 인원도 올해 22,844명으로 지난해(23,385명)보다 다소 감소할 것으로 예상된다.[1]

표 4.1	500대 대기업 1社 평균 대졸 채용예정 인원	

2014년 채용인원	2015년 채용 예정	증감률
129.9명	126.9명	-2.3%

(채용여부 확정 180개사)

자료 : 대한상공회의소(2015), '2015년 500대 기업 일자리 기상도

특히 대학 졸업생이 연간 30만 명 이상 나오는 상황에서 2016년부터 정년 60세 연장 조치가 본격화될 경우 IMF(국제통화기금) 외환위기 이후 사상 최고 수준으로 치솟은 청년실업률이 향후 3년 이상 10% 수준에 고착화될 가능성이 있다는 전망이다. 높은 청년실업률은 경기불황이나 저성장 등의 경제 문제에 기인한 것이 아닌 학벌중시 사회 하의 초고학력사회가 고령화사회와 충돌하며 빚어진 사회 현상으로 인식되고 있다.[2]

또한 기업의 채용에 있어서도 변화의 과도기에 있다. 기업은 더 이상 높은 어학 점수와 학점으로 대표되는 '스펙' 중심의 최고의 인재를 채용하지 않고, 채용의 주요 키워드로 '직무 역량 강화'를 강조하여 최적의 인재(Right Person) 확보에 중점을 두고 있다. 이러한 흐름 속에서 채용제도의 개편을 목표로 '직무적합성평가'를 실시하고 있다. 취업을 위해 학습화 되고 획일화 되어가는 지원자들에 대한 변별력을 높이기 위해 직무중심의 인재 선발에 초점을 맞추고 있다.

그동안 정책적으로 청년의 일자리 제공, 그리고 직업훈련을 중심으로 하는 종합대책을 수립해 왔으며, 공공부문의 적극적 일자리 제공을 추진하여 왔으나, 청년층의 구직난과 미취업 청년층의 증가는 심각한 문제로서 청년일자리의 창출이 경제문제를 떠나 사회적 이슈가 되고 있다. 청년층 고용촉진을 위한 정책이 절실히 필요하다. 일자리 창출을 위한 국가의 전략적 과제로서 신지식·신기술 등에 의한 창업을 중심으로 일자리를 창출할 수 있도록 하는 것이 필요하다.

2) 창업시장

창업의 증가는 전 세계적인 경향이라고 할 수 있는데 최근 미국이나 유럽연합도 경기침체로 인한 실업 해소와 신규 고용창출의 필요성이 증대함에 따라, 기업가 정신 함양 및 창업 촉진을 위한 사회경제적인 기반 조성에 주력하고 있다. 선·후진국을

막론하고 창업 활성화를 중요한 국가적인 정책과제로 설정하고, 각종 지원 대책을 추진하고 있다. 각국 정부는 스타트업의 메카인 실리콘 밸리를 모방해 대도시를 기점으로 창업시장의 허브를 마련하고, 예비창업자를 교육해 배출하거나 신생 기업을 유치하는 등 창업(start-up) 생태계를 위해 다각적으로 노력하고 있다.

창업시장은 저성장과 고실업 현상에 따른 창조경제 구현의 핵심적 수단으로서, 일자리 확충을 통한 경제활성화에 기여한다. 창업은 새로운 시장 및 신산업창출을 통한 창조경제 구현의 핵심요소이다. 창조경제 정책은 창의성과 아이디어 기반의 비즈니스, 그리고 과학기술과 ICT융합을 통해 신 시장과 신산업 창출을 목표로 하고 있다. 이를 통해, 경제 전반에 활력을 불어넣고 경제성장의 한계를 극복하고자 하고 있다.

국내창업 환경은 선진국들과 비교해 볼 때, 전반적으로 창업활동이 저조한 편이고, 창업 중에서 생계유지 목적의 생계형 창업비율이 높다. 이는 우리나라의 창업생태계가 아이디어나 기술을 바탕으로 고부가가치를 창출하는 창업이 아닌 생계유지를 위한 창업이 주를 이룬다는 것을 의미하여 전반적인 창업생태계의 취약성을 시사한다.

국내의 창업가들은 글로벌시장을 지향한 창업 활동을 한다는 점에서는 긍정적이나, 창업 유발이 가능한 지식생성 및 산학협력 연구개발 활동이 저조하여 창업 활동의 활성화에 저해요인이 되고 있다.

전반적인 창업시장을 살펴보면 창업을 수행할 수 있는 기업가 역량이 대체적으로 저조한 데 창업교육이 활성화되지 못하고 있고, 특히 창업 실행에 필요한 실질적인 지식 및 노하우 전달이 취약하다. 취약한 창업교육 환경은 창업 주체들의 낮은 자신감으로 이어져서 창업기업의 활동과 성장에도 나쁜 영향을 미칠 수 있다.

우리나라의 창업문화 조성 정도는 낮은 편으로서, 창업활성화를 저해할 가능성이 있고창업과 연관된 제도적 요인이 전반적으로 취약하다. 창업과 관련한 행정적 절차의 개선으로 창업에 소요되는 기간은 짧은 편이며, 폐업 비용도 적은 편이다. 그러나 창업 과정에 소요되는 비용은 상대적으로 높으며, 파산에 따른 부담이 크고 지적 재산권 보호 정도도 낮은 상황으로서 전반적으로 제도적 환경이 창업 친화적이지 않다.

이러한 관점에서 국내의 창업 생태계는 다양한 영역에 걸쳐 전반적인 개선이 필요하며, 창업 생태계를 구성하는 다양한 주체의 기능 및 역할을 강화하는 종합적인 노력을 통해 전반적인 생태계 활성화가 필요하다.

2. 청년창업의 창업 환경

청년에 대한 정의는 "취업을 원하는 자로서 대통령령이 정하는 연령에 해당하는 자"[3)]
이며, "대통령이 정하는 연령에 해당하는 자라 함은 15~29세"라고 규정하고 있다. 공공
기관과 지방공기업이 청년 미취업자를 고용하는 경우에는 15세 이상 34세 이하인 사
람을 말한다. 그리고 중소기업진흥공단, 창업진흥원, 서울특별시 등의 정부기관들은
청년창업지원 프로그램의 지원요건을 40세 미만으로 제한함으로써 청년을 40세 미만
으로 정하고 있다. 또한 고용정책기본법 제28조 및 동행 시행령 제21조제3항은 '신규
청년실업자'를 교육기본법 제9조에서 학교 졸업 후 또는 전문직업 훈련과정을 이수한
후 5년이 경과하지 아니한 20세 이상 40세 미만의 신규실업자로 규정하고 있다.

중소기업청의 연령대별 신설법인 통계에 따르면 30세 미만의 청년창업법인의 수는
지속적으로 증가하고 있는 추세이긴 하지만, 전체 창업자 수에 비해서, 그리고 전체
신설법인 수에 비해서 전반적으로 미미한 수준으로 부진한 양상을 보이고 있다.

국내 청년창업이 부진한 이유로는 청년층은 높은 창업의지에 비해 전공지식과의
괴리, 도전정신과 회생정신의 부족, 대학생창업지원제도에 관한 지식부족과 외적 환경
의 비우호성 인식 등을 들고 있다. 즉 창업가 역량의 부족의 문제점으로서 창업지식
부족, 도전의식 결여, 관련지원의 미흡, 사회적 인프라 부족, 가족 및 지인의 만류 등이
거론되었다. 그러나 차츰 취업난이 심각해지면서 취업의 대안으로서 창업을 선택하는
비중이 늘어나고 있다.

세계 각국은 다양한 청년창업프로그램을 추진하고 있는 현황이고, 미국은 청년창업
지원프로그램(REAL)을 통해 사업아이디어의 발굴 및 사업계획서 작성 등 창업관련
교육을 실시하여 청년 창업을 하도록 지원하고 있다. 독일은 연방경제과학부(BMWI)
의 주도하에 기획, 실시되고 있는 도전 창업프로젝트를 중심으로 연구소, 대학, 기업이
연계되는 창업지원 프로그램을 운영하고 있다.

한국은 중소기업청을 중심으로 다양한 창업지원 프로그램이 운영되고 있는데 창업
아이템 개발지원, 창업 동아리 지원, 현장견학 및 해외창업 연수지원, 대학창업 행사
지원, 학생·교수·연구원 창업경연대회, 벤처창업 로드쇼, 창업강좌 지원, 소상공인 지
원센터를 통한 창업·경영·자금 지원, 청소년 기업가 정신 교육 실시, 창업대학원 지정
및 운영 지원 등 비교적 다양한 창업지원 활동을 시행하고 있다.

이와같이 창업 활성화를 통한 일자리 창출을 위해 정책적으로 다양한 사업을 추진해 오고 있으나, 체계적인 제도 운용이라는 측면에서 볼 때 다소 미흡하다. 특히 기업가 정신 함양 및 창업교육 부족뿐만 아니라 창업지원 사업 간의 연계성 미흡, 창업기업에 대한 사업화 자금 지원 부족, 창업 이후 사후관리 미흡 등이 문제점으로 지적되고 있다.

이에 정책적으로 청년창업의 환경 개선을 위하여 크게 창업 친화형 교육 제도로의 전환, 기술기반 청년창업 활성화를 위한 국가 R&D제도 개선, 투자 중심의 청년 창업자금 지원, 범부처 차원의 창업지원 플랫폼 구축으로 청년창업 생태계를 조성하고 적극적인 지원사업을 추진하는 것이 필요하다.

(1) 창업 친화형 교육제도로의 전환

창업 친화형 교육기반의 마련으로서 창업에 대한 대학의 태도 변화 유도, 창업 중점 교수제 도입, 대학평가 제도의 개선, 교수의 자발적 참여 유도, 대학 내 창업 전문가 확충 및 연계 강화, 대학-중등교육기관 간의 연계 강화 등이 있다.

특화된 창업대학원대학교의 설립·운용, 1사-1학 멘토링 시스템 확대, 대학 내 창업 관련 부서 간 협력 강화, 창업대학원대학교의 역할·기능 재정립, 창업대학원대학교 관련 지원 제도의 쇄신, 스타 창업기업의 발굴·지원, 온라인 기반 멘토링 시스템의 구축, 지적재산권 기반 창업 아이디어의 온라인 심사 확대·인증 부여, 창업 전문가 DB 구축 및 창업 네비게이션 등이 필요하다.

(2) 기술기반 청년 창업 활성화를 위한 국가 R&D제도 개선

사업화·실증 연계형으로의 R&D 제도 전환으로서 출연연구소 구성원의 창업 마인드를 개선한다. 대학·출연연구소 간 협력을 통한 창업 확대, 졸업 시 신기술 창업계획서 작성 의무화, 창업계획서에 기반한 기술혁신형 창업경진대회를 실시하고 우수 사례에 대하여 신기술 벤처창업을 지원하는 등 R&D 제도와 창업교육 간의 연계를 강화한다.

(3) 투자 중심의 청년 창업자금 지원

대학 자체의 투자운용회사 설립, 엔젤 투자 활성화를 위한 제도 개선, 소셜 펀딩을 통한 창업 지원 등이 필요하다. 정부 지원방식의 변화로서 정부 자금지원의 Two-Track 방식 전환, 창업 자금·성과 관련 조세지원의 확대도 요구된다.

또한 창업 실패자에 대한 재기 시스템을 도입하고, 산학협력기술지주회사의 역할을 강화하는 방안으로서 투자 전용펀드의 조성, 융자 관련 지원의 확대, 세제 관련 법령의 개정, 대학 출연연구소의 기술개발 성과물 사업화 확대를 추진한다. 기업 M&A 거래소도 마련하는 것이 바람직하다.

(4) 범부처 차원의 창업지원 플랫폼 구축

범부처 합동조직을 마련하여 민간 및 정부의 다양한 투자 유도, (가칭)한국창업재단의 설립, 문화, 교육, 멘토링, 조사·통계, 체험훈련 기능 등을 수행하는 창업성장위원회를 설치·운영한다.

3. 국내 창업환경 분석

국내 창업환경은 미국 등 창업 선진국과 비교할 때 질적인 면이나 규모면에서 개선되고 보완되어야 할 점이 많다. 국내 청년들은 창업선호도는 매우 낮고, 창업을 위한 제도적 전승이나 투자의 경로도 부족하다. 대부분 청년층은 창업대신 안정적인 취업을 선호하는 경향이다.

청년 창업이 활성화되면서 2015년 상반기에 신설 법인이 지난해 같은 기간보다 증가하였고[4] 청년층의 법인 설립이 증가세에 있으며 생계형 창업보다는 기술형 창업이 성장세를 보이고 있다. 특히 소셜창업 방식이 청년창업에서 주요한 전략으로 확대되고 있는데, 그 중 특히 핵심역량과 기술에 기반해서 외부인력, 기업, 기관과의 연계를 적극적으로 활용하는 소규모의 소셜창업이 새로운 동향으로 떠오르고 있다. 소셜창업은 SNS(social network service)를 활용하는 대외적인 소집단의 적극적인 조직과 활동으로, 사회적 가치를 추구하는 방향으로 확장되어 가고 있다.

과거의 창업이 연구·개발, 생산, 품질, 유통, 서비스, 관리 등 모든 분야에 관여하고 개발과 생산설비에 상당한 투자도 필요한 '무거운 창업'이었다면, 현재 창업의 방향은 생태계 중심의 이런 가벼운 창업으로 누구나 창업을 꿈꾸고 창업이 즐겁고 쉬운 것으로 흐르고 있는 추세이다.

청년창업에는 창업의 어려운 장벽과 함께 창업시장에서의 불평등 관계, 창업에 대한 부정적인 사회 인식, 취업위주의 교육과 훈련, 경력·기술·인맥의 미비, 개인자본의 부족 등 청년층의 역량부족이 문제점으로 드러나고 있다. 따라서 청년창업 정책은 이러한 진입장벽을 낮추는 방향으로 법제·교육·정보·공간·자금의 측면에서 고려되어야 할 것이다.

이러한 문제점을 해결하기 위해 정책적으로 '창업 → 성장 → 회수 → 재도전'이 원활한 선순환 창업·벤처 생태계를 조성하는 방향으로 추진해야 할 것이다.

① 창업친화적 교육패러다임을 확립하고 지속적으로 추진한다.

② 창업자금 지원을 융자 중심에서 투자 중심으로 확대하여, 패자부활을 통한 재창업이 가능하도록 한다.

③ 창업성공률 제고를 위해 멘토링 및 창업보육을 강화한다.

④ 창업정책 방향을 지속적이고 효과적으로 추진하기 위한 범부처 통합 창업지원체제를 강화한다.

제2절   창업역량 평가

1. 창업의 성공조건

1) 창업가의 성공요인

창업을 하기 위해서는 무엇보다도 창업자 자신의 의지와 역량이 우선되어야 한다. 창업자가 현재까지 축적시켜온 기본적인 지식과 경험, 그리고 관심 분야에 대한 전문적인 역량을 최대한 활용하여 유망한 사업 아이템을 구상해야 한다. 유망한 아이템을 선정하는 과정에서 관련 산업분야와 시장 상황에 대한 세심한 분석과 미래 트렌드 변화를 예측함과 동시에, 수요자들의 성향을 고려하여 전체적인 마스터플랜을 기획해야 한다. 그런 후에 자신이 동원할 수 있는 물적, 인적 자원에 대한 자원지도를 구체적으로 완성하여 단계적인 접근전략을 수립해야 한다.

성공적인 창업가들에게 요구되는 공통적인 특성과 역량은 다음과 같다.

① 철저한 준비와 결단력이 요구된다. 사업기회가 오면 주저하지 말고 결단을 내리고 또한 신속하게 행동에 옮김으로써 기회를 최대한 활용할 수 있는 준비가 되어 있어야 한다.

② 강한 인내력의 발휘가 필요하다. 창업가는 원칙에 충실하는 동시에 위기의 상황에 처한 경우 문제를 해결하기 위한 적극적인 자세와 끈기 있는 인내력이 필요하다.

③ 사람을 이끌어 나가는 리더십이 필요하다. 적합한 기회를 창출하고 자신 있게 상대방을 설득할 수 있는 리더십이 요구된다. 상대방을 설득할 수 있는 역량이 부족하다고 판단될 경우에는 훈련을 통해 스스로 지도력을 키워야 한다.

④ 사업에 몰입하는 집중력이 요구된다. 작은 규모의 사업이라도 집중해서 몰입하지 않으면 실패할 확률이 높다. 창업의 성공을 바란다면 사업의 우선적인 부분을 선택하고 직접적인 관련이 없는 것들을 과감하게 포기하며 창업에 몰입해야 한다.

⑤ 창업에 필요한 정보수집 및 분석, 그리고 지속적인 학습이 필요하다. 급변하는 사회에서 새로운 변화에 신속하게 대처해 나가는 것이 창업성공의 핵심과제라 할 수 있다. 시대의 흐름과 고객이나 시장의 요구를 파악할 수 있는 통찰력으로 사업에 관련된 지식과 경험을 축적하여 최고의 전문가로 발돋움해야 한다.

2) 창업가의 성공모델

창업의 성공에는 기회(opportunity), 기업가(뛰어난 관리팀), 그리고 회사를 시작하고 성장시키는데 필요한 자원(resources) 등 세 가지 요소가 매우 중요하다. 이에 관한 창업에 관한 성공 모델은 다음 그림 4.1과 같다.

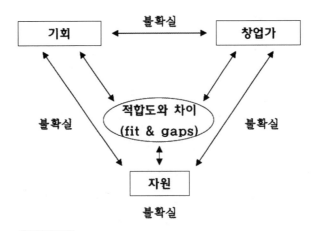

그림 4.1 티몬스의 창업 성공 모델(Timmons model)

자료 : Timmons(1990)

3) 청년창업가의 성공역량

청소년 기업가가 성공하려면 무엇이 필요로 하는가, 기업가 또는 성공적 인간이 일반적으로 가지는 가장 중요한 자질은 용기, 결심, 환경, 기회, 열정, 행동력 등 다음과 같은 성공역량이다.

① 용기(courage)는 위험을 감수하려는 열성이다. 위험한 상황이 발생하는 것을 두려워하지 않는 것이다. 용기를 가지고 지금 도전한다면 성공으로 나아가는 관문으로 들어서는 것이다.

② 결심(determination)은 위기의 상황에도 중단하지 않고 포기하지 않는 능력이다. 성공적인 사람은 패배를 성공을 위한 기회로 보고 다시 일어날 수 있는 결정을 하고 성공을 위해 재도전을 결심한다. 실패는 큰 배움의 기회이며 새로운 도전을 위한 결정력을 갖추도록 한다.

③ 환경(environment)은 창업을 위한 긍정적이고 창의적인 인적 자원을 갖추는 것을 의미한다. 긍정의 힘으로 에너지를 불어 넣고 지속적으로 추진할 수 있는 사람들과 함께 사업을 추진하는 환경은 성공의 원동력이 된다.

④ 기회(opportunity)를 찾아내는 창의적인 능력이 필요하며, 이는 성공적인 사람이 되기 위한 중요한 요소이다. 기회를 볼 수 있게 되기 위한 가장 큰 요건은 창의적인 사람이 되는 것이다. 기회를 찾을 수 있는 창의력은 능력을 갖추어야 하고 서로 관련 없는 일이나 상황들 사이에서 연결점을 찾을 수 있어야 한다는 의미를 갖는다.

⑤ 열정(passion), 꿈과 목적을 성취하기 위한 열정은 자신이 하는 것을 이루고 성공으로 이끄는 중요한 요소이다. 열정으로 인해 위기를 극복하고 기회를 잡고, 실행하려는 의지를 지속적으로 갖게 된다.

⑥ 실행력(action)은 성공적인 사람에게서 찾아볼 수 있는 특징이다. 위대한 생각이라도 실행하지 않는다면 존재할 수 없다. 좋은 아이디어는 그 일을 실현시키는 추진력이 된다.

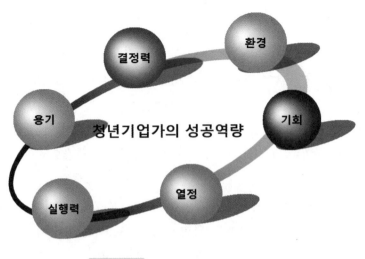

그림 4.2 청년기업가의 성공역량

자료 : Rispoli, A. (2013). The young entrepreneurs.

2. 성격별 창업역량

1) 역량평가 도구

(1) 역량의 개념

역량(competency)이란 동기, 특질, 자아개념, 태도, 가치, 내용 지식, 인지적 행동기술의 조합으로 일관되게 측정 또는 수량화 될 수 있고, 평범한 성과자들로부터 우수한 성과자를 구분해 낼 수 있는 개인적인 특성 또는 측정 가능하고, 업무와 관련된 개인의 행동적 특징에 기초한 특성 및 능력이다. 역량은 지식, 기술, 능력, 성격 등 보다 행동적 측면을 강조하고, 조직의 활동 및 결과와 밀접하게 관련되어 있으며 성과의 수준을 내포하고 있다.

역량의 개념은 학생들에 대한 전통적인 적성검사나 성취도 검사로는 사회 진출 이후의 업무 성과나 성공 여부를 예측할 수 없다는 점을 확인하고, 실제 사람이 가지고 있는 능력을 업무 성과와 연결시켜 개념을 정의한 것이다.

인재집단의 기본 역량은 점차 강화되어 학습능력이 향상되고 있으나, 이에 비해 과학기술의 발달로 담당 직무와 직무 수행 방법의 변화속도가 급격히 빨라지고 있는 상황이다. 글로벌 환경이 마련되어 경쟁이 치열해지면서 성과를 높이는 것은 개인이 지닌

학력, 지식, 스킬 등의 보유 능력에만 국한되지 않으며, 그리하여 이러한 역량이 중요
해지고 있다.

2) 창업자의 창업역량 평가

경쟁자와 자신을 비교하는 내부역량 분석을 통해 강·약점(Strength, Weakness)을
파악하고, 외부환경에 대한 분석을 통해 기회와 위협요인(Opportunity, Threat)을 파
악하여 이를 전략적으로 활용하기 위한 분석틀로 역량평가를 한다.
  – 강점 : 창업가로서 강점으로 인식 되는 것은 무엇인가?
  – 약점 : 창업가로서 약점으로 인식 되는 것은 무엇인가?
  – 기회 : 외부의 환경에서 유리한 기회 요인들은 무엇인가?
  – 위협 : 외부의 환경에서 불리한 위협 요인들은 무엇인가?

창업자의 경쟁력 / 환경변화	STRENGTH	WEAKNESS
OPPORTUNITY	SO전략 강점을 활용하여 기회를 포착하는 전략	WO전략 기회를 포착하기 위해 약점을 보완하는 전략
THREAT	ST전략 강점을 활용하여 환경적 위협을 극복하는 전략	WT전략 환경적 위협을 극복하기 위해 약점을 보완하는 전략

창업역량 평가는 크게 기업가 정신, 경험·지식, 경영능력, 비전 및 철학의 분야에서
분석 평가하여, 창업자가 자기검증을 하게 된다.
  ① 기업가 정신 : 진취성, 혁신성, 위험감수성, 자율성, 창의적 리더십, 사회적 책임,
       도전정신 등이 해당된다.
  ② 경험/지식 : 창업분야의 관련된 지식 및 경험정도, 외부 네트워크, 창업교육 등 준비
       상태
  ③ 경영능력 : 창업팀 구성 및 조직관리 능력, 자원조달 및 활용능력, 마케팅 전략수립
       등 창업자의 자기검증

④ 비전 및 철학 : 사업에 대한 확고한 의지, 핵심역량, 경험, 인적·물적자원, 특허·
기술, 네트워크

3. 창업역량 평가

예비창업가의 창업역량의 핵심요인은 가치추구, 창의적 행동, 기회 추구, 헌신, 열정,
위험감수 의지를 Timmons의 창업역량 지표에 의거하여 평가한다.

1) 개인적 특성(14문항)

① 오랜시간 일을 추진할 수 있는 열정과 에너지를 가지고 있는가?

② 자신이 세운 목표를 달성할 수 있는 자신감이 충만한가?

③ 일시적이 아니라 장기적으로 특정사업에 참여하고 있는가?

④ 금전을 평가의 척도로 사용하는가?

⑤ 문제해결에 인내심을 가지고 임하는가?

⑥ 명확한 목표를 설정할 수 있는 능력과 결단력이 있는가?

⑦ 자신의 노력으로 성공가능성이 높은 일에 모험심을 가지고 있는가?

⑧ 실패한 경우, 실망하지 않고 문제점을 밝혀내고 배우려고 노력하는가?

⑨ 피드백을 활용하여 개선해야할 문제점을 파악하고 시정조치를 하는가?

⑩ 독립심이 강하고 책임감을 갖고 있는가?

⑪ 주변자원의 활용을 위해 사내외의 상황을 적절히 이용할 수 있는가?

⑫ 자신이 세운 목표와 경쟁하는가?

⑬ 운명을 외적요인이 아닌 스스로 개척하는 자신감을 가지고 있는가?

⑭ 불확실성을 불안하지 않게 극복할 수 있는가?

2) 업무역량(8문항)

① 사업과 가정을 잘 조화시킬 수 있는가?

② 창업을 자기인생의 모든 것으로 보는가?

③ 창업가로서 창의성과 기술혁신 능력이 있는가?

④ 업종에 대한 전문적인 지식은 갖추고 있는가?

⑤ 창업팀을 구성할 수 있는 능력이 있는가?

⑥ 창업가의 자유경제 체제에 대한 경제관이 확실한가?

⑦ 기업윤리관이 확실한가?

⑧ 종합적 능력을 갖추고 있으며 타인으로부터 신뢰를 얻고 있는가?

3) 창업의 길

- 돈을 벌고 싶은가?
- 강력한 타부와 위기, 혼돈을 창업과 혁신의 기회로 삼아라.
- 기술창업은 전공과 무관하다.
- 창업 CEO의 캐릭터 3P : pride(오기), passion(열정), profit(이익)
- 글로벌 벤처가 되라.
- B2B대신 B2C 기업을 창업하라.
- 창업은 기 존재하는 것을 상호연관시켜 새로운 용도를 만드는 것이다.
- 회사의 이익은 전쟁의 전리품이다.
- 제품 대신 꿈과 비전, 그리고 고객의 솔루션을 팔아라.
- High risk, High return의 비즈니스를 창업하라.
- 미래를 헛되게 예측·분석하지 말고 만들어라.
- Taboo Management를 시작하라.
- 결코 하지 말아야 할 것을 효율적으로 시행하려는 것은 죄악이다.
- 미개척지에는 적이 없다.
- 점진적 개선주의는 도태의 지름길이다.
- 창업과 기술혁신은 우연과 휴식에서 온다. : Serendipity
- 창업CEO가 앞장서는 역삼각형 대형을 유지하라.
- 대중집단은 위험을 최소화하기 위해 비이성적으로 행동한다.
- 전략은 영화 시나리오처럼 만들어라.

제3절 창업계획의 수립

1. 창업 아이템의 선정

1) 창업 아이템 선정의 중요성

창업 아이템은 기업이 산출할 상품이나 서비스를 말한다. 성공적인 창업을 하기 위해 필요한 것은 수익성이 있는 창업 아이템을 선정하는 것이다. 창업 아이템은 시장에 흔하지 않으며, 사업을 할 만한 가치가 있고 대체상품이 존재하지 않아야만 성공을 보장할 수 있는 창업 아이템이 된다.

2) 창업 아이디어 발굴의 주요 요점

① 베스퍼(Karl H. Vesper)의 아이디어 창출 유형[5]: 기대치 않은 초대, 권리의 획득, 취미, 자기 고용 등
② 창업업종을 선택시 실패율을 낮출 수 있는 요령
③ 자신의 성격을 파악하고 그에 맞는 업종 선택
④ 자신의 경력이나 특히 전문지식이나 인맥을 활용할 수 있는 업종
⑤ 시대의 변화를 반영 하되, 자신이 따라잡을 수 있는 업종 선택
⑥ 현실성이 있는 아이디어 발굴

3) 아이템 선정의 기본 원칙

① 성장 가능성이 있는가?
② 경험이나 특징을 활용할 수 있는가?
③ 자기의 실력을 발휘하고 적성에 맞는가?
④ 실패의 위험이 적은가?
⑤ 자기의 자본 규모에 적당한가?
⑥ 경쟁력을 갖추기 위해서는 상품조달과 회사규모는 어느 정도가 되어야 하는가?
⑦ 수요와 시장성이 충분한가? 또는 곧바로 수요가 있는가?
⑧ 투입비용에 대비하여 수익성은 높은가?

4) 창업 아이디어의 창출 기법

(1) 경험의 재구성

남보다 앞서 특정한 부문이나 시장에서 얻은 지식과 경험을 전혀 새로운 기술적, 사업적 노하우로 연결시킴으로써 좋은 사업기회를 포착한다.

(2) 창의적 아이디어 창출 기법

① 브레인스토밍, 시네틱스(synectics), 자유연상법(free association)

② 강제연상법(forced relationships), 포커스 그룹(focus group) 등

(3) 창업 아이디어 개발의 구체적인 방법

① 기존 제품을 탐색하는 방법

② 변경 제품을 탐색하는 방법

③ 신제품을 탐색하는 방법

2. 시장조사 및 상권분석

1) 좋은 입지의 구성요소

① 좋은 입지의 전제조건

입지조건의 구성요소/적정한 상권인구/최적입지의 요소

② 입지구성의 기본요소

매출을 결정하는 요소들/성공하는 입지의 조건/통행량/상권의 질/동선/교통량/시계성/건물과 토지/영업력/경합성

2) 상권설정과 조사

① 상권설정방법

단순원형 상권 설정법/실사 상권 설정법/앙케이트를 이용한 상권 설정법/고객 리스트를 통한 상권 설정법

② 상권조사

적정한 상권 인구 결정 요소/상권의 실제 측정

3) 상권 및 입지 분석

① 점포 입지 분석의 기본

　　입지 환경 조사/상권 규모별 입지 조사/입지 조사 방법

② 기존점 상권분석

　　내점객 조사/상품교환권을 이용한 조사/내부자료를 이용한 조사

③ 신설점 상권 분석

　　소규모 점포/도로변 점포

④ 통행자 특성 조사

　　통행량 조사/왕래자 조사/가정방문 조사

⑤ 경합점 조사

　　입점객 조사/상품력 조사/점포와 영업 상황 조사/매출액 추정/경합점 평가표 작성

⑥ 설문조사

　　표본수집과 질문법/표본 수집의 종류/설문조사와 집계

⑦ 매출 예측

　　잠재구매력을 이용하는 방법/업종가 업태의 특성을 이용하는 방법/경영 분석 수치를 이용하는 방법

⑧ 채산성 분석

　　손익계산/투입자본 회수기간 검토

3. 사업타당성과 위험관리

1) 사업타당성 분석

성공적인 사업을 위한 업종별, 분석목적별로 보는 사업타당성 분석의 평가요소는 일반적으로 ① 새로운 사업에 대한 경영자(또는 창업자)의 수행능력 평가, ② 계획된 제품의 생산에 필요한 기술의 해결가능성을 검토하는 기술성 분석, ③ 판매시장의 환경, 경쟁상태, 시장진입 가능성 및 중장기 수급전망 등을 검토하는 시장성 분석, ④ 적정 수익률 확보가능성을 검토하는 재무적 분석, ⑤ 위험요소 분석과 성장가능성 분석 등으로 구성된다.

사업타당성 분석의 평가요소는 다음 그림 4.3과 같다.

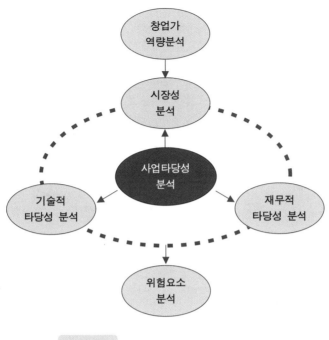

그림 4.3   사업타당성 분석의 평가요소

2) 창업의 위험관리

기업경영에 있어 재무적 손실 가능성을 최소화하기 위한 최선의 방법을 모색하는 일련의 위험관리 방법으로서 손실의 원천을 확인하고, 손실발생의 재무적 영향을 평가하며 실제 손실과 그 재무적 영향을 통제함으로써 이루어진다.

위험 관리의 4가지 기본적인 선택사항들은 다음과 같다.

① 위험 회피 : 어떤 활동을 수행하지 않음으로써 위험을 회피한다.

② 위험 전가 : 보험, 헷징(hedging), 아웃소싱을 통해 제3자에게 위험을 전가한다.

③ 위험 완화 : 예방적이고 검출적인 제어 장치를 통해 운영 위험과 같은 위험을 완화한다.

④ 위험 수용 : 확실한 위험 활동을 파악하여 인식하는 것은 주주들의 이익을 증대시킨다.

경영환경이 급변하고 기업 이해관계자의 범위가 점점 확장되며, 예상치 못하는 돌발사태가 발생할 가능성이 상존함에 따라 이에 대한 대응으로서 위기관리 시스템을 구축해야 한다(그림 4.4).

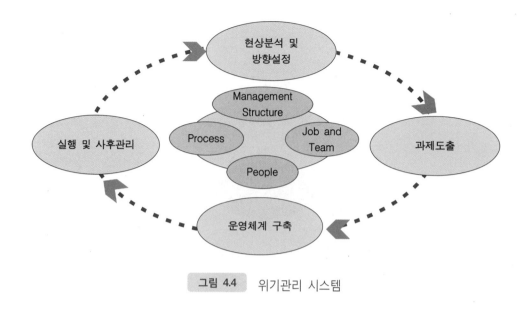

그림 4.4 위기관리 시스템

4. 회사설립 절차

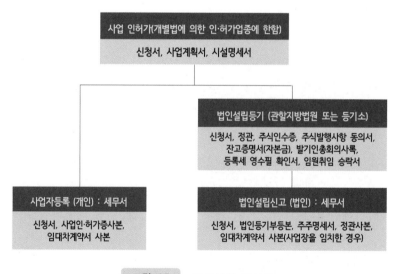

그림 4.5 회사설립 절차도

자료 : http://www.startup.go.kr(창업넷)

5. 사업계획서 작성

사업계획서의 체계는 업종, 규모, 사업계획서, 이용목적에 따라 설계의 형태에 차이가 있을 수 있으나, 일반적인 체계는 다음과 같다.

① 사업개요(Executive Summary)
② 환경분석(Environmental Analysis)
③ 사업목표 (Business Goals)
④ 제품과 서비스(Product and Service)
⑤ 생산과 운영(Product and Operation)
⑥ 사업전략(Business Strategy)
⑦ 추정재무재표(Estimated Financial Statements)
⑧ 위기분석 및 대응계획(Risk Analysis and Mitigation Plan)

공식적인 사업계획서 외에도 사용자의 요구에 따라 백업용으로 또는 예비적으로 준비되어야 할 자료가 필요하며, 일반적으로 다음과 같은 자료가 준비되어야 한다.

① 수익모델(Revenue Model)
② 사업타당성분석
③ 가치사슬분석
④ 각종 비율분석
⑤ 사업매력도 분석
⑥ 제품·브랜드 포트폴리오 매트릭스
⑦ 마케팅계획
⑧ 환경문제 등 사회적 이슈에 대한 대응계획

특히 잠재적 투자자, 융자를 고려하는 금융기관, M&A 등 전략적 제휴를 탐색하는 상대방 측에서는 공식적인 사업계획서 외에, 경제성 분석이나 마케팅·브랜드 계획 등의 자료를 요청하는 경우가 있다.

6. 창업자금 및 세무회계

1) 창업자금

창업계획에서는 우선적으로 자금계획을 세우는데 창업을 준비하면서 가장 핵심적인 분야는 창업에 필요한 사업자금의 마련에 있다. 여유자금 없이 기술을 자본으로 창업하는 경우 창업자금을 조달하는 것이 가장 큰 과제이다.

창업을 준비하면서 자금조달에 어려움이 있는 창업자들은 정부의 창업자금지원제도를 활용하면 큰 도움을 받을 수 있다. 중앙행정기관이나 지방자치단체에서는 각 분야별로 여러 가지 형태로 창업자금을 지원해 주고 있다. 예를 들어 제조업, IT사업, 지식산업 등의 경우에는 중소기업청, 도·소매업, 음식점업, 서비스업 등 생계형 창업의 경우에는 소상공인지원센터, 정보화사업의 경우에는 정보통신부등에서 장기저리 또는 무상으로 자금을 지원해 주는 프로그램을 운영하고 있다.

자금지원제도는 대부분 창업 후 3년 이내의 기업을 대상으로 하고 있는 경우가 많으므로, 창업한 이후에도 지속적으로 관심을 가지고 여러 행정관청에서 지원해주는 자금규모와 지원시기, 자금소진계획, 자금신청스케쥴 등을 수시로 점검해야 한다.

2) 세무회계

회계란 기업의 경제활동을 측정, 기록, 요약, 정리, 보고하는 체계로서 전표의 작성, 장부의 기록, 결산재무제표의 작성 등을 포함한다.

(1) 회계의 중요성
① 경영관리상의 중요성
　기업의 현황파악과 향후 예측수단으로서 회계자료 유용, 자산관리의 수단으로 사용한다.
② 내부통제의 수단으로서의 회계시스템
　복식부기에 의한 장부의 기록 자산의 누락이나 부정 방지 수단으로 활용한다.
③ 외부보고용 자료제출시 회계자료이용
　은행이나 관공서 기타 회사의 재무현황에 대한 자료 요구시 회계장부로부터 작성하여 제출한다.

④ 각종 세무신고 자료로서 회계자료

각종 세무신고시 기장 비치된 회계장부를 근거로 신고서를 작성한다.

(2) 회계의 방법

① 회계처리의 기본시각

회계는 의무적으로 하는 것이 아니라 사업자 자신을 위한 것이며 회계를 통하여만 관리를 효율적으로 수행하는 것이 가능하다.

② 회계처리의 기본계획 수립

회계처리조직과 인력에 대한 계획, 전산에 의한 회계처리를 수행한다.

---

1) 대한상공회의소(2015), '2015년 500대 기업 일자리 기상도'
2) 대한상공회의소(2015), '청년실업 전망과 대책 보고서'
3) 「청년고용촉진특별법」 제2조제1항(2004 제정)
4) 중소기업청(2015) : 11.9% 증가한 4만6419개 기록.
5) 기대치 않았던 초대(unanticipated invitation), 전직(prior employment), 권리의 획득(obtaining rights), 자기고용 (self-employment), 취미(hobbies), 사회적으로 만난 사람들(social encounters), 단순한 관찰(pedestrian observation)

제 5장

창업 아이템

제 5 장

창업 아이템

제1절 창업 아이템 선정

1. 창업 아이템의 원천과 포착방법

창업 아이템은 창업에 있어서 가장 중요한 요소 중에 하나이다. 창업을 생각하고 있는 대부분의 사람들은 뭐 잘되는 사업이 없나 하면서 대박을 꿈꾼다. 그러나 현실은 녹녹치 않다. 그러면 어떻게 하면 성공확률을 높이고 시류에 적절한 창업 아이템을 찾을 수 있을지 함께 고민해보도록 하자.

1) 창업 아이템 원천

창업 아이템을 찾을 때 전제요소는 이 아이템이 과연 시장에서 통하고 계속 롱런할 수 있는가에 달려있다. 반짝 유행하다 사라지는 업종을 창업을 할 경우 성공하기가 쉽기 않기에 요즘 트렌드가 적절히 반영되어 있는 성장산업인지 잘 살펴봐야 한다.

그럼 아이디어의 원천은 어디에 있을까?

바로 내 주변에서 일어나는 모든 일이 사업으로 이어질 수 있다. 커피를 다른사람에 비해 더 좋아한다면 커피전문점, 카페를 고민해 보면 좋을 것이고, 강아지를 너무 좋아해서 아파트에서 2~3마리를 키우고 있다면 강아지 관련사업 즉, 동물병원을 개원하면 되는데, 수의사 자격증이 있어야 하므로 일반창업의 경우에는 동물관련 사료용품점, 동물미용실 등을 창업하면 평소 좋아하는 일을 창업으로 이어지게 된다.

가장 중요한 요소는 트렌드에 너무 기대어 잘된다고 너도나도 따라하는 사업이 가장 위험하다. 창업아이디어는 자기가 지금까지 해 왔던 일이나 관련일, 관심있는 사업에 대해 아이디어를 접목하는 것이 좋다. 신문기사내용을 1년간 취합해서 가장 빈번하게 일어나는 단어를 열거해 보면 그 단어에 속한 산업이 트렌드라고 할 수 있다. 그러나 신문 1년치를 분석하는 일이 쉽지는 않은 노릇이다. 그래서 인터넷을 활용하는 방법을 주로 이용하고 있다. 창업은 아이디어만 있다고 성공하는 것이 아니라 사업성이 있어야 하는 것이다. 나만의 특출한 기술을 가지고 있어도 그 기술을 구현하기 위해 개발비가 너무 과다하게 들거나 제품판매가격이 상식을 넘는 고가의 경우에는 망하기 십상이다. 즉, 기술성이 있더라도 사업성이 없어 망하게 되는 것이다.

2) 창업 아이템 포착방법

(1) 책, 잡지 등을 통한 트렌드 포착

트렌드와 관련한 책, 잡지, 신문 등을 참조해서 시장에서의 트렌드 흐름을 파악할 수 있다. 예를들어, 서울대 생활과학연구소 소비트렌드 분석센터(김난도 교수)에서 매년 책자를 통해 소비트렌드를 제시하는데 2015년에는 「트렌드코리아 2015」를 통해 양의 해, 10대 소비트렌드 키워드로 '카운트 쉽(COUNT SHEEP)'을 선정했다.

Can't make up my mind 햄릿증후군
Orchestra of all the senses 감각의 향연
Ultimate 'omni-channel' wars 옴니채널 전쟁
Now, show me the evidence 증거중독
Tail wagging the dog 꼬리, 몸통을 흔들다
Showing off everyday, in a classy way 일상을 자랑질하다
Hit and run 치고 빠지기
End of luxury : just normal 럭셔리의 끝, 평범
Elegant 'urban-granny' 우리 할머니가 달라졌어요
Playing in hidden alleys 숨은 골목 찾기

영문 앞자리를 따서 트렌드를 제시하는데 'C : 햇림형 증후군'은 햄릿처럼 결정장애를 앓고 있는 소비자를 뜻하는 것으로서, 이를 위한 서비스가 각광받을 것이다. 이어

'O : 감각의 향연'은 다양한 감각의 결합을 가능하게 하는 상품과 서비스에 대한 관심을 불러일으킬 것이고, 'U : 옴니채널 전쟁'은 오프라인 매장과 모바일 앱 기술의 결합으로 소비자에게 끊김 없는 쇼핑 환경을 제공할 것이라고 전망하고, 마지막 단어인 'P : 숨은 골못 찾기'는 낙후되고 촌스럽던 골목길이 특유의 미학과 여유를 간직한 채 새로운 트렌드를 선도하게 될 것이라고 말한다.

(2) 각종 박람회를 통한 트렌드 포착

창업과 관련하여 박람회가 국내외에 1년내내 열린다. 해외는 그만두더라도 국내에서 박람회는 업종별, 트렌드별로 계속 진행되는데 주요 전시장으로는 서울 강남구 무역센터 '코엑스전시장'과 '서울무역전시장', 경기도 일산의 '킨텍스전시장' 등에서 다양한 전시회가 연중 열리고 있다.

코엑스 (서울시 강남구)	www.coex.com
서울무역전시장 (서울시 강남구)	www.setec.or.kr
킨텍스 (경기도 일산)	www.kintex.com

특히, 창업박람회와 프랜차이즈창업박람회는 소자본 창업에 있어서 중요한 창업정보를 제공하고 있어 이를 이용하면 창업트렌드를 파악하는데 많은 도움이 된다.

예를 들어, 프랜차이즈 창업에 관심이 많을 경우, 매년 코엑스에서 열리는 프랜차이즈 창업박람회를 찾아보면 유익한 정보를 얻을 수 있다. 2015년에는 "프랜차이즈 창업 박람회 2015 Coex"라는 제목으로 박람회가 2015. 7. 30.~8. 1.까지 코엑스 전시장에서 열렸다. 약 3만 명의 관람객이 참여하였는데, 박람회를 통해 프랜차이즈 아이템의 변화와 적성에 맞는 프랜차이즈 업종을 경험해 보는 것도 좋은 방법이다.

참고로 전시장 관람료는 대략 5,000원~10,000원 정도하는데. 미리 참여주관사 홈페이지에서 "참관객사전등록"을 신청하면 무료로 입장할 수 있다.

표 5.1	주요 참여업종

외식부문	제과/제빵/커피전문점, 치킨/피자전문점, 맥주전문점, 패스트푸드점, 퓨전요리, 분식점 외
도소매부문	편의점, 사무용품점, 생활잡화점, 실버용품점, 건강용품점, 무점포사업, 자동판매기기, 액세서리점 외
서비스부문	교육, 이미용, 레져, 생활토탈솔루션 외
창업지원부문	컨설팅, 상권분석, 물류, 보안, POS, 인테리어, 점포기자재류 외

2015.05.30~2015.06.02
호텔.레스토랑&케이터링쇼
2015

2015.05.30~2015.06.02
빵과자 및 사탕 초콜릿 전시회
2015

2015.05.30~06.02
월드씨푸드관 2015(SETEC)

2015.05.30~2015.06.02
대한민국친환경농업대전 2015

2015.06.11~2015.06.13
한국 PB OEM & 우수상품전
2015

2015.07.30~2015.08.01
프랜차이즈창업(COEX)2015

2015.08.07~2015.08.09
아시아천연제품&유기농박람회
2015

2015.08.07~2015.08.09
귀농귀촌체험학습 & 도시농업식
물공장기술전 2015

그림 5.1	기타 (주)월드전람 주최 주요 전시회

자료 : (주)월드전람(www.world-expo.co.kr)

(3) 인터넷을 통한 트렌드 포착

창업 아이템과 관련하여 네티즌들의 반응은 어떤지를 인터넷을 통해 알아 볼 수 있다. 소비자의 생각과 니즈를 반영하여 제품 또는 서비스 전략에 활용하면 경쟁력을 높일 수 있다.

특히, 소셜미디어는 기존의 일방적인 메스미디어를 보완한 양방향적인 도구이다. 우리 제품이나 서비스에 대해 모니터링해서 분석한 다음 강점은 더욱 강화하고, 약점은 보완해서 보다 좋은 제품과 서비스를 제공해야하는데 유용한 트렌드 분석 사이트를 알아보도록 하자.

① 트윗트렌드 (www.tweetrent.com)

상기 주소를 인터넷에 조회하고 검색어를 넣으면 해당 키워드의 조회수와 추이를 볼 수 있다. 최근 TV에서 집에서 손쉽게 요리를 해 먹는다는 집밥 요리 프로그램이 인기인데 아래의 노란 칸에 "집밥"을 검색해 보면 아래와 같이 최근 7일간 14,846건의 조회수와 그래프에서 보듯이 점차 집밥에 대한 관심도를 파악할 수 있다.

② 소셜메트릭스인사이트(http://www.socialmetrics.co.kr/campaign.html)

* 네이버에서 "소셜메트릭스"를 조회하면 된다.

실시간으로 만나는 SNS동향으로 주로 블로그와 트위터의 트렌드를 분석할 수 있다. 키워드를 조회하면 연관 키워드 순위, 감성키워드 순위, 주간 급증 키워드 순위가 나오고 그 아래에는 트위터와 블로그에서의 댓글을 보여주는데 기업의 제품이나 서비스를 조회하면 네티즌의 생각을 알 수 있게 되어, 부정적인 부분은 보완하고, 긍정적인 부분은 더욱 강화하는 등 마케팅 전략에 활용할 수 있다.

예를 들어, "집밥"을 검색해 보았는데 최근 1개월간 소셜 검색결과 59,331건이 검색되었고 긍정적인 댓글내용이 많음을 알 수 있다.

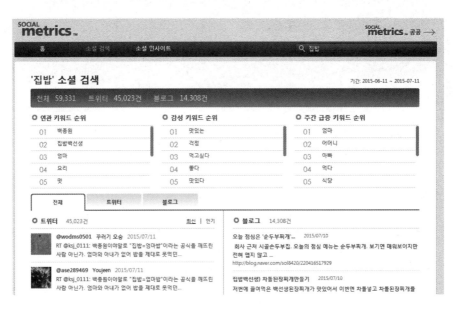

③ 네이버트렌드(trend.naver.com)

집밥에 대한 용어가 언제부터 생기고 현재 얼마나 검색되고 있는지를 알 수 있으며 아래와 같이 PC에서도 검색이 증가되었고, 모바일을 통해서도 조회빈도수가 높아지고 있는 트렌드를 보여준다.

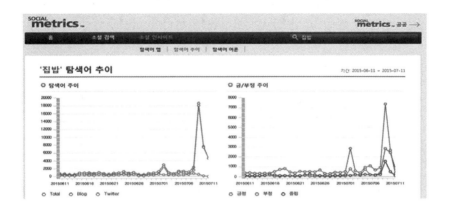

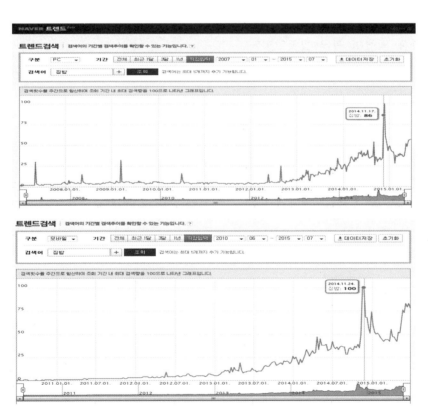

2. 창업 아이템 선정의 기본원칙 및 절차

1) 창업 아이템 선정 기본원칙

(1) 업종의 성장가능성은 있는가?

업종이 시장에서 경쟁력을 잃고 사라지고 있는 업종은 아닌지 살펴보고 시장에서 계속 성장하는 업종을 창업 아이템으로 선정해야 한다.

(2) 경험이나 특징을 활용할 수 있는 업종인가?

남들이 잘된다고 자신의 경험과 전혀 다른 업종에 뛰어들고 있지는 않은지 잘 살펴보고 자신의 그동안의 경험이나 특징을 잘 살릴 수 있는 지를 점검한다.

(3) 허가나 인가를 받아야 하는 업종인가?

창업 아이템이 정부나 지방자치단체장의 허가나 인가를 받아야 할 수 있는 업종이 아닌지를 사전에 확인한다.

(4) 실패의 위험이 적은 업종인가?

창업 아이템이 실패확률이 높은 업종은 아닌지 점검하고 철저히 준비해야 한다.

2) 창업 아이템 선정순서

(1) 창업 아이템 정보수집

창업자가 지금까지 축적된 경험이나 지식, 동종업계 및 관련업계 근무경력을 활용할 수 있는지 정보를 수집하고, 자신과 가까운 친구, 지인으로부터 자문을 구한다.

또한, 각종 관련서적, 업종별 전문잡지, 신문 등을 통해 정보를 수집하고, 앞에서 설명한 인터넷 사이트에서 트렌드를 모니터링하고 분석하여 정보를 수집한다.

(2) 경험자, 전문가와의 면담

기존 기업, 체험자 또는 종사자와의 인터뷰, 방문 등을 통해 정보를 습득하고, 특히 전문가와의 상담을 통해 정보를 수집하는 것이 중요한데 요즘은 인터넷 포털사이트 동호회 가입을 통해 기 경험자와의 정보교류를 공유하고 인맥도 확장해 나가는 것이 중요하다.

(3) 지원기관 활용

창업과 관련해서 정부의 지원제도를 적극 활용할 필요가 있다. 중소기업진흥공단, 소상공인시장진흥공단, 중소기업청 창업넷, 창업진흥원, 지역별 보증재단, 기업은행 등을 활용하면 많은 도움을 무료로 받을 수 있다.

중소기업청 창업넷	www.startup.go.kr
중소기업진흥공단	www.sbc.or.kr
소상공인시장진흥공단	www.semas.or.kr
창업진흥원	www.kisde.or.kr
신용보증재단 중앙회	www.koreg.or.kr
기업은행	www.ibk.co.kr

(4) 사업타당성 분석

기술적 타당성 분석 및 그 기술이 시장에서 통하는가 하는 시장성 문제, 소요되는 자금을 어떻게 마련하는지에 대한 자금조달계획 등 종합적으로 사업성을 검토한다.

(5) 최적의 아이템 선정

상기와 같은 절차에 따라 최적의 아이템을 선정한다.

제2절   창업 아이템 발굴과 선정방법

1. 창업 아이템 선정시 고려사항

창업 아이템 선정 시에는 무엇보다 중요한 것이 있다. 창업이후 오랫동안 망하지 않고 계속사업을 이어나가야 하는 것이다. 나의 재산이 창업자금으로 모두 투입되고 때로는 빚까지 내면서 창업을 하기에 더욱 예민하게 신경을 써야한다. 따라서, 창업 아이템 발굴시 꼭 고려해야할 사항이 있는데 챙겨보도록 하자.

1) 유행에 민감한 아이템은 아닌지?

살다보면 시대별로 유행이 있기 마련이다. 그래서 잘된다 싶으면 너도나도 시장에 뛰어들어 이내 레드오션[1] 시장을 만들곤 한다. 레드오션 시장에서 경쟁이 치열하다 보면 실패할 확률이 높아져서 유행에 민감한 업종은 피하는 게 상책이다. 지난해에 닭 강정이 한참 유행한 적이 있는데 지금은 거의 사라졌다. 물론 강정을 기반으로 프라이즈치킨점인 프랜차이즈「강정이 기가막혀」(대표 김홍엽)는 닭 강정을 이용한 치킨상품이지만 오랜 영업노하우로 예외이다.

필자가 살고 있는 중계동 은행사거리를 보더라도 업종을 불문하고, 한 달에 한 번꼴로 인테리어 공사가 한창이다. 뭘 의미하는가. 새로운 창업? 아니지 또 한 집이 망했구나가 정답이다. 특별한 사정을 따지기 앞서 돈 벌리는데 폐업하는 거 봤나요?

2) 안전한 아이템인가?

우리나라 창업자의 대부분이 영세한 생계형 창업자가 많다. 예를 들어, 명예퇴직 또는 정년퇴직을 한 후 100세 시대에서 노후생활을 하려면 생활비를 벌어야 하는 상황이지만 경험도 없고 준비도 철저하지 않은 상황에서 무턱대고 창업할 경우 망할 확률이 높아지는데 혹 망할 경우 노후는 불보듯 뻔하게 된다. 돈 된다고 일시에 몰빵하거나 도아니면 모식으로의 창업은 옳지않다. 무엇보다 중요한 것은 꾸준히 계속 장사 또는 사업을 할 수 있는 업종을 선택하는 것이 대단히 중요하다.

3) 수익은 낼 수 있는가?

남의 돈을 내주머니에 넣기란 참 어렵다는 말이 있다. 안정성을 따지다 보면 소홀하기 쉬운 부분이 수익성이다. 수익이 나야 일을 계속할 것이 아닌가 따라서, 수익성은 대단히 중요하다. 다만, 수익을 많이 보도록 시장환경이 놔두질 않고 계속 시장에서 가격조정을 요구하기 때문에 단기간의 성과에 집착한 수익보다는 적은수익이라도 지속적으로 수입되는 사업을 해야한다.

4) 창업자금은 잘 조달되고 있는가?

가장 중요한 부분 중의 하나가 바로 창업자금이다. 창업자금 중 자기자본(내가 조달한 돈) 비중이 높아야 성공가능성이 높은데 창업하면서 무리하게 타인자본(남에게서 조달한 돈) 비중이 높으면 곤란하다. 또한, 입지선정시 창업준비자금에 비해 무리하게 시설투자에 쏟아 붙는다면 운영자금이 모자르게 된다. 자금이 모자라 중요한 본업은 제쳐두고 자금조달에 뛰어다니다 보면 1년 버티기가 어려워진다. 창업후 1년 이상은 해 봐야 고정고객이 생겨 운영될 수 있는데 그런 기회도 놓치는 결과를 낳기도 한다. 따라서, 창업전에는 Seed Money를 꼭 챙겨놔야 한다. 누가 도와주지 않는다면 창업전에 꼭 사업자금을 준비를 위한 적금은 반드시 들어놔야 하고, 대출을 받더라도 전체 창업자금의 30%는 넘지 않아야 한다.

창업자금은 자기자금, 부모님자금, 동업자, 개인투자자(Angel), 벤처투자사(Venture Capital), 은행, 저축은행, 사금융회사 등에서 조달할 수 있다.

5) 가치가 있는 아이템인가?

창업 아이템을 선정할 때 그 사업이 남에게 해를 끼치거나 사회적으로 비판을 받을 가능성이 있는 아이템은 피하는 것이 좋다. 예를 들어 이권을 위해 폭력을 서슴치 않는 조직폭력 사업을 한다거나 불법 성매매, 신용카드 깡을 하는 사업 등 사회정의에 반하는 사업은 하지 않아야 한다. 부(富)를 창출하되 명예(名譽)로운 일을 하는 것이 어찌 보면 더 중요하다고 할 수 있다. 내가 창업하고자 하는 아이템이 세상의 가치를 높이는 일인가를 짚어볼 필요가 있다.

2. 트렌드를 만들어 가는 성공 창업 아이템

1) 콜라보레이션 즉, 다른 것을 서로 결합해 보는 것이다.

N-D-E-N이론이란 필자가 주창한 이론으로 새로움이란(New) 다른(Different) 것이고, 다른 것이란(Different) 바로 편집(Edit)이다, 편집(Edit)이란 결국 새로운(New) 것이다. 따라서 신상품, 새로운 창업 아이템이란 서로 다른 것들의 새로운 조합, 즉 편집을 통해 새로운 시장, 새로운 상품을 만들어낼 수 있다는 이야기인 것이다.

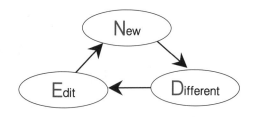

우리가 즐겨먹는 "라면"을 보더라도, 라면을 끓여먹다가 뜨거운 물만 부으면 간단하게 먹을 수 있는 컵라면이 등장했는데, 새로운 결합 즉, 라면에 기능을 더하니 새로운 상품이 탄생하게 된 것이다. 스마트폰의 경우 사실 전화기라는 물건에 여러 기능을 모아놓아 세상에 도움을 주고 세상을 이끌어 가는 엄청난 신상품으로 탄생한 것이다. 즉 세상을 바꿀 신상품은 기존에 있는 것에 다른 것을 편집해 본 결과로서, 요즘은 새로운 시도가 점점 늘어나고 있다.

손정의 일본 소프트뱅크 회장도 매일 항아리에 서로 다른 단어들을 적은 메모지를 넣고는 매일 두 장을 뽑아 서로 연결할 수 있는 고리가 있는지 실험한다고 한다. 여러분도 현재 가지고 있는 물건에 다른 생각을 편집해 보면 대단한 창업 아이템이 탄생할 수 있다. 요즘 한창 이슈가 되고 있는 사물인터넷이 대표적인 편집의 결과라고 볼 수 있다. 인터넷기반에 사물을 접목해 보는 시도 말이다.

요즘은 제조업에서도 제품을 만드는 것이 아니라 작품을 만들어야 고객을 충족시킬 수 있다고 필자는 주장하고 있는데, 오프너가 예전에는 와인투껑을 따는데 집중했다면 지금은 와인병을 따는 기구에 예술성을 더해 새로운 예술상품이 탄생하는 것이다. 콜라보레이션이란 기존제품에 다른 것을 더해서 새로운 것을 만들어내는 것을 생각하며 창업 아이템을 만들어가는 것이다.

2) 진정성의 가치 있는 회사를 만들자.

기업의 목적은 이윤창출이다 라는 전통적인 이론이외에 요즘은 가치창출이라는 표현을 많이 쓰고 있다. 기업의 존재의 이유가 꼭 이윤만을 추구한다기 보다는 가치를 높이는데 주력한다.

대표적인 사례로 탐스슈즈(TOMS shoes)이다. 탐스는 미국 캘리포니아에 본사를 두고 있는 신발 업체로서, "내일을 위한 신발(Shoes for Tomorrow)"이라는 슬로건을 가지고 있다. 소비자가 한 켤레의 신발을 구입하면 한 켤레의 신발을 제3세계 어린이들에게 기부하는 일대일 기부 공식(One for one)을 도입하고 있다.

창업자 블레이크 마이코스키(Blake Mycoskie)가 2006년 창립하였고, 창립 의도는 맨발로 다니는 어린아이들을 돕는 취지이다. 아르헨티나의 전통 신발인 '알파르가타'에서 영감을 얻은 가볍고 편한 디자인의 신발들을 주로 판매한다. 지금까지 많은 전세계 아이들에게 신발을 나누어 주었고, 지금은 안경으로 확대하여 안경을 구입하면 안경을 필요로 하는 아이들에게 나누어주는 비즈니스모델로 확대해 나가고 있다.

3) 인터넷/모바일 기반 창업 아이템

(1) 인터넷 시장의 확장

쇼핑의 트렌드가 3일 또는 5일장 → 재래시장 → 슈퍼마켓 → 대형할인점으로 바뀌더니 이제는 온라인쇼핑이 대세로 자리 잡아가고 있다. 과거 젊은 층이 중심이 됐던 온라인 문화가 전 계층으로 확산되면서 인터넷에 미숙한 중년여성까지 인터넷 장보기에 나서고 있다. 온라인 쇼핑 성숙기의 결정적 증거는 40~50대 여성들의 식품과 생활필수품을 구매한 양은 2010년 510만 개였는데 2011년 820만 개, 2012년 1,220만 개, 2013년 1,740만 개로 급증하였고, 온라인쇼핑도 기존 PC에서 모바일쇼핑으로 급격히 증가하고 있다.

(2) 인터넷 쇼핑몰 참여

인터넷 쇼핑몰은 대표적으로 소셜커머스시장과 오픈몰로 나눌 수 있고, 소셜커머스시장에서는 대표적으로 쿠팡, 위메프, 티몬 등이 해당되며 별도의 상품설명 제작비용,

매출에 따른 컨텐츠비용 등이 수반되기도 한다. 또한, 오픈몰은 옥션, 인터파크, 11번가, 지마켓 등으로서 대체로 개인사업자가 쉽게 제품을 등록할 수 있는 말 그대로 오픈몰이 있어 이런 쇼핑몰에 자신의 상품을 올리고 판매할 수 있다. 이 경우 별도의 인터넷사이트를 만들지 않아도 판매할 수 있고 홍보도 따로 할 필요가 없어 소자본 창업에 유용하다. 수수료율은 소셜커머스 시장은 대략 15~25%, 오픈몰은 8~12% 정도로 백화점이나 TV홈쇼핑의 20~30%에 비해 낮은 편이다.

(3) 나만의 인터넷 쇼핑몰 구축

나만의 개성있는 인터넷 사이트를 만들어서 상품을 판매할 수 있다. 자신만의 장점을 살린 사이트를 운영할 수 있지만 전문적인 사이트 운영과 별도의 홍보활동이 필요하다. 여성의류전문쇼핑몰을 운영중인 난닝구(대표 이정민 www.naning9.com)와 톰앤래빗(대표 이계훈 www.tomnrabbit.co.kr) 사례를 보면, 인천광역시 주안 지하상가에서 10년 이상 난닝구라는 매장으로 옷장사를 시작하다가, 지하상가 리모델링을 계기로 인터넷쇼핑몰 사업을 시작해서 2006년 오픈 이후 3년만에 매출 150억 원을 달성하였고, 2012년에는 350억 원대의 매출을 올리고 있다.

톰앤래빗은 대학시절 F학점을 피해보고자 창업과목을 수강하면서 과제인 온라인 쇼핑몰 창업을 실제 사업으로 연결하여 100억 이상의 매출을 시현하고 있다. 과정에는 많은 시행착오와 리스크를 겪지만 관심과 적성이 맞는 업종이라면 과감하게 창업해서 해당분야를 주도해 갈 수 있다.

> ■ 톰앤래빗 이계훈 대표의 Success Tip
>
> ① 날라리 기질을 이용하라.
>   놀 때는 화끈하게 놀고, 일할 때는 화끈하게 일하자.
> ② 두려워 하지 말아라.
>   따지지 말고, 겁내지 말아라! 또한 재미있어 보이는 일은 절대 주저하지 말아라!
> ③ 중국시장에 주목하라
>   중국은 향후 10년 안에 가장 큰 시장이 될 가능성이 높다.
>   항상 중국진출에도 늘 관심을 가져라

(www.tomnrabbit.co.kr)

4) SNS 채널 활용

(1) 유튜브(youtube)를 활용한 취미/특기 살리기

유튜브를 통해서 자신이 즐겨하는 취미나 특기를 동영상으로 제작하여 유튜브에 올리면 유져들의 클릭수에 따라 수입도 올릴 수 있다. 콘텐츠로 스타가 되고 광고로 수익도 얻는 1석2조의 아이디어 창구로서 일반적으로 1클릭당 1원이라고 보면 되고 제휴광고업체 등에 따라 달리 적용된다.

유튜브에서는 다양한 관심거리를 적극적으로 동영상을 만들어 제공하는 크리에이터가 될 수 있도록 파트너십 제도를 만들어 유튜브가 광고를 붙여주고 광고수익을 크리에이터에 나눠주는 제도를 도입해 운용하고 있다. 자주보는 유튜브의 주인공이 내가 될 수 있다. 40~60대가 좋아할 만한 노래를 부르는 가수 미기(MIGI)의 경우 "미기뮤직톡"이라는 생방송을 진행하고 있는 여자가수인데 그녀가 부른 시계바늘 113만, 내나이가 어때서 120만, 천년지기 136만 조회수를 기록하였다. 참고로 국민가수 조용필 모음 55곡은 375만, 강남스타일은 23억 조회수로 억소리가 난다.

표 5.2 사소한 일상이 사업이 된 사례 : 억대연봉 유투버

주제	회사이름	사업 주요내용	유튜브
한국문화와 생활모습	카페 유아히어 (You Are Here)	캐나다 영어교사 부부 사이먼과 마티나가 K-pop, 한류, 한국음식 등 한국문화를 소개하는 유튜브에 올리면서 광고수익으로 연간 수억 원의 수익을 내고 있다. (광고수익은 1,000건당 1.5~2달러) * 창업 아이템으로 "한국문화"를 선택	Eat Your Kimchi (www.eatyour kimchi.com)
한국어 교육	톡투미인 코리아 (주)지나인 (G9Languages)	유튜브에 한국어를 가르쳐주는 영상을 올려 한국어 교육사업 2009년 설립하여 5년만에 세계 199개국, 870만 명 회원이 이용하는 세계 최대 온라인 한국어 학교로 성장 * 창업 아이템으로 "한국어"를 선택	Talk to in korean

(2) 배달앱 활용

예전의 주문은 전화를 통해서만 가능한 것으로 인식되었다. 그러나 모바일의 발전에 따라 양방향 채널인 SNS 클릭을 통한 주문이 가능하게 됨에 따라 이젠 주문을 문자로도 가능하게 되었다. 최근 15%가 넘는 수수료 문제로 질타를 받기도 했지만 이젠 주문에 대한 트렌드로 자리를 잡고 있기 때문에 트렌드를 반영한 마케팅 방식을 간과해서는 안 될 것이다. 배달앱의 대표적인 회사로 배달통, 배달의 민족, 요기요 등이 있다.

배달앱의 중요한 부분 중의 하나가 고객이 리뷰를 달면 음식점 사장님들이 직접 댓글을 달아 고객과 음식점 사장님과 양방향 소통이 가능하여 고객마케팅이 가능하게 해주는 장점이 있다.

제3절   창업자와 최적의 창업 아이템

1. 좋아하는 일과 창업 아이템

1) 좋아하는 특기/취미 살리기

창업 아이템 선정시에는 가장 중요한 것이 돈 만을 보고 창업하기 보다는 본인이 관심이 높고 즐겨하고 재미있어 하는 일을 업(業)으로 창업한다면 이보다 더 좋을 수는 없을 것이다. 좋아하는 일을 하다 보니 돈은 자동으로 들어오게 되는 것이다.

그럼 자신이 좋아하는 일이란 무엇인가? 이를 종이에 써보면서 하나씩 지워가는 방법이 가장 좋은 방법이다. 그리고 자주 생각나는 일이 있다면 그것이 가장 자신이 좋아하는 일인 것이다. 그 일을 창업한다면 얼마나 즐겁겠는가? 자동차를 이리저리 튜닝해보고 꾸미는 것에 관심이 있는지, 사진을 찍고 편집하는데 관심이 많은지, 꽃꽂이나 꽃장식, 생활도자기, 액세서리를 생각할 때 가슴이 뛰는지 등을 가만히 생각해보고 가슴뛰는 일을 창업한다면 얼마나 좋은 일인가?

아래는 자신이 좋아하는 일을 창업한 경우로서 일에 행복을 느끼면서 사업하는 사례를 모아봤다.

표 5.3   좋아하는 일을 창업한 경우

하는 일	회사이름	사업 주요내용	홈페이지
인터넷 사진관	퍼블로그	스마트폰과 디지털카메라로 찍은 사진을 포토북, 포토앨범, 달력, 카드 등으로 제작해주는 디지털 인쇄업체 (2014년 62억매출)	www.publog.co.kr 퍼블로그
상추장사	장안농장	유기농 채소를 재배하여 온라인으로 판매하고, 상추를 특화하여 판매 야채부폐, 양배추즙 등 건강식품 확대 구매자가 잘되라고 어머니가 매일 아침 기도한다(story)	www.janganfarm.com 유기농 양배추즙 맛보고 가세요!
수제파이	케빈즈파이	빵종류에서 특화하여 틈새시장을 설정하고 유기농 밀가루를 사용한 수제파이를 만들어 주로 온라인으로 판매	www.kevinspie.co.kr Kevin's Pie
커피	테라로사	강릉에 커피공장을 만들어 세계 10% 이내의 세계명품커피를 제조 강릉어촌을 커피1번지로 만듦	www.terarosa.com TERAROSA COFFEE FROM THE ORIGIN TO THE CUP
자동차 튜닝	모헤닉 게라지스	2003년 단종된 4륜구동 갤로퍼를 재해석해서 새로 만들어 세상에 어디에도 없는 나만의 차를 만드는 수제자동차 제조	cafe.naver.com/mohenic
빵 배달	헤이브레드	리치몬드, 라몽테 등 유명한 수제빵집과 제휴하여 아침에 소비자에게 직접 신선하고 맛있는 빵을 배달해 주는 사업, 생과일주수, 목장우유, 샐러드, 과일 등으로 확대	blog.naver.com/heybreadco '15.6월 덤앤더머스의 헤이브레드 인수

2) 체질별/혈액형별 창업 아이템

사람마다 성격이 다르기 때문에 자기 적성에 맞는 창업 아이템을 찾는 것이 무엇보다 중요하고 창업은 머리가 좋거나, 공부를 잘하는 것과 관계없이 자기가 관심있고 잘하는 일을 창업하면 성공확률이 높다. 하기 싫은 일을 돈 벌기 위해서 하는 사람과 좋아하면서 즐기면서 하는 일은 비교할 수 없기 때문이다. 그럼 자기 적성에 맞는 아이템을 찾기 위해 자기 자신을 파악해 보는 것이 중요한데 사상의학의 체질별과 혈액형별로 자기자신을 파악해 보기로 한다.

(1) 사상의학에 나오는 체질별로 구분

사상의학에 나오는 체질별 즉, 태양인, 태음인, 소양인, 소음인에 따라 창업업종을 선택하면 자신이 선호하는 업종을 선택함으로써 만족도가 높게 된다.

표 5.4 체질별 구분

구분	태양인	태음인	소양인	소음인
체형/성격	상체(얼굴,목)발달, 하체부위 빈약 완벽주의자	골격이 크고, 비교적 거대 느긋함	하체부위 발달, 상체부위 빈약 급하고 활발함	상체(가슴,어깨)발달, 하체부위 빈약 내성적, 꼼꼼함
특징	사고력이 뛰어나며 누구와도 잘 사귄다. 판단력, 진취적인 기상, 영웅심, 자존심 등 리더십 요소를 두루 갖췄다. 일이 뜻대로 되지 않을 경우에는 크게 화를 내는 성격이다. 대개 '지도자형' 또는 '독재자형'으로 분류된다. 두뇌가 명석하고 창의력이 뛰어나 기발한 사업 착상을 곧잘 해낸다.	말수가 적고 조용한 편이다. 이해타산을 잘 따진다. 남이 듣거나 말거나 자기의 주장을 끝까지 소신껏 피력한다. 하지만 잘못된 것을 알면서도 미련스럽게 고집을 부리거나 밀고 나가려 한다. 고집이 센 '불도저형' 사업가 유형이 많다.	항상 밖으로 나다니기를 좋아한다. 불의를 보면 물불을 가리지 않아 의리 있는 사람으로 통한다. 판단력이 빠르지만 계획성이 부족하다. 그래서 사업을 쉽게 시작하고 쉽게 포기하는 편이다. 눈이 좋고 색채 감각이 뛰어나며 유행과 흐름을 읽는 능력이 탁월하다.	소음인은 내성적이며 소극적이다. 그러나 사교적인 점도 있어 사람들의 호감을 산다. 겉으로는 부드럽고 겸손하지만 속으로는 강인하고 치밀한 면도 있다. 한번 꽁하면 여간해서 풀어지지 않고 남에게 인색한 부분도 있다.

구분	태양인	태음인	소양인	소음인
추천 업종	고위험/고수익의 사업 분야에서 남다른 재주를 지닌 태양인은 발명가나 벤처 사업가가 잘 어울린다. 도전적이고 진취적인 성격을 가졌으므로 지식 기반의 IT 사업에 뛰어들어도 좋다.	고집이 세고 원칙을 중시하는 성격의 태음인은 미용실, 이벤트업과 같은 고객과 가까이 접하는 서비스 업종 보다는 공급자 중심형의 렌털업, 청소 용역업, 자동차 수리, 셀프 세차업, 주택 수리업, 가구 수리업 등이 적합하다. 이재에 밝고 계산이 빨라 금융 관련업도 좋다.	순발력과 재치가 뛰어난 소양인은 시장 변화 속도가 매우 빠른 디지털이나 인터넷 관련 업종과의 궁합이 맞다. 외향적이고 사교적인 성격을 지녀 영업 분야에서도 실력을 발휘할 수 있다. 판매 유통업, 광고업, 이벤트업 등도 괜찮다. 유행에 민감한 패션업, 모양.색깔이 중요한 아이스크림이나 베이커리 전문점 등도 잘 맞는다.	내성적이고 소극적인 소음인은 영업을 많이 해야 하는 업종에는 어울리지 않는다. 생활용품이나 신변잡화 판매업 등을 운영하는 것이 유리하다. 나긋나긋한 말씨로 아동의류와 같은 단골영업이 중시되는 업종도 괜찮다. 꽃가게·PC방·아동교육·컴퓨터수리업 등에서 성공할 가능성이 크다.
TIP	음식점을 내더라도 독특한 아이디어나 차별화된 서비스를 제공해야 경쟁력을 키울 수 있다. 자기가 개발한 아이템을 파는 온라인 창업도 궁합이 맞다.	기초 체력이 강하고, 먹성 좋고, 손이 커서 외식업도 괜찮다. 추진력이 매우 강하므로 건설업, 이삿짐 센터, 인력 파견업 등 직원 관리에 노하우가 필요한 업종도 도전해 볼 만하다.	'사업을 일단 벌이자'는 식이므로 미리 사업계획서를 꼼꼼하게 만든 뒤 창업하는 자세가 필요하다.	손이 작고 체력이 약해 요식업과는 어울리지 않는다. 창업을 할 때는 친절 교육 등을 받아 체질적 약점을 보완해야 한다.

　FC창업코리아 강병오 대표는 "꼼꼼한 태음인은 재무를, 사교성 있는 소양인은 영업을 맡는 '태음인-소양인' 조합이 적합하다"고 평가했다. 대체로 외향적이고 임기응변에 능한 소양인은 소자본 창업에 적합하다. 소양인 동업자는 어디서나 환영받을 수 있다. 어쩔 수 없이 같은 체질인 사람과의 동업을 하더라도 '태양인-태양인' 조합과 '소양인-소양인' 조합은 피해야 한다. 독단적으로 결정하는 성향이 짙은 태양인끼리는 서로 부딪칠 가능성이 크고, 활동적인 소양인 동업자들 모두 가게를 자주 비우기 십상이기 때문이다.

　이와 같은 체질별 궁합은 직원을 고용하거나 업무를 나눌 때도 응용될 수 있다. 체질과 성격으로 업무 분야를 결정하면 좀 더 효율적인 운영이 가능해질 수 있다고 한다.

계산이 빠르고 소신이 강한 태음인인 직원에게는 회계와 자금 관리를 맡기는 게 좋다. 소양인은 타고난 영업사원이다. 배달일을 시켜도 괜찮다. 소음인은 총무 파트에 태양인은 기획 쪽에 소질이 있다.

체력으로 따지면 태음인이 제일 강하고 소음인이 제일 약하다. 새벽 늦게까지 일하는 업무엔 태음인이 적합하다. 늦은 밤이나 새벽까지 가게 문을 열어야 한다면 낮에는 소음인을, 어두워지면 태음인을 근무토록 하는 게 좋다.

(2) 혈액형별 성격과 창업 아이템

상기의 체질별과 유사하게 혈액형별로도 창업업종을 선택하여 적성에 맞는 창업업종을 선택하는 것이 성공창업을 이루는 지름길이 될 것이다. 최근 창업경영연구소 (www.icanbiz.co.kr)에서 외식업, 판매업, 서비스업 등의 583개 가맹점 점주를 대상으로 혈액형과 매출 운영상태 등을 조사한 결과 아래와 같이 혈액형별 업종분포를 알 수 있는데, 창업에 가장 적합한 혈액형은 B형과 O형으로 나타났다. B형은 창의적이고 도전적인 아이템인 기술형 계통이나 판매, 유통업에서, O형은 전체 창업자 중 33%를 차지하여 창업시장에 가장 적합한 혈액형으로 조사됐다. 낙천적이며, 끈기와 오기로 인해 매출면에서도 상위권 유지가 많다.

표 5.5   혈액형별 업종 분포

(외식업·서비스업 등 583개 가맹점 점주 대상 조사 결과)

혈액형	업종별 분포									
	치킨 전문점	주류 전문점	피부관리 전문점	무점포	고기 전문점	아이스 크림	베이커리	편의점	어린이 학원	문구, 팬시점
A	30%	28%	15%	31%	29%	22%	27%	20%	22%	24%
B	22%	22%	50%	22%	24%	36%	38%	40%	26%	30%
O	41%	48%	31%	11%	43%	23%	23%	15%	13%	27%
AB	7%	2%	4%	36%	4%	19%	12%	25%	39%	19%

자료 : 창업경영연구소

혈액형별로 특징과 업종을 구분해 보았으나 참고하는 것으로 하고, 업종은 종류도 많고 세부업종에 따라 차이가 많아 일률적으로 적용하기는 어려우나 창업 아이템 특징에 적합한 업종을 영위하는 것이 성공창업에 이르는 중요한 요인이라 할 수 있다.

표 5.6 혈액형별 특징과 업종

구분	A형	B형	O형	AB형
성격	신중형	개성형	낙천형	예술형
특징	매사에 조심스러워 업무에 있어서도 꼼꼼하고 실수가 적은 편이다. 상대방을 배려하는 마음이 깊어 편안한 응대를 해 주는 서비스업 계통이 적당하다. 그러나 다른 사람들의 시선을 많이 의식하므로 사람들이 인정해 주는 공익적이고 대의명분이 있는 사업을 하는 것이 좋다. 성취감과 사명감을 느끼면 강한 추진력이 생기는 타입이다.	주위의 시선에 구애받지 않는 개방적인 성격으로 틀에 박힌 보수적인 일에는 별 관심이 없는 성격이다. 자신이 흥미를 느끼는 일에 몰두해서 파고드는 스타일이다. 창의적이고 도적적이다. 또 다양한 아이디어와 날카로운 판단력을 장점으로 가지고 있고 인정이 많은 따뜻함도 지니고 있다. 국내 대기업 CEO 가운데 가장 많은 비중을 차지하고 있기도 한다.	목표가 뚜렷하고 성취감을 주며, 늘 팽팽한 경쟁을 요구하는 일에 흥미가 많다. 긍정적이고 낙천적이며, 매사에 자신감이 넘치는 타입이다. 끈기와 오기도 강한 편이다. 목적과 상황에 따라 집중력도 뛰어나며, 철저한 계획을 세우고 진행하는 스타일로 유행, 유망 아이템 모두에 적합하다.	개성이 강하고 예술적이 감각도 뛰어난 편이나 성격이 다소 특이하고 복잡해 주위 사람들에게 이중인격자라는 오해를 받기도 한다. 평범한 일보다는 끊임없는 변화와 재창조를 요구하는 일이 적당하다. 이에 따라 창업시장에서의 활동도 미미한 실정이다. AB형은 모든 일을 객관적으로 판단할 수 있는 이성적인 비판능력을 갖추고 있지만, 변덕이 심하고 화를 잘 내는 단점이 있다.
추천 업종	서비스업 계통	기술형/판매형 아이템 적당	외식업 창업 적당	응용력 반영한 아이템 적당

2. SWOT분석을 통한 최적의 창업 아이템 선정

1) SWOT분석이란

SWOT분석이란 기업의 내부 환경과 외부 환경을 분석하여 강점(strength), 약점(weakness), 기회(opportunity), 위협(threat) 요인을 파악하고 이를 토대로 경영전략을 수립하는 기법으로, 미국의 경영컨설턴트인 알버트 험프리(Albert Humphrey)에 의해 고안되었다. SWOT 분석을 통해 새로운 사업아이템을 발굴하거나 발굴한 사업아이디어를 내부환경을 분석하여 강점과 약점을 찾아내며, 외부환경 분석을 통해서 기회와 위협을 찾아내어 성공창업을 도모한다.

- 강점(strength) : 내부 환경(창업자의 자원)의 강점
- 약점(weakness) : 내부 환경(창업자의 자원)의 약점
- 기회(opportunity) : 외부 환경(경쟁, 고객, 거시적 환경)에서 비롯된 기회
- 위협(threat) : 외부 환경(경쟁, 고객, 거시적 환경)에서 비롯된 위협

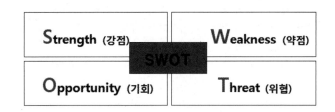

2) 창업 아이템별 SWOT TOOL에 적용해 보기

평소 스마트폰으로 사진을 즐겨찍고, 스마트폰으로 온라인쇼핑도 즐기면서, 액세서리를 좋아해 동대문시장에서 팔지부품을 구입해서 직접 자신만의 팔지를 만들기도 하는 홍길순은 금차 창업개론 강좌를 수강하면서 창업에 관심을 가지기 시작했는데 혹 내가 창업을 하면 어떤 일을 할까 심각하게 고민을 하기 시작했다. SWOT분석을 통해 창업 아이템 적합성을 분석해 보도록 하자.

표 5.7　　SWOT분석을 통한 창업 아이템 적합성

내부환경	강점(strength)	약점(weakness)
	• 액세서리를 취미이상으로 좋아함. • 성격이 밝고 도전정신이 강하다. • 액세서리(팔지)에 대한 감각이 나름 전문가 수준이라고 생각	• 사업경험이 낮은 점 • 액세서리에 대한 전문성 부족 • 시장을 선도할 상품 • 자본이 부족하여 상품다양성 취약
외부환경	기회(opportunity)	위협(threat)
	• 액세서리 시장이 지속적인 시장 • 유행을 선도할 수 있다면 기회 • 다양한 디자인 연출이 가능 • 온라인 발달로 시장채널이 확대 (국내, 국외)	• 인구통계학적인 변화인식 둔화 • 패션의 변화에 경험 미숙

　액세서리에 대한 전문적인 공부와 함께, 다양한 디자인과 자신만의 강점을 상품에 녹일 수 있는 아이디어를 기초로 시제품을 제작하고 세분화된 고객에 대한 적절한 마케팅전략을 구사하고, 사전에 동 업종에서 성공한 기업에 대한 벤치마킹을 통해 착실히 준비한다면 창업에 성공할 수 있을 것이다.

---

1) 많은 경쟁자들이 비슷한 전략과 상품으로 경쟁하는 시장을 레드오션(Red Ocean)이라 한다. 반대로 현재 존재하지 않거나 알려져 있지 않아 경쟁자가 없는 유망한 시장을 블루오션(Blue Ocean)이라 한다. 프랑스 김위찬 교수와 르네 마보안 교수가 저술한 "블루오션전략"이라는 책자에서 언급한 개념이다.

제 6장

시장조사/상권분석

시장조사/상권분석

제1절 시장조사의 개념 및 방법

1. 시장조사의 개념과 활용

시장조사란 상품 및 마케팅에 관련되는 문제에 관한 자료를 수집·기록·분석하는 일이다. 마케팅 의사결정을 위해 기초자료 수집 및 신제품 개발 전에 시장동향이나 고객의 성향을 조사·분석을 통해 새로 진입하려는 시장의 성격을 미리 파악하고 시장 전략수립의 정보를 제공하고자 하는 일련의 과정을 의미한다.

이러한 시장조사의 활용으로는 창업 및 신규사업의 경우 시장조사를 통해 판매 가능한 수요를 예측하고, 예측된 수요에 따라 시설을 계획하며 생산 및 판매계획을 세워 평가해 봄으로써 계획사업의 경제성이 어느 정도인지에 대한 분석을 가능하게 해 준다는 것이다. 또한, 시장조사를 통해 광고 등 판매촉진비용, 유통과정상의 비용, 판매가격, 할인 및 신용정책 등에 관한 정보를 입수하고 그 원인과 효과를 분석하여 비용관리, 유통방법, 광고정책, 판매가격정책, 신용정책 등을 수정하고 보완하는데 활용할 수 있다.

세계적인 마케팅 대가 필립 코틀러는 "모든 비즈니스 전략은 마케팅에서 출발하고, 또한 모든 마케팅은 시장조사에서 출발한다."고 말한다. 시장조사는 사업 아이템 구상, 신제품 개발, 마케팅 전략 수립 등 마케팅 활동의 맨 처음에 수행하는 것으로 가장 중요한 과정이다.

2. 시장조사 방법

1) 자료수집

자료수집(Survey) 방법은 크게 정량조사와 정성조사로 구분할 수 있다.

정량조사(Quantitative Survey)는 동질적 특성을 지닌 표본집단을 대상으로 통일된 유형의 설문지와 질문을 통해 규격화된 응답을 구하는 방식이다. 규격화된 설문 문항과 짧은 응답시간으로 대규모 조사가 가능하며, 통계처리를 통하여 그 결과를 수치화함으로써 조사결과를 객관화할 수 있다는 장점이 있다.

정성조사(Qualitative Survey)는 고객의 믿음이나 감정, 동기요인 등 소비자의 심리적인 부분에 대한 정보를 얻는 것으로써 응답이 주관적이라는 이유 때문에 비과학적인 사회과학조사라는 말을 듣기도 하지만, 정량 조사에서는 밝혀내기 힘든 개인의 동기나 태도와 같은 미묘한 심리상태까지 깊숙히 알아볼 수 있다는 장점이 있다. 통상적인 대규모 정량조사를 실시하기 전에 가설을 설정하거나 조사결과를 예측하기 위해서 미리 실시한다.

요즘은 정량적 조사방법보다는 정성적 조사방법을 더 선호하는 편이다. 정량적 조사방법은 객관성 측면에서는 유용하지만 소비심리를 심층적으로 이해하는 데는 한계가 있고 정량적 자료해석에 치중하여 고객의 숨겨진 마음을 읽지 못해 실패한 경우도 많이 있었다. 고객들이 사회통념이나 도덕에 위배되는 사항에 대해서는 답변을 기피하는 경향이 있으므로 조사결과를 그대로 해석하는 것은 위험한 일이다. 따라서, 소비자 감성과 체험이 중시되면서 정성적 조사방법의 중요성이 더욱 커지고 있다.

□ 참고 : 고객조사의 기법

고객의 마음을 읽어내는 마케팅조사기법에는 여러 가지가 있는데 그 내용과 주요 사례를 요약하면 다음과 같다.

| 표 6.1 | 마케팅 조사기법 |

조사기법	내용과 사례
ZMET	Zaltman Metaphor Elicitation Technique(제럴트 잘트먼 은유유도기법)으로 소비자에게 무의식속에 갖고 있는 니즈를 비언어적, 시각적 이미지(그림/사진 등)을 통해 은유적으로 유도해서 파악하는 방법 예) 맥도널드의 금빛아치모양의 "M"이 부드러운 아치모양은 엄마의 유방을 모방하여 엄마가 집에서 만들어 준 음식이라는 연상으로 정성적 조사의 본질과 핵심을 정확히 표현
사다리기법	제품의 물리적 특성과 고객가치간의 연결관계를 파악하여 심리지도(mental map)를 만드는 조사방법 예) 하겐다즈는 연구결과에 따라 아이스크림 시장을 세분화한 후 목표고객층에 접근하기 위한 상품컨셉을 재설정하고 패키지, 광고 등 전략개발에 활용(성취감, 자부심, 가족중심의 가치 설정)
참여관찰	고객의 일상생활 속에서 행동과 배경을 체계적으로 조사하는 기법 예) 할리데이비슨은 매니아집단의 특이한 문화를 조사하여 새로운 고객에게 의류, 액세서리, 관련 정보를 제공하여, 그룹 소속감을 높이는 동시에 브랜드 로열티 강화
전문가모니터링	트렌드 리더 또는 전문지식이 있는 소비자가 관찰토록 하는 기법 예) 제일모직은 1995년부터 의상, 패션 전공학생들로 모니터그룹을 구성하여 소비자들이 입고 있는 의상정보를 수집하여 트렌드를 분석하고 데이터분석을 하고 신제품 아이디어 발굴에 사용
포커스그룹인터뷰 (FGI)	소수의 참여자들이 특정 주제를 놓고 광고효과, 브랜드인지도, 및 만족도 등에 대해 집중토론을 하도록 하는 기법 예) 태평양에서는 2001년 전통 FGI에 고객의 오감을 자극하는 시스템을 접목시킨 포커스그룹다이나믹스(FGD)를 시도하고 조사결과는 브랜드 컨셉과 이미지를 설정하기 위한 기초자료로 활용하고 미샤의 경우 기존 화장품 시장의 불합리한 구조를 완전 개선하여 250여가지 제품을 3,300원에 제공할 수 있는 가격경쟁력으로 판매자의 이익과 소비자만족을 극대화

자료 : SERI CEO Information 405(2003.6.18)

2) 시장조사할 필수적인 요소

(1) 아이템이 속한 시장에 대한 조사

자신의 사업아이템이 속한 시장을 조사해야 하는데 이때의 시장은 하나의 시장이 아니라 여러 가지 시장이 될 수도 있지만 좀 더 객관적인 결과가 나올 수 있어 복합적인 분석은 시간이 많이 들지만 조사결과의 신뢰성은 높아지게 된다.

(2) 그 시장의 규모와 잠재력

현재 해당 사업 아이템이 얼마나 많은 사람들에게 팔리고 있으며 해마다 얼마 정도의 성장을 하고 있는지 그리고 앞으로도 성장할 것인지에 대한 조사가 필요하다. 만약 해당 사업아이템의 잠재력이 앞으로 감소하거나 사라진다면 해당사업을 해서는 안된다.

(3) 그 시장의 최신변화 및 흐름

사람들이 건강을 챙기면서 육류소비를 줄이거나 자동차 운전자들이 친환경 자동차를 선호하는 등 해당사업의 최신변화와 흐름이 어떻게 진행되고 잇는지에 대한 정확한 분석, 즉 트렌드를 읽어야 한다.

3) 일반 시장조사 방법

(1) 인터넷을 통해 자료를 수집하는 인터넷자료 수집방법

이 방법은 자료수집이 용이하고 빠르다는 장점, 수집되는 정보가 다양하기 때문에 전체적인 동향이나 흐름, 세부적인 시장조사의 방향설정 등에 도움이 되는 장점을 가진다. 반면, 정보의 깊이가 깊지 않고, 꼭 필요한 정보로 재가공을 해야 하는 단점이 있으므로 1차 자료수집에 적당한 방법이라고 할 수 있다. 1차 자료수집에 의해 전체동향을 파악하고, 시장분석의 방향과 흐름을 정할 수 있으며, 이것이 완료되면 2차적으로 세부적인 조사를 실시한다.

(2) 각종 전문서적이나 잡지, 책, 통계청 통계자료 등을 통한 자료조사방법

창업하고자 하는 아이템과 관련되는 서적이나 잡지 등을 통해 자료를 수집하고 통계청에서 나오는 각종 통계지표를 활용한다.

(3) 현장을 직접 조사하는 방법이나 창업컨설팅회사의 도움을 받는 방법

어떠한 방법을 실시하던지 핵심은 실질적인 조사와 함께 객관적인 근거를 제시할 수 있는 방법이어야 하고, 모두 철저한 조사를 통해 시장조사를 실시해야 한다. 시장 조사는 하고자 하는 사업의 가능성을 알려주는 척도이고 사업의 타당성을 뒷받침하는 중요한 요소이기 때문이다.

제2절 SNS 활용한 시장조사 및 시장세분화

1. SNS 활용한 시장조사

1) 지도를 활용한 시장조사

다음지도를 활용하면 좌측에 뜨는 상권 내 주요 업종이 나타나고 이를 클릭하면 해당 업종이 지도에 표시된다. 예를 들어 카페를 창업할 경우 카페를 클릭하면 창업예 정지 인근 커피전문점과 카페의 분포와 브랜드를 통해 상권의 흐름을 파악할 수 있다.

2) 온라인을 통한 설문조사

소셜미디어의 중요성이 증가함에 따라 온라인 소셜 미디어 설문조사는 시장을 공략하는 방법에 대한 방안을 찾는데 유효한 수단이다. 서베이몽키 무료 설문조사 또는 Facebook에 마케팅 설문조사를 게시하거나 Twitter를 통해 신제품 분류 또는 기능에 대한 관심도를 측정할 수 있다. 시장리서치 설문조사를 수행하면 더 스마트한 결정을 내리는데 도움이 되고 구매습관을 연구하고 새 컨셉트를 테스트하고 해당 시장규모 평가에 설문조사를 활용할 수 있다. 아래의 서베이몽키 무료 설문조사사이트를 이용해보자.

(서베이몽키 https://ko.surveymonkey.com)

2. 시장세분화 전략

시장조사에 있어서 시장세분화는 필수요건이다. 시장조사 단계에서 무엇으로 시장을 나누고 세분시장을 구성하는 고객이 누구이고 어떤 특징을 갖고 있는지 알아야 하기 때문에 시장세분화가 필요하고 시장세분화를 위해서는 3C분석과 마케팅 전략(S-T-P)의 설명이 필요하다.

3C는 고객분석(Customer), 자사분석(Company), 경쟁자분석(Competitor)을 말하는데 고객분석은 누가, 언제, 무엇을, 왜, 어떻게 구입하는가에 대한 분석이고, 자사분석은 자사가 가지고 있는 핵심역량은 무엇인지, 제품은 경쟁력이 있는지 등에 자사에 대한 분석이고, 경쟁자분석은 경쟁자의 전략과 시장의 주요변화에 대한 방향을 예측하는 것이 경쟁자분석의 목표이다.

마케팅 전략(S-T-P)는 시장세분화(Segmentation)와 목표시장선정(Targeting), 포지셔닝(Positioning)이 있는데 시장세분화에 대해서만 살펴보고자 한다.

1) 시장세분화(Segmentation)

이질적인 전체 잠재고객 중에서 동질적 욕구를 갖는 소비자를 찾아내어 규모의 경제성을 높일 수 있는 집단을 묶어내어 차별화된 소비자 욕구과 동시에 마케팅 활동의 경제성과 효율성을 달성하기 위한 활동이나 전략을 의미한다.

예를 들어, 커피전문점을 차린다고 가정하면 어떤 컨셉의 커피점을 차리고, 어느 지역에 매장을 내고, 누구를 주 타켓으로 삼을 것이며, 커피만 팔까 아님 샐러드에 과일까지 팔아서 브런치 제공의 카페형식으로 갈 것인가? 등 시장세분화를 통해 시장영역을 정하고 고객을 분석하고 분석된 고객에게 적절한 마케팅 전략이 수립하는 일련의 과정을 시장세분화라 한다.

표 6.2 시장세분화를 통한 시장영역

무엇으로 시장을 나눌 것인가?	세분시장을 구성하는 고객특성은?
• 인구/사회 통계 변수 • 구매행동 변수 • 마케팅 미감도 • 제품의 사용상황 • 심리통계 변수	• 연령대, 수입, 거주지역 • 라이프스타일 • 공통된 니즈 • 관심있는 제품 • 구매행동, 소비성향

2) 시장세분화의 전제조건

(1) 측정 가능성(Measurability)

세분된 시장이 시장으로서의 의미를 가지려면 어떠한 소비자가 그 시장의 구성원인지, 규모가 얼마나 되는지 측정해 낼 수 있어야 한다.

예컨대, 머리카락이 빠진 사람이 어떤 효능의 한방샴푸를 사용하는지 등 어떤 사람이 주로 이용하는지 파악할 수 있어야 한다. 추상적인 개념으로 접근하면 곤란하다.

(2) 접근성(Accessibility)

세분시장을 발견했다하더라도, 해당 제품과 관련된 소비자에게 접촉할 수 있는 방법이 구체적으로 강구되지 않으면 안 된다. 타겟 고객이 관심을 갖고 있지 않는 매체에 실리는 광고는 낭비일 뿐이다.

주말에 자전거 동우회 회원을 세분시장으로 선정했다면 이들이 모이는 장소나 동호회 사이트를 타겟으로 접근하면 효과가 높지만 일반인과 섞여서 마케팅을 한다면 효과적인 세분시장으로 보기 어렵다.

(3) 시장의 규모(Substantiality)

세분시장은 기업이 이익을 얻을 수 있을 만큼의 규모가 되어야 한다.

예를 들어 1인가구가 늘어나는 상황이라고 너무 세분해서 '1인용 간편식사'를 제공한다면 분명한 소비자군이 존재하는 세분시장이 될 수 있고 높은 소비자 만족도를 보일 수 있겠지만, 생산자에게는 과다한 생산비용으로 이익을 기대하기 힘든 부적합한 시장이 되기 쉽다. 따라서, 적절한 세분화로 대량생산이 가능하도록 해야 한다.

(4) 실행 가능성(Actionability)

세분시장을 공략하기 위해서는 추상적으로 구분해 놓는 것이 아니라 효과적인 마케팅 프로그램을 개발할 수 있어야 한다. 예를 들어 어떤 자동차회사가 K3, K5, K7, K9와 같이 각각의 세분시장 기회를 발견하더라도 각각의 세분 시장에 적합한 마케팅 프로그램을 따로 개발할 수 없다면 이러한 세분화는 의미가 없다. 즉, 종류별로 소비자를 파악해서 구매하려는 동기유발 할 수 있는 요소를 넣어야 세분화 효과가 있는 것이다.

제3절 사업장 입지 선정

1. 입지 선정의 중요성

사업장입지는 업종에 따라 입지를 선정하게 되는데, 소상공인의 경우 장사의 성패를 결정할 정도로 매우 중요한 요소이다. 성공의 약 70%는 입지에서 좌우된다고 해도 과언이 아니다. 입지선정 시에는 창업아이템과 관련하여 궁합이 잘 맞아야 하므로 내가 선택한 업종이 일반적으로 어떤 지역, 어떤 조건에서 잘 되는지를 파악하고 그 조건에 맞는 사업장을 물색해야 한다.

2. 업종별 입지 선정

1) 제조업 입지 선정 : 공장입지

제조업의 경우 공장 신축을 제한하는 각종 규제가 많고 특히, 화학업종, 위험물취급 등 업종별로 입주가 제한되는 경우가 있고, 민원발생 소지가 있는지 여부 등 공장확보를 위한 첫 단계인 입지선정 단계부터 철저한 검토와 준비가 필요하다. 공장입지는 계획입지와 개별입지로 구분되는데 계획입지는 우리가 흔히 알고 있는 산업공단지역을 말하고 개별입지는 지역에 혼재되어 있는 개별공장을 말한다.

표 6.3 공장입지 유형 및 장단점

구분	입지 유형	
	계획입지	개별(자유)입지
입지 유형	국가·지방산업단지, 농공단지 아파트형 공장(지식산업센터)	공장설립승인에 의한 입지
장점	- 금융, 세제지원 수혜가능 - 동력, 용수 등 지원시설 양호 - 공장의 집단화에 따른 상호정보교환, 기술교류, 협업화 가능 - 공해배출, 특수업종 입주 용이 - 공장설립 허가절차 간소	- 원하는 시기, 원하는 장소에 원하는 규모의 공장건축 가능 - 향후 사업확장시 공장증축이 용이 - 개별용지(농지, 임야) 저가매입 가능 - 토지 소유권이전 등기 가능
단점	- 적기·적소 공장확보 불가 - 단지건설에 장기간 소요 - 향후 사업확장(증축)이 제한 - 공단, 아파트형 공장은 대체로 분양 가격이 개별입지에 비해 고가	- 대체로 공장설립 허가절차 복잡 - 용도전용에 제한 - 입지여건(동력, 용수, 수송) 취약 - 산업기반시설, 편의시설 취약 - 지역주민과의 마찰가능성 있음

2) 도·소매업 입지 선정 : 점포입지

점포입지는 판매방식이 고객과의 직접적인 접촉에 의해서 이루어지기 때문에 다른 업종에 비해 입지선정이 더욱 중요하다. 특히 점포입지는 상권과의 관계가 중요한데 그 지역상권의 전체적인 활성화정도와 특성을 파악해야 한다. 상권은 지하철역이나 도로가 새로 나거나 대형 쇼핑센터 신설 등에 따라서 달라지고 지역특성상 대학생이 많이 오는지, 직장인이 주류를 이루는지에 따라 점포입지는 크게 달라지기 때문이다.

■ 필수 검토사항

① 창업입지와 세부업종 및 아이템과의 적합성 검토
아무리 좋은 입지라도 자신이 하고자 하는 업종과 아이템에 적합하지 않는다면 결국 좋은 입지가 아니다.

② 입지 환경조건 및 장래성에 대한 구체적인 검토
대상입지의 배후지 세대수, 소득수준, 학력수준, 유동인구 등의 환경조건 및 도시개발계획, 인구증가추세, 택지개발계획, 대형점포의 출점계획 등을 반드시 검토해야 한다.

③ 점포규모의 적정서 검토
최적의 입지조건을 가진 점포라 할지라도 규모가 너무 작을 경우 고객이 쉽게 들어오려 하지 않기 때문에 구매욕구가 일어나도록 유인하려면 적정규모의 점포가 필요하다.

④ 점포의 입지 적정성 검토
입지가 좋은 곳일수록 점포 매매가격, 임차가격이 비싸고 그 점포에 타 사업자가 운영 중이면 권리금이 존재하는 것이 일반적이라 자신이 조달가능한 자금규모에 적합한 입지를 선정해야 한다.

3) 서비스업 입지 선정 : 사무실 입지

서비스업 입지 역시 고객방문이나 공동작업, 바이어 미팅 등의 사정을 고려한 입지 선정이 중요하다.

표 6.4   사무실 입지 선정 평가

평가항목	평가 체크리스트
입지 환경조건	- 주변의 사무실 밀집 정도는 어떤가? - 대중 교통수단의 편리성은 어느 정도인가? - 주변의 발전 현황과 향후 장래성은 어떤가? - 주변의 소음이나 악취 등 환경 수준은 어느 정도인가?

평가항목	평가 체크리스트
건물조건	− 건물은 눈에 띄고 도로, 보도에 인접해 있는가? − 건물 외형과 내부 청결 상태는 어떠한가? − 건물 출입구는 고객 이동 동선과 연계되어 있는가? − 건물에 주차장이 있는가? − 엘리베이터는 이용하기에 편리한가? − 냉난방 시설 수준은 어느 정도인가?
사무실조건	− 사무실의 넓이와 형태는 적당한가? − 사무실 조도(형광등, 햇빛)는 적당한가? − 사무실의 환기 상태는 어떤가? − 사무실 소음 수준은 어느 정도인가? − 천장등, 콘센트, 전화회선 등이 적당한가? − 사무실과 건물 내 시설까지 거리가 멀지 않은가? − 사무실 수준에 비해 가격 및 권리금은 적당한가?
수익조건	− 투자 대비 조달 가능한 자본규모는 어느 정도인가? − 공과금 등 관리비 수준은 어떤가?

3. 입지 선정 후 계약

표 6.5　계약 전 열람사항

평가항목	평가 체크리스트
등기부등본	건물 소유자 확인, 권리관계 확인 (저당권, 가등기 등 채권관계 및 채권 금액) 정확한 소재지번, 건물내역을 확인하기 위해 건물, 토지등기부등본을 각각 별도 발급
토지대장	소재지번, 지목, 부지의 면적, 소유자 확인
건축물관리대장	건물연면적, 구조관련사항, 건물의 용도, 층수, 소유자현황 등 확인
토지이용계획 확인원	용도지역, 지구, 도시개발계획 등 확인 (점포가 해당되는 지역의 용도 및 이용계획에 따라 업종의 제한이 있을 수 있으므로 확인이 필요)

입지선정이 완료되었다면 건물주의 주위 평판, 현재의 직업, 부속건물 확인 등 계약조건을 꼼꼼히 따져 임대계약서에 신중하게 서명하여야 하며, 특히 마음에 둔 점포가 기존에 장사를 하고 있는 점포라면 보통 권리금이 붙어 있을 것이고 그러한 권리금이 적정한지도 파악해야 할 것이다. 또한, 상가건물이 경매 또는 공매되는 경우 임차인이 상가건물임대차보호법의 보호를 받기 위해서는 반드시 임대차계약서에 확정일자를 받아 두어야 한다.

표 6.6 권리금 관련 계약조건 파악

구분	평가 체크리스트
시설권리금	시설에 대한 금액은 감가상각을 통해 보통 3년 정도면 소멸한다고 보면 적당함.
영업권리금	영업 권리금은 보통 1년간의 순이익 금액기준으로 볼 수 있음.
바닥권리금	보통 유명 대형 상권 내 좋은 입지나 신도시의 상업지역에 대형 상가빌딩이 다수 지어질 때 좋은 위치의 신축 상가 건물에 이러한 바닥 권리금이 형성되어 있는 경우가 많음.

제4절 상권분석

1. 상권분석의 필요성

상권(Trading area)이란 점포나 상업지역에서 구매자가 상품을 구매하는 공간, 즉 마케팅 영역을 의미하는데 상권분석은 상권의 거시적환경(인구통계학적)분석, 산업구조, 시장(경쟁상태)분석 등을 조사하는 것을 말한다. 상권분석이 필요한 이유는

첫째, 잠재수요를 반영하는 판매예상량을 추정하는데 필요하다.

둘째, 시장세분화를 통한 고객별 마케팅전략수립과 전개가 필요하다.

셋째, 입지전략을 수립하는데 필요하다. 즉, 상권 내 소비자 욕구와 니즈를 파악하여 새로운 판매기회 및 입지전략을 수립하는데 필요하다.

2. 상권의 종류

1) 유동인구 상권

(1) 중심상업지역

번화가, 대학가, 패션타운, 영화관, 공연장 등 원거리에서 사람들이 모여드는 지역으로서 유동인구가 많고 불특정 다수가 주고객이 되는 지역이다. 쇼핑관련 점포, 음식점, 술집 등 사람이 만나고 먹고 마시는 업종이 적당한데 대기업형 패스트푸드, 카페 등이 진출하고 있어서, 상대적으로 경쟁이 치열한 지역으로 보다 전문적이고 전략적인 접근이 필요한 지역이다.

(2) 아파트/주택지역

아파트단지, 초중고등학교 인근지역에 주거하는 주부, 학생이 주고객이 되는 지역으로서, 소비자가 점포와 가까운 거리에 거주하기 때문에 업종이 안정적이고 고객과의 관계강화를 통한 단골고객 유치전략이 필요한 지역이다.

(3) 오피스지역

대기업, 중견기업 본사 밀집지역, 디지털단지 등 직장인이 주고객이 되는 지역으로서, 직장인이 주로 이용하는 음식점, 술집, 문구점, 편의점 등의 점포가 유리한 반면, 주말에는 영업하기 곤란하다는 점을 고려해야 한다.

2) 배후인구 상권

유동인구 상권이 거리상으로 500m 이내라면 배후인구 상권은 고객이 점포를 방문하는데 다소 멀게 느껴지는 500m 이상 배후지역에 타깃고객이 정해져 있는 상권으로서, 유동인구 상권과 달리 비대면 마케팅에 의한 배달영업 및 소비자가 차량을 이용한 방문이 용이하도록 주차장을 넓게 확보하는 전략 등이 필요하다.

3) 온라인 상권

온라인(인터넷/모바일)을 활용한 상권으로 지역적으로 제한이 없다. 온라인으로 전국의 상품을 손쉽게 구매/판매 할 수 있는가 하면 전 세계를 대상으로 마케팅이 가능한 상권이라 할 수 있다. 접점인 인터넷과 모바일을 통해 소셜커머스시장(쿠팡, 티몬 등)과 오픈몰(옥션, 인터파크 등), 배달웹(배달통, 배달의 민족 등) 등을 통해 상품 판매가 가능하여 오프라인 입지인 유동인구상권이나 배후인구상권에 관계없이 본인 스스로 상권을 확장해 나갈 수 있는 무궁무진한 영역이라고 할 수 있다.

3. 상권분석시 검토사항

1) 거시환경분석(PEST)

PEST분석은 정치(Politics), 경제(Economic), 사회(Social), 기술(Technology) 등을 산업환경의 변화를 일으키는 거시적요인 4가지를 분석하여 그 요인과 영향력을 이해하고 전략적 대응방안을 수립하기 위한 분석 Tool이다.

표 6.7   PEST분석의 주요 항목과 이슈분석 예시

주요항목	예시	주요항목	예시
Politics (정치)	• 각종규제 및 법규 • 정부 정책방향 • 국제적 이슈	Economic (경제)	• 각종 경제지표 • 임금/가격 • 산업경제동향
Social (사회)	• 라이프스타일의 변화 • 소비자운동의 변화 • 문화트렌드	Technology (기술)	• 연구개발비 투자액 • 기술개발 추이 • 신상품개발 현황

상권에 미치는 각종규제나 부동산대책 발표 등 정부정책에 따른 지역경제동향과 K-Pop공연, 신상품개발 등에 따른 소비자 변화 등 거시환경적인 요인을 분석해서 반영한다. 예를 들면, 빵집 프랜차이즈 본사(가칭 : 빵아저씨)를 창업한다고 가정하면, 가맹사업 불공정거래 감시강화 추세를 반영하여 가맹점 계약리스크를 최소화한다거나(Politics), 외식업계 소비자특성을 반영한 입지선택과 매장 및 메뉴를 기획하며(Economic), 빵에 대한 고급화 추세를 감안하면서(Social), 웰빙트렌드에 맞춘 천연재료 빵 및 차별화된 원재료 개발을 해야 한다(Technology). 이와 같은 일련의 검토를 거시환경(PEST)분석이라 한다.

2) 산업구조 분석

산업전체를 공급자, 구매자, 잠재적 진입자, 대체재, 산업내 경쟁자 등 5가지로 구분하여 각각 상호간 연관성이 얼마나 강한지 파악하고, 기회와 위협요소를 발견할 수 있다.

　□ M. Porter 교수의 5 Forces 분석모형(Five Forces Model)

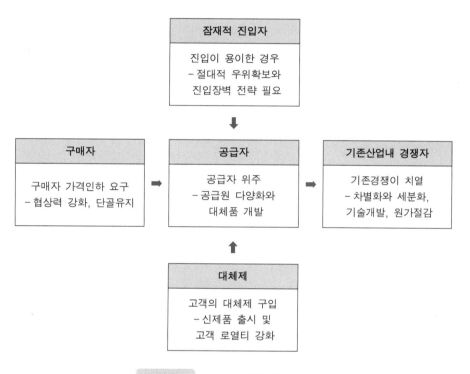

그림 6.1　5 Forces를 활용한 분석

　앞에서 비교한 것과 같이 빵아저씨 프랜차이즈를 낼 때, 5 Forces모형을 이용해 보면 공급자부분은 원자재를 공급을 다양화하여 구매단가를 낮춰 경쟁력을 높이고, 잠재적 진입자부분은 빵집부분에서 특화하여 진입장벽 전략을 펼치고, 기존산업 내 경쟁자부분은 예를 들어 파리바게트에 차별화한 바로 구워주는 신선한 즉석빵이라는 차별화로 경쟁하고, 대체재부분은 계속 신제품 개발로 고객니즈에 부합하는 방법을 쓰고, 구매자부분은 고객관리강화를 위해 생일관리, 각종 이벤트 실시 홍보 등으로 단골고객 유지 전략을 실행한다.

3) 시장분석

시장분석은 내부환경분석이라고도 하며, 시장환경을 정확히 파악하여 고객에게 필요한 요소를 발굴하고, 수익성을 높이기 위한 방안을 마련하는데 목적이 있다.

분석할 요소로는 시장규모, 시장성장률(시장수명주기), 수익성, 고객특성, 원가구조, 유통구조 등이 있다.

표 6.8   마케팅 믹스(4P, 7P) 개념

구 분		평가 체크리스트
7P	4P 상품(product)	소비자의 욕구나 니즈를 반영하여 고객이 원하는 상품을 기획하고, 시장의 경쟁상황에 따라 경쟁 및 대응상품 구성
	가격(Price)	시장확대, 수익확보, 고객수용이 가능한 경쟁력 있는 가격정책을 수립한 후 소비자의 반응에 따라 다양한 가격전략이 가능하도록 함.
	유통(Place)	상품이 최종소비자에게 빠르고 안전하게 전달될 수 있도록 기획하는 것이며, 고려해야 할 요소는 고객의 잠재적인 숫자, 상품/서비스의 종류, 고객유형, 고객이 구매한 장소, 상품에 대한 설명의 필요정도, 고객의 서비스 기대수준 등이 있음. 또한, 유통을 직접할 것인지 혹은 전문업체에게 위탁할 것인지도 중요한 의사결정 문제임.
	판촉 (Promotion)	기업이 가지고 있는 다양한 가치요소를 소비자에게 전달하고 구매를 활성화시킬 수 있도록 하는 활동이며, 광고, 인적판매, 판매촉진, PR 등이 있으며, 최근 마케팅프로모션은 통합된 마케팅 커뮤니케이션 형태로 전개됨.
	사람(People)	서비스를 제공하는 직원의 행동, 말투, 기술, 외모 등을 의미하며, 고객이 기대하는 기대서비스를 충족시킬 수 있어야 함.
	프로세스(Process)	서비스가 제공되는 프로세스가 효율적으로 운용될 수 있도록 계획을 수립하는 것이며, 프로세스의 신속성, 유연성, 편의성 등이 고려되어야 함.
	물리적 증거 (Physical Situation)	눈으로 보이는 유형적인 것에 대한 요소로 외부환경(건물외관), 내부환경(실내인테리어), 기타 유형적요소(의상, 홈페이지 등)로 구분될 수 있음.

빵아저씨 프랜차이즈 4P를 진단하면 상품부분은 경쟁업체(예시 : 파리바게트)의 상품종류와 비교해 보고 갓 구워낸 신선한 빵을 차별화로 내세우고, 가격정책에서는 저가 혹은 고가정책을 선택하고, 유통부분은 아침에 갓 구워낸 빵을 집으로 배달하는 방법을 검토하고, 판촉은 동네사람이 자주 올 수 있도록 마케팅전략을 구사한다. 또한, 4 P에 추가하여 사람은 최고의 직원을 뽑고, 프로세스는 시스템화하고, 신선한 인테리어와 채널확대를 위한 홈페이지를 개설하여 운영하는 등 시장분석을 통한 전략을 제시한다.

제5절   상권정보시스템을 활용한 상권분석

1. 상권정보시스템

상권정보시스템(sg.smba.go.kr)은 상권분석 툴(Tool)이다. 상권분석에 필요한 자료(data)를 수집하는데 도움을 주기 위해서 중소기업청의 소상공인진흥원에서 제공하는 시스템으로 점포현황, 유동인구, 매출정보 등 상권에 대한 분석정보를 제공하는 시스템이다. 특히 점주를 상대로 음식점 등 소규모사업자를 창업하려고 할 때, 내가 출점하려고 하는 지역에 유동인구는 얼마이고 경쟁점포는 얼마나 되는지 상권의 추세는 늘어나는지 축소되고 있는지 등을 알아보는 것이 필수인데 이 시스템을 이용하면 일일이 찾아다니는 수고를 덜 수 있는 유용한 시스템이다.

2. 상권정보시스템의 주요 내용

표 6.9   상권정보시스템의 주요 내용

제공 서비스	내 용
지역별 업종별 상권분석	선택지역의 인구구성, 경쟁업소현황, 유동인구, 임대시세, 매출정보 등 49종의 상세 상권분석 정보제공
시군구 상권정보	상권분석 전 예비정보로 활용할 수 있는 행정동별 지역분석 및 업종 정보제공

제공 서비스	내 용
업종밀집정보	선택상권의 업종별 밀집수준을 가늠할 수 있도록 50개 업종에 대한 밀집도 지수를 시각화하여 제공
유동인구	주말 주중으로 나뉘어진 남녀성별에 따른 유동인구 현황을 도로상에 5단계로 표현하여 제공
창업자가진단	스스로 사업 타당성 검토가 가능하도록 수익성 분석 기능제공

상권정보시스템 홈페이지는 아래처럼 생겼고, 사용하려면 먼저 홈페이지에 회원가입을 하고 로그인해서 왼쪽에 검색조건을 입력하면 분석결과를 얻을 수 있다.

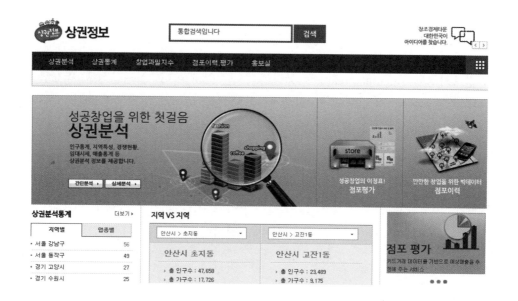

3. 상권분석 사례

경기도 안산시 대표적인 상권 중에 하나인 중앙역상권에 커피전문점을 개설한다고 가정하고 상권분석을 해보도록 하자. 상권정보시스템에서 주요 카테고리인 상권통계를 살펴보고 상권분석을 순서대로 해보자.

1) 상권통계를 활용한 상권분석

"업력통계"에 의하면 음식점을 포함해서 전체 업종에서 창업률이 증가하였고, 커피점/카페의 경우에도 유사하게 나타났다. 또한, "매출통계"에서 커피점/카페의 월평균 매출액은 2,415만 원인데 음식점 평균 매출액 1,059만 원 대비 2배 이상 매출을 기록하는 것으로 나타났다.

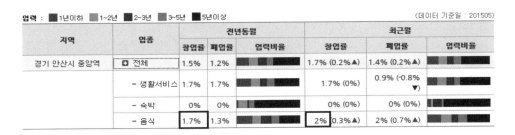

그림 6.2 상권통계에서 경기도 안산시 중앙역 상권을 입력하여 나온 결과

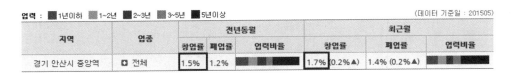

그림 6.3 음식업 중 커피카페점

(데이터 기준년 : 201503 / 월평균매출액:만원 / 건단가 : 원)

지역	업종	월평균매출	건단가
경기 안산시 중앙역	전체	926	35,084
	- 관광/여가/오락	254	17,915
	- 도매/유통/무역	89	58,974
	- 생활서비스	651	77,548
	- 소매	917	41,992
	- 스포츠	806	96,932
	- 음식	1,059	25,087

(데이터 기준년 : 201503 / 월평균매출액:만원 / 건단가 : 원)

지역	업종	월평균매출	건단가
경기 안산시 중앙역	커피점/카페	2,415	8,935

그림 6.4 업종별 월평균매출액 비교

2) 상권분석–안산시 중앙역 인근 1km 이내

(1) 상권분석에서 인구통계학적 분석

창업예정지에서 상권을 그려보면 반경 100M부터 희망하는 구간을 정할 수 있는데 먼저 그림과 같이 중앙역 인근 1km이내에 그려보면 그곳에 거주하는 통계를 볼 수 있다. 아래와 같이 상권 주요 정보 요약표를 보면 가구수 21,632가구, 주거인구 61,585명과 직장 인구는 71,590명이며 음식점은 1,167개가 있고, 남녀 비율은 여성 분포가 조금 많고 유동인구 중 20대의 비율이 가장 높다.

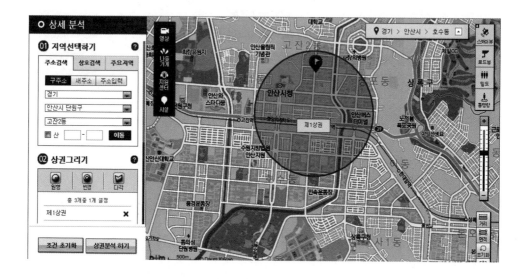

● 상권 주요 정보 요약

상권명	상권 유형	면적	가구수	인구수		주요 시설수	집객 시설수	상가/업소 수			
				주거인구수	직장인구수			전체	음식	서비스	도/소매
제1상권	주택상업지역	3,141,592 ㎡	21,632	61,585	71,590	212	19	2,382	1,167	561	654

• 성별 유동인구

〈출처 : SKT 통화량 기반 추정 유동인구 / 2015년05월 일평균 기준〉

상권명	전체	남성	여성
제1상권	77,324	37,901	39,423

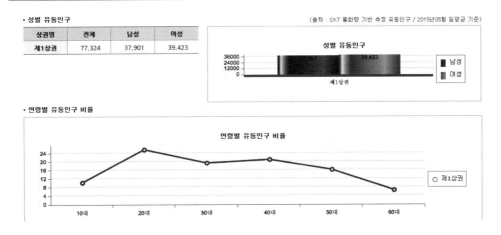

• 연령별 유동인구 비율

(2) 창업업종 분석

창업예정지에서의 커피전문점은 상권 내에서 점포숫자는 증가추세에 있는 반면, 평균매출과 이용건수는 줄어드는 추세를 보이고 있어 경쟁이 치열하다는 것을 알 수 있고, 저녁 6~9시에, 요일별로는 금요일과 토요일이 유동인구가 가장 많다.

• 선택업종 추이 - 제1상권   업소 위치 보기 ▶

업종	2012년12월	2013년06월	2013년12월	2014년06월	2014년12월	2015년05월
커피전문점/카페/다방	73	86	99	116	118	119
합계	73	86	99	116	118	119

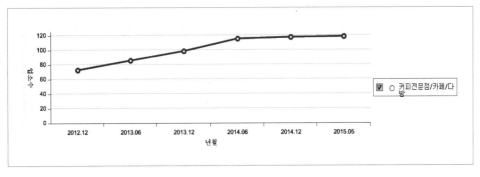

• 행정구역별 선택업종 추이

업종	지역	2012년12월	2013년06월	2013년12월	2014년06월	2014년12월	2015년05월
커피전문점/카페/다방	전국	39,376	44,389	41,002	52,129	54,416	56,528
	경기	6,784	8,073	7,291	9,996	10,440	11,025
	안산시	358	414	396	551	577	606

● 선택업종 평균매출 및 이용건수 추이　　　　　　　　　　　　　　　　　　　(출처 : 카드사, 2015년 03월기준)

상권명	업종	구분	2014년10월	2014년11월	2014년12월	2015년01월	2015년02월	2015년03월
제1상권	커피전문점/카페/다방	평균매출액(만원)	2,396	2,363	2,150	2,016	1,933	1,543
		이용건수	2,608	2,470	2,418	2,268	2,155	1,721

* 매출분석은 배후지를 포함한 상권으로 분석됩니다.　　지도보기 ▸

평균매출 추이

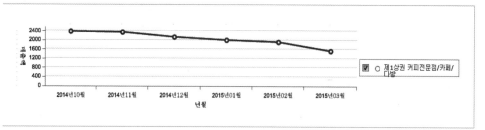

이용건수 추이

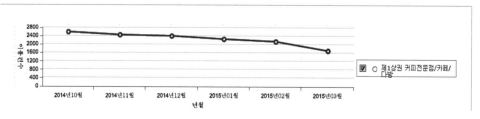

· 시간대별 유동인구 비율

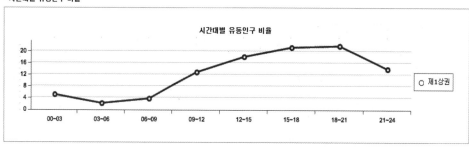

· 요일별 유동인구 비율

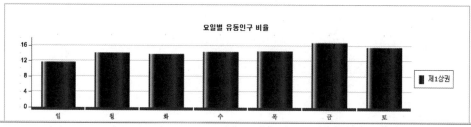

(3) 창업업종별 밀집정보

지역별 밀집정보에 의하면 창업예정지인 중앙역인근 상권의 커피전문점 밀집도가 경기도, 안산시 전체와 비교해서 밀집도가 높은 것을 알 수 있다.

● **지역별 밀집정보 현황**   ● 낮음:0.8미만 / ● 보통:0.8이상~1.2미만 / ● 높음:1.2이상~1.7미만 / ● 매우높음:1.7이상

업종	2012년12월	2013년06월	2013년12월	2014년06월	2014년12월	2015년06월	밀집도	증감율
경기	1.06	1	0.97	1.01	1.05	1.05	●	0
안산시	1.01	0.9	0.89	0.85	0.95	0.9	●	-5.26(▼)
경기 안산시 중앙역	0.99	1	1.11	1.12	1.35	1.31	●	-2.96(▼)

● **서비스 업종별 밀집정보**

업종	2012년12월	2013년06월	2013년12월	2014년06월	2014년12월	2015년05월	밀집도	증감율
중식	0.54	0.52	0.45	0.37	0.43	0.45	●	3.72(▲)
한식-일반	0.93	0.91	0.73	0.68	0.57	0.56	●	-1.68(▼)
분식-라면김밥떡볶이	0.77	0.8	0.63	0.64	0.76	0.65	●	-14.77(▼)
분식-우동스낵	0.53	0.8	0.79	0.63	0.88	0.91	●	2.56(▲)
죽전문	0.2	0.19	0.2	0.19	0.27	0.27	●	1.81(▲)
민속주점	0.17	0.16	0.33	0.33	0.24	0.24	●	1.57(▲)
일식/횟집/수산물	0.52	0.56	0.78	0.79	1	1.04	●	3.23(▲)
스파게티/피자	0.65	0.55	0.88	0.87	0.55	0.57	●	3.12(▲)
별식/퓨전요리	1	1.05	1.17	1.01	1.35	1.27	●	-6.06(▼)
한식-고기류	0.85	0.73	0.82	0.84	0.89	0.86	●	-3.34(▼)
한식-면류	0.54	0.5	0.9	0.9	0.97	0.91	●	-6.6(▼)
양식전문	0.98	0.94	0.82	0.85	0.89	0.92	●	4.3(▲)
닭요리	0.58	0.57	0.53	0.53	0.65	0.68	●	4.44(▲)
오리요리	0.16	0	0	0	0	0	●	0
커피숍/카페	0.99	1	1.11	1.12	1.35	1.28	●	-5.01(▼)

(4) 점포평가에서 나의 상권분석 결과 : 창업자가진단확인서 발급

중앙역인근 상권을 분석하여 창업자가진단 결과 동 상권의 경우 인근 상권에 비해 월매출액이 낮게 나왔고, 성장성과 안정성, 구매력이 낮은 것으로 분석되었다. 반면, 유동인구가 많아 활성도는 높으나 업종밀집도가 높아 경쟁이 치열하다고 볼 수 있다. 전반적으로 본인브랜드로 커피전문점 창업은 차별화 전략이 필요할 것으로 보이는 사례이다.

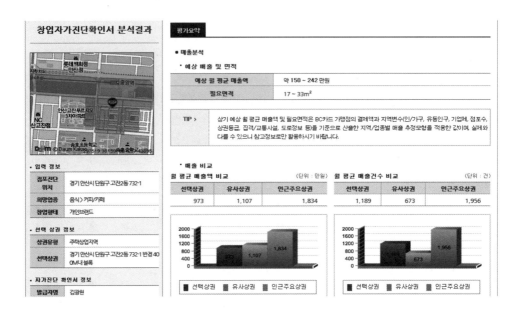

● 상권 및 업종 평가

　• 선택상권 주요정보 요약

가구 정보		인구 정보		업소 정보		시설 정보	
아파트-가구	비아파트-가구	주거인구	직장인구	동종업소수	유사업소수	주요/집객시설	교통시설
2,230	1,983	12,336	9,721	39	80	38	3

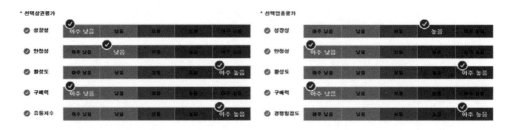

제 7 장

사업타당성과 위험관리

사업타당성과 위험관리

제1절 사업타당성 분석

1. 사업타당성 분석

1) 사업타당성 분석의 개념

사업타당성 분석은 신규 사업진출 및 창업의 가치를 평가하는 것으로 시장점유율, 기술적 측면, 경제적 측면 등을 평가하고 총체적으로 분석하는 가치측정의 과정을 말한다.

즉, 사업타당성 분석은 창업을 위한 시장의 요구를 감지하고 사업(제품 또는 서비스 분야)의 요구에 대한 공급이 기술적으로 선도적 시장을 형성하는데 가능한가를 검토 하는 방법이다. 창업에 대한 시장성을 분석하고 창업의 초기 투자비용 등 소요자금을 추정하며, 생산원가와 일반관리비 등을 분석 예측하여 추정 재무제표와 현금수지표를 작성한 후, 계획사업의 경제성, 수익성 및 차입원리금 상환 가능성 등을 종합적으로 검토하는 것이다. 사업계획서를 작성하기 전에 필수적으로 분석해야 할 과정으로서 창업의 위험 요인을 최소화하거나 사전에 방지할 수 있는 역할을 한다.

사업타당성 분석의 필요성은 창업의 과정에서 실패확률을 최소로 줄이고 성공확률 을 최대한으로 높이는 것으로 다음과 같다.

① 주관적 아이디어를 객관적이고 체계적인 사업계획서로 작성함으로써 계획하고 있는 사업의 객관성을 높이고, 창업 사전에 위험요소를 확인함으로써 성공가능성을 높이

도록 한다.

② 구상하고 있는 기업의 제반 문제점과 제약요소를 사전에 파악하여 창업기간을 단축할 수 있는 등 효율적인 창업업무를 수행할 수 있다.

③ 계획제품의 기술적 타당성, 시장성, 수익성 등 세부항목을 분석해 봄으로써 해당업종에 대해 미처 깨닫지 못한 세부사항을 사전에 인지하여 성공적인 창업을 가능하게 한다.

④ 기업의 구성요소를 정확하게 파악하여 창업가의 경영능력 향상에 도움을 줄 뿐아니라, 계획사업의 지식습득과 보완사항을 미리 확인하여 조치를 가능하게 한다.

사업타당성 분석의 평가요소는 일반적으로 ① 새로운 사업에 대한 경영자(또는 창업자)의 수행능력 평가, ② 계획된 제품의 생산에 필요한 기술의 해결가능성을 검토하는 기술성분석, ③ 판매시장의 환경, 경쟁상태, 시장진입 가능성 및 중장기 수급전망 등을 검토하는 시장성분석, ④ 적정수익률 확보가능성을 검토하는 재무적 분석, ⑤ 위험요소분석과 성장가능성분석 등으로 구성된다.

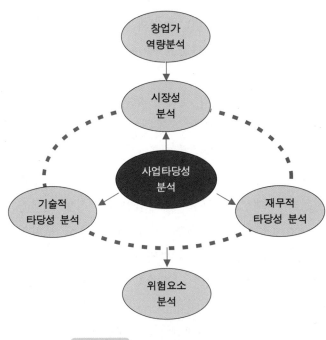

그림 7.1   사업타당성 분석의 내용

사업타당성 분석의 평가요소는 그림 7.1과 같이 창업가 역량분석을 우선적으로 진행하며, 시장성분석, 기술적 타당성 분석, 재무적 타당성 분석을 하고, 창업에 관한 위험요소분석의 내용으로 구성된다. 본장에서는 제1절 사업타당성 분석에서 시장성 분석, 기술적 타당성 분석, 재무적 타당성 분석, 제2절 위험관리에 대하여 살펴보고, 창업가의 역량은 제4장 2절에서 다룬다.

2) 사업타당성 분석의 절차

사업타당성 분석은 그 용도에 따라서 분석 대상에 차이가 있다. 신규 창업의 경우에는 사업 아이템의 성공가능성에 초점이 맞추어지며, 제품성과 기술성, 시장침투가능성과 판매전략, 수익성 등에 대한 향후 개략적인 전망에서부터 통계적 방법에 의한 수요예측, 회계적 방법 및 재무적 분석 기법에 의한 수익성 분석 등 그 분석 방법은 다양하다. 또한 신규창업의 경우 사업타당성 분석요소 중 반드시 분석해야 할 것은 후보 아이템 상대평가시 검토항목 및 후보 아이템별 우선순위결정을 위한 예비사업성 분석 항목과 손익분기점 매출액 등이다.

표 7.1　후보 아이템 상대평가시 검토 항목

주요항목	평가요소	세부검토사항
상품성	상품의 적합성	창업자가 잘 아는 제품이나 공정인가? 비필수품이거나 사치품은 아닌가?
	상품의 독점성	창업 중소기업의 참여를 배제하는 사실상의 독점은 없는가? 정부의 인·허가에 의해 실제 창업이 제한되어 있지 않은가?
시장성	시장의 규모	예상되는 고객의 수는 어느 정도인가? 국내 및 해외 시장 규모는 금액으로 어느 정도인가?
	경쟁성	경쟁자의 세력 및 지역별 분포는 어떤가? 경쟁제품과 비교했을 때 품질과 가격관계는 유리한가? 판매 유통이 용이하며, 물류비용이 저렴한가?
	시장의 장래성	잠재 고객 수의 증가는 있는가? 새로운 창업기업의 침투 가능성은 어느 정도인가? 소비자 성향이 안정적이고, 필요성이 증가하는가?

주요항목	평가요소	세부검토사항
수익성	생산 비용의 효익성	적정 비용으로 제품을 생산할 수 없는 요인이 있는가? 생산공정이 복잡하지 않고, 효율성은 있는가?
	적정 이윤 보장성	원자재조달이 용이하고, 값은 안정적인가? 필요한 노동력 공급이 용이하며 저렴한가? 제조원가, 관리비, 인건비 등 제 비용 공제 후 적정 이윤이 보장되는가?
안정성	위험수준	경제 순환 과정에서 불황 적응력은 어느 정도인가? 기술적 진보 수준은 어느 정도이며, 기술적 변화에 쉽게 대처할 수 있는가?
	자금투입의 적정성	초기 투자액은 어느 정도이며, 자금조달이 가능한 범위인가? 이익이 실현되는 데 필요한 기간은 어느 정도이며, 그 동안 자금력은 충분한가?
	재고수준	원자재 조달, 유통과정상 평균재고 수준은 어느 정도이며, 재고상품의 회전기간은 어느 정도인가? 수요의 계절성은 없는가?

자료 : 김보람, 신규사업 타당성검토, 삼성경제연구소(SERI), 2007.

사업타당성 분석의 절차는 예비사업성을 검토한 결과 성공가능성 및 시장점유의 잠재성이 있다고 가정되는 경우, 기술적 부분의 타당성을 검토하여 기술성에 타당성이 인정되면 경제성 분석을 진행한다.

사업타당성 분석의 주요 평가항목은 다음과 같다. ① 사업의 수행역량 평가, ② 생산가능성·품질, 성능·하자여부 등에 관한 기술성 분석, ③ 시장환경·시장진입가능성, 제품수급조사, 동종업계조사 등 시장성 분석, ④ 소요자금의 추정과 자금조달계획, 추정재무재표작성, 경제성 평가 등을 검토하는 재무적 타당성 평가의 과정으로 구성된다.

사업 수행역량 평가

- 적성 · 자질 분석
- 경험 · 지식 분석
- 업종선택의 적합성 분석
- 창업자의 경영역량 평가

⬇

기술타당성 분석

- 제품의 기술적 특성
- 입지의 적합성(공장, 사옥, 사무실)
- 생산설비 및 장비
- 생산공법 및 공정의 적합성
- 생산자원에 관한 검토
- 공장규모의 건설계획
- 시설소요자금의 검토

⬇

시장성 분석

- 시장조사/소비자조사
- 시장세분화
- 제품 포지셔닝
- 제품수급조사
- 동종업계조사
- 총수요 및 점유율 예측
- 가격결정/매출액 추정

⬇

재무타당성 분석

- 생산 · 구매–판매 · 일반관리 계획
- 제조원가 및 비용추정
- 추정재무제표 작성
- 재무상태 및 경영성과 분석
- 자금수지분석
- 현금흐름의 추정
- 할인율의 추정
- NPV, IRR, 회수기간 등
- 위험분석 등

⬇

사업타당성 분석 보고서 작성

그림 7.2 　사업타당성 분석의 절차

2. 사업타당성의 내용

1) 시장성 분석

(1) 시장성 분석의 의의

시장성 분석은 기업이 제공하고자 하는 제품이나 서비스의 시장반응을 측정, 평가하는 개념으로서 신규창업 기업의 창업타당성 분석에서 가장 중요한 분야이다.

창업 또는 신규 아이템으로 시장에 뛰어들어 경쟁상품과 견주어 우위를 선점하거나 소비자로부터 기업이나 아이템에 관하여 인정을 받을 때 매출이 증대되고 시장범위도 확대된다. 창업과정에서 시장에 진출할 때 새로운 아이템은 소비자에게 인지도가 낮고 품질이 확인되기 전까지는 시장에 브랜드가 정착하기 어렵다. 따라서 시장성과 판로확보가 사업 성공의 요점인 관점에서 시장성 분석이 중요하다.

(2) 시장성 분석의 요소

시장성 분석의 요소는 ① 국내·외 수급동향 및 중장기 수급전망, ② 시장특성 및 구조(시장의 위치, 수송방법, 유통경로 및 조직, 거래조건 등), ③ 동업자 또는 유사제품과의 경쟁상태 및 향후 경쟁제품의 출현 가능성, ④ 국내외 가격구조 및 가격동향, ⑤ 목표시장 선정 및 판매전략, ⑥ 수출인 경우 해외시장 분석에 의한 수출가능량 산정 등이다.

판매량을 추정하기 위하여 기본적으로 다음과 같은 자료를 수집·분석한다.

① 수요분석 : 주요고객, 예상소비량, 소비총액 등
② 공급분석 : 기존기업의 공급능력, 기존제품의 가격, 품질, 판매전략 등
③ 거래수요의 분석 : 생산품에 대한 미래수요를 추정
④ 시장점유율 추정 : 수요·공급·경쟁자의 위치와 구상하고 있는 사업의 판매계획 등을 고려하여 계획한 상품의 시장점유율을 추정한다.

(3) 시장성 분석의 목표

창업과 관련하여 시장성 분석은 다음과 같이 세부적인 사항들을 조사목표로 설정한다.

① 제품에 대한 전체 시장 규모, 경쟁제품과 유사제품 등 시장의 특성과 구조를 분석하고 소비자 구성 분포 및 변화 추이 등을 분석한다.

② 계획제품과 경쟁제품을 비교하여 특성과 품질수준을 분석하고, 경쟁회사의 현황 및 재무상태·영업실적·가격 경쟁력을 분석한다.

③ 국내 주요 경쟁업체의 시장점유율 현황을 분석하고, 향후 단기·장기적 판매영역의 제품별 가능한 판매량을 추정한다.

④ 시장 및 제품환경의 변화에 따라 유동적이므로, 가능한 모든 환경변화를 고려하여 구체적인 판매전략을 수립한다.

(4) 시장성 분석의 내용

시장성 분석은 창업의 구체적 목표에 따라서 필요한 정보수집을 위한 시장분석, 미래 수요예측을 위한 시장동향분석, 유통경로발굴·개선을 위한 시장특성분석 및 광고전략 수립을 위한 경쟁상황분석 등으로 구분할 수 있다. 시장성 분석의 최종목표는 창업의 계획제품에 대한 가격 동향 분석으로 앞으로 생산할 제품이 시장에서 얼마나 팔릴 것인가, 향후 수요증가추세는 어떻게 변할 것인가의 판매예측을 분석한다.

표 7.2 시장성 분석의 내용

시장성 분석의 특징	내 용
시장 동향 분석	해당 시장의 과거 국내·외 수급실적 및 향후 전망 국내·외 생산규모 및 투자규모, 기술 동향 및 향후 전망 대체재의 동향 및 향후 출현가능성 등
시장 특성 및 경쟁 상황 분석	시장의 유통구조 및 경로, 판매 및 유통조직 특성 고객의 특성, 소비성향 및 구매패턴 국내·외 경쟁업체의 점유율, 경영상태, 기술 수준 등
가격 동향 분석	동종 아이템 또는 경쟁 아이템의 가격 동향 가격에서 제조원가, 인건비 등이 차지하는 비율 향후 국내·외 가격 전망 등

(5) 시장성 분석의 절차

시장성 분석의 절차는 시장성 분석의 목표가 정해지면 시장성 분석의 구체적인 계획을 세운다. 시장성 분석의 계획 수립 단계에서 설계된 내용에 따라 시장성 분석 자료를 수집한다. 수집된 자료는 분석과정을 통해 시장성 분석 목적에 맞게 재생산되고 이는 시장성 유무의 평가기준으로 활용된다. 또한 기존시장의 크기, 시장점유율, 시장의 성장 추세 및 전망, 유통과정 및 기타 시장의 특성에 대한 정보로 활용된다.

다음 단계는 시장성 분석의 요소로 전반적인 시장동향 분석, 제품성 분석, 경쟁적 지위 분석, 제품가격 분석, 수요예측, 그리고 시장 및 제품 환경 분석이 해당된다. 시장성 분석은 기업환경 변화 예측과 더불어 적정한 판매전략이 연계하여 가치를 구축한다. 판매계획 및 판매전략을 수립하는 데 있어 고려하여야 할 사항은 마케팅 계획, 광고 등의 판촉활동, 판매비용 계획 등이며, 광고·판촉·판매 활동에 투입할 인적·물적 자원의 규모와 투입시기도 함께 결정한다. 마지막으로 시장성 분석 항목 평가에 의거하여 계획상품의 시장성 유무를 평가한다.

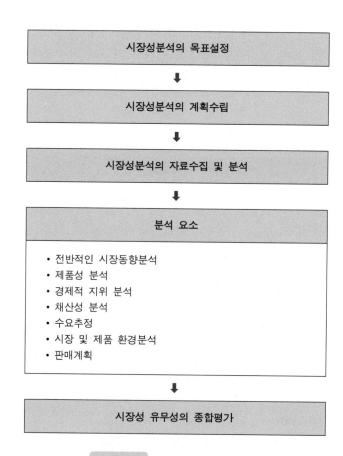

그림 7.3 시장성 분석의 절차

2) 기술적 타당성 분석

(1) 기술적 타당성 분석의 의의

기술적 타당성 분석이란 계획한 사업이 기술적으로 가능한가를 분석하는 일이다. 아무리 경제성이 있는 사업이라도 기술적 타당성이 없으면 사업을 추진할 수 없다.

기술적 타당성이란 제품의 생산과 관련되는 제반적 요소로서 상품이 원만하게 생산될 수 있는지를 분석하는 요소이다. 제품에 대한 특성, 화학적 반응, 기계적 기능, 생산시스템, 공정 등 생산제품에 대한 철저한 조사·분석과 함께 공장입지, 시설계획 및 생산시설 규모, 생산능력 및 조업도, 원재료 조달 및 제품 한 단위에 대한 원재료 소요량 산정, 기술 및 기능 인력 확보, 예상불량률 및 개선 가능성 등을 종합적으로 분석하여야 한다.

특허·실용신안 등 공업소유권에 의한 창업은 이론과 실제와의 격차정도, 예상되는 불량률 및 하자 발생 가능성 등을 세밀하게 검토해야 한다.

기술적 타당성 분석은 사업계획의 기술적 타당성과 원가추정을 위한 기초자료를 제공하고, 사업에 영향을 미치는 제반 요인을 고려해서 기술적 대안을 비교·검토하는 단계이다. 기술적 타당성 분석은 이용할 기술과 공정을 검토하며 다음과 같은 내용이 포함된다.

① 제품의 물리적·기계적·화학적 특성에 관련된 사항
② 제조공정에 대한 사항
③ 수요량을 생산할 수 있는 생산일정 및 공장규모의 결정
④ 구입할 기계의 규격 및 공급가격, 구매일정, 대금지불방식, 설비의 성능, 예비 부속품의 조달가능성 등을 고려하여 기계를 선정
⑤ 기계의 장·단점을 충분히 비교·검토한 자료 및 기계의 배치
⑥ 이용되는 기술로부터 예상되는 폐기품의 종류, 양, 처리방식 및 처리비용

(2) 기술적 타당성 분석의 요소

제품에 대한 기술적 타당성 검토는 일반적으로 ① 제품의 효율적 생산가능성과 관련된 제품의 특성, 생산공법, 생산공정의 적정성, ② 공장입지조건의 적합성, ③ 시설규모 및 생산능력, 계획시설의 적정여부, 생산계획의 적정성, ④ 소요원재료의 수급계획 등을 대상으로 한다.

기술적 타당성 평가요소는 객관적이고 심층적으로 분석되어야 하며 기술의 타당성 결정요소의 평가, 생산환경요소의 평가로 구성된다.

첫째, 기술적 문제로서 기술의 타당성의 결정요소라고 할 수 있는 치명적 요소가 존재하는지를 검토하는 것이다.

기술의 타당성의 결정요소는 ① 제품생산관련 요소 중 어떤 특정문제로서 제품생산 자체가 불가능한 경우는 없는지, ② 제품의 불량률이 경쟁사와 비교하여 상대적으로 높은지, ③ 제품의 경쟁성, 과다한 제조원가, 소비자 인식제고 곤란 등의 이유로 인하여 기술의 경제성이 없는지 등을 검토하기 위한 것이다.

둘째, 생산환경 요소로서 제품개발에 간접적으로 작용하는 평가요소를 검토하는 것이다.

기술적 생산환경의 평가요소는 ① 계획제품의 용도·품질 및 경쟁성 분석 ② 일반적 입지조건 및 제조업 주요 입지인자 분석 ③ 계획시설의 적정성 및 장래성 분석 ④ 생산 설비의 선정 및 적정성 분석 ⑤ 생산 및 재고 분석 등으로 나눌 수 있다.

① 계획제품의 용도·품질 및 경쟁성 분석

기술적 타당성 평가요소 중 계획제품의 용도·품질·경쟁성은 제품의 용도·주요 소비처, 제품의 기능과 제품의 물리·화학적 특성, 제품의 품질·특성·기술보유 내용 등 계획제품의 품질 및 기술수준, 원가·품질·공정·채택 원료상 국내외 경쟁 제품과의 비교 우위성·가격 경쟁성 등 제품 및 기술의 경쟁성, 계획사업 기술에 대한 대체기술 여부 및 출현 가능성, 보유기술의 기술 변화의 단계 등 기술의 장래 성을 검토한다.

② 일반적 입지조건 및 제조업 주요입지인자 분석

입지조건의 분석은 일반적으로 입지인자를 분석하며 자연적, 경제적·사회적 입지 인자를 분석하고, 제조업의 경우에는 공장부지, 원재료조달의 용이성, 교통·용수· 전력 수급, 노동력 확보부문을 분석하고, 관계 법규상의 제약요인으로 발생되는 정부시책 관련사항, 토지이용의 제한조건, 환경문제 등을 분석한다.

③ 계획시설의 적정성 및 장래성 분석

계획시설의 적정성 분석은 주요 계획시설의 내용, 시설규모 및 능력 분석 등 계획 시설의 적정여부, 시설 배치의 합리성, 시설 공사 진행 계획 분석, 생산기계 진부화 에 따른 위험도, 시설개체 시기 및 경제성, 생산설비의 대체성 및 호환성 등 계획시설의 장래성을 주요 분석 대상으로 한다.

④ 생산 및 재고 분석

생산 및 재고 분석은 생산방식과 생산공정의 효율성, 생산능력 및 가동률 사정, 생산조직 및 인력 효율성, 소요원재료 수급의 원활성, 안전재고량(적정재고량) 사정 및 최소 재고유지비 등 재고분석을 그 대상으로 한다.

3) 재무적 타당성 분석

(1) 재무적 타당성 분석의 의의

재무적 타당성 분석은 사업주가 계획한 사업을 완성단계까지 추진할 수 있는 재무적 능력을 분석하는 일이다. 경제성이 우수한 사업이라도 사업주의 사업을 수행할만한 재무적인 능력이 없으면 사업추진은 불가능하다. 사업주의 재무적 능력이란 사업을 위한 자신의 자산 및 금융기관으로부터 대출가능의 능력 등을 모두 포함한다. 이러한 경우에는 협업 또는 공동추진 등의 방법이 필요하고 현대와 같이 대규모 프로젝트가 많은 경우에 세계를 대상으로 한 파이낸싱 능력이 큰 비중을 차지한다.

필요 사업비의 정확한 추정을 위해서는 현금흐름(Cash Flow) 예측의 정확도가 중요하다. 대규모 사업체나 개발업자의 경우는 모든 사업들의 개별적 현금흐름으로부터 종합 현금흐름표를 작성하고 체계적으로 관리하는 것이 중요하다. 소요자금이 적기에 조달되지 못한다든가 적정 수익을 제대로 실현하지 못한다면 사업의 성공가능성은 불확실하다.

수익성 검토 요소는 미래의 향후전망을 현재적 관점에서 분석하는 것이므로 근거자료가 되는 추정손익계산서, 추정대차대조표, 자금수지예상표 등 추정재무제표 작성이 핵심과제가 된다. 특히 자금조달 및 운용분석시에는 우선 사업에 필요한 총소요자금의 적정한 규모 산정과 조달가능성을 자금조달상의 위험 분석과 함께 추정하고, 이들 자료를 중심으로 자금조달 및 운용계획서를 작성하여야 한다.

자금조달 및 운용 계획서는 장·단기적 측면, 특정시설에 소요되는 자금으로 구분하여 누락되는 항목이 없도록 주의해야 하며 검토사항은 다음과 같다.

① 총사업비의 명세, 초기 자본소요액 및 사업에 관련된 현금수지 분석

② 손익계산서, 대차대조표, 현금수지분석표에 기초를 둔 재무예측

③ 재무예측을 뒷받침하는 보조자료로서 판매대금의 회수기간, 재고수준, 구매제품 및

제 경비 지불기간, 생산원가의 항목 및 비용, 판매 및 관리비 등 제반요소

④ 수익에 관한 재무분석을 하기 위한 투자수익률, 손익분기점, 적정생산량 및 가격분석 등

⑤ 차입계획뿐만 아니라, 차입금 상환 재원 및 차입금 상환 능력에 대한 분석

(2) 재무적 타당성 분석의 평가항목

재무적 타당성 분석의 평가항목은 ① 수익 전망, ② 손익분기점 분석, ③ 투자수익 및 계획사업의 경제성 분석 등으로 분류한다.

수익 전망은 창업 후 3~5년간의 추정 손익계산서, 추정 대차대조표 및 자금수지 예상표를 작성하고 기준 시점 이후 3~5년간의 수익 전망 및 흑자실현 가능 시점 등 수익성을 검토한다.

손익분기점 분석은 손익분기점 매출액, 즉 기업이 영업활동에서 발생하는 수익과 비용이 일치하는 매출액과 비용이 어느 정도이며, 어느 시점에 실현 가능한지를 중점적으로 분석한다. 이와 함께 손익분기점 산출 후 판매수량, 금액, 고정비, 변동비 등이 균형을 이룰 수 있는지 검토한다.

투자수익 및 계획사업의 경제성 분석은 각종 투자수익률 산출 방식에 의한 투자수익률을 산출하고 계획 사업을 통해 최소한 목표수익률 이상의 수익실현이 가능한가, 계획사업의 경제성이 있는가를 분석한다.

(3) 항목별 평가기준 및 방법

① 수익전망

수익전망은 추정 손익계산서를 근거로 하여 예측하는 것으로 향후 3~5년간의 추정 손익계산서가 작성되면 손익계산서상 연도별 매출액, 매출총손익, 영업이익, 경상이익, 세전 순이익, 당기 순이익 등을 분석한다. 매출액에 대한 매출원가는 동업계와 비교한 적정성, 판매비와 일반관리비는 매출액 또는 전체적인 영업규모에 대한 적정성을 종합해서 분석한다. 최종단계는 당기순이익 규모의 적정성, 매출액에 대한 당기순이익률의 경쟁사 대비 적정성을 검토한다.

② 손익분기점 분석

손익분기점(Break Even Point)이란 총매출과 그것을 위해 지출된 총비용이 일치

되는 매출액을 의미한다. 즉, 일정기간의 매출액이 그 기간에 지출된 비용과 같아서 이익도 손실도 발생하지 않는 지점을 가리킨다.

손익분기점(P) 계산식은 다음과 같다.

$$P = F / 1 - (V / S)$$

* F : 고정비, V : 변동비, S : 매출액

고정비에는 개점·창업시에 일시적으로 지출되는 부문이 있는가 하면, 매월 정기적으로 지출되는 부분도 있다. 즉, 보증금, 권리금, 관련 시설·인테리어비 등과 같은 항목은 일시에 지불되지만, 임차료나 재료비, 관리비 등은 매월 지출되게 된다. 손익분기점 계산에 있어 보증금이나 권리금 등은 은행에 입금하였을 때의 은행이율만큼의 금액을 매월 지출되는 비용으로 보면 되고, 시설·인테리어비 등에 들어간 비용은 감가상각비로 처리한다. 손익분기점 이후 발생하는 초과 매출액은 전부 이익으로 보아서는 안된다. 이익은 손익분기점 초과 매출액 중 변동비를 빼거나 총매출액에서 고정비와 변동비 합산 금액을 뺀 나머지 부분이 된다.

$$이익(G) = 매출액(S) - [고정비(F) + 변동비(V)]$$

손익분기점 매출액규모가 산출되면 현재의 실제 매출액을 기준으로 언제쯤 이익 실현이 가능한지 분석해 볼 수 있다. 창업기업에 있어서는 손익분기점 매출액 자체보다는 언제 쯤 이익 실현이 가능한지가 더 중요한 지표일 수가 있다.

③ 계획사업의 경제성분석

계획사업의 경제성분석은 목표수익률 이상의 수익률실현이 가능하며, 얼마나 확실성이 있는지를 순현가법(Net Present Value Method), 내부수익률법(Internal Rate of Return Method) 등의 재무적 방법을 사용하여 평가한다.

ⅰ) 순현재가치법(NPV)

순현재가치법은 투자대안으로부터 기대되는 미래 현금유입의 총현가에서 현금유출의 총현가를 차감한 순현가를 기준으로 투자가치를 평가하는 방법이다. 이를 산식으로 표시하면 다음과 같다.

> 순현재가치(NPV) = 현금유입의 총현가 − 현금유출의 총현가
> $$= \Sigma\{CI_t/(1+k)t\} - \Sigma\{CO_t/(1+k)t\}$$

* CI : 현금유입, CO : 현금유출, k : 할인율, t : 기간

순현재가치법은 어떤 투자안에 대한 투자액을 최소한의 자본비용, 즉 할인율로 할인한 현재가치와 투자자의 과실로 얻어지는 현금유입액을 시장할인율로 할인하여 현재가치화한 후 현금유입의 현재가치에서 투자액의 현재가치를 차감한 순액이 양(+)이면 투자안이 경제성이 있다고 평가하며, 음(−)이면 경제성이 없다고 평가한다.

ii) 내부수익률법(Internal Rate of Return Method)

내부수익률법은 투자로부터 기인되는 현금유입의 현재가치 총액과 현금유출의 현재가치 총액을 동일하게 하는 할인율을 계산하여 이를 기초로 경제성을 평가하는 방법이다. 내부수익률은 순현가가 0일 때의 할인율이기 때문에, 사실 투자수익률과 같은 개념이다. 내부수익률은 다음과 같이 계산한다.

> 내부수익률(IRR) : 현금유입의 총현가 = 현금유출의 총현가
> $$: \Sigma\{CI_t/(1+r)t\} = \Sigma\{CO_t/(1+r)t\}$$

* CI : 현금유입, CO : 현금유출, r : 내부수익률, t : 기간

내부수익률은 위의 식에서 보는 바와 같이, 좌변과 우변은 같게 하는 r값을 의미하게 되는데, 내부수익률이 자본비용(할인율)보다 크면 기업가치를 증대시키는 것이다. 따라서 위 공식에 의하여 계산된 내부수익률은 자본비용(할인율)과 비교하여 기업가치를 평가하게 된다. 즉 계산된 내부수익률이 할인율보다 크면 투자가치가 있는 것으로 평가되고, 계산된 내부수익률이 할인율보다 작으면 그 투자는 채택되지 못한다. 내부수익률법 또한 화폐의 시간가치를 반영하고 있기 때문에 우수한 평가방법으로 인식이 되고 있다.

제2절　위험관리

1. 창업의 위험관리

1) 위험관리

사업타당성 분석은 미래에 대한 가정이다. 미래는 확실한 예측이 어렵고 리스크와 불확실성이 항상 혼재해 있다. 따라서 사업타당성 분석의 결과는 이러한 위험에 대한 고려 및 대비가 필요하다.

위험관리(risk management)는 사업타당성 분석의 최종적인 단계로서 기업의 성패에 중대한 영향을 미칠 수 있는 위험요소의 분석과 더불어, 장기적 기업 경영 측면에서 지속적인 성장발전이 가능한지를 분석하는 성장성 분석이 요구된다. 이들 요소는 장기 안정성장을 도모하는 데 절대적으로 필요하다.

(1) 위험요소

기업경영은 경영 환경 변화에 따라서 수시로 변한다. 추정 재무제표 뿐만 아니라 사업타당성 분석도 여러 가지 가정과 상황안에서 이루어지기 때문에 여기에 대응한 새로운 대응책이 나오지 않으면 안 될 상황에 이르게 된다.

표 7.3　창업에 대한 위험요소

구분	위험요소
정책변동	조세, 관세정책 및 금융지원제도의 변경 금리 및 환율의 변동 생산제품에 대한 중소기업 고유업종 해제 및 수입 개방
시장경쟁격화	경쟁기업 진입(대기업 참여 포함) 판매 단가 조정
생산요소변동	주요원자재(수입, 내수)파동 가능성 생산량 및 생산수율, 판매량, 가동률 변동요인 발생 여부 전략 제품의 변경 및 제품믹스의 실패

구분	위험요소
기타	노사분규 시설자금 및 소요 운전자금의 적기 조달 실패 입지조건 부적합 자연환경 및 공해 규제 환경, 보건, 조세 등 법률상 제약 공장 건설의 지연 기타 계획사업에 대한 위험요소 등

계획사업에 대한 위험요소는 수행하고 있는 업종에 따라, 그리고 그 업체의 특성에 따라 다르기 때문에 일률적으로 말할 수 없지만 일반적인 경우를 살펴 보면 표 7.3과 같다. 분석자는 이와 같은 위험요소 중 해당기업의 성패에 중대한 영향을 미칠 수 있는 항목을 선택하여 그 항목의 변화 정도에 따라 계획사업에 어느 정도의 영향을 미치며, 위험요소별로 대응책을 마련함으로써 그 위험요소가 통제범위 내인지를 분석하여야 한다.

(2) 위험의 종류
창업 및 성장과정에서 직면하게 되는 사업위험적 측면에서 사업타당성을 점검하는 위험의 종류는 다음과 같다.
① 기술위험
    - 기술개발과정에서의 실패 가능성
    - 개발기술의 기대효과에 못 미침
    - 시장진입에 타이밍 상실 등
② 시장위험
    - 시장의 급격한 변화 또는 시장구조적 문제로 인한 실패 가능성
    - 소비자 욕구 변화, 경쟁업체의 추월, 대체재 출현 등 시장변화
    - 높은 시장진입장벽 존재, 저조한 시장반응, 높은 교체비용 등 시장구조적 문제
③ 경쟁위험
    신규진출기업 출현, 기존기업의 대응, 과당경쟁, 지속적 경쟁우위의 유지 곤란 등

④ 관리위험

　기업성장에 따른 복잡성 증가, 재고, 판매, 외상매출금의 관리 부실, 창업팀과 신규
　영입 인력간의 갈등 등

⑤ 재무위험

　투자대비 수익의 불균형으로 인한 현금흐름의 악화

(3) 위험관리

위험관리(risk management)는 개인 및 조직의 목표뿐만 아니라 사업목표 달성을 방해하는 요인을 식별하고, 이를 위험으로 분류한 뒤 구체적으로 위험에 대응하는 프로세스를 의미한다. 기업이 여러 가지 위험을 합리적으로 관리하여 경영의 안정을 도모하고 간접적으로 기업이익의 증대를 목표로 하는 경영관리이다.

즉, 위험관리는 "경영과정에서 발생하거나 발생할 것으로 예상되는 불확정적 손익 증감요인을 관리하는 제반 활동"이다. 개인이나 조직이 일상적 환경에서 경험하게 되는 위험을 관리하고자 하는 노력이며, 그 중에서도 특히 순수위험에 대한 합리적인 대응 방법으로 발전된 분야이다. 즉, 개인 및 조직이 직면하는 위험이나 예기치 못한 손실이 가져오는 악영향을 최소화할 목적으로 행해지는 관리활동의 한 형태이다. 위험은 업무의 처리과정인 계획, 집행, 통제 단계에서 발생하며 발생 가능한 위험의 특성상 회피 가능한 위험인 경우는 계획단계에서, 회피 불가능한 위험인 경우는 계획, 집행, 통제 단계에서 해당 위험을 최소화하도록 하는 것이 위험관리의 기본원리이다.

국제적 상거래에 있어서의 위험관리는 환율의 변동, 상대국의 국가적 위기, 상품의 손상, 가격의 하락, 도난 등에 대한 적절한 대응이 해당된다.

기업경영에 있어 재무적 손실 가능성을 최소화하기 위한 최선의 방법을 모색하는 일련의 위험관리 방법으로서 손실의 원천을 확인하고, 손실발생의 재무적 영향을 평가하며 실제 손실과 그 재무적 영향을 통제함으로써 이루어진다.

위험 관리의 4가지 기본적인 선택사항들은 다음과 같다.

① 위험 회피 : 어떤 활동을 수행하지 않음으로써 위험 회피

② 위험 전가 : 보험, 헷징(hedging), 아웃소싱을 통해 제3자에게 위험 전가

③ 위험 완화 : 예방적이고 검출적인 제어 장치를 통해 운영 위험 완화

④ 위험 수용 : 확실한 위험 활동을 파악하여 인식하여 궁극적으로 이익증대

2) 위험관리의 목적 및 효과

(1) 위험관리의 목적

위험관리는 위험을 감소하는 것이 아니라 최상의 목표를 성취하기 위한 '위험과 기회의 균형의 관점'에서 위험을 식별하고 대응하여 사업 목표를 성취하기 위한 과정의 일부로 여기며 필요한 경우 위험을 감수하는 것이다. 따라서 전략적인 목표 달성을 위하여 개별 위험의 의미를 평가하고 그에 맞는 대응 방안을 판단하는 위험 관리가 중요하다.

기업경영에 있어 가치는 위험과 이득의 상호작용의 결과이며 모든 결정은 가치를 증대시키거나 유지하거나 떨어뜨리게 되어 있으므로 위험은 가치를 추구하는 과정에 불가결한 요소이다. 그러므로 전략적인 기업은 위험을 회피하는 전통적인 관점으로 위험을 제거하거나 최소화하는 데 분투하지 않는다. 프로젝트 위험관리의 목표는 프로젝트에 긍정적인 사건의 발생 확률과 영향은 증가시키고, 부정적인 사건의 발생 확률과 영향은 줄이는 것이다.

(2) 위험관리의 효과

창업을 하는 과정에서는 수많은 위험요인들이 발생한다. 기술기반의 창업을 하는 과정에 주력 제품 개발의 실패, 참여인력의 퇴직, 자금부족, 제품의 판매부진 등 예기치 못하는 다양한 불확실성과 위험요소들이 발생한다. 이 같은 위험 요소들이 실제로 발생하면 창업자는 많은 어려움에 처하게 되고, 잘 못 대응하면 창업에 실패하게 된다. 그러므로 창업자는 창업 과정에서 발생할 수 있는 위험을 찾아내고, 이에 대해서 미리 대처할 수 있는 위험관리방안을 수립해야 하며 이를 통한 위험관리 효과는 다음과 같다.

① 사업목표의 달성 가능성 증가
② 사전 대책을 강구하는 운영 권장
③ 전사적으로 위험 식별 및 처리에 대한 수요 인지
④ 국제 규범, 법적 요건, 규제 조건의 준수
⑤ 의무적인 혹은 자발적인 보고 향상
⑥ 거버넌스 향상
⑦ 이해관계자의 신용 및 신뢰 향상
⑧ 의사 결정 및 계획 수립의 확실한 기초 토대 마련

⑨ 통제 기능 향상

⑩ 효율적인 위험 처리를 위한 자원의 할당 및 활용

⑪ 운영의 효율성 및 효과성 증대

⑫ 환경 보호, 직원의 건강 및 안전 관련 성과 향상

⑬ 손실 방지와 우발 사건 관리력 증대

⑭ 손실의 최소화

⑮ 조직의 학습 능력 향상

⑯ 조직의 탄력(복원력) 향상

3) 위험관리의 원칙

공공, 민간, 지역 공동체, 기업, 개인이 효율적인 위험관리를 위하여 모든 영역에 적용하며 적극 활용할 수 있도록 효과적인 위험 관리를 위한 원칙은 다음과 같다.[1)]

① 조직의 목표 달성 및 성과 창출에 기여해야 함.

② 전략 수립, 재무, 운영, 변경관리, 프로젝트 관리 등 조직의 모든 관리 프로세스와 통합되어야 함.

③ 조직의 전략 추진을 위한 의사결정에 선택 및 집중의 우선순위 정보를 제공해야 함.

④ 위험의 불명확성을 명확히 해야 함.

⑤ 위험관리의 효율성, 일관성, 신뢰성에 기여해야 함.

⑥ 이력 데이터, 경험, 이해관계자의 피드백, 관찰, 예측, 전문가 조언 등 활용가능한 정보 분석을 통한 의사결정을 수행함.

⑦ 조직의 외부·내부 상황을 고려하여 적용해야 함.

⑧ 조직의 목표 달성에 관련된 인원, 조직문화의 의지, 인식, 능력을 고려해야 함.

⑨ 조직의 모든 인원이 참여하고 의사소통해야 함.

⑩ 조직 외부·내부 상황의 지속적인 변화로 인해 새로운 위험의 출현, 기존 위험의 소멸 등이 발생하므로 이러한 변화에 시기적절하게 대응할 수 있어야 함.

⑪ 조직 전반의 위험 관리 성숙도 향상을 위해 지속적인 개선 및 전략 적용을 실시해야 함.

2. 위험관리 프로세스

위험관리 프로세스는 위험관리 프레임워크와 긴밀히 연관되어 있으며 그림 7.4와 같이 위험관리 이행 단계와 연관된다.

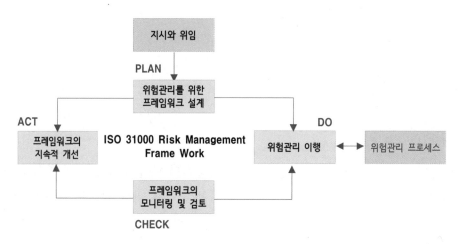

자료 : 김진현(2012) 효과적인 리스크 관리를 위한 ISO 31000 적용방안

그림 7.4   위험관리 프레임워크

위험관리 프로세스는 첫째, 통합적인 관리의 한 영역을 차지해야 하며, 둘째, 조직의 문화와 관행에 내재되어 있어야 하고, 마지막으로 조직의 비즈니스 프로세스에 맞게 조절될 수 있어야 한다. 위험관리 프로세스는 의사소통 및 상담, 상황 설정, 위험 식별, 위험 분석, 위험 평가, 위험 처리, 모니터링 및 검토 등의 과정으로 이루어진다.

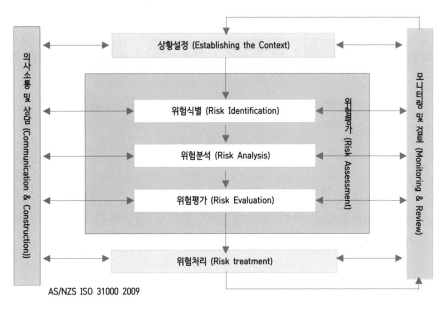

AS/NZS ISO 31000 2009

자료 : 한국국제협력단(2014), KOICA 프로젝트형 사업 위험관리방안 연구 보고서.

그림 7.5 위험관리 프로세스

3. 위험관리 방법

1) 위험평가

위험관리 프로세스는 반드시 실행을 위한 도구가 필요하며 위험 분석,기획, 통제, 관리를 위한 방법은 개인과 조직의 수준에 맞게 개발되어야 하고, 이를 위한 투자가 반드시 필요하다.

각 프로세스에 따라 다양한 방법들이 있으므로 프로젝트의 내용과 절차에 맞게 선별적으로 활용해야 하고, 개인과 조직 모두가 위험관리 방법을 숙지해야 한다. 위험관리 프로세스 중 위험 분석을 포함한 평가(risk assessment) 방법을 잘 활용할 때, 효율적인 위험관리 프로세스가 가능하며 실제적인 위험 평가 방법의 활용이 곧 위험관리의 핵심이다.

자료 : Deloitte & Touche LLP (2012). Risk assessment in practice

그림 7.6 위험평가 프로세스 흐름도

위험관리를 위해서는 위험식별을 위한 점검이 필요하다. 위험별로 등급에 따라 발생가능한 위험에 대한 측정을 하여 점수에 따른 관리의 차등화를 구축한다. 위험정도에 따른 위험관리의 필요성은 다음 그림 7.7과 같다.

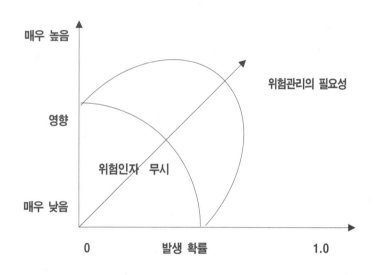

자료 : Software Engineering, Rogers S. Pressman

그림 7.7 위험 정도와 위험관리의 필요성

2) 위험관리 시스템

위험 요소의 발생 확률이 높고, 위험 요소의 중요성이 큰 것을 우선 순위를 정하여 관리하기 위한 분석 활동은 위험관리전략에서 중요한 활동으로서는 발생한 위험을 해결하기 위한 계획 수립과 실제위험을 해결하는 과정이다. 위험관리 활동을 제대로 수행하기 위해서는 사전에 발생할 위험 요소가 식별되고, 분석되었다면 발생할 위험 각각

에 대해 비상계획 또는 비상 시나리오를 작성하여 대비하는 것이 중요하다. 그림 7.8
은 위험관리의 시스템이다.

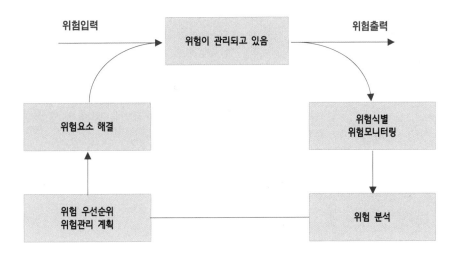

그림 7.8 위험관리 시스템

---

1) 위험관리의 국제표준 ISO 31000

제 **8**장

창업기업의 설립

창업기업의 설립

제1절 창업기업의 형태

창업을 하려면 먼저 기업 형태를 결정하는 것이 필요하다. 즉 기업 형태를 개인기업으로 할 것인지 법인기업 형태로 할 것인지를 정하는 것이다. 개인기업이냐 법인기업 즉 사단법인인 회사이냐에 따라 그 설립절차가 달라진다. 우리나라에서는 통상 개인기업이나 주식회사를 설립하여 시작하는 경우가 일반적이었다. 개인기업으로 사업을 시작하였다가 기업의 규모가 커지면 주식회사로 법인 전환을 하는 경우도 많다.

한편 창업을 하여 사업을 시작하려면 관할 관청으로부터 필요한 사업 인·허가를 받고, 관할 지방세무서에서 사업자등록을 하여야 한다. 그리고 회사 설립의 경우에는 법원의 등기소에서 회사 설립등기를 마치고, 법인세법에 따라 관할 지방세무서에 법인 설립 신고까지 하여야 한다.

제2절 개인기업의 설립

1. 개인기업의 장·단점

창업 기업을 개인기업 형태로 하는 경우에는 관할 지방세무서에서 사업자등록하는 것만으로 사업 개시가 가능하다. 그리하여 기업설립이 용이하고 통상 적은 자금으로 소자본 창업이 가능하다. 신속한 계획 수립 및 변경이 가능하여 기업활동이 자유롭다. 소규모기업 형태의 사업에 적합한 개인기업의 장·단점은 다음과 같다. 개인기업의 형태로 하는 경우에 있어서도 합자조합의 형태를 취하면, 조합의 채무에 대하여 무한책임을 지는 업무집행 조합원과 출자가액을 한도로 하여 유한책임을 지는 조합원이 상호출자하여 공동사업을 경영할 것을 약정할 수 있어서 자금조달에 유리하다(상법 제86조의2 내지 제86조의9).

표 8.1 개인기업의 장·단점

	장 점	단 점
개인기업	1) 기업의 설립 용이 : 설립등기 없이 관할 지방세무서에 사업자등록만으로 기업 설립 및 사업 개시 가능	1) 대표자가 채무에 대해 무한책임 부담
	2) 창업자금과 비용이 적게 소요, 소자본 창업 가능	2) 대표자 변경의 경우 폐업하고, 신규로 사업자등록을 하여야 함 ☞ 기업의 계속성 단절
	3) 일정 규모 이하의 중소규모의 사업에 적합	
	4) 기업 활동이 자유롭고, 신속한 계획 수립과 계획 변경이 가능	
	5) 인적기업으로서 영업비밀과 자금운용상의 비밀 유지가 용이 6) 기업이윤의 전부를 기업주가 독점 가능	3) 영업양도시 양도된 영업권 또는 부동산에 대해 고율의 양도소득세 적용

2. 개인기업의 설립절차

개인기업을 설립하려면 당해 업종을 관장하는 주무관청 또는 지방자치단체에서 사업 인·허가를 받고, 사업개시일로부터 20일 이내에 관할 세무서에 사업자등록을 신청하여 교부받는 절차를 거치면 된다. 구체적인 설립절차는 다음과 같다.

사업 아이템 선정 ➡ 사업계획서 작성 · 사업장 확보 ➡ 인·허가 ➡ 사업자등록 ➡ 사업 개시

(1) 사업 아이템 선정

(2) 사업계획서 작성 · 사업장의 확보

(3) 사업 인 · 허가

법령에 의하여 인·허가를 받아야 사업을 개시할 수 있는 업종은 미리 해당 업종을 주관하는 중앙행정청 또는 지방자치단체에서 인·허가에 대해 문의하고 취득하도록 한다. 업종에 따라 인·허가 절차가 달라지는데, 공장 설립과 관련된 인·허가사항은 공장 소재 관할 시·군·구에서 담당한다. 반면에 제조업이나 서비스업, 도·소매업 관련 인·허가는 해당 업종을 관할하는 중앙행정청 또는 그 하부기관에 위임되어 있다. 예컨대 음식점, 식품 제조업체 등 공중위생과 관련이 있는 업종, 건설, 관광, 담배 및 의약품과 같은 전문지식을 요하는 업종, 기타 사행행위에 해당되는 업종에 대하여는 개별 법령에서 시설기준이나 자격요건 등을 규정하고 있어서, 관련 사업인·허가를 받고자 하는 때에는 사업장(근로자 고용 사업소 또는 사무소) 소재지 관할 시·군·구청 민원(봉사)실에 신청하면 위생과에서 신청서류를 검토하고, 담당자가 현장에 나와 관련 시설이 기준에 적합한지를 확인한 후 인·허가를 내준다.

(4) 사업자등록

사업자등록은 주민의 주민등록과 같이 모든 국민이 사업을 하는 경우에 그 규모나 업종에 관계없이 관할 세무서에 신청하여 사업자등록증을 발급받도록 하는 제도이다. 그리하여 창업을 하고 사업을 시작하려면 관할세무서에서 사업자등록을 마쳐야 한다. 사업자등록은 사업개시일로부터 20일 이내에 구비서류를 갖추어 관할 세무서 민원(봉사)실에 제출하여 신청한다. 사업자등록번호는 상거래에서 그 사업체를 표시하는 고유 번호로 사용되며, 사업자등록을 하지 않으면 세금계산서(영수증)를 발행할 수 없다.

□ 사업자등록을 하는 방법
　－ 세무서 민원봉사실 : 사업자등록신청서
　• 첨부서류 : 개인 ⇒ 주민등록등본
　　　　　　　　법인 ⇒ 법인등기부등본 1부
　　　　　　　　허가(증 사본) [약국, 음식점, 개인택시 등 허가 혹은 인가 사업]

법인설립(또는 사업 허가) 전 사업자등록을 하고자 하는 경우

⇒ 발기인의 주민등록등본 또는 사업계획서나 사업허가신청서 사본 1부

(5) 사업의 개시

사업자등록을 마치면 사업 개시에 필요한 법적절차가 완료되나, 상시 종업원을 5인 이상 고용하게 되는 경우에는 근로기준법상 근로자명부와 임금대장을 작성, 비치하여야 한다(동법 제40조, 제47조). 또한 상시 종업원을 10인 이상 고용하게 되는 경우에는 취업규칙도 작성하여야 한다(동법 제93조). 기타 국민연금, 건강보험, 고용보험, 산업재해보상보험과 관련된 신고도 하여야 한다.

제3절 법인기업의 설립

1. 법인기업의 형태

기업의 매출액이 일정한 규모를 넘어서면 개인기업으로서 사업소득세를 부담하는 것보다, 법인세를 납부하는 것이 세율 적용상 유리하다. 금융회사와의 거래에서나 거래상대방이 법인기업인 경우에 이쪽도 법인기업으로 하는 것이 편리한 경우가 많다.

창업기업을 법인기업의 형태, 즉 회사로 하는 경우 먼저 회사의 종류를 선택하여야 한다. 회사는 상행위 기타 영리를 목적으로 하여 설립한 법인이다(상법 제169조). 상행위를 목적으로 하는 회사를 상사회사, 기타 영리를 목적으로 하는 회사를 민사회사라고 한다. 상법상 회사의 종류로는 주식회사, 유한책임회사, 유한회사, 합자회사, 합명회사의 5가지가 있다(상법 제170조). 주식회사나 유한책임회사 등 회사 기업의 형태를 취하는 경우의 그 장·단점과, 상법상 기본적 상행위(상법 제46조)는 다음과 같다. 그리고 법인기업에게는 복식부기 재무제표 작성의무가 요구된다.

	장 점	단 점
회사	1) 주식회사는 대규모 기업, 유한회사는 중소기업, 합명회사 및 합자회사는 개인기업에 적합. 유한책임회사는 벤처 창업에 적합	1) 상법 등 관련법규상 설립절차가 다소 복잡하다.
	2) 주주는 유한책임. 이사의 책임이 강조됨	2) 자본금 요건을 충족해야 되는 경우가 있다.
	3) 신주발행(증자)(또는 회사채 발행)으로 자금 조달 가능	
	4) 상장주식의 매매에는 양도세 면제, 영업양도시 기업 주식을 양도하면 되며, 저율의 양도세가 적용됨	3) 대표이사가 회사 자금을 개인 용도로 사용하면 이자를 징구하여야 한다.
	5) 대외적 공신력과 신용도, 관공서·금융기관과의 관계에서 유리	

표 8.2 주식회사 형태를 취하는 경우의 장·단점

■ 상법 제46조(기본적 상행위)

영업으로 하는 다음의 행위를 상행위라 한다. 그러나 오로지 임금을 받을 목적으로 물건을 제조하거나 노무에 종사하는 자의 행위는 그러하지 아니하다.

1. 동산, 부동산, 유가증권 기타의 재산의 매매
2. 동산, 부동산, 유가증권 기타의 재산의 임대차
3. 제조, 가공 또는 수선에 관한 행위
4. 전기, 전파, 가스 또는 물의 공급에 관한 행위
5. 작업 또는 노무의 도급의 인수
6. 출판, 인쇄 또는 촬영에 관한 행위
7. 광고, 통신 또는 정보에 관한 행위
8. 수신·여신·환 기타의 금융거래
9. 공중(公衆)이 이용하는 시설에 의한 거래
10. 상행위의 대리의 인수
11. 중개에 관한 행위
12. 위탁매매 기타의 주선에 관한 행위

13. 운송의 인수

14. 임치의 인수

15. 신탁의 인수

16. 상호부금 기타 이와 유사한 행위

17. 보험

18. 광물 또는 토석의 채취에 관한 행위

19. 기계, 시설, 그 밖의 재산의 금융리스에 관한 행위

20. 상호·상표 등의 사용허락에 의한 영업에 관한 행위

21. 영업상 채권의 매입·회수 등에 관한 행위

22. 신용카드, 전자화폐 등을 이용한 지급결제 업무의 인수

2. 상법상 회사의 종류

표 8.3　회사의 종류

	적합 기업	특징
주식회사	물적회사의 전형 · 대규모 기업	• 자본이 중시되는 물적 회사로서, 그 자본은 주식이라는 균일한 유가증권으로 세분화되어 있고, 주주는 인수한 주식을 한도로 유한책임을 부담 • 주식과 사채 발행으로 자금 조달 • 기관은 의사결정기관인 주주총회, 업무집행기관인 이사(회), 그리고 감사로 구성(자본금 10억 원 이하 ⇒ 1인 이사 가능, 감사는 선임하지 아니할 수 있음) • 1인 주식회사 가능 • 주식의 양도는 원칙적으로 자유(상법 제335조) • 주식 권면액은 100원 이상, 벤처기업에 대해서는 무액면주를 허용(상법 제329조)
유한회사	중소기업	• 자본이 중시되는 물적회사로서, 사원(社員)은 출자 지분을 한도로 유한책임을 지나 회사설립시 출자미필액 전보책임(塡補責任), 증자미필액 전보책임 등 부담 • 기관은 사원총회, 이사, 감사로 구성. 감사는 임의기관 • 지분은 1만 원 이상, 지분의 양도에 사원총회의 특별결의 필요

	적합 기업	특 징
유한책임 회사	벤처기업	• 사원(社員)은 출자금액을 한도로 유한책임 • 출자자도 경영에 참여 가능 • 상법과 정관에 다른 규정이 없으면 합명회사에 관한 규정을 준용
합자회사	인적회사	• 사원의 구성 : 유한책임사원 1인 이상 + 무한책임사원 1인 이상 　i) 유한책임사원 : 회사채권자에 대해 직접·연대책임, 출자한도 　　　　　　　　 유한책임, 지분의 양도 ⇒ 무한책임사원 전원의 동의 　ii) 무한책임사원 : 업무집행을 담당, 직접·연대·무한책임, 　　　　　　　　 지분의 양도 ⇒ 총사원의 동의
합명회사	인적회사의 전형	• 사원 : 2인 이상의 무한책임사원만으로 구성 • 인적 신뢰관계를 바탕으로 한 조합형태 기업에 적합 • 사원은 원칙적으로 업무집행권과 회사 대표권 • 지분의 양도에 전사원의 동의

3. 주식회사 및 유한책임회사의 설립절차

상법상의 회사의 종류 중 여기서는 창업기업의 형태로 가장 많이 이용되는 주식회사의 설립절차와, 청년 창업에 가장 적합한 형태로서 입법된 유한책임회사의 설립에 대하여 살펴본다.

1) 주식회사의 설립절차

주식회사의 설립방법에는 발기설립과 모집설립이 있다. 전자는 회사설립시 발행하는 주식 전부를 발기인이 인수하여 주식회사를 설립하는 방법이고, 후자는 발기인이 일부를 인수하고, 나머지 주식은 주주를 모집하여 설립하는 방법이다(상법 제288조~제317조).

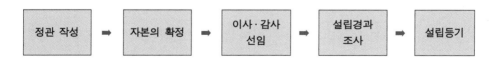

정관 작성 ➡ 자본의 확정 ➡ 이사·감사 선임 ➡ 설립경과 조사 ➡ 설립등기

(1) 정관의 작성

정관(定款, articles of incorporation, by-laws)이란 회사의 조직과 재산에 관한 기본 규칙을 기재한 서면으로서, 발기인이 기명날인한 것이다. 회사의 직제규정, 인사규정, 급여규정, 관리규정, 회계규정 등 제 규정에 대한 최상위 기본규칙이라고 할 수 있다. 주식회사 설립사무를 담당하는 발기인이 정관을 작성하고, 그 내용을 분명히 하여 추후의 분쟁이나 부정행위의 소지를 남기지 않기 위하여 공증인의 인증을 받는다.

> **■ 정관의 절대적 기재사항**(상법 제289조)
>
> 회사의 목적, 상호(유사상호의 존재 여부 확인), 회사가 발행할 주식의 총수, 1주의 액면 금액(100원 이상), 회사설립시의 발행주식총수, 본점 소재지, 회사가 공고를 하는 방법, 발기인의 성명, 주민등록번호, 주소를 필요적으로 기재하여야 한다. 발기인은 1인이어도 무방하다(1인회사).

정관은 회사설립 후에도 관공서, 금융기관 등에 제출하여야 하는 경우가 많으므로 원시정관을 적절히 잘 보관·관리하고, 그 이후의 정관변경의 내용도 잘 정리해 두어야 한다.

(2) 자본의 확정(주식의 인수, 출자의 이행)

정관 작성 후 설립시 발행주식에 대해 발기설립의 경우에는 발기인들이 전부 인수한다. 모집설립의 경우에는 발기인이 일부를 인수한 후 나머지에 대해 주주모집을 위한 주식의 인수 절차(주식의 배정, 청약, 납입)에 따른 출자의 이행을 하게 된다. 현물출자 등 변태설립사항이 있는 경우에는 정관에 기재하고(상대적 기재사항) 법원이 선임한 검사인의 검사를 받아야 한다. 법원은 변태설립사항이 과당 계상된 경우에는 이를 변경처분할 수 있다.

(3) 기관의 구성

발기설립의 경우에는 발기인회에서 이사와 감사를 선임하며, 모집설립의 경우 창립총회를 개최하여 회사의 창립사항을 보고하고, 이사와 감사를 선임한다. 이사는 3인 이상으로 하지만, 자본금 10억 원 미만의 주식회사의 경우에는 이사를 1인 또는 2인만 두어도 된다.

(4) 설립경과의 조사

이사와 감사는 발기설립의 경우 발기인회에, 모집설립의 경우에는 창립총회에 설립경과(검사절차)를 보고한다.

(5) 설립등기

정관, 주식청약서, 납입자본금 보관금융기관의 증명서, 발기인회 의사록 또는 창립총회 의사록, 이사·감사 취임승락서 등을 첨부하여 발기설립의 경우 주식인수 절차의 종결 후 2주 이내에, 모집설립의 경우 창립총회의 종결 후 2주 이내에 본점 소재지 관할 법원 등기소에 설립등기를 하면 주식회사가 창설되게 된다(설립등기의 창설적 효력). 그 후 관할세무서에 법인설립의 신고를 하고 사업자등록증을 교부받는다.

> ■ 설립등기 사항(상법 제317조 제2항)
> 회사의 목적, 상호, 회사가 발행할 주식의 총수, 액면 1주의 금액, 본점 소재지, 회사가 공고를 하는 방법, 자본금의 액, 발행주식의 총수, 종류주식의 내용과 수, 주식양도에 대한 제한이 있는 경우 그 규정, 주식매수선택권 부여 규정, 지점 소재지, 회사 존립기간 및 해산사유, 이익소각, 전환주식, 사내이사·사외이사·그 밖에 상무에 종사하지 아니하는 이사·감사·집행임원의 성명·주민등록번호, 대표이사·대표 집행임원의 성명·주민등록번호·주소, 명의개서대리인, 감사위원의 성명·주민등록번호 등이다. 영리법인의 설립과 자본증가의 경우 자본금의 0.4%, 비영리법인의 설립과 자본증가의 경우 0.2%, 주된 사무소의 이전등기의 경우 건당 75,000원, 그리고 분사무소 설치나 이전 등기의 경우 건당 27,000원의 등기(등록)세를 부담한다. 회사 설립등기는 법무사를 통하여 하면 조언도 얻을 수 있고 편리하다.

그리고 법인설립의 신고는 설립등기일로부터 30일 이내에 본점 소재지 관할 세무서 법인세과에 제출한다. 제출서류는 법인설립신고서 1부, 정관 사본 1부, 주주(출자자) 명부 2부, 현물출자 출자명세서, 설립시 회사 대차대조표 1부, 설립시 회사 재산목록 1부, 회사등기부 등본 1부이며, 보정서류로는 임원 명부, 주주 출자확인서, 주주 인감증명서 등이다. 법인의 사업자등록 신청시에는 사업자등록신청서, 회사등기부등본, 사업 인·허가증 사본, 사업장 임차계약서 사본 등이 요구되며, 정상적 개업 여부의 판단 및 조세채권의 확보를 위하여 대표이사나 대주주의 재산세납부증명서를 보정할 것을 요구하기도 한다. 이러한 법인 설립의 신고는 온라인(www.startbiz.go.kr)으로도 신청 가능하다.

2) 유한책임회사의 설립절차

유한책임회사는 내부적으로는 조합의 실체를 가진 인적회사이면서, 외부적으로는 사원 전원이 유한책임의 혜택을 누리는 회사이다. 회사법 입법정책상 인적회사의 업무집행사원의 책임을 무한책임으로 하였으나, 벤처기업과 같은 창조적 인적자산을 중심으로 하는 기업의 창업자들이 원하는 기업형태가 i) 창업자가 자유롭게 경영할 수 있거나 공동기업의 경우라도 사원(구성원)간에 강한 인적 유대를 갖는 인적회사로 운영할 수 있으며, ii) 기업이 실패하더라도 창업자의 위험 부담을 최대한 줄일 수 있는 기업형태이므로, 이를 반영하여 인적회사와 같이 조합적인 실질을 가지면서도, 사원 전부가 유한책임을 누릴 수 있는 유한책임회사를 도입하게 된 것이다.

(1) 정관의 작성
① 정관의 기재사항

정관(定款)에는 다음의 사항을 적고 각 사원이 기명날인하거나 서명한다. 사원은 전원 유한책임이며, 1인이어도 된다(동법 제287조의2).

> ■ 정관의 기재사항(상법 제287조의3)
>
> 회사의 목적, 상호, 본점의 소재지, 사원의 성명·주민등록 번호 및 주소, 사원의 출자 목적 및 가액, 자본금의 액, 업무집행자의 성명(법인인 경우에는 명칭) 및 주소, 정관의 작성년월일
>
> • 사원의 신용이나 노무 출자 제한
> • 설립등기를 하는 때까지 금전이나 그 밖의 재산의 출자 전부 이행

(2) 설립등기

정관 작성 후, 유한책임회사는 본점 소재지에서 다음의 사항을 등기함으로써 성립한다.

> **■ 등기사항**(상법 제287조의5)
>
> 목적, 상호, 본점소재지, 지점을 둔 경우에는 지점 소재지, 존립기간이나 해산사유, 자본금의 액, 업무집행자의 성명, 주소 및 주민등록 번호(법인인 경우에는 명칭, 주소 및 법인등록번호)
> ☞ 다만, 유한책임회사의 대표 업무집행자를 정한 경우에는 그 외의 업무집행자의 주소는 제외함, 유한책임회사를 대표할 자를 정한 경우에 그 성명 또는 명칭과 주소, 정관으로 공고방법을 정한 경우에는 그 공고방법, 둘 이상의 업무집행자가 공동으로 회사를 대표할 것을 정한 경우에는 그 규정

(3) 유한책임회사의 내부관계

유한책임회사는 합명회사의 조직을 바탕으로 하고, 사원들의 책임만 유한책임으로 하는 회사이다. 그리하여 유한책임회사의 내부관계에 관하여는 정관이나 상법에 다른 규정이 없으면 합명회사에 관한 규정을 준용한다.

① 사원의 책임 : 사원은 상법에 다른 규정이 있는 경우 외에는 그 출자금액을 한도로 유한책임을 진다(상법 제287조의7). 이 책임은 합자회사의 유한책임사원의 직접·유한책임이 아니고, 주식회사의 주주와 같은 간접·유한책임이라서 회사 설립등기 이전에 출자의 이행을 완료하여야 한다. 유한책임회사는 정관으로 사원 또는 사원이 아닌 자를 업무집행자로 정하여야 한다. 업무집행사원도 유한책임을 부담하도록 한 것이 이 회사 형태의 장점이다. 업무집행자가 아닌 사원은 감시권이 있다(상법 제287조의14). 통상 인적회사인 합명회사·합자회사의 업무집행자나 물적회사인 주식회사·유한회사의 이사는 해석상 자연인으로 하고 있으나, 유한책임회사는 법인도 업무집행자가 될 수 있는 유일한 회사이다(상법 제287조의15). 한편 의사결정은 유한책임회사의 내부적 인적 결합을 고려하여 두수주의(頭數主義)를 택하고 있다(상법 제287조의11).

② 지분 양도의 제한 : 유한책임회사는 사원의 유한책임에도 불구하고 인적회사와 같은 형태의 폐쇄적 운영을 목적으로 하는 회사이므로, 사원의 교체 절차는 인적회사와 동일하게 엄격히 하였다. 즉 정관에 다른 규정이 없으면, 사원은 다른 사원의 동의를 받지 아니하면 그 지분의 전부 또는 일부를 타인에게 양도하지 못한다. 다만, 업무를 집행하지 아니한 사원은 업무를 집행하는 사원 전원의 동의가 있으면 지분의 전부 또는 일부를 타인에게 양도할 수 있다. 업무를 집행하는 사원이 없는 경우에는 사원 전원의 동의를 받아야 한다. 다만, 정관으로 이를 달리 정할 수 있도록 하여, 합명회사의 경우보다 다소 완화하였다. 그리고 유한책임회사는 자기 지분의 전부 또는 일부를 양수할 수 없고, 유한책임회사가 지분을 취득하는 경우에는 그 지분은 취득한 때에 소멸한다.

③ 업무집행자의 경업 금지 : 업무집행자는 사원 전원의 동의를 받지 아니하고는 자기 또는 제3자의 계산으로 회사의 영업부류(營業部類)에 속한 거래를 하지 못하며, 같은 종류의 영업을 목적으로 하는 다른 회사의 업무집행자·이사 또는 집행임원이 되지 못한다.

④ 업무집행자와 유한책임회사 간의 거래 : 업무집행자는 다른 사원 과반수의 결의가 있는 경우에만 자기 또는 제3자의 계산으로 회사와 거래를 할 수 있다.

⑤ 정관의 변경 : 정관에 다른 규정이 없는 경우 정관을 변경하려면 총사원의 동의가 있어야 한다.

(4) 유한책임회사의 외부관계

① 유한책임회사의 대표 : 업무집행자가 유한책임회사를 대표한다. 업무집행자가 둘 이상인 경우 정관 또는 총사원의 동의로 유한책임회사를 대표할 업무집행자를 정할 수 있다. 사원이 아니어도 회사의 업무집행자가 될 수 있고, 대표도 될 수 있다.

② 손해배상책임 : 유한책임회사를 대표하는 업무집행자가 그 업무집행으로 타인에게 손해를 입힌 경우에는 회사는 그 업무집행자와 연대하여 배상할 책임이 있다.

③ 유한책임회사와 사원 간의 소(訴) : 유한책임회사가 사원(사원이 아닌 업무집행자 포함)에 대하여 또는 사원이 유한책임회사에 대하여 소를 제기하는 경우에 유한책임회사를 대표할 사원이 없을 때에는 다른 사원 과반수의 결의로 대표할 사원을 선정하여야 한다.

④ 대표소송(代表訴訟, representative suit) : 사원은 회사에 대하여 업무집행자의 책임을 추궁하는 소의 제기를 청구할 수 있다.

(5) 사원의 가입 및 탈퇴
① 사원의 가입 : 새로운 사원을 가입시키려면 정관을 변경하고, 해당 사원이 출자에 대한 납입 또는 재산의 전부에 대해 출자의 이행을 마친 때에 사원이 된다.
② 사원의 퇴사권 : 유한책임을 지는 회사에 있어서 퇴사제도는 회사 채권자에 우선한 출자 회수의 성격을 띠므로 이를 인정하지 않는 것이 일반적이다. 그러나 유한책임회사의 경우에는 채권자 보호의 배려를 하면서, 퇴사제도를 인정하고 있다. 즉 회사정관으로 회사의 존립기간을 정하지 아니하거나 어느 사원의 종신까지 존속할 것을 정한 때에는 사원은 6개월 전에 예고하고 영업연도 말에 한하여 퇴사할 수 있다. 그러나 부득이한 사유가 있을 때에는 언제든지 퇴사할 수 있다. 퇴사 원인은 정관 소정의 사유 발생, 총사원의 동의, 사망, 피성년후견(금치산) 선고, 파산, 제명 등이다. 퇴사 사원에 대한 환급금액은 정관으로 달리 정할 수 있으며, 퇴사 시의 회사의 재산 상황에 따라 정한다. 그리고 사원의 지분을 압류한 채권자는 6개월 전에 예고하고 영업연도 말에 그 사원을 퇴사시킬 수 있다.

(6) 자본금과 잉여금의 분배
사원이 출자한 금전이나 그 밖의 재산의 가액을 유한책임회사의 자본금으로 하고, 대차대조표상의 순자산액으로부터 자본금의 액을 뺀 금액(잉여금)을 한도로 하여 잉여금을 분배할 수 있다.

(7) 조직변경 및 해산
① 유한책임회사는 총사원의 동의에 의하여 주식회사로 변경할 수 있고, 이 경우 채권자 이의절차, 이사 및 주주의 전보책임 등이 준용된다. 한편 주식회사는 총회에서 총주주의 동의로 결의한 경우에 그 조직을 변경하여 유한책임회사로 할 수 있고, 이 경우에는 사채의 상환을 완료하여야 한다.
② 유한책임회사는 존립기간의 만료 또는 정관으로 정한 사유의 발생, 총사원의 동의, 사원이 없게 된 때, 합병, 파산, 법원의 판결 또는 명령 등의 사유로 해산한다. 합명회사와 다른 점은 1인회사가 허용된다는 점이다. 그리고 인적회사인 합명회사·합

자회사와 달리 임의청산은 허용되지 않고 법정청산만 인정되며(상법 제287조의
45), 회사가 해산되면 총사원의 과반수의 결의로 청산인을 선임하여야 한다.

제4절 창업기업의 신고사항

1. 창업기업의 신고 의무

1) 근로자명부와 임금대장 신고 의무

상시 사용하는 근로자가 5인 이상인 창업회사는 근로자명부와 임금대장을 작성하여
야 한다(근로기준법 제41조, 제48조). 사업자는 소정 서식에 각 사업장별로 근로자의
성명, 생년월일, 이력 등을 기재한 근로자명부(별지 제16호서식)와 임금과 가족수당
계산의 기초가 되는 사항, 임금액 등을 기재한 임금대장(별지 제17호서식)을 작성하여
보존하여야 한다(동법 시행규칙 제16조).

2) 고용보험 신고 의무

(1) 고용보험

고용보험은 실업의 예방, 고용의 촉진 및 근로자의 직업능력의 개발·향상을 도모
하기 위하여 실시하는 것으로서, 고용보험 적용대상이 1인 이상의 근로자를 고용하는
모든 사업 또는 사업장에 적용된다(고용보험법 제8조), 사업주는 당해 사업장이 보험
관계가 성립된 날(당해 사업이 개시된 날 또는 고용보험 적용요건에 해당하게 된 날)
부터 14일 이내에 고용보험관계 성립신고서와 피보험자자격취득 신고서를 관할 지방
노동청(사무소)에 신고하여야 한다. 다만, 산업별 특성 및 규모 등을 고려하여 시행령
으로 정하는 근로자수가 4인 이하인 사업장 중 농업, 임업, 어업과 개인이 건축하는
소규모 주거용 건출물 공사 및 가사서비스업 등의 사업에 대하여는 적용하지 아니한
다(동법 시행령 제2조). 자영업자도 시업자등록 후 6개월 이내에 고용보험에 가입할
수 있다.

■ 고용보험법 제10조(적용 제외)

다음 각 호의 어느 하나에 해당하는 자에게는 이 법을 적용하지 아니한다. 다만, 제1호의 근로자 또는 자영업자에 대한 고용안정·직업능력개발 사업에 관하여는 그러하지 아니하다.

1. 65세 이후에 고용되거나 자영업을 개시한 자
2. 1개월간 소정(所定) 근로시간이 60시간 미만인 자(1주간의 소정 근로시간이 15시간 미만인 자 포함). 다만, 생업을 목적으로 근로를 제공하는 자 중 3개월 이상 계속하여 근로를 제공하는 자와 일용근로자(1개월 미만인 기간 동안 고용되는 자)는 제외한다.
3. 「국가공무원법」과 「지방공무원법」에 따른 공무원. 다만, 대통령령으로 정하는 바에 따라 별정직공무원, 「국가공무원법」 제26조의5 및 「지방공무원법」 제25조의5에 따른 임기제 공무원의 경우는 본인의 의사에 따라 고용보험(제4장에 한한다)에 가입할 수 있다.
4. 「사립학교교직원 연금법」의 적용을 받는 자
5. 그 밖에 대통령령으로 정하는 자 : 외국인 근로자(취업활동 체류 자격을 가진 자, 영주 체류 자격을 갖춘 자 제외), 「별정우체국법」에 따른 별정우체국 직원

■ 고용보험법 시행령 제2조(적용 제외)

1. 농업·임업 및 어업 중 법인이 아닌 자가 상시 4명 이하의 근로자를 사용하는 사업
2. 다음 각 목의 어느 하나에 해당하는 공사. 다만, 법 제15조제2항 각 호에 해당하는 자가 시공하는 공사는 제외한다.
   가. 「고용보험 및 산업재해보상보험의 보험료 징수 등에 관한 법률 시행령」 제2조제1항제2호에 따른 총공사금액이 2천만 원 미만인 공사
   나. 연면적이 100제곱미터 이하인 건축물의 건축 또는 연면적이 200제곱미터 이하인 건축물의 대수선에 관한 공사
3. 가구 내 고용활동 및 달리 분류되지 아니한 자가소비 생산활동

(2) 고용보험의 신고요건과 신고사항

표 8.4   고용보험 신고요건과 신고사항

고용보험 신고 요건	신고 사항	신고 서류
근로자를 고용하는 모든 사업장 (회사) 설립시	고용보험관계 성립신고 및 피보험자자격 취득	고용보험보험관계성립신고서 1부 고용보험피보험자 자격취득 신고서 1부
사업의 명칭·소재지·종류 사용자의 변경	고용보험관계의 변경	고용보험관계의 변경신고
직원의 신규채용	피보험자격의 취득	고용보험피보험자 자격취득 신고서 1부
외국인 근로자 신규채용	외국인의 피보험자격 취득	고용보험 외국인피보험자 자격취득 신고서 1부
직원등의 퇴직·정년·사망	피보험자격의 상실	고용보험피보험자 자격상실 신고서 1부
사업장이 휴업·폐업 (사업의 종료, 폐지)	고용보험관계 소멸	고용보험보험관계 소멸신고서 1부 고용보험피보험자 자격상실 신고서 1부

3) 국민연금 가입 의무

① 국민연금은 국민의 노령, 장애 또는 사망에 대하여 연금급여를 실시함으로써 국민의 생활 안정과 복지 증진에 이바지하는 것을 목적으로 하는 것으로서, 국내에 거주하는 국민으로서 18세 이상 60세 미만인 자는 국민연금 가입 대상이 된다. 다만, 「공무원연금법」의 적용을 받는 공무원, 「군인연금법」의 적용을 받는 군인 및 「사립학교교직원 연금법」의 적용을 받는 사립학교 교직원, 그 밖에 대통령령으로 정하는 자는 제외한다(국민연금법 제6조). 가입자는 사업장가입자(동법 제8조), 사업장가입자가 아닌 지역가입자(동법 제9조), 사업장가입자나 지역가입자 외의 희망에 따른 임의가입자(동법 제10조) 및 임의계속가입자로 구분한다(동법 제7조).

② 사업장가입자란 1인 이상의 근로자를 고용하는 사업장이나 1인 이상의 대한민국 국민인 근로자를 사용하는 외국기관('당연적용사업장')의 18세 이상 60세 미만인 근로자와 사용자이며, 당연 가입대상이 된다(동법 제8조 제1항). 다만, 「공무원연금법」, 「사립학교교직원 연금법」 또는 「별정우체국법」에 따른 퇴직연금, 장해연금 또는 퇴직연금일시금이나 「군인연금법」에 따른 퇴역연금, 상이연금, 퇴역연금일시금을 받을 권리를 얻은 자('퇴직연금등수급권자')는 그러하지 아니하다. 사업장가입자가 아닌 자로서 18세 이상 60세 미만인 자는 당연히 지역가입자가 된다.

③ 사용자는 해당 사업장의 근로자나 사용자 본인이 국민연금법상 사업장가입자의 자격을 취득하거나 직원 등이 퇴직, 사망 등으로 인하여 사업장가입자의 자격을 상실한 때에는 사업장가입자 자격취득·상실신고서를 제출하여야 하며(동법 시행규칙 제11조 제1항), 사용자가 사업장가입자의 자격을 상실하면(동법 제12조제1항) 그 사유가 발생한 날이 속하는 달의 다음 달 15일까지 소정의 서류를 국민연금공단에 제출하여야 한다.

사업장가입자 등의 가입기간 중의 소득 신고는 가입기간 중의 소득을 신고하여야 하는 사용자 또는 사업장임의계속가입자가 매년 5월 31일까지 그 가입자의 전년도 소득액을 공단에 신고하는 것이다. 이 경우 「소득세법」 제164조에 따라 지급명세서를 원천징수 관할세무서장·지방국세청장 또는 국세청장에게 제출한 경우에는 공단에 신고를 한 것으로 본다(동법 제21조제1항 및 영 제7조제1항, 시행규칙 제13조). 사업장의 사용자는 매년 2월말까지 해당 사업장가입자의 전년도 중 소득월액 내역을 국민연금관리공단에 제출(동법 시행규칙 제16조)하여야 하고, 사업장의 종류·명칭·소재지·사용자의 변경 등이 있는 때에는 사업장 내역 변경신고서를 제출(동법 시행규칙 제14조)하여야 한다.

표 8.5 신규 창업시 국민연금 신고 절차

| 당연적용사업장 사용자 | 1인 이상 근로자 고용 사업장('당연적용사업장')의 18세 이상 60세 미만인 사용자와 근로자 ☞ 당연히 사업장가입자가 된다 |

↓

| 국민연금공단에 신고 | 제출서류 : • 당연적용사업장 해당 신고서 1부
• 사업장 가입자 자격취득 신고서 1부 |

↓

| 연금공단 : 사업장 등록 | 사업장 : 당연적용사업장으로 등록
사용자와 근로자 ☞ 가입자 자격 취득
자격취득일 : 당연적용 사업장에 해당되게 된 날 |

표 8.6 국민연금 신고 요건 및 신고 사항

신고 요건	신고 사항	신고 서류
1인 이상 근로자 사업장 설립	당연적용 사업장 해당 신고	당연적용사업장 해당신고서 1부 사업장가입자자격취득신고서 1부
직원의 신규채용	사업장 가입자 자격취득 신고	사업장가입자 자격취득신고서 1부
가입자의 이름, 주민등록번호 정정	가입자 내역 변경(정정)신고	가입자내역 변경(정정)신고서 1부
직원등의 퇴직, 사망, 60세 도달	사업장가입자 자격상실 신고	사업장가입자 자격상실신고서 1부
60세에 연장하여 계속가입(탈퇴)하는 경우	임의 계속 가입자 가입·탈퇴 신청	임의계속가입자 가입·탈퇴신청서 1부
사업장의 종류·명칭·소재지·사업장의 변경	사업장 내역 변경신고	사업장내역 변경신고서 1부
사업장의 휴업·폐업	휴·폐업 사업장 탈퇴 신고	휴·폐업등 사업장탈퇴신고서 1부 사업장가입자 자격취득신고서 1부

4) 국민건강보험 가입의무

(1) 국민건강보험

건강보험은 국민의 질병·부상에 대한 예방·진단·치료·재활과 출산·사망 및 건강 증진에 대하여 보험급여를 실시함으로써 국민보건 향상과 사회보장 증진에 이바지함을 목적으로 하며, 근로자를 사용하는 모든 사업장의 사업자는 국민연금과 마찬가지로 당연적용사업장이 되어 건강보험에 가입할 의무가 있다. 건강보험 가입자는 직장가입자와 지역가입자로 구분된다.

■ 국민건강보험법 제5조(적용 대상 등)

① 국내에 거주하는 국민은 이 법에 따른 건강보험의 가입자 또는 피부양자가 된다. 다만, 다음 각 호의 어느 하나에 해당하는 사람은 제외한다.
　1. 「의료급여법」에 따라 의료급여를 받는 사람('수급권자')
　2. 「독립유공자예우에 관한 법률」 및 「국가유공자 등 예우 및 지원에 관한 법률」에 따라 의료보호를 받는 사람('유공자등 의료보호대상자')
② 제1항의 피부양자는 직장가입자의 배우자, 직장가입자의 직계존속(배우자의 직계존속 포함), 직계비속(배우자의 직계비속 포함)과 그 배우자, 형제·자매의 어느 하나에 해당하는 사람 중 직장가입자에게 주로 생계를 의존하는 사람으로서 보수나 소득이 없는 사람을 말한다.

(2) 직장가입자

모든 사업장의 근로자 및 사용자와 공무원 및 교직원은 직장가입자가 된다. 다만, 다음의 어느 하나에 해당하는 사람은 제외한다. 지역가입자는 직장가입자와 그 피부양자를 제외한 가입자를 말한다.

① 고용기간이 1개월 미만인 일용근로자
② 「병역법」에 따른 현역병(지원에 의하지 아니하고 임용된 하사 포함), 무관후보생
③ 선거에 당선되어 취임하는 공무원으로서 매월 보수 또는 보수에 준하는 급료를 받지 아니하는 사람
④ 그 밖에 사업장의 특성, 고용 형태 및 사업의 종류 등을 고려하여 대통령령으로 정하는 사업장의 근로자 및 사용자와 공무원 및 교직원

(3) 사업장의 신고

사업장의 사용자는 직장가입자가 되는 근로자·공무원 및 교직원을 사용하는 사업장('적용대상사업장')이 된 경우, 변경이 있는 경우, 그리고 휴업·폐업 등의 사유에 해당하게 되면 그때부터 14일 이내에 보건복지부령으로 정하는 바에 따라 보험자에게 신고하여야 한다. 보험자에게 신고한 내용이 변경된 경우에도 또한 같다(동법 제7조).

표 8.7   건강보험 신고 요건 및 신고사항

신고 요건	신고사항	신고 서류
근로자 1인 이상 사업장 설립	직장 건강보험 사업장 가입 신청	건강보험 사업장 가입신청서 1부 직장피보험자 자격취득신고서 1부 피부양자자격취득(상실)신고서 1부
직원의 신규 채용	피보험자의 자격 취득 및 부양자 자격 신고	직장피보험자 자격취득신고서 1부 피부양자자격취득(상실)신고서 1부
직원등의 퇴직, 사망, 60세 도달	피보험자 자격 상실 신고	직장피보험자 자격상실신고서 1부
직장피보험자의 피부양자 발생 또는 자격 상실	피부양자 자격취득 및 자격 상실 신고	피부양자자격취득(상실)신고서 1부

5) 산업재해보상보험의 가입 의무

(1) 산업재해보상보험 사업

산업재해보상보험 사업은 근로자의 업무상의 재해를 신속하고 공정하게 보상하고, 재해근로자의 재활 및 사회 복귀를 촉진하기 위하여 이에 필요한 보험시설을 설치·운영하며, 재해 예방과 그 밖에 근로자의 복지 증진을 위한 사업을 시행하여 근로자 보호에 이바지하는 것을 목적으로 근로자를 사용하는 모든 사업 또는 사업장(이하 '사업'이라 한다)에 적용된다. 다만, 위험률·규모 및 장소 등을 고려하여 대통령령으로 정하는 아래의 사업에 대하여는 이 법을 적용하지 아니한다.

■ 산업재해보상보험법 제2조(법의 적용 제외 사업)

1. 「공무원연금법」 또는 「군인연금법」에 따라 재해보상이 되는 사업
2. 「선원법」, 「어선원 및 어선 재해보상보험법」 또는 「사립학교교직원 연금법」에 따라 재해보상이 되는 사업
3. 「주택법」에 따른 주택건설사업자, 「건설산업기본법」에 따른 건설업자, 「전기공사업법」에 따른 공사업자, 「정보통신공사업법」에 따른 정보통신공사업자, 「소방시설 공사업법」에 따른 소방시설업자 또는 「문화재 수리 등에 관한 법률」 제2조제5호에 따른 문화재 수리업자가 아닌 자가 시공하는 다음 각 목의 어느 하나에 해당하는 공사
    가. 「고용보험 및 산업재해보상보험의 보험료 징수 등에 관한 법률 시행령」 제2조제1 항제2호에 따른 총공사금액이 2천만 원 미만인 공사
    나. 연면적이 100제곱미터 이하인 건축물의 건축 또는 연면적이 200제곱미터 이하인 건축물의 대수선에 관한 공사
4. 가구내 고용활동
5. 제1호부터 제4호까지의 사업 외의 사업으로서 상시 근로자 수가 1명 미만인 사업
6. 농업, 임업(벌목업은 제외한다), 어업 및 수렵업 중 법인이 아닌 자의 사업으로서 상시 근로자 수가 5명 미만인 사업

(2) 현장실습생에 대한 특례

산업재해보상보험법이 적용되는 사업에서 현장실습을 하고 있는 학생 및 직업훈련생(이하 '현장실습생'이라 한다.) 중 고용노동부장관이 정하는 현장실습생은 이 법 적용시 그 사업에 사용되는 근로자로 본다. 현장실습생이 입은 재해에 대하여는 업무상의 재해로 보아 보험급여를 지급한다(동법 제123조).

(3) 중 · 소기업의 사업주에 대한 특례

대통령령으로 정하는 중·소기업의 사업주(근로자를 사용하지 않는 자를 포함한다.)는 공단의 승인을 받아 자기 또는 유족을 보험급여를 받을 자로 하여 보험에 가입할 수 있다. 이 경우 사업자는 이 법을 적용할 때 근로자로 본다(동법 제124조).

(4) 보험료

보험료나 그 밖의 징수금에 관하여 「고용보험 및 산업재해보상보험의 보험료징수 등에 관한 법률」('보험료징수법')에서는 매 보험연도마다 그 1년 동안 모든 근로자에

게 지급하는 임금총액에 동종 사업에 적용되는 보험요율을 곱한 금액을 개산보험료로 하여, 선납주의 원칙에 의하여 연말이 아니라 보험연도 초에 개산보험료를 납부하고, 보험연도 말일을 기준으로 하여 계산된 확정보험료에 의하여 초과납부액은 반환하고 부족한 차액은 그 다음 연도 초일부터 70일 이내에 납부하는 방법으로 보험료를 확정·정산하고 있다.

산업재해보상보험 가입신고를 하지 않았을 경우에는 과거보험료(최장 3년간)를 소급 징수함은 물론 연체금 및 가산금을 부과한다. 보험관계의 성립 신고를 태만히 한 기간 중에 발생한 재해에 대하여는 그 보험급여액의 50%를 징수하며, 사업개시 신고를 태만히 한 기간 중 발생한 재해에 대하여는 그 보호급여액의 5%를 징수당하는 불이익을 받는다.

표 8.8   산업재해보상보험의 보험료

개산보험료	① 보험료 산정 : 1년간 지급할 임금총액의 추정액 × 산업재해보상보험요율 ② 납부 : 연도 초일부터 70일 이내에 '보험료신고서'를 작성하여 제출하고, 납부서에 의하여 국고수납대리점(은행)에 자진 납부(연 4회 분할납부 가능)
확정보험료	① 보험료산정 : 1년간 지급한 임금총액 × 산업재해보상보험요율 ② 보고 : 이미 납부한 개산(증가)보험료와의 차액을 다음 연도 초일부터 70일 이내(보험연도 중에 소멸한 경우에는 소멸일로부터 30일 이내)에 확정보험료 신고서를 근로복지공단에 제출 ③ 정산·납부 : 초과 납부액은 반환 혹은 충당하고, 부족한 납부액은 추가 납부함

■ 고용보험 및 산업재해보상보험의 보험료징수 등에 관한 법률 제13조(보험료)

① 보험사업에 드는 비용에 충당하기 위하여 보험가입자로부터 다음 각 호의 보험료를 징수한다.
1. 고용안정·직업능력개발사업 및 실업급여의 보험료('고용보험료')
2. 산재보험의 보험료('산재보험료')
② 고용보험 가입자인 근로자가 부담하여야 하는 고용보험료는 자기의 보수총액에 제14조 제1항에 따른 실업급여의 보험료율의 2분의 1을 곱한 금액으로 한다.

다만, 사업주로부터 제2조제3호 본문에 따른 보수를 지급받지 아니하는 근로자는 제2조제3호 단서에 따라 보수로 보는 금품의 총액에 제14조제1항에 따른 실업급여의 보험료율을 곱한 금액을 부담하여야 하고, 제2조제3호 단서에 따른 휴직이나 그 밖에 이와 비슷한 상태에 있는 기간 중에 사업주로부터 제2조제3호 본문에 따른 보수를 지급받는 근로자로서 고용노동부장관이 정하여 고시하는 사유에 해당하는 근로자는 그 기간에 지급받는 보수의 총액에 제14조제1항에 따른 실업급여의 보험료율을 곱한 금액을 부담하여야 한다.
③ 제1항에도 불구하고 「고용보험법」 제10조제1호에 따라 65세 이후에 고용되거나 자영업을 개시한 자에 대하여는 고용보험료 중 실업급여의 보험료를 징수하지 아니한다.
④ 제1항에 따라 사업주가 부담하여야 하는 고용보험료는 그 사업에 종사하는 고용보험 가입자인 근로자의 개인별 보수총액(제2항 단서에 따른 보수로 보는 금품의 총액과 보수의 총액은 제외한다)에 다음 각 호를 각각 곱하여 산출한 각각의 금액을 합한 금액으로 한다.
 1. 제14조제1항에 따른 고용안정·직업능력개발사업의 보험료율
 2. 실업급여의 보험료율의 2분의 1
⑤ 제1항에 따라 사업주가 부담하여야 하는 산재보험료는 그 사업주가 경영하는 사업에 종사하는 근로자의 개인별 보수총액에 제14조에 따라 같은 종류의 사업에 적용되는 산재보험료율을 곱한 금액을 합한 금액으로 한다.
⑥ 제17조제1항에 따른 보수총액의 추정액 또는 제19조제1항에 따른 보수총액을 결정하기 곤란한 경우에는 대통령령으로 정하는 바에 따라 고용노동부장관이 정하여 고시하는 노무비율을 사용하여 보수총액의 추정액 또는 보수총액을 결정할 수 있다.

6) 취업규칙의 신고의무

① 상시 근로자 10인 이상을 사용하는 사업자는 다음의 취업규칙을 작성하여 사업장을 관할하는 지방노동청(사무소)의 민원실에 신고하여야 하고, 이를 변경하는 경우에도 변경신고를 하여야 한다(근로기준법 제93조, 동법 시행규칙 별지 제15호서식).
 ⅰ) 업무의 시작과 종료 시각, 휴게시간, 휴일, 휴가 및 교대 근로에 관한 사항
 ⅱ) 임금의 결정·계산·지급 방법, 임금의 산정기간·지급시기 및 승급(昇給)에 관한 사항
 ⅲ) 가족수당의 계산·지급 방법에 관한 사항
 ⅳ) 퇴직에 관한 사항

ⅴ) 「근로자퇴직급여보장법」 제4조에 따라 설정된 퇴직급여, 상여 및 최저임금에 관한 사항

ⅵ) 근로자의 식비, 작업용품 등의 부담에 관한 사항

ⅶ) 근로자를 위한 교육시설에 관한 사항

ⅷ) 출산전후휴가·육아휴직 등 근로자의 모성 보호 및 일·가정 양립 지원에 관한 사항

ⅸ) 안전과 보건에 관한 사항

ⅹ) 근로자의 성별·연령 또는 신체적 조건 등의 특성에 따른 사업장 환경의 개선에 관한 사항

ⅺ) 업무상·업무 외 재해부조(災害扶助)에 관한 사항

ⅻ) 표창과 제재에 관한 사항

ⅹⅲ) 그 밖에 해당 사업 또는 사업장의 근로자 전체에 적용될 사항

② 사용자는 취업규칙의 작성 또는 변경에 관하여, 해당 사업 또는 사업장에 근로자의 과반수로 조직된 노동조합이 있는 경우에는 그 노동조합, 근로자의 과반수로 조직된 노동조합이 없는 경우에는 근로자의 과반수의 의견을 들어야 한다. 다만, 취업규칙을 근로자에게 불리하게 변경하는 경우에는 근로자의 동의를 받아야 한다. 또한 사용자는 취업규칙을 신고(동법 제93조)할 때에는 이 근로자의 의견을 적은 서면을 첨부하여야 한다(동법 제94조).

표 8.9　취업규칙의 신고 절차

취업규칙 작성	취업규칙은 법령이나 단체협약에 반할 수 없음
↓	
근로자의 의견 수렴	근로자의 과반수를 대표하는 노동조합 또는 근로자 과반수의 의견 수렴
↓	
취업규칙의 신고 취업규칙의 변경신고	■ 신고서류 : 취업규칙 신고서(근로기준법 시행규칙 제15조) 　첨부서류 : 취업규칙, 근로자의 의견 청취 자료 ■ 변경신고서류(동 시행규칙 제15조)

2. 무역업의 창업과 무역업 신고

무역업의 신고 제도가 폐지되어 기존의 무역업 신고번호 대신에 무역업 고유번호 제도가 신설되었다. 무역업 고유번호는 한국무역협회장에게 신청하며, 신청 즉시 고유번호가 부여된다. 원칙적으로 한국무역협회 가입 여부는 자유이나 거래처 발굴 등 무역정보, 무역관련 교육 등의 지원의 필요에서, 무역업체 대부분이 가입하고 있다. 그러나 이것도 의무조항이 아니므로 관할 세무서에서 사업자등록만 마치면 가택에서도 무역업에 종사할 수 있다.

제5절   창업중소기업에 대한 조세 감면제도

창업중소기업과 창업벤처기업에 대하여는 소득세와 법인세의 조세 감면 혜택이 있다. 즉, 2015년 12월 31일 이전에 수도권과밀억제권역 외의 지역에서 창업한 중소기업('창업중소기업')과 「중소기업창업 지원법」 제6조제1항에 따라 창업보육센터사업자로 지정받은 내국인에 대해서는 해당 사업에서 최초로 소득이 발생한 과세연도(사업 개시일부터 5년이 되는 날이 속하는 과세연도까지 해당 사업에서 소득이 발생하지 아니하는 경우에는 5년이 되는 날이 속하는 과세연도)와 그 다음 과세연도의 개시일부터 4년 이내에 끝나는 과세연도까지 해당 사업에서 발생한 소득에 대한 소득세 또는 법인세의 100분의 50에 상당하는 세액을 감면한다.

또한 「벤처기업육성에 관한 특별조치법」 제2조제1항에 따른 벤처기업('벤처기업' 중 대통령령으로 정하는 기업으로서 창업 후 3년 이내에 같은 법 제25조에 따라 2015. 12. 31.까지 벤처기업으로 확인받은 기업(이하 '창업벤처중소기업'이라 한다)의 경우에는 그 확인받은 날 이후 최초로 소득이 발생한 과세연도(벤처기업으로 확인받은 날부터 5년이 되는 날이 속하는 과세연도까지 해당 사업에서 소득이 발생하지 아니하는 경우에는 5년이 되는 날이 속하는 과세연도)와 그 다음 과세연도의 개시일부터 4년 이내에 끝나는 과세연도까지 해당 사업에서 발생한 소득에 대한 소득세 또는 법인세의 100분의 50에 상당하는 세액을 감면한다. 다만, 감면기간 중 벤처기업의 확인이 취소된 경우에는 취소일이 속하는 과세연도부터 감면을 적용하지 아니한다. 창업중소기업과 창업벤처중소기업의 범위는 다음의 27개 업종과 대통령령으로 정하는 에너지신기술중소기업으로 한다(조세특례제한법 제6조 제1항~제4항).

1) 창업 후 4년간 매년 소득세 · 법인세 납부세액의 50%를 감면해준다(조세특례제한법 제6조).

(1) 창업중소기업 · 창업벤처중소기업의 범위

창업중소기업과 창업벤처중소기업의 범위는 수도권 과밀억제권역(수도권정비계획법 제6조제1항제1호) 외의 지역에서 창업하여 다음의 27개 업종을 경영하는 중소기업으로 한다.

① 광업, 제조업, 건설업, 음식점업, 출판업, 영상·오디오 기록물 제작 및 배급업(비디오물 감상실 운영업 제외)

② 방송업, 전기통신업, 컴퓨터 프로그래밍, 시스템통합 및 관리업, 정보서비스업(뉴스제공업 제외), 연구개발업, 광고업, 그 밖의 과학기술서비스업

③ 전문디자인업, 전시 및 행사대행업, 창작 및 예술관련 서비스업(자영예술가 제외), 대통령령으로 정하는 엔지니어링사업, 대통령령으로 정하는 물류산업, 「학원의 설립 ·운영 및 과외교습에 관한 법률」에 따른 직업기술 분야를 교습하는 학원을 운영하는 사업 또는 「근로자직업능력 개발법」에 따른 직업능력개발훈련시설을 운영하는 사업(직업능력개발훈련을 주된 사업으로 하는 경우에 한한다), 「관광진흥법」에 따른 관광숙박업, 국제회의업, 유원시설업 및 대통령령으로 정하는 관광객이용시설업

④ 「노인복지법」에 따른 노인복지시설을 운영하는 사업, 「전시산업발전법」에 따른 전시산업, 인력공급 및 고용알선업(농업노동자 공급업 포함), 건물 및 산업설비 청소업, 경비 및 경호 서비스업, 시장조사 및 여론조사업, 사회복지 서비스업, 정보처리 및 컴퓨터 운용 관련업, 물류산업을 영위하는 기업,

■ 수도권 과밀억제권역(수도권정비계획법 제6조, 시행령 제9조 별표 1)

• 서울특별시, 과천시, 구리시, 하남시, 의정부시, 성남시, 광명시, 부천시, 안양시, 수원시, 고양시,
• 인천광역시(강화군, 옹진군, 서구 대곡동, 불로동, 마전동, 금곡동, 오류동, 왕길동, 당하동, 원당동, 인천경제자유구역 및 남동 국가산업단지 제외)
• 시흥시(반월특수지역 제외)
• 남양주시(호평동, 평내동, 금곡동, 일패동, 이패동, 삼패동, 가운동, 수석동, 지금동, 도농동만 해당)

(2) 감면기간 및 감면비율

창업중소기업의 창업 후 최초로 소득이 발생한 연도(사업개시 후 5년이 되는 날까지 소득이 발생하지 않는 경우 5년이 되는 날이 속하는 과세연도)와 그 후 3년간 법인세 또는 소득세의 50%를 매년 감면한다.

$$감면세액 = 법인세\ 산출세액\ \times\ \frac{감면소득}{과세표준}\ \times\ 50\%$$

다만, 창업벤처중소기업의 경우에 창업 후 3년 내 벤처기업으로 확인받은 날 이후 최초로 소득이 발생한 과세연도(사업개시 후 5년이 되는 날까지 소득이 발생하지 않는 경우 5년이 되는 날이 속하는 과세연도)와 그 후 3년간 감면을 받게 되며, 감면기간 중 벤처기업의 확인이 취소된 경우에는 취소일이 속하는 과세연도부터 감면을 적용하지 아니한다.

2) 중소기업에 대한 특별세액감면의 적용기한 연장과 적용대상 확대(동법 제7조제1항)

중소기업의 조세 부담을 완화하기 위하여 중소기업특별세액감면의 적용기한을 2017년 12월 31일까지로 3년 연장하고, 감면되는 대상 업종에 영화관 운영업, 주택임대관리업 및 신·재생에너지 발전사업이 추가되었다.

3) 신규상장 중소기업과 신규상장 중견기업에 대한 투자 세액공제 확대(동법 제5조제1항)

비상장법인의 신규 상장을 지원하기 위하여 중소기업과 대통령령으로 정하는 중견기업이 2015년 1월 1일부터 2015년 12월 31일까지의 기간 중에 증권시장에 최초로 신규 상장하고 자산에 투자하는 경우에는 상장일이 속하는 과세연도를 포함하여 4년간 해당 투자금액의 100분의 4에 상당하는 금액을 소득세 또는 법인세의 세액에서 공제한다.

4) 취득세·등록세 등 면제, 재산세 및 종합토지세 감면제도

다만, 종전의 창업중소기업 및 창업벤처중소기업에 대한 취득세, 등록세 등 지방세 면제와 재산세 및 종합토지세 감면제도는 2014. 12. 23. 폐지되었다(동법 제119조~제121조).

제 9장

사업계획서의 작성

사업계획서의 작성

제1절 창업을 위한 창업계획서의 수립

1. 사업계획서 작성의 목적

창업자는 사업계획서를 기업을 이루어 나가는 과정에서 하나하나 그대로 하라는 청사진으로 생각해야 하는 것이 아니라, 현 위치에서 목적지로 찾아가기 위한 지도로 인식하여야 한다. 따라서 창업용 사업계획서는 계획사업에 대한 미래를 예측해 주는 문서이므로, 실제적으로는 회사의 성장계획이 핵심적인 내용이 될 것이다. 즉. 향후의 제품, 사업, 비즈니스 모델 개요 소개, 사업의 전망 및 회사의 발전로드맵 소개, 회사의 미래비전을 창업 초기 구성원들과 투자자들이 같이 모여서 비전을 공유하면서 제품과 시장지배력, 미래의 기업가치를 같이 설계하는 것이 중요하다.

대다수 현장에서 만나는 청년 창업자들은 시행착오를 통하여 성공적인 사업가가될 수 있다고 믿고 있다. 이는 착각이며 한번 실패는 재기하는 데에서 시간, 재능, 금전상으로 커다란 손실을 초래한다. 따라서 회사의 성장계획이 뜻대로 되지 않았을 경우를 대비하는 자세가 필요하므로 사업계획서 내용에도 미리 이러한 리스크의 통제관리에 대한 내용까지 포함한다면 창업 초기의 이해 당사자들에게 보이는 신뢰성이 달라진다.

본 교재에서는 청년들이 예비창업자로서 사업계획서의 본질적 개념을 이해하고 자신에게 맞는 사업계획서 작성 방법을 이해하면서, 향후 전개할 사업에 대한 위험적 요소를 예측하는데에 주안점을 두고자 한다.

1) 체계적 계획사업 추진을 위한 세부 설계도

단순한 아이디어 또는 경험으로 진행되는 주관적인 사업계획이 되는 것을 방지하고 인사·구매·생산·마케팅·재무 등의 기업 경영활동 전반에 대하여 사전 검토를 할 수 있으며 이러한 사업계획서 역할은 건물을 짓기 위한 설계도와 같은 효과를 지니고 있다고 하겠다.

2) 수립된 사업계획의 시뮬레이션 과정을 통하여 사업목표를 확정

사업 성공을 위하여 사전에 사업 계획서 작성과정을 통하여 충분하게 연습함으로써 시행착오를 예방하고 사업 기간과 비용을 절약할 수 있으며, 사전에 잘못된 계획수립에 대한 실수를 점검함으로써 실패확률을 감소시켜 사업의 성공 가능성을 높여주는 것이다.

3) 투자자 혹은 창업 동업자 등의 제삼자 설득을 위한 제시 자료로 활용

사업계획서는 이해관계자(투자자, 금융기관, 정부 및 지자체 등)를 위한 설득자료로서 사용되며 이는 예비 창업자의 신뢰도를 증진해 자금조달이나 각종 정책지원을 받는 데 결정적인 역할을 하게 되므로 신기술개발을 통한 투자를 유치하기 위한 벤처기업과 같은 신기술 개발을 전제로 하여 창업할 경우에는 사업계획서는 결정적인 역할을 하게 된다.

4) 계획사업 전반에 대한 세부적 소개와 홍보를 위한 자료로 사용

사업계획서는 기업 간의 사업제휴, 납품 또는 입점 계약, 대리점 또는 가맹점모집, 공공기관 입찰서류의 제출, 인허가 신청, 기술 및 품질 인증 등을 진행하는 데 있어서 회사를 소개하고 홍보하는 중요한 역할을 하며 커뮤니케이션의 주요 수단으로도 사용된다.

2. 사업계획서 작성원칙과 지침

1) 사업계획서 작성 시 5대 원칙

일반적으로 사업계획서의 용도는 다양하게 사용되고 있으므로 특히 창업과 투자유치를 위한 사업계획서는 다음과 같은 작성의 5대 원칙이 매우 중요하다.

(1) 신뢰성

모든 사업계획서는 객관적 자료에 근거하여 창업 초기 기업은 사업 진행과정에서 분야별 전문가들에게 많은 검증 과정을 거쳐야 하는 경우도 많다. 따라서 창업용 사업계획서가 신뢰성을 갖기위해서는 사용하는 자료들에 대한 원천(source)을 명기해야 하고 또한 제시되는 사업내용에 대하여 실현 가능성에 대한 의구심을 해소하는 방향으로 작성하여야 한다.

(2) 일관성

모든 사업계획서는 세부 사업계획 내, 혹은 각 부문 계획 간에 있어서 논리적 일관성이 확보되어야 한다. 만약 사업계획서에서 기술된 내용이 앞뒤가 맞지 않는 내용이 나온다면 이는 투자가 혹은 금융기관 관계자들에게 치명적인 결함으로 인식될 수 있다.

(3) 이해 가능성

사업계획서에서 사용하는 용어나 개념들을 관련자(투자자, 금융기관 등)들이 이해할 수 있어야 한다. 특히 약자(줄임말)를 사용하는 경우에는 최초 사용 시에 전체 용어와 해설을 첨가하도록 하고, 꼭 전문용어를 사용하여야 한다면 사업계획서를 읽는 대상자에 따라서 쉽게 표현하여 이해할 수 있는 사업계획서를 작성하도록 해야 한다.

(4) 독창성

계획제품이나 서비스가 최초의 혁신적 신제품이 아닌 경우에는 기존 사업이나 타 경쟁 업체와 구별되는 자사의 제품 및 서비스의 특징을 부각해야 한다. 특히 제조 분야에 대한 창업 예정자들은 제품 기능에 대한 차이가 기존 제품과 어떻게 다른 지를 서술하고, 서비스 업종의 창업 예정자들은 기존 고객들에게 제공되는 서비스 효용가치가 어떻게 차이를 나는지를 설명하는 것이 좋다.

(5) 낙관성

대내외적 환경적 여건에 대한 적당한 낙관적 자세는 사업계획의 매력도를 높이며, 설득력을 갖게 한다. 그러나 지나친 과욕적 사업성을 제시한다는 것이 오히려 실현 가능에 대한 의구심과 불신감을 주게 되는 경우가 발생하므로, 사업계획서는 읽는 상대방의 입장에서 작성해야 한다. 또한 너무 보수적인 관점으로 사업계획서를 작성하여 사업 자체가 장래성이 없다는 인상을 주지도 말아야 한다.

2) 사업계획서 작성의 지침

사업계획서는 성공적 사업이 되기 위한 모든 정보가 포함되어야 하므로 최고경영자의 프로필부터 시작하여 사업목표, 전략, 경영관리, 생산계획, 재무상의 예측, 등의 전 과정을 사업계획서에서 제시하여야 한다. 특히 경영에 직접 관여하지 않는 이해당사자들이 중요하게 보는 것은 경영자 요약, 사업의 기본특성, 마케팅계획, 운영계획, 재무계획 등이다.

일반적인 사업계획서의 체계(outline of a business plan)는 ① 겉장(cover page), ② 목차(table of contents), ③ 개요 및 개관(executive summary/overview), ④ 경영진 및 조직(management and organization), ⑤ 취급상품 및 서비스(product/service) ⑥ 마케팅전략(marketing plan), ⑦ 재무계획(financial plan), ⑧ 운영 및 통제관리 체계(operation and control system), ⑨ 성장계획(growth plan), ⑩ 부록(appendix)으로 구성하는 것이 좋으며 제출용도에 따라서 일부 내용과 분량을 조정하도록 한다.

사업계획서 항목 간의 순서는 크게 중요하지는 않지만, 계획하는 사업안에 대해 먼저 설명하고 그것에 관한 개별사항들을 개요 항으로 집어넣는 것이 좋다. 그 다음에는 읽는 사람들이 무엇을 알고 싶어 할 것인지 판단하여 논리적으로 기술, 작성해야 할 것이다. 특히 청년 창업자들이 유의해야 할 것은 일반적인 창업활동의 전체 틀 속에서 사업계획서 작성활동이 어디에 속하는지를 분간하지 못하는 경우가 있으므로 사업계획서 착수 전의 창업활동부터 먼저 살펴보기로 한다.

3. 사업계획서 작성 착수 전후의 FLOW

1) 사업계획서 작성전의 기획활동에 대한 FLOW 이해

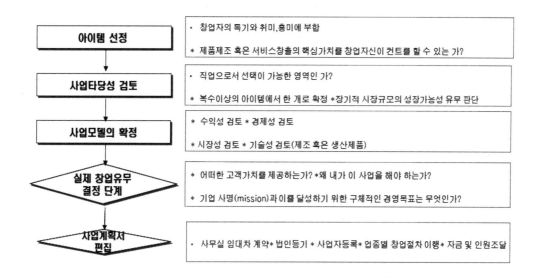

2) 아이디어 인큐베이팅을 통한 창업 아이템 선정

창업을 생각하는 예비 창업자는 평소 끊임없는 아이디어의 개발활동을 위하여 창의력 향상을 위한 각종 대외 활동과 교육과정에 관심을 가지고 본인의 재능을 육성하고 개발하려는 자세가 필요하다. 또한 관심 있는 업종에 대한 전문잡지와 신문, 콘텐츠와 자료를 끊임없이 수집하고 주위의 창업 멘토로부터 도움을 받아서 자신이 생각한 아이디어를 중심으로 창업 아이템을 찾아내는 계기가 중요하다. 따라서 창업아이템은 경쟁 제품을 중심으로 구매시장을 탐색하는 방법과 소비자들의 욕구를 탐색하는 방법이 필요하며 이는 제품 및 업종특성을 반영하여 선정하여야 한다.

3) 시장환경 분석을 통한 사업 타당성 검토

환경분석은 내부환경과 외부환경 분석으로 나누어 진행하여 내부 환경은 기업 내부의 운영조직과 창업동참자들이 가지는 장, 단점을 제품과 업종을 중심으로 분석하는 하는 것을 말하며 외부환경은 판매시장을 중심으로 경쟁자와 경쟁업체 간의 우위와 불리적 요소를 분석해 보는 과정이다. 대부분의 사업 타당성 검토는 2단계로 나누어서 진행하는 것이 좋으며 1단계에서는 아이디어를 개발하는 초기 단계에 경제성 검토 위주로 진행하고 2단계는 추정매출 근거와 수익추정 및 자금계획의 적절성으로 구분해서 검증하고 분석하는 것이 좋다.

4) 사업모델의 확정

사업모델은 수익 실현과 관련된 여러 요인의 관련성을 나타낸 구조와 수익실현의 방식을 모형화한 것이며 사업 타당성 분석의 근간으로써 기술적인 기반을 사업적인 기반으로 변경할 수 있도록 하고 요구되는 중요 역량(competence)의 파악하는 효과가 있다.[1) 특히 제조업 창업 시에는 고정비와 생산설비에 관한 투자비 대비 수익적 효과는 예측 가능한 모든 활동이 입증되어야 하므로 사업모델 확정이라는 것은 사업타당성 검토를 통하여 나타나는 경제성(수익성)을 바탕으로 창업에 대한 접근계획을 재조정하면서 사업시스템에 대한 접점을 찾아가는 과정이다.

5) 실제 창업 유무 결정 단계 및 사업계획서 편집

회사형태를 결정하고 법원으로부터 등기부 등본과 세무서로부터 사업자등록증을 발급받는 과정이며 이는 중소기업청 창업지원법에 의한 창업지원의 근거 기준이 된다. 이로써 창업이라는 행위 자체가 비로소 완성되는 단계이므로 그 이전까지의 모든 활동은 창업기획을 위한 검증과정으로 볼 수 있다. 따라서 이 단계에서 대다수 사업계획서 내용은 편집 확정되면서 창업에 대한 기획활동이 일차적으로 마무리되는 것이다.

4. 매력적인 사업계획서

1) 사업계획서의 작성 시의 전략적 환상에 대한 경계

창업자는 시장으로부터 판매계획을 수립 시에 '누구나 하나씩은 살 것이다'라는 함정 (The 'Everybody will buy One' Trap)에 빠지게 되며 몰입이 객관적 분석에 착각을 초래하고 환상에 젖게 한다. 혹은 국내외 '시장의 1%만 점유하면'이라는 함정(The 'One Percent of the Market' Trap)에 빠지기도 한다. 대다수 창업자들은 스스로 자신에게 유리한 안락의자용 창업 기획 활동(Arm Chair Strategy Formulation)에만 앉으려고 하므로, 제품과 서비스를 구매하는 시장과 창업하려는 회사의 양쪽에 맞는 전략이 반드시 필요하며, 그리하여 기업활동 속으로 직접 발로 뛰면서 전문 멘토들로부터 실증적 의견을 청취하면서 사업계획서를 완성하여야 한다. 또한 완성된 사업계획서대로 반드시 사업을 집행하겠다는 고정관념은 버려야 하며 가변적 상황을 고려하여 수시로 사업계획서를 수정하겠다는 유연한 자세가 필요하다.

2) 매력적인 사업계획서 작성

(1) 창업기업의 인적자원 강점 강조

투자자는 대부분 알고 있는 지식과 사람에 투자하는 것이지 아이디어 자체에 투자하는 것이 아니므로, 우선 창업자 자신부터 경영일선에 참여하는 인적자원에 대한 신뢰감을 줄 수 있는 창업 관련자들의 네트워크 소개가 필요하다.

(2) 생산 및 판매경쟁에 관한 세부적 내용 소개

사업의 현재의 경쟁자뿐만 아니라 미래의 잠재적인 경쟁자의 출현 가능성까지 창업자 자신이 분석한 경쟁 관계는 가능한 세부적으로 제시하는 것이 좋다.

(3) 수익기회가 어떤 상황에서 발생하는지를 밝혀야 함

수익이 발생하는 시장 자체가 우선 빠르게 성장하는 추세에 있는가 아니면 그렇게 예측하는가를 명확하게 밝혀야 하며, 청년 창업자들은 대부분 편협된 예측시장만을 가지고 창업을 시도하는 경우가 많으므로 전체 시장의 규모 및 예측의 근거는 명확하게 제시해야 한다.

(4) 경영 위기 시 통제 및 대응책 제시

외부환경 분석근거를 기준으로 통찰력과 경영 위기시 통제 및 대응책 제시 외부 환경을 글로벌 관점으로 분석하고, 이를 통하여 인지하지 못하는 위험요소에 대한 대비책과 성공을 위한 논증 자료를 제시된다.

(5) 상대하는 시장과 취급하는 제품 혹은 서비스 영역을 명확히 인지

시장과 제품이 어떤 특성과 상황에 직면해 있는지를 추정해 보아야 하며 이는 신시장과 기존시장 및 신제품과 기존 제품과의 매트릭스 영역내에서 창업자가 스스로 생각하는 영역을 명확하게 제시하여야 한다.

제2절 사업계획서 작성의 실제

1. 사업계획서 작성 시 세부적인 절차

1) 전체 목차구조 결정

① 사업내용에 맞는 전체적인 목차를 구성하여 나열
② 제품내용, 서비스흐름, 사업모델 등에 관한 자료를 점검
③ 정형화된 사업계획서의 경우에는 작성내용이 필요한 내용을 재확인

2) 자료조사 및 분석

① 제품 및 서비스와 관련된 시장 및 기술 등에 관련된 조사를 실시
② 조사된 내용을 분석하고 사업의 방향 및 실행계획을 수립
③ 사업내용과 유사한 참조할 수 있는 사업계획서를 확보

3) 계량분석 실시

① 투자계획, 매출계획, 비용계획, 손익분석, 현금흐름 등의 분석을 시행
② 내용상의 문제점이 없는지 확인하고 문제점 발생 시 실행계획을 수정
③ 목표로 하는 수치가 나올 때까지 반복적인 분석을 시행

4) 세부내용 작성 및 편집

① 목차순서에 구애받지 않고 자신 있는 쉬운 항목부터 세부내용을 입력.
② 필요한 경우 유사 업종/아이템의 사업계획서를 참고하여 내용을 작성
③ 내용을 작성한 후 서체, 글자 크기, 색상, 선 등을 통일하여 편집

2. 대/중/소분류 상의 사업계획서 구성항목

1) 회사 소개 항목

(1) 회사 · 창업자의 소개

① 회사 개요 작성항목

   ⅰ) 회사 개요

      회사명, 대표자, 설립 일자, 자본금, 매출액, 종업원 수, 사업장 주소, 연락처, 홈페이지 등을 기록하는 것이며 아래 표와 정리하면 된다.

표 9.1   회사 개요

회사명	헐크테크 주식회사	설립년월일	2009년 6월 01일
대표자	김 기 동	사업자등록번호	314-81-35450
소재지	본 사 : (305-408) 서울특별시 강남구 삼성동 123번지(2층)		
업태/업종	제조, 도·소매, 서비스(환경, 건강식품)		
종업원수	총 10명(관리직 3명, 영업직 3명, 개발/기술직 4명)		
생산품목	유류흡착분해제, 유리구슬		
자본현황	총자본 : 345만 원 납입자본금 : 100만 원		
사업실적	매출액 : 1,234만 원 당기순이익 : 234만 원		
연 락 처	전 화 : (02) 567-5678 팩 스 : (02) 567-5679		
홈페이지	www.헐크테크.com	전자우편	info@ganatech.com

   ⅱ) 회사 연혁

      회사의 사업제품, 대표이사, 자본금, 주소, 기타 인증 획득내용 등을 기록

표 9.2　회사연혁 소개 예시

년 월	주요 연혁
2000년 08월	후테그㈜ 설립 (대표이사 : 김만석, 자본금 400만 원)
2000년 12월	A 서비스 시작
2001년 11월	벤처기업 인증
2003년 09월	신제품 출시 (B 키트)
2005년 12월	inno-Biz(기술혁신형) 기업선정(중소기업청)
2005년 12월	우량 기술기업 선정
2006년 06월	벤처기업 인증(3차)(연구개발기업)
2006년 06월	자본금 증자(자본금 800만 원)
2006년 07월	건강기능성식품 벤처제조기업등록/ 식약청 승인(허가)
2008년 05월	벤처기업 인증(4차)(연구개발기업)
2008년 10월	본사 이전(서울 역삼동 → 서울 후암동)

iii) 회사 Vision

회사의 경영이념, 경영전략, 경영방침, Mission 등과 함께 양적인 목표도 제시

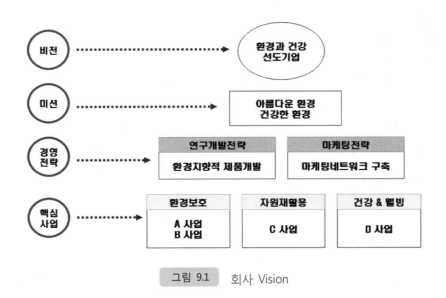

그림 9.1　회사 Vision

iv) 회사조직

회사의 조직도 및 인원현황을 작성하고 필요 시 경영진 및 기술진 현황 등

v) 자본금/주주현황

자본금 변동현황 및 주주구성 및 인적사항을 제시하며 주주별 주식보유 현황

표 9.3 주주/자본금 현황

직위	성명	최종학력(전공)	주요경력	소유주식	지분율
대표이사		K대학교(수학)		44,000(270)	44.0%
연구소장		H대학교(전산)		28,600(93)	28.6%
책임연구원		K대학교(전산)		600(3)	0.6%
주 주		–		6,000(30)	6.0%
주 주		D대학교(전산)		200(1)	0.2%
주 주		C대학교(전기)		200(1)	0.2%
주 주		–		400(2)	0.4%
주 주		K대학교(경영)		20,000(100)	20.0%
합 계				100,000(500)	100%

vi) 재무현황

과거의 매출 및 이익, 자산 등의 재무현황을 표 또는 그래프를 이용하여 설명

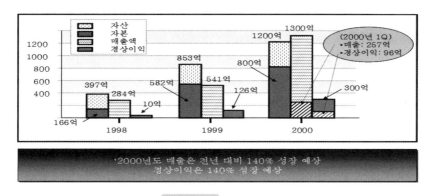

그림 9.2 재무현황

vii) 기타 현황

벤처/이노비즈, 부설연구소, 특허, 기술 및 제품 인증, 수상현황 등을 작성

(2) 사업 · 아이템의 소개

생산할 제품 혹은 상품, 제공하는 서비스, 용역을 세부적으로 소개

표 9.4　제품 소개 사례

사업분야	사업내용	보유제품 및 기술
① A 소재사업	• 생명과학 관련 연구에 사용되는 유전체 분석용 시약 및 키트 등의 제조/판매	• 유전자 증폭용 효소군 • DNA/RNA 추출 키트 • 분자 진단용 효소
② B 서비스사업	• 생명과학 분야 연구에 필수적인 염기서열 분석 및 용역 서비스	• 염기서열 분석 • 유전자형 분석 • 생물정보학을 활용한 유전체
③ C 검정사업	• 유전자 진단 및 A 검정시스템 축 • 진단키트 및 검정키트 판매	• A 및 B 검정시스템 • 분자 진단을 위한 시스템 구축
④ D 서비스사업	• 유전자 분석 기반의 농·축·수산물 시스템 구축	• D 개체식별용 유전자 분석 • 패턴칩 활용 Miceo Array 시스템

(3) 상품/서비스/메뉴 등의 소개

표 9.5　생산제품 소개

사업제품	적용 분야	효과 및 용도
A 제품	• 해양, 하천 등에서 유류 오염사고에 의한 유류 방제 및 오염된 토양의 환경개선용	• 방제 기간 및 비용 절감 • 제2차 환경오염 방지 • 해양 및 토양 빠른 복원
B 제품	• 건축물 네·외장재, 도로용 시공자재, 가정용 건축자재 시공	• 폐유리의 재활용→폐기물 최소화 • 원료채굴의 감소→환경보존 • 에너지비용 절감→자원의 절약

(4) 사업 핵심역량 소개

사업의 핵심역량이란 아래와 같이 가치창출, 경쟁자 차별화와 확장력, 복사 불가능의 조건을 갖추어야 하는 요소를 말한다.

표 9.6 핵심역량 도출자료 예시

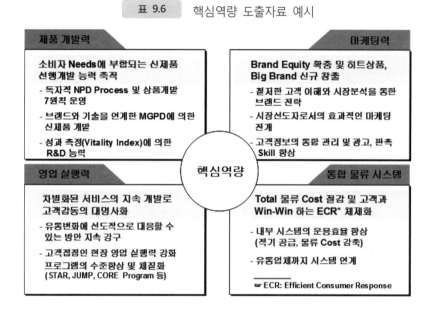

2) 조사/분석 항목

(1) 산업 및 시장 환경 분석

① 시장 및 제품 경쟁환경 작성항목

　ⅰ) 시장현황과 시장전망

　　시장 추이 및 전망에 대한 내용을 개략적으로 작성하고 시장규모와 성장률, 업체별 시장점유율 등을 설명

　ⅱ) 시장전망

　　시장의 성장 추이 및 전망에 대한 내용을 그래프 혹은 도표 형태로 작성

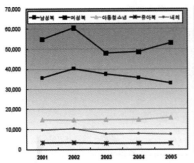

구분 (억원)	2001	2002	2003	2004	2005	05/04	05구성	01구성
Total	118,423	128,939	110,615	109,842	112,343	2.3%	100%	100%
남성복	35,652	40,157	37,485	35,688	33,022	-7.5%	29.4%	30.1%
여성복	54,913	60,494	47,890	48,668	53,061	9.0%	47.2%	46.4%
아동 청소년	14,784	14,617	14,728	14,693	15,803	7.6%	14.1%	12.5%
유아복	3,396	3,333	2,904	3,047	2,975	-2.4%	2.6%	2.9%
내의	9,678	10,339	7,609	7,746	7,482	-3.4%	6.7%	8.2%

그림 9.3   시장전망

iii) 시장점유율

　　시장의 점유 현황에 대한 설명은 일반적으로 그래프와 도표를 시용하여 표시

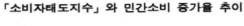

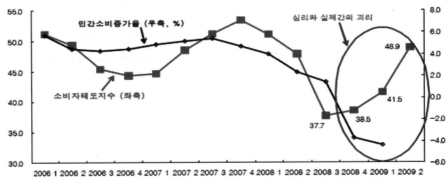

자료: 삼성경제연구소; 한국은행

그림 9.4   시장점유율

iv) 경쟁현황

　　경쟁회사와 기술, 가격 등 경쟁요인을 비교하여 설명하며, 필요 시 경쟁사 동향
에 대한 대응방안 내용은 아래와 같은 도표형태를 많이 사용

구분	00환경 (국내 생산 제품)	국내 타사 (미국 수입품)	국내외 타사 (국내 생산/수입)	현재 사용 소재
원료	Peat moss(이탄) 탄화된 물이끼	Pulp 또는 목화솜 가공 (재활용 종이 외)	Poly prophlen (폴리 화학섬유)	Clay (규조토 또는 고령토)
소재	천연 소재 유기물	Pulp 재활용 유기물	고분자 화합물	천연 무기물
용도	석유화합물 흡착 및 분해	1) 석유화합물 흡착 2) 화합물 흡착 분해	석유화합물 흡착포 및 패드	석유화합물의 도로 방류 응급조치
흡수율(용량)	중량의 8~10배	중량의 8~10배	중량의 5~6배	중량의 2~4배
폐기처리	소각 또는 매립	1) 특정 폐기물 처리 2) 소각 가능	1) 특정 폐기물 처리 2) 소각 가능	매립할 수 있도록 토양 처리 후 매립
2차 오염	소각 또는 매립 한번으로 2차 오염 없음. 소각시 매연 없음	1) 2차 오염으로 재처리 2) 매립할 때는 미생물 입제 별도 구입 처리	1) 2차 오염으로 재처리 2) 소각시 매연 발생	1) 2차 오염원을 처리한 후 폐기물을 토양에 생물학적 처리 매립
인화성	가연성으로 소각 후 재 1%	가연성으로 소각 가능	가연성으로 유독가스 발생	매립
제품 특성	가연성 증기 흡수로 폭발 위험 사전 제거			

가격 비교	10,000원 이하	1) 입체 흡착용 : 5000~
		2) 분말분해제 :
		   13,000~18,000원
			1) 흡착포
			2) 분말흡착제 :
			   13,000~15,000원
				1) 정부 고시가 적용
				2) 용도별 지자체마다 상이
				   (단순비교 곤란)

그림 9.5　경쟁사 분석

v) SWOT 분석

　외부환경과 내부역량을 통해 SWOT를 나열하고 SO, ST, WO, ST 전략을 작성

표 9.7　SWOT 분석의 활용 예시

	기회요인(O)	위협요인(T)
강점(S)	기회를 살리고 강점을 활용하는 전략 (SO전략) 1순위 (성공전략화)	경쟁을 살리되 위협을 줄이는 전략 (ST전략) 2순위(위험 회피)
약점(W)	기회를 살리되 약점을 감안하는 전략 (WO전략) 3순위(성공전략화)	위협과 약점을 동시에 고려하는 전략 (WT전략) 4순위(위험 회피)

(2) 경쟁 및 고객, 자사 분석

경쟁사와 자사 분석을 고객입장에서 분석 실시한다.

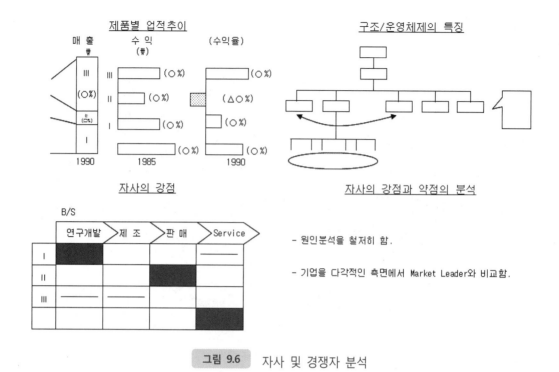

그림 9.6　자사 및 경쟁자 분석

(3) 법률 · 인허가 분석 – 특허 및 제조허가 현황등을 분석

그림 9.7　특허 등록 현황 분석

(4) 상권 · 입지 분석

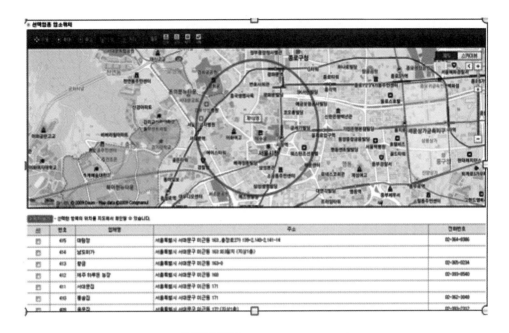

그림 9.8   상권 · 입지 분석

자료 : 소상공인진흥공단 상권분석시스템

3) 계획/수립 항목

(1) 시설투자계획(제조업 및 제조 관련 서비스업종만 해당)

① 생산 공정도

주요 제품의 생산 공정도를 작성하고 핵심공정 제시

② 설비레이아웃

공장 설비 내용과 레이아웃, 물류의 흐름을 작성

③ 생산계획

생산능력과 가동률 등을 통해 월 생산량(금액) 또는 연도별 생산규모를 산출

부문	원생산량	구 분	1차년도	2차년도	3차년도	4차년도	5차년도
A제품	125,000kg	가동율	70%	80%	85%	90%	95%
		생산량	1,050	1,200	1,27	1,350	1,425
B제품	125,000kg	가동율	70%	80%	85%	90%	95%
		생산량	1,050	1,200	1,27	1,350	1,425

표 9.8 생산계획 예시

(단위 : 100개)

④ 구매/자재계획

주요 원부자재 내용과 구입처, 구입가격 등을 작성하고, 필요 시 재고수준 또는 재고일수 등에 관한 내용을 설명

⑤ 외주계획

외주부문의 내용과 업체 명, 외주생산 규모, 자재의 제공 여부, 외주비용 등에 관한 내용

⑥ 품질계획

품질수준과 목표, 품질인증계획 등에 관한 내용

⑦ 사업장 혹은 공장 확보계획

사업장 또는 공장 확보에 따른 투자금액

⑧ 시설공사계획

사업장 신축 및 구축물 등 시설공사에 따른 투자금액 및 공사일정 등을 명시

⑨ 설비계획

기계장치, 계측기 등 설비구입 등에 따른 투자금액 및 구입처

⑩ 비품계획

책상, 가구 등 사무용 비품과 PC 등 업무용비품, S/W 구입 등에 따른 투자금액

⑪ 차량 운반구계획

차량 및 운반구 구입 등에 따른 투자금액

⑫ 기타투자계획

무형자산(특허권, 영업권 등) 투자에 대한 계획

(2) 마케팅, 인원계획

① 마케팅계획

  ⅰ) 마케팅 방향

시장세분화를 통한 목표고객을 탐색하여 경쟁우위적 전략적으로 선정되는 판매시장을 마케팅 종합전략에 관한 내용을 확정하는 내용

시장세분화와 목표고객 선정을 통하여 시장의 예상 구성도를 편성한다.

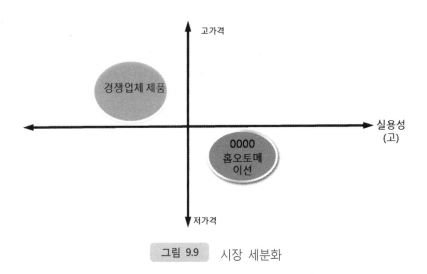

그림 9.9   시장 세분화

시장구분	시장 특성		
	고객 욕구 특성	욕구 변화	-----
1차 시장(A)			
2차 시장(B)			
3차 시장(C)			

그림 9.10   목표시장 재선정

  ⅱ) 4p Mix 전략

마케팅 믹스 전략에 관한 전체적인 내용은 아래와 같이 요약하여 작성하는 것으로서, 상품, 유통, 가격, 홍보를 혼합하여 사업방향에 대한 전략을 수립한다.

표 9.9　4P MIX 전략

4P	전략	사업방향
PRODUCTS(상품)	상품의 다양화	• 환자 유형별 다양한 형태의 상품의 개발 • A 원료공급에 의한 일반식품 제휴 • 제품과 연계된 서비스 개발
PLACE(유통)	유종의 다변화	• 건강 또는 당뇨 관련 인터넷 쇼핑몰 사업 제휴 • 장년/노년층의 인터넷 구매의 한계로 인해 보다 친밀하고 편하게 구매 및 상담이 가능한 방법이 요청 • 프랜차이즈 약국 판매 제휴
PRICE(가격)	가격의 차별화	• 고 가격정책 유지에 따른 서비스의 개발 및 제공 • 당뇨 카운셀러를 통한 당뇨 관리 서비스, 혈당 관리 및 최신 당뇨지식, 운동, 식단 정보 제공 등 서비스 개발
PROMOTION (홍보/판촉)	홍보의 전문화	• 정기적인 폐험사례 발표 및 제품설명회 개최 • 당뇨환자의 전문 지식/상품 페이지로 개편

　　iii) 제품 판매계획

　　　　제품의 내용 및 구성 및 대상고객, 특징 등에 대한 판매계획을 작성

　　iv) 가격계획

　　　　유통경로별 제품가격, 마진구조 등에 대한 계획을 작성

　　v) 유통계획

　　　　유통경로 및 흐름, 대상고객, 예상수요 등에 대한 계획을 작성

　　vi) 홍보계획

　　　　매체별 홍보 및 판매촉진방안 등에 관한 계획을 작성

　　vii) 기타사항

　　　　필요 시 사업제휴, 가맹점모집, 해외진출 계획 등의 내용을 작성

② 조직 및 인원계획

　　i) 조직계획

　　　　회사의 조직도를 작성하여 부문별 인원현황을 작성하고, 조직이 확대될 경우 현재 조직도와 향후 조직도를 비교하여 소개

ii) 인원/인건비계획

부문별(제조, 판매, 개발 등) 또는 직급별 인원현황 및 인건비를 연도별로 추정

표 9.10 인원계획

부문	직종	1차년도	2차년도	3차년도	4차년도	5차년도
관리부문	총무, 회계, 구매	5	7	7	7	7
영업부문	영업 A/S	8	8	8	9	8
개별부문	제품개발	2	3	3	4	4
생산부문	생산, 품질, 공무	22	22	22	25	25
총 인원		35	40	40	45	45

(3) 개발계획

① 개발계획 작성항목

ⅰ) 개발현황

개발기술 및 제품, 투자금액, 사업화내용, 권리보유 여부 등에 관한 사항 기록

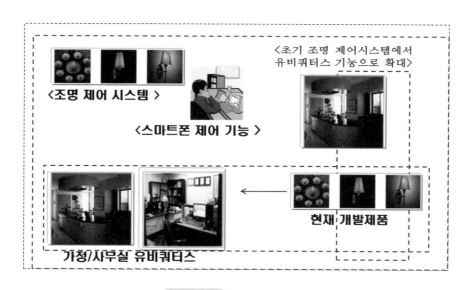

그림 9.11 개발현황 예시

ii) 개발방향

개발목표, 개발로드맵, 개발방법, 개발소요기간 등에 관한 방향을 명시

표 9.11　개발방향 예시

구분	현재	미래
사업시기	연구/제품 개발기	서비스 확대기
사업목표	제품 퀄리티 향상 및 콘텐츠 확보	기술/영업 인프라 확대 시설 및 장비 확충
사업내용	유전자 분석 소재 염기서열 분석	유전자 진단 및 검정
문제점	Capa(내부역량) 부족 고급인력 부족 기획/자금 부족	자금/전문 인력 부족 중장기 사업전력 부재 내부역량 검증 결여
사업방향	고객만족도 향상	사업기반 확보

iii) 개발인력

개발에 따른 소요인력 구성 및 계획을 작성하고, 필요 시 주요 개발인력에 대한
내용을 소개

iv) 개발비용

개발에 소요되는 투자금액 및 비용 등에 대한 추정 내용을 작성

v) 개발일정

개발에서 생산, 사업화에 이르는 일정에 대한 계획을 작성

그림 9.12　개발 일정표 예시

(4) 사업 일정계획

전체 사업전개 계획에 대한 년간 및 분기, 주간 등 소요 일정을 일반적으로 화살표 형태로 표시

구분＼연도	2001년도				2002년도				2003년도			
	1/4	2/4	3/4	4/4	1/4	2/4	3/4	4/4	1/4	2/4	3/4	4/4
B2B 시스템 구축		→→→→		→								|
서비스 개시		→→→→→→→→										
서울약사신협 업무제휴계약	→											
남부/마포 약사신협 업무제휴계약	→											
경기/인천 약사신협 업무제휴계약	→→→											
부산/울산 약사신협 업무제휴계약		→→→→										
충북 약사신협 업무제휴계약			→→									
광주/목포 약사신협 업무제휴계약				→→								
순천/전주 약사신협 업무제휴계약					→→							
부산지사 설립	→											
대구/광주/대전지사 설립					→→→→→							
캐쉬백 서비스실시					→→→→→→→→→→→→→→→							
인터넷쇼핑몰 구축					→→→							
코스닥 등록									→→→→			

그림 9.13　사업 추진일정표 예시

(5) 재무수익 계획

① 매출 및 이익계획

 ⅰ) 매출계획

  제품별 매출계획을 추정하고 산출근거를 제시하여 작성

 ⅱ) 비용계획

  제조경비. 판매관리비, 영업외비용 등 경비 부문별 비용을 추정하여 작성하고 필요 시 비용 산출기준을 제시

과목	1차년도	2차년도	3차년도	4차년도	5차년도
Ⅰ.매출액	8,820	10,080	10,710	11,340	11,970
Ⅱ.매출원가	5,527	6,246	6,607	6,966	7,327
Ⅲ.매출총이익	3,294	3,834	4,103	4,374	4,843
Ⅳ.판매관리비	1,215	1,484	1,561	1,636	1,717
Ⅴ.영업이익	2,079	2,350	2,542	2,738	2,926
Ⅵ.영업외수익	42	49	52	55	58
Ⅶ.영업외비용	160	160	160	160	160
Ⅷ.경상이익	1,961	2,239	2,434	2,633	2,824
Ⅸ.법인세등	263	301	328	355	382
Ⅹ.당기순이익	1,698	1,938	2,106	2,278	2,443
(당기순이익률)	19.3%	19.2%	19.7%	20.1%	20.4%

표 9.12　연도별 손익계산서

iii) 손익계산서

　　연도별 매출계획을 추정하여 작성하고 필요 시 산출근거 제시

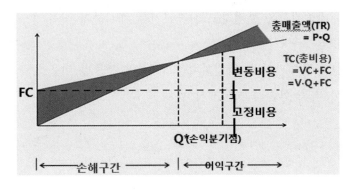

그림 9.14　손익계산서

ⅳ) 대차대조표

연도별로 약식 또는 정식의 추정 대차 대조표를 작성

ⅴ) 현금 흐름표

영업활동, 투자활동, 재무활동을 구분하여 연도별 현금의 유입, 유출 등 현금 변동내용을 작성

ⅵ) 기타사항

필요 시 소요자금 및 조달자금의 내용을 정리한 자금수지계획, 손익분기점분석, 부수익률 산출 내용 등을 작성

② 자금 수지계획

소요자금 대비 조달 예정인 자금의 항목별 금액을 구체적인 조달 시기를 제시

표 9.13 자금 수지계획

소요자금			조달자금		
구분	항목	금액	구분	항목	금액
시설자금	사업장비용	70,000	자기자금	출자금	100,000
	공사비용	30,000			
	비용구입비	20,000			
	(소계)	120,000		(소계)	100,000
운전자금	가맹비용	10,000	타인자금	은행차입금	30,000
	초도상품 (재료비)	5,000		기타차입금	20,000
	인건비	3,000			
	소모품비	2,000			
	홍보비용	5,000			
	경상비용	5,000			
	(소계)	30,000		(소계)	50,000
합계		150,000	합계		150,000

3. 사업계획 수립 시 필요한 조사자료

(1) 연구통계 자료
① 통계청 KOSIS 국가통계 포털(www.kosis.kr)
② 주민등록통계(각 지자체)

(2) 산업현황 자료
① 정부(지자체) 및 산하기관 정책 및 통계자료
② 협회/단체의 통계 및 보고서 자료
③ 통계로 보는 뉴스(www.datanews.co.kr)

(3) 시장현황 자료
① 관련 연구소의 시장조사 및 보고서 자료
② 민간 리서치 전문기관 보고서 자료

(4) 경쟁현황 자료
① 금융감독위원회 기업공시자료
② 한국특허정보원의 특허 공개자료

(5) 고객현황 자료
① 한국소비자원(www.ikfa.or.kr)
② 민간 경제연구소

(6) 기타 현황 자료
① 국가지식포탈(www.knowledge.go.kr) 정보자료
② 국회도서관(www.nanet.go.kr) 논문자료
③ 구글(www.google.co.kr) 고급검색

4. 사업전략과 사업계획의 연결

(1) 신사업 개척전략

창업 초기에는 외부 환경 여건과 기술력 등 내부 역량을 기존과 다른 각도로 들여다볼 수 있어야 하며, 기존 사고의 고정관념을 버리고 새로운 가치 창조로의 상상력을 발휘해야 한다. 따라서 창업기업은 연구개발과 마케팅 역량을 바탕으로 신산업 개척전략 수립이 필요하다.

① 시장 침투전략
② 신시장 개발 전략
③ 제품 다각화 전략

(2) 본원적 경쟁전략[2)]

경쟁 우위와 경쟁 영역이라는 두 가지 축으로 세 가지 본원적 경쟁전략을 구분하여 자사에 알맞은 전략을 수립한다.

① 차별화 전략

　넓은 경쟁 영역에서 차별화를 추구하는 전략

② 원가우위 전략

　넓은 경쟁 영역에서 원가우위를 추구하는 전략

③ 집중화 전략

　경쟁자보다 좁은 틈새시장에서 원가우위나 차별화 우위를 추구하는 전략

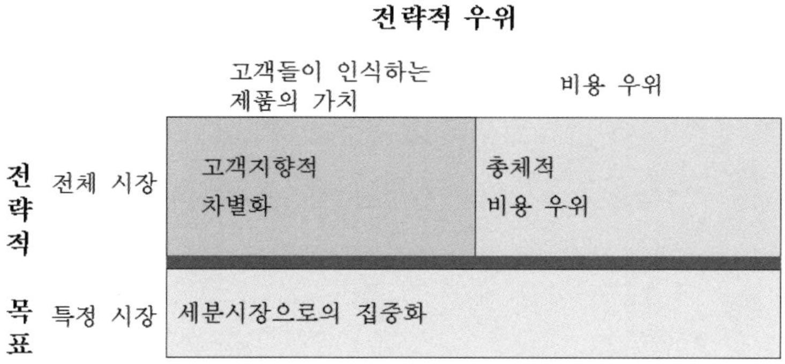

전략적 우위

		고객들이 인식하는 제품의 가치	비용 우위
전략적 목표	전체 시장	고객지향적 차별화	총체적 비용 우위
	특정 시장	세분시장으로의 집중화	

그림 9.15 전략적 우위와 전략적 목표

(3) 전략적 선택안 확정

① 제품 차별화를 통한 신시장 개발

② 기존 시장 유지 및 원가 우위를 통한 신시장 개발

③ 원가 우위를 통한 시장 침투 전략 및 신시장 개척

④ 기존 시장 유지 및 차별화를 통한 신제품 개발 전략

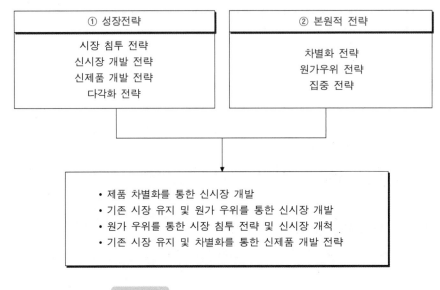

그림 9.16 성장전략과 본원적전략의 연계

(4) 비즈니스 모델의 재수정

수익성과 경제성 검토 위주의 검증을 거친 사업타당성은 경영시스템의 효율성을 최종적으로 점검하여 투자와 매출 계획을 다시 확정하는 과정이다

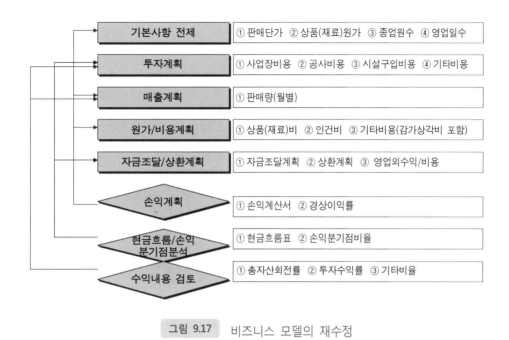

기본사항 전제	① 판매단가 ② 상품(재료)원가 ③ 종업원수 ④ 영업일수
투자계획	① 사업장비용 ② 공사비용 ③ 시설구입비용 ④ 기타비용
매출계획	① 판매량(월별)
원가/비용계획	① 상품(재료)비 ② 인건비 ③ 기타비용(감가상각비 포함)
자금조달/상환계획	① 자금조달계획 ② 상환계획 ③ 영업외수익/비용
손익계획	① 손익계산서 ② 경상이익률
현금흐름/손익 분기점분석	① 현금흐름표 ② 손익분기점비율
수익내용 검토	① 총자산회전률 ② 투자수익률 ③ 기타비율

그림 9.17 비즈니스 모델의 재수정

5. 업종별 창업용 사업계획서 표준 목차 구성도

(1) 소매업종 창업 사업계획서의 표준 목차

1. 회사개요
   (1) 비전·경영이념
   (2) 사업개요
   (3) 조직 운영 및 창업자 소개

2. 아이템 개요 및 선정
   (1) 아이템 개요
   (2) 아이템 선정 이유

3. 환경분석
   (1) 외부분석
   (2) 내부분석
   (3) 사업진행시 예상 문제점
   (4) 법적인허가 사항

4. 상권 및 입지분석
   (1) 상권의 개요
   (2) 상권의 구분
   (3) 인구특성
   (4) 입지 주변환경
   (5) 상권 및 입지분석
   (6) 점포 권리 분석

5. 운영 및 투자계획
   (1) 상품 계획
   (2) 교육 커리큘럼 및 가격계획
   (3) 청소교습-학습모델
   (4) CMS 프로그램 개발 모형
   (5) 조직 및 인원계획
   (6) 마케팅 계획
   (7) 각종 투자 계획
   (8) 전체 일정 계획

6. 이익분석 및 재무계획
   (1) 매출계획
   (2) 원가(비용)계획
   (3) 손익분기점계획
   (4) 이익계획
   (5) 자금수지계획
   (6) 현금흐름계획

(2) 서비스업종 창업 사업계획서의 표준 목차

1. 회사개요
(1) 비전·경영이념
(2) 사업개요
(3) 조직 운영 및 창업자 소개

2. 아이템 개요 및 선정
(1) 아이템 개요
(2) 아이템 선정 이유

3. 환경분석
(1) 외부분석
(2) 내부분석
(3) 사업진행시 예상 문제점
(4) 법적인허가 사항

4. 상권 및 입지분석
(1) 상권의 개요
(2) 상권의 구분
(3) 인구특성
(4) 입지 주변환경
(5) 상권 및 입지분석
(6) 점포 권리 분석

5. 운영 및 투자계획
(1) 상품 계획
(2) 교육 커리큘럼 및 가격계획
(3) 청소교습-학습모델
(4) CMS 프로그램 개발 모형
(5) 조직 및 인원계획
(6) 마케팅 계획
(7) 각종 투자 계획
(8) 전체 일정 계획

6. 이익분석 및 재무계획
(1) 매출계획
(2) 원가(비용)계획
(3) 손익분기점계획
(4) 이익계획
(5) 자금수지계획
(6) 현금흐름계획

(3) 외식업종 사업 계획서의 표준 목차

Ⅰ. 사업의 개요
1. 업체의 개요 및 현황
2. 사업의 개요
3. 아이템 개요
4. 창업아이템 선정

Ⅱ. 시장 환경 분석
1. 상권 및 입지 분석
2. 소비자 분석
3. 예비점포 및 경쟁점포분석

Ⅲ. 마케팅 전략
1. 편의점 환경 및 특성
2. 편의점 SWOT 분석
3. 편의점 4P전략
4. 핵심경쟁력 및 차별화전책

Ⅳ. 투자 및 운영계획
1. 소요 자금 계획
2. 자금 조달 방법
3. 인원 및 서비스 계획
4. 사업 추진 일정
5. 인허가 사항

Ⅴ. 매출 계획
1. 예상 매출 계획
2. 비용 계획

Ⅵ. 사업성 분석
1. 추정 손익계산서
2. 사업타당성 분석
3. 자금 수지표

---

1) Ven de Ven의 연구논문을 통하여 본 가설은 입증되었다.

2) M. Porter는 본원적 전략을 기업이 보유한 핵심역량을 무기로 차별적인 경쟁우위를 확보할 수 있는 전략의 3가지 선택적 방안을 제시하였다.

제10장

창업자금 및 세무회계

창업자금 및 세무회계

기업창업의 필수요인 중 초기창업자금 조달은 무엇보다도 중요한 요인이다. 창업기업을 경영하는데 부족한 자금을 은행에서 조달하고자 할 때 기업체 신용평가표를 기본으로 대출가능여부를 결정하며 금리도 이에 영향을 받는다. 세무처리 또한 창업절차에서 필수불가결한 내용으로 창업자금에 대해 알아보고 세무회계에 대하여 살펴보자.

제1절 창업자금

초기 창업자금을 조달하는 일은 창업절차의 절반을 차지한다고 해도 과언이 아니다. 창업자금을 이해하기 위해서는 먼저 재무제표에 대한 이해가 선결되어야 한다. 재무제표의 이해는 기업경영에 대한 이해의 첫 번째 걸음이다. 창업자금의 조달은 향후 그 기업의 자본금 구조를 결정하게 되며 그 운용에 따라 기업의 성패가 좌우되므로 창업자금의 조달과 운영에 대해 알아본다. 그리고 자기자본만으로는 기업경영에 어려움이 크므로 추가 자본조달의 유효한 수단인 정부의 창업자금 지원제도를 알아보자.

1. 재무제표의 이해

재무제표를 이해함으로써 지금 창업기업이 어느 상태에 있는지 확인할 수 있고 어떤 항목이 부진하여 보완해야 하는지를 알 수 있다. 재무제표란 무엇이고 재무제표의 종류에는 어떤 것이 있는지 알아보자.

1) 재무제표의 정의

재무제표(financial statements)란 특정 기업의 이해관계자가 기업의 재무상태, 손익 현황, 현금흐름, 자본변동, 손익의 처리 및 기타 특기사항 등 기업의 재무상태와 경영 성과, 그리고 경영활동 현황을 파악할 수 있도록 간결하게 요약한 회계정보 보고서를 말한다.

기업의 이해관계자란 당해 기업의 경영성과 및 경영활동에 직간접적으로 영향을 받는 자를 말한다. 이해관계자는 경영을 책임지고 있는 경영자, 해당 기업에 대출을 한 은행 등 채권자, 자본을 투자한 투자자를 들 수 있다. 또 원자재 공급자, 근로자와 노동조합, 세무당국, 지역사회를 포함할 수 있다.

투자자와 채권자를 포함한 이해관계자들은 회사와 관련된 경제적 의사결정을 해야 하나 필요한 정보를 해당 회사에 직접 요구할 지위에 있지 못한 경우가 많다. 상법에 서는 회사에 재무제표를 작성하도록 하여 이러한 이해관계자의 정보 수요에도 대응하 도록 하고 있다.

반면, 경영자나 세무당국은 해당 회사에 필요한 정보를 직접 요구할 수 있으므로 이 들의 정보 수요에 중점을 두고 재무제표를 작성하는 것은 아니다. 따라서 회사의 투자 자, 대여자 그리고 그 밖의 채권자를 포함한 이해관계자의 정보 수요에 초점을 맞추어 재무제표를 작성할 수 있도록 회계기준이 제정되어야 하고 이를 준수하여 재무보고가 이루어져야 한다.[1]

2) 재무제표의 종류

창업 중소기업은 중소기업회계기준의 적용을 받으므로 중소기업회계기준에서 정한 재무제표를 작성하면 된다. 재무제표의 종류는 대차대조표, 손익계산서, 자본변동표, 이익잉여금처분계산서 또는 결손금처리계산서 등 4가지로 구분하나 자본변동표와 이익 잉여금처분계산서 또는 결손금처리계산서는 그 중 한 가지만 선택해서 작성하면 된다.

상법[2]에서는 재무제표를 대차대조표, 손익계산서, 자본변동표 또는 이익잉여금처분 계산서(결손금처리계산서)로 규정하고 있고 법인세법[3]에서는 재무상태표, 포괄손익계산서, 이익잉여금처분계산서(결손금처리계산서)를 재무제표로 요구하고 있다. 주식회사의 외부감사에 관한 법률에서는 대차대조표의 명칭을 재무상태표로 변경하였기 때문에 한국채택국제회계기준과 일반기업회계기준에서는 재무상태표로 규정한다.

(1) 대차대조표

대차대조표는 회계연도 말 현재 특정 회사의 자산, 부채와 자본에 대한 정보를 제공하는 재무보고서이다(중소기업회계기준 제6조①).

자산은 회사가 가지고 있는 유무형의 자원을 말하며 부채는 현재 회사가 부담하는 금전적 의무를 말한다. 자본이란 회사의 자산 총액에서 부채 총액을 차감한 잔여 금액으로 회사의 자산에 대한 주주의 잔여청구권이며 순자산이라고도 한다.

표 10.1 대차대조표의 구조

대차대조표

주식회사 00　　　　　　　20XX년 12월 31일 현재　　　　　　　단위 : 원

자본운용(차변)	자본조달(대변)
자산	부채
유동자산	유동부채
당좌자산	비유동부채
재고자산	
비유동자산	자본
투자자산	자본금
유형자산	자본잉여금
무형자산	자본조정
기타비유동자산	이익잉여금

대차대조표는 자산, 부채 및 자본으로 구분한다(중소기업회계기준 제6조⑤). 자산은 회계연도 말부터 1년 이내에 현금화되거나 실현될 것으로 예상되면 유동자산으로, 그 밖의 경우는 비유동자산으로 구분한다. 유동자산은 당좌자산과 재고자산으로 구분되며 비유동자산은 투자자산, 유형자산, 무형자산, 기타비유동자산으로 나눈다.

부채는 회계연도 말부터 1년 이내에 상환 등을 통하여 소멸할 것으로 예상되면 유동부채로, 그 밖의 경우는 비유동부채로 구분한다. 또 자본은 자본금, 자본잉여금, 자본조정과 이익잉여금 또는 결손금으로 구분한다.

대차대조표에서는 '자산=부채+자본'이라는 등식이 성립하는데 이를 회계등식 또는 재무상태표 등식이라고 하며 대차평균의 원리 또는 회계의 원리라고도 한다. 거래는 반드시 어느 계정의 차변과 다른 계정의 대변에 같은 금액이 기입되는 이중성을 보이고 있는데, 이에 따라 아무리 많은 거래가 일어나더라도 거래의 계정 전체를 통한 차변 금액의 합계와 대변 금액의 합계는 반드시 일치하게 된다. 이를 대차평균의 원리라고 한다.

또 대차대조표는 유동성 배열법을 채택하여 유동항목을 먼저 나타내고 비유동항목을 나중에 배열하는데 이는 환금성이 빠른 것부터 먼저 표시하는 방법이다. 또 보고기간 1년 이내에 현금으로 전환할 수 있는 자산을 유동자산, 1년 이내에 만기일이 도래하는 부채를 유동부채로 분류하고 그 이외의 자산과 부채는 비유동자산과 비유동부채로 분류한다.

(2) 손익계산서

손익계산서는 한 회계연도의 회사의 경영성과에 대한 정보를 제공하는 재무보고서이다(중소기업회계기준 제23조①). 손익계산서는 기업의 이해관계자에게 경영성과를 알 수 있도록 회계기간 동안 매출액, 비용, 손익 등 손익상황을 표시한 동적개념의 표(statement)이다.

회계연도는 통상 매년 1월 1일부터 12월 31일까지의 기간을 말하며 경우에 따라서 회계연도를 달리 정한 경우는 그에 따른다. 예를 들면 증권회사의 회계연도는 매년 3월 1일부터 2월 말일까지이다.

회사의 경영성과는 매출액, 매출원가, 매출총이익(또는 손실), 판매비와 관리비, 영업이익(또는 손실), 영업외수익, 영업외비용, 법인세비용차감전순이익(또는 손실), 법인세비용, 당기순이익(또는 손실)로 표시한다.

표 10.2 손익계산서의 구조

손익계산서

주식회사 00　　　　　20XX년 1월 1일~20XX년 12월 31일　　　　　(단위 : 원)

가. 매출액
나. 매출원가
다. 매출총이익(또는 손실)
라. 판매비와관리비
마. 영업이익(또는 손실)
바. 영업외수익
사. 영업외비용
아. 법인세비용차감전순이익(또는 손실)
자. 법인세비용
차. 당기순이익(또는 손실)

(3) 자본변동표

자본변동표는 자본의 크기와 그 변동에 관한 정보를 제공하는 재무보고서이다(중소기업회계기준 제52조①). 자본변동표에는 자본의 각 항목별로 다음 각 호와 같이 구분하여 기초 잔액, 변동사항과 기말 잔액을 표시한다.

표 10.3 자본변동표

자본변동표
제2기 20×2년 1월 1일부터 20×2년 12월 31일까지
제1기 20×1년 1월 1일부터 20×1년 12월 31일까지

주식회사 중소전자　　　　　　　　　　　　　　　　　　　　　(단위 : 원)

구분	자본금	자본잉여금	자본조정	이익잉여금	총계
20×1. 1. 1(보고금액)	1,000,000	–	–	250,000	1,250,000
연차배당				(10,000)	(10,000)
처분 후 이익잉여금				240,000	1,240,000

구분	자본금	자본잉여금	자본조정	이익잉여금	총계
중간배당				(10,000)	(10,000)
유상증자	500,000	250,000			750,000
당기순이익				294,400	294,400
해외사업환산손익			(30,000)		(30,000)
20×1.12.31	1,500,000	250,000	(30,000)	524,400	2,244,400
20×2. 1. 1(보고금액)	1,500,000	250,000	(30,000)	524,400	2,244,400
연차배당				(50,000)	(50,000)
처분후 이익잉여금				474,400	2,194,400
중간배당				(30,000)	(30,000)
당기순이익				388,640	388,640
자기주식 취득			(18,000)		(18,000)
20×2.12.31	1,500,000	250,000	(48,000)	833,040	2,535,040

(이 자본변동표는 중소기업회계기준에 따라 작성됨)

(중소기업회계기준 해설, 2013년, p46 인용)

(4) 이익잉여금처분계산서 및 결손금처리계산서

이익잉여금처분계산서는 이익잉여금의 처분사항을 보고하는 재무보고서이다(제53조
①). 이익잉여금처분계산서는 미처분이익잉여금, 임의적립금등의 이입액, 이익잉여금처
분액 및 차기이월 미처분이익잉여금으로 구분하여 표시한다.

결손금처리계산서는 결손금의 처리사항을 보고하는 재무보고서이다(제54조①). 결손
금처리계산서는 미처리결손금, 결손금처리액, 차기이월미처리결손금으로 구분하여 표
시한다.

(5) 주석

주석이란 대차대조표·손익계산서와 자본변동표 또는 이익잉여금처분계산서(또는 결
손금처리계산서)에 표시된 항목을 구체적으로 설명하거나 세분화하는 정보와 해당 재
무제표의 인식 조건을 충족하지 못하는 항목에 대해 추가적으로 제공하는 정보를 말

한다(제55조).

(6) 현금흐름표

중소기업회계기준에서는 재무제표로 규정하고 있지 않지만 한국채택 국제회계기준 또는 일반기업회계기준에서는 재무제표로 규정하고 있는 현금흐름표는 일정기간 동안 현금의 증감내용에 대한 동태적 회계정보를 말한다.

표 10.4 현금흐름표

현금흐름표
20XX년 1월 1일부터
20XX년 12월 31일까지

1. 영업활동 현금흐름
2. 투자활동 현금흐름
3. 재무활동 현금흐름
4. 현금의 증가(감소)
5. 기초의 현금
6. 기말의 현금

영업활동 현금흐름은 일상적 영업활동에서의 현금흐름, 투자활동 현금흐름은 비유동자산과 유가증권의 매입·매각에 따른 현금흐름이며 재무활동 현금흐름은 증권발행과 부채차입, 배당금 지급과 부채상환에 따른 현금흐름을 말한다.

2. 창업자금의 조달과 운용

창업자금의 조달과 운용은 창업의 성패를 좌우한다. 창업자금의 종류, 창업자금의 조달과 운영방법, 직접금융에 의한 조달, 간접금융에 의한 조달, 창업자금의 운용에 대해 알아보자.

표 10.5 자금의 운용과 조달	
자금운용	**자금조달**
자산	부채(간접금융) - 은행대출 - 정책자금 - 회사채
	자본(직접금융) - 자기자본 - 외부투자유치

1) 창업자금의 조달

창업의 3요소인 인적요소, 제품요소, 자본요소 중 가장 기본이 되는 자본요소인 창업자금은 기업경영의 핵심이다. 일반적으로 경영에 필요한 자금은 시설자금, 운전자금으로 구분할 수 있다. 그러나 창업기업의 경우에는 창업단계에서 정확한 소요자금을 산정하기가 어렵다. 따라서 별도로 예비자금을 추가로 구분하는 것이 바람직하다.

계속기업(going concern)의 경우는 기본 자본금 및 영업활동에 의한 현금흐름에 의해 회사경영에 필요한 자금이 충당되지만 창업의 경우는 자본금과 부족한 자본금을 보충할 부채가 필요하다. 따라서 창업기업의 경우 충분한 자금조달은 창업성패를 가른다.

자금조달은 기업경영의 핵심적인 과제이다. 특히 창업기업의 경우에는 기존의 영업활동을 통한 여유자금이 없으므로 창업초기자금의 조달은 성공과 실패의 가늠자의 역할을 한다. 자금은 조달과 운영으로 구분한다. 자금조달은 기업경영에 필요한 자산을 구입하는데 필요한 자금이다. 자금운영은 조달된 자금을 수익을 높이는 경영활동에 투입하는 것을 말한다.

이때 자금조달을 할 때 검토할 과제는 자금의 안정성을 표현하는 장단기성, 자금의 성격을 나타내는 조달비용, 그리고 자금 조달의 적정규모이다. 그리고 조달한 자금의 적절한 활용문제는 바로 경영활동의 핵심내용이기도 하다.

창업자금을 조달하는 방법은 일반기업과 마찬가지로 자기자본의 형태로 조달하는 방법과 부채형식으로 조달하는 자금의 형태로 나누어볼 수 있다. 자기자본은 퇴직금, 저축 등 창업자에 의한 자기자본이 있고 주식회사제도를 적극 활용하여 제3자의 자본

참여를 유도하는 방법을 생각해 볼 수 있다. 부채형식의 자금조달은 부동산 담보대출 또는 신용을 활용한 금융기관 차입금이 있고, 부모, 형제, 친척, 친지, 지인 등 주변인물로부터의 차용이 있다. 그러나 지나치게 과다한 차입은 지급이자 부담 등 창업기업 경영을 어렵게 할 수 있다. 자기자본금의 200%이내의 부채가 최대 외부차입금으로 볼 수 있다.

(1) 직접금융에 의한 자금조달

직접금융이란 기업이 금융기관을 통하지 않고, 주식이나 채권을 발행하여 자금 공급자로부터 직접 자금을 조달하는 방식을 말한다. 특히 창업기업의 경우는 기업의 신용등급이 좋지 않아 은행대출을 필요한 시기에 필요한 금액을 쉽게 사용하지 못하기 때문에 직접금융은 창업의 전제조건이 되기도 한다.

직접금융은 자기자본과 외부투자유치로 구분할 수 있다. 자기자본은 창업자 스스로 보유하고 있는 자금을 창업기업에 투자하는 것으로 보유예금이나, 퇴직금 등으로 충당하는 자금을 말한다. 외부투자유치는 창업자 본인이 아닌 타인으로부터 차입금이 아닌 주식을 대가로 투자를 받는 금액을 말하며 여기에는 친인척, 외부 창업투자회사 등이 있다.

직접금융의 장점은 차입이자를 지급하지 않는다는 점과 만기가 정해져 있지 않아 보다 안정적으로 자금을 사용할 수 있다는 점이다. 그러나 단점으로는 이 자본금을 정기예금이나 국채 등에 투자를 했다면 올릴 수 있는 수익을 포기한 이른바 기회비용을 고려하여 이 수익률 이상의 배당을 해야 한다는 부담이 있다. 외부 창업투자회사로부터 투자를 받았을 경우에는 주식시장에 상장을 하여 투자금을 회수해 가도록 해야 하는 부담도 함께 가지게 된다.

직접금융에 의한 자금조달은 대지구입자금, 건물매입자금, 기계설비자금 등 장기적인 투자를 할 자금의 조달로서 필수적인 중·장기자금 조달방법이다.

(2) 간접금융에 의한 자금조달

간접금융은 자금의 공급자와 수요자의 사이에 은행 등 금융 기관이 관계하는 금융방식을 말한다. 공급자란 자금을 기업에 빌려주는 자를 의미하며 수요자는 기업을 말한다. 창업기업의 경우는 일반 시중은행대출의 기준이 되는 기업체신용평가 점수가 낮아 은행대출을 받기가 쉽지 않고 소액의 창업관련대출이 가능한 정도이다. 따라서 은행대출보다는 정부의 정책자금을 받는 경우가 유리한 경우가 많다. 물론 정부의 정책자금도 대출실행은 은행을 통해 이루어지므로 기본적인 대출절차는 은행대출의 그것과 같다.

간접금융의 장점은 기업의 지배권을 유지하면서 레버리지효과[4]를 누릴 수 있다는 점이다. 대부분의 기업들이 이 방법을 선호하나 만기가 정해져 있어 기업의 신용도가 낮을 경우 상환압박을 받기도 하며 일정한 이자를 정기적으로 부담해야 하므로 현금흐름이 나쁠 경우에는 기업도산의 원인이 된다. 특히 대출의 양과 질이라 할 수 있는 대출금액과 대출금리가 사업의 신용평가와 밀접하게 연관되어 있으므로 기업의 신용관리, 즉 대출금 원금 및 이자연체, 카드결제대금, 국세와 지방세 체납 등이 생기지 않도록 하는 꼼꼼한 관리가 필수적이다.

간접금융은 대체적으로 원자재구입자금, 인건비, 판매 및 일반관리비 등의 용도로 사용되는데 이를 단기운영자금 조달이라고도 한다. 은행대출의 형태는 운영자금, 마이너스 기업통장대출, 당좌차월, 어음할인(상업어음할인), 구매자금 대출, 전자결제방식 매출·매입금융(B2B[5] 금융상품), 기업어음(CP[6]) 발행, 무역 관련 금융 등의 유형이 있다.

또 특히 중소기업청과 지원기관의 지원제도를 활용하는 방법이 매우 유효하다. 이는 매년 초 중소기업청과 지원기관이 지원제도를 공지하므로 내용을 숙지해 활용하도록 한다. 정부의 금융지원내용을 살펴보면 시설 및 운전자금대출과 신용보증지원으로 나뉜다. 대출은 창업기업지원자금, 신성장기반자금, 긴급경영안정자금, 투융자복합금융자금, 개발기술사업화자금, 재도약지원자금 등이 있고 신용보증지원은 신용보증기금, 기술보증기금, 지역신용보증재단 그리고 매출채권보험제도가 있다. 이 부분에 대해서는 '중소기업지원제도 및 창업자금 지원제도'에서 상술하도록 한다.

2) 창업자금의 운용

직접금융과 간접금융에 의해 조달된 자금은 이제 경영활동의 밑거름이 된다. 인사관리, 연구개발(R&D), 생산관리, 마케팅관리, 재무관리 등의 과정에 골고루 사용된다. 창업기업의 경우는 기업경영의 시작에 필요한 자금인 시설자금, 운전자금 그리고 예비자금으로 구분해 볼 수 있다.

구분	비용 항목
시설자금	토지매입비(취득세, 등록세 포함) 건물신축비(설계비, 인허가비 포함) 부대공사비(전기, 통신, 하수도, 냉난방비 포함) 사업장매입비(취득세, 등록세 포함) 사업장임차보증금(건물수선비 포함) 생산기계설비매입비 부대시설비(공기구, 소모품 포함) 차량운반구 구입비 사무비품구입비 프랜차이즈 가맹비 인테리어비 기술사용료 회사설립비(주식발행비, 세금 포함)
운전자금	급여 및 임금(상여금, 수당 포함) 재료비(초도상품비, 원재료비, 부자재비 포함) 임차료 전력비, 수도요금등 관리비 외주가공비 운반비 교통비 세금공과금 보험료(종업원 4대보험료 및 식비 등) 복리후생비 소모품비 기타경비(도서비, 접대비 등)
예비자금	시설자금과 운전자금에 긴급히 투여할 예비자금

표 10.6 창업자금의 종류

(1) 시설자금

시설자금은 제조업의 경우 제품생산에 필요한 공장을 신축할 경우에는 공장부지매입, 공장건물 신축자금, 그리고 기계설비 등 설치자금 등을 의미하고 공장을 임차할 경우에는 임차보증금과 추가 기계설비자금 등을 의미한다.

또 제품을 운반할 차량운반구 구입자금이나 인테리어 비용과 기술사용료 지불과 회사설립비용도 시설자금으로 계리한다.

(2) 운전자금

운전자금은 시설자금으로 구축된 생산 과정에 원재료를 구입하는 비용, 생산직 근로자 및 사무직 근로자의 인건비와 판매 및 일반관리비에 소요되는 자금을 말한다.

운전자금은 기업경영의 핵심과제로 운전자금이 부족할 경우 바로 기업의 부실로 연결되며 은행 등 채권자로부터 부채이자 상환 압박을 받게 되고, 근로자들의 임금체불을 가져오며 세금체납으로 인해 세무당국과 마찰로 이어지게 된다. 충분한 운전자금의 관리가 창업기업의 성패를 좌우하게 된다.

(3) 예비자금

예비비는 창업기업의 특성상 돌발 상황에 대비한 자금을 말한다. 창업의 경우 당초 예상하였던 시설자금이나 운전자금보다 현저히 많은 금액이 추가로 필요한 경우가 많다. 따라서 시설자금이나 운전자금에 사용할 추가자금으로 아예 예비자금을 상당한 정도로 준비하는 것이 좋다.

그러나 당장 자산에 투여되는 자금이 아니므로 여유자금으로 인식될 경우도 있다. 이때 자금운용의 기준은 즉시 유동화를 할 수 있는 은행 단기예금상품으로 운용해야 한다. 투자금융상품의 종류로는 MMF[7], MMDA[8], CMA[9], RP[10], 특정금전신탁, 정기예금, CD[11] 등을 생각할 수 있다.

3. 창업자금 지원제도 및 기관

우리나라 헌법 123조 ③항에 '국가는 중소기업을 보호·육성하여야 한다.' 또 동 조 ⑤항에 '국가는 농·어민과 중소기업의 자조조직을 육성하여야 하며, 그 자율적 활동과 발전을 보장한다.'라고 명시하고 있다. 헌법의 중소기업 보호육성 조항을 근거로 중소기업청은 중소기업을 보호하고 육성하기 위한 각종 정책을 입안하고 실행하며 중소기업관련 단체를 지원하고 있다.

중소기업청의 설립목적은 중소기업 지원체제 구축, 중소기업 성장지원(자금, 인력, 수출, 판로확대 등), 중소기업정책의 기획, 중소기업 기술혁신, 중소기업 육성 및 창업 활성화, 전통시장 등 소상공인 지원 등이다.

중소기업청 주요업무는 중소기업 육성시책 수립, 중소기업 구조개선사업, 벤처기업 육성, 중소기업 동향 조사분석, 대중소기업간 협력증진, 전통시장 활성화, 중소기업 자금 및 인력지원, 중소기업 기술지원, 중소기업 수요기반 확충, 중소기업 재해관리, 경영정보화 지원 등을 담당한다.

그리고 중소기업지원기관은 중소기업진흥공단, 중소기업중앙회, 신용보증기금, 기술보증기금, 소상공인진흥공단, 신용보증재단중앙회, 기업은행, 한국산업은행, 한국수출입은행, 한국무역보험공사, 대한무역투자진흥공단, 한국무역협회, 대중소기업협력재단, 대한상공회의소, 대한상사중재원 등이 있다.

1) 중소기업 지원제도

헌법 123조 제3항과 제5항을 근거로 중소기업지원의 지원관련 법규는 중소기업기본법, 중소기업진흥에 관한 법률, 중소기업협동조합법, 소상공인 보호 및 지원에 관한 법률, 중소기업창업지원법, 벤처기업육성에 관한 특별조치법 등이 있다.

중소기업의 지원은 금융지원제도, 기술지원제도, 판로지원제도, 조세지원제도, 창업지원제도, 벤처기업지원제도 등이 있다. 금융지원제도는 성장가능성이 높은 기업에 대해 시설자금과 운전자금을 지원하는 것을 말한다. 기술지원제도는 중소기업의 기술획득과 정책정보제공을 의미한다. 조세지원제도는 각종 세금의 감면을 통해 경쟁력을 높여주는 정책이다. 성장가능성이 있는 창업, 벤처기업 지원에 대하여 정책과 금융지원 등이 있다.

또 최근에는 중소기업의 인력난 해소를 위한 인력지원제도도 시행되고 있다. 인력지원제도는 인력난 해소를 위한 직업능력개발, 근로자들의 근무환경을 개선하는 일이다. 또 중소기업 제품의 홍보, 전시회 지원 등으로 인지도 개선 및 판로개척 지원도 있다.

2) 중소기업청 창업자금 지원제도

중소기업청은 2015년도에 창업, 재기, 사업전환 지원, 금융지원, 기술개발지원, 인력지원, 판로지원, 수출지원, 건강진단 및 컨설팅지원, 소상공인 전통시장, 여성기업, 장애인기업 지원 등 여러 가지 지원 사업을 진행하고 있다.

창업자금 지원제도로는 아이디어. 기술창업 지원, 창업저변 확대, 지식서비스 창업활성화 및 성장기반 구축, 사업전환 및 재창업 지원 등이 있다.

표 10.7　창업, 재기, 사업전환 지원

구분	내용
청년창업사관학교	청년창업자를 선발하여 창업계획수립부터 사업화까지 창업의 전 과정을 일괄 지원하여 젊고 혁신적인 청년창업CEO를 양성하는 지원프로그램
창업맞춤형 사업	대학, 공공기관, 투자기관 등 창업지원기관의 "창업인프라(인력·공간·장비 등) 및 창업 프로그램"을 활용하여 창업자의 원활한 창업활동을 지원하는 프로그램
선도벤처연계 창업지원 사업	(예비)창업자의 성공적인 창업을 위해 선도벤처기업의 인프라 활용, 성공 노하우 전수, 상호 협력 비즈니스를 지원하는 사업
글로벌 청년창업 활성화 사업	국내 창업기업의 해외창업·진출을 위한 연수 및 보육 프로그램 제공과 외국인의 국내창업을 지원하는 프로그램
창업선도대학육성	우수한 창업지원 인프라를 갖춘 대학을 '창업선도대학'으로 지정하여 창업교육부터 창업아이템 발굴 및 사업화, 후속지원까지 패키지식 지원을 통해 대학을 창업의 요람으로 육성하는 사업
대한민국 창업리그-슈퍼스타V (왕중왕전)	성공 창업을 꿈꾸는 미래의 유망 CEO 발굴을 위해서 참가자들의 치열한 경쟁과정을 거친 수상자들에게 포상금과 투자유치 등의 기회를 제공하여 성공창업을 유도하는 대한민국 최고의 창업경진대회
민·관 공동 창업자 발굴·육성 (창업기획사)	전문 액셀러레이터(창업기획사)가 우수창업팀을 발굴 투자시, 투자금액의 최대 9배에 해당하는 정부지원을 매칭하여 초기 인큐베이팅에서 해외진출까지 종합 지원하는 프로그램
남북협력지원	북한 진출 중소기업의 경영안정을 지원하고자, 현지 기업의 컨설팅, 주재원 교육 등을 체계적으로 지원하는 사업

표 10.8 창업저변 확대

구분	내 용
창업인턴제 (Venture For Korea)	청년 예비창업자에게 벤처·창업기업 내에서 청년인턴십 경험을 통한 실무지식 습득과 창업사업화자금 지원을 통해 준비된 창업을 지원
청소년 비즈쿨	열정, 도전정신을 갖춘 융합형 창의인재 양성을 위해 초·중·고생을 대상으로 기업가정신 함양 및 창업 교육을 지원
창업아카데미	대학생 및 예비창업자에게 실전 창업교육, 성공 CEO 멘토링, 네트워킹 등을 맞춤형으로 제공하여 창업을 위한 기초역량을 갖출 수 있도록 지원
창업대학원	창업대학원 지원을 통해 창업에 필요한 전문성과 실무능력을 갖춘 창업 전문가를 육성
대학 기업가센터 지원사업	대학 내에서 운영되고 있는 다양한 창업사업과 창업지원조직의 통합을 주도하고, 창업전공교육에서 사업화연계까지 일원화된 체계적 창업지원 시스템을 대학에 구축할 수 있도록 지원
시니어창업 지원	고령화 사회를 대비하여 시니어(40세 이상 퇴직자)의 경력·네트워크·전문성을 활용하여 성공적인 창업을 할 수 있도록 지원해 주는 사업
창업보육센터 지원사업	우수한 창업보육센터를 중심으로 창업 초기기업 입주 및 보육지원을 위한 건립비(리모델링) 및 운영비 등을 지원. 창업보육센터 노후시설개선, 일반건물의 창업보육센터 전환 등 보육환경 개선과 창업보육센터 관리와 입주기업 사업화 등을 위한운영비 및 보육역량 강화를 지원
재택창업시스템 운영	회사설립과 관련해 정부기관을 일일이 방문하지 않고도 가정이나 사무실에서 회사설립을 할 수 있도록 법원행정처 등 관련 기관의 전산망을 통합 연계한 법인설립 온라인처리시스템을 운영
중소기업모태조합 출자	중소기업 모태조합(fund of funds)은 민간자금의 투자를 유도하고자 정부재원으로 결성한 펀드로서 창업투자조합, 사모펀드 등에 대해 출자

표 10.9 지식서비스 창업 활성화 및 성장기반 구축

구분	내 용
ICT 기반 지식서비스 개발 및 창업지원	앱, 콘텐츠, 소프트웨어 등 ICT 기반 유망 지식서비스 분야의 창업 활성화를 위해 전국30개 스마트 창작터에서 개발교육 및 창업을 지원
앱/콘텐츠/SW융합 실전 창업 지원	앱, 콘텐츠, SW융합 등 유망 지식서비스 분야 전문기업 육성을 위해 전국 4개 스마트벤처 창업학교에서 입교생을 모집하여 사업계획에서 개발, 사업화까지 실전 창업을 집중 지원
스마트 스타트업 글로벌화 지원	앱, 콘텐츠, SW융합 등 지식서비스 분야의 해외 진출 유망 기업을 발굴·선정하여 글로벌 시장 진출에 필요한 전문가 멘토링, 해외 시장조사·마케팅 및 해외 파견 활동 등을 지원
참살이 서비스 기업지원	참살이 실습터 운영을 통해 문화, 취미, 건강 등 well−being(참살이) 분야에 대한 실무교육 및 창·취업을 지원
1인 창조기업 비즈니스 센터	"아이디어는 있는데 어떻게 창업해야 할지 고민이신 분은 1인 창조기업 비즈니스센터로 오십시오." 사업공간 제공, 창업과 경영에 필요한 전문가의 밀착상담 및 전문교육 등 1인 창조기업의 창업 및 사업화 지원
1인 창조기업 마케팅 지원	창의적 아이템을 보유한 1인 창조기업에 디자인 및 브랜드 개발, 온라인 및 오프라인 마케팅을 지원하여 사업화 역량을 강화

표 10.10 지식서비스 창업 활성화 및 성장기반 구축

구분	내 용
재도약 지원자금	사업전환, 구조개선, 재창업 지원을 통해 기업의 경영정상화와 재도약에 필요한 자금을 지원
중소기업 진로제시 컨설팅	경영위기 기업에 대해 전문가가 기업을 방문·진단하여 사업정리(청산·파산) 또는 기업회생에 대한 정보를 제공해 드리는 사업
중소기업 회생컨설팅	회생 가능성이 높은 기업에 대해 「채무자 회생 및 파산에 관한 법률」에 따른 회생절차 신청부터 회생계획 인가까지 전문가 상담 및 절차 대행 등을 지원하는 사업
재창업기업 전용 기술개발자금	재기 중소기업의 창의성·혁신성 및 아이디어가 우수한 시제품 개발을 지원
중소·벤처기업 자산거래 중개장터	유휴자산의 신속한 처분이 가능하도록 중소벤처기업 자산거래 중개장터를 구축하여 기계설비, 공장, 원자재, 무형자산의 거래를 지원

3) 중소기업지원기관 창업자금 지원제도

중소기업을 지원하는 기관은 대부분 관련 법률을 근거로 설립되어 중소기업의 인력, 자금, 마케팅, 무역 등 경영활동을 전반적으로 또는 부문적으로 지원하고 있다. 중소기업지원기관은 중소기업진흥공단, 중소기업중앙회, 신용보증기금, 기술보증기금, 소상공인시장진흥공단, 신용보증재단중앙회, 기업은행, 한국산업은행, 한국수출입은행, 한국무역보험공사, 대한무역투자진흥공사, 한국무역협회, 대중소기업협력재단, 대한상공회의소 그리고 대한상사중재원 등이 있다. 중소기업지원기관은 관련 기관의 설립목적에 맞는 중소기업지원활동을 전개하고 있다.

표 10.11 중소기업지원기관의 지원내용

구분	내 용
중소기업 진흥공단	• 중소기업을 대상으로 자금·입지 지원, 정보화·판로개척, 교육, 벤처 창업투자 지원 등 종합적인 지원 • 창업기업지원자금, 투융자복합금융자금, 개발기술사업화자금, 신성장기반자금, 재도약지원자금, 긴급경영안정자금을 지원 • 중소기업 건강진단 사업, 지역중소기업수출마케팅, 수출인큐베이터 사업, 온라인 수출지원 사업(Gobizkorea), 글로벌바이어 구매알선 지원사업, HIT500(중기제품 거래활성화), 글로벌 협력지원, 남북협력지원, 외국전문인력 채용지원, 중소기업 컨설팅 지원사업, 자전거·해양레저장비 기술개발 지원사업, R&D성공과제 사업화 지원사업, 연수사업, 청년창업사관학교 및 중소기업 핵심인력 성과보상기금 사업
중소기업 중앙회	• 전국의 중소기업협동조합연합회와 전국 또는 특정지역을 업무구역으로 하는 협동조합 등을 정회원, 유관단체 등을 특별회원으로 하는 전국적인 중소기업 단체 • 중소기업회계기준 적용 지원, 사업조정제도, 제조하도급분쟁조정협의회 운영, 가업승계 원활화를 통한 명문 장수기업 육성, 무역피해구제 지원센터 운영, 중소기업 무역촉진단 파견 지원, 중소기업 문화경영 지원, 중소기업 협동조합 공동사업자금 지원, 코업비즈(Coupbiz), 중소기업제품 공공구매지원제도, 중소기업 중요성 바로 알리기 사업, 중장년 일자리 희망센터 운영, 장년취업인턴제 사업, 외국인력지원, 해외동포(H-2) 고용 지원, 소기업·소상공인공제제도(노란우산공제), 중소기업 공제사업기금 지원, 중소기업 보증공제제도 운영, 중소기업의 제조물책임(PL) 지원, 중소기업 손해공제제도(파란우산공제)를 운영

구분	내 용
신용보증기금	• 기본재산의 관리, 신용보증, 경영지도, 신용조사 및 신용자료의 종합관리, 구상권의 행사, 신용보증제도의 조사연구 • 신용보증, 경영혁신형 중소기업 인증평가, 보증연계투자, 유동화회사보증, 산업기반 신용보증기금, 매출채권보험, Job Cloud, 창업지원제도를 운영하고 있는 대표적인 중소기업지원기관
기술보증기금	• 무형의 기술을 대상으로 기술성·시장성·사업성 등 미래가치를 평가하여 보증 지원하고, 그밖에 벤처기업 확인평가, 이노비즈 선정평가, 경영혁신형 기업평가, 창업보육기관 연계지원, 벤처창업교실 운영, 기술·경영 컨설팅, 기술 이전 및 M&A 지원 • 기술보증을 받을 수 있는 기업은 신기술사업을 영위하는 상시 종업원 1,000명 이하, 총자산액 1,000억 원 이하인 중소기업으로 산업기술연구조합원 • 기술보증, 예비창업자 사전보증 지원, 창업기업 우대지원 제도, 일자리 창출기업 우대보증제도, 전자상거래보증, 유동화회사보증, R&D 보증, 특허기술가치평가보증, 지식재산(IP) 보증, 기술융합기업 우대보증, 문화산업완성보증, 고부가서비스 프로젝트보증, 기술평가, 벤처확인평가, 이노비즈 인증평가, 기술이전 및 M&A, 녹색인증평가, 보증연계투자, 경영개선지원제도, 재기지원보증제도를 운영
소상공인시장 진흥공단	• 소상공인 경영역량 강화, 소상공인 성장기반 조성, 소상공인의 조직화 및 공동화 기반구축, 소상공인협동조합 활성화 매력있는 전통시장 조성 등의 중소기업지원사업 • 소상공인 사관학교, 소상공인 창업교육, 소자본 해외창업지원, 소상공인방송, 상권정보시스템, 소상공인 경영교육, 소상공인컨설팅 지원, 소상공인 무료법률구조 지원사업, 소상공인협동조합 활성화, 나들가게 사후관리 지원사업, 프랜차이즈 수준평가, 유망소상공인 프랜차이즈화 지원, 소공인 특화 지원사업, 희망리턴패키지, 재창업패키지, 소기업·소상공인공제 제도, 전통시장 특성화사업, 상권활성화 사업, 시장경영혁신지원, 전통시장 온누리상품권, 전통시장 ICT육성사업, 소상공인창업자금, 일반경영안정자금, 소공인특화자금, 긴급경영안정자금, 전환대출자금, 사업전환자금, 임차보증금 안심금융 지원
신용보증재단 중앙회	• 신용보증재단의 상호간 업무협조를 기본 • 신용조사·심사 등 신용보증관련 조사연구를 통한 신용보증업무 발전 도모, 건전한 신용질서 확립과 신용조사인의 자질 향상 및 복리후생 증진, 신용보증재단에 대한 재보증업무 수행을 통한 국민경제 균형발전에 기여, 개인에 대한 신용보증 지원 • 소기업·소상공인 등 신용보증지원, 청년전용 창업 특례보증, 시니어창업 특례보증, 사회적 기업 전용 특별보증, 창업기업 연대보증 면제 특례보증, 성실실패자 재도전지원 특례보증, 금융기관 특별출연 협약보증, 햇살론 신용보증 등

구분	내 용
기업은행	• 중소기업자에 대한 자금의 대출과 어음의 할인, 예금·적금의 수입 및 유가증권이나 그 밖의 채무증서의 발행, 내·외국환과 보호예수, 지급승낙, 국고대리점, 정부·한국은행 및 그 밖의 금융기관으로부터의 자금 차입 등 • 중소기업대출 지원 외에 IP보유기업 보증부대출, IP사업화자금대출, IBK창조기업대출, 기술평가기반 무보증 신용대출, 기술형창업기업대출, IBK수출준비자금대출, 수출기업육성자금대출, 수출입기업유동성 지원자금대출, IBK문화콘텐츠대출, 고부가서비스산업 지원대출, IBK시설투자대출, 토지분양협약대출 등을 지원
한국산업은행	• 산업개발과 국민경제의 발전을 촉진하기 위한 중요자금을 공급·관리하는 데 있으며, 주로 사회간접자본 형성과 중화학공업 개발에 필요한 대규모 장기자본을 공급
한국수출입은행	• 중공업 제품의 연불수출 금융지원, 해외자원 개발사업 및 해외투자 금융지원, 해외기술 제공사업 금융지원, 주요자원 수입자금 지원, 수출보험업무 및 대외경제협력기금업무
한국무역보험공사	• 수출지원사업의 일환으로 수입자의 계약파기, 파산, 대금지급 지연, 거절 등의 신용위험과 수입국에서 전쟁, 내란, 또는 환거래 제한 등의 비상위험이 발생했을 때 수출업자, 생산자, 수출자금을 대출해준 금융기관의 손실을 보상하는 수출보험제도를 시행 • 수입지원사업으로는 국내 수입업자의 자금조달을 지원하며, 해외 수출업자의 계약 불이행으로 제때 화물을 인도받지 못하거나 선불금을 회수하지 못한 경우에 손실을 보장하는 수입보험제도 시행
대한무역투자진흥공사	• 일반적으로 코트라(Korea Trade-Investment Promotion Corporation/KOTRA)라고 함. • 수출입거래알선, 해외시장개척, 국내외 각종 전시회·박람회 참가, 북방시장개척 등의 업무를 담당
한국무역협회	• 무역업계의 이익을 대변하고 권익을 옹호하며 동시에 국가경제 발전에 주도적인 역할을 하여 수출증대에 힘쓴다는 취지 아래 설립
대중소기업협력재단	• 대·중소기업협력재단은 대·중소기업간 기술, 인력, 판로 등 협력사업을 추진하고 우수 협력모델의 발굴을 통해 동반성장 문화를 확산하여 공정거래관계 조성을 지원하기 위하여 설립

구분	내 용
대한 상공회의소	• 각 지역 내 상공업의 개선·발전과 지역사회 개발, 전국 상공회의소의 통합· 조정을 꾀하며 업계의 의견을 대표하여 국가의 상공업 발전에 기여 • 회원기업의 권익 대변 및 상공업계의 애로 타개, 주요경제현안 및 업계 실태 에 관한 조사·연구, 상공업 진흥을 위한 회의·연수·경영상담, 국제통상의 진 흥과 민간교류 확대를 위한 국제협력증진, 산업인력 양성을 위한 직업교육훈 련, 정부·업계와의 가교 역할, 사무기능의 보급을 위한 국가기술자격검정 실 시, 상공업에 관한 공공사업 및 각종 정보 제공, 지역사회 개발을 위한 지원사 업 등을 수행
대한 상사중재원	• 중재·알선·상담을 통한 분쟁 해결 및 예방, 세계무역기구(World Trade Organization/WTO) 협정에 따른 선적 전 검사와 관련한 분쟁 조정, 중재제도 보급 및 인식 확산을 위한 홍보, 중소기업 분쟁 해결을 위한 무료 계몽강좌, 중재에 관한 조사 연구, 자료수집, 간행물 발간, 외국 중재기관과의 중재협정 및 업무협조약정 체결, 국제상사중재회의 개최 및 국제회의 참석 등의 업무

제2절 세무처리

창업기업의 세무처리는 창업과 불가분의 관계에 있다. 창업단계에서부터 법인설립단계, 그리고 기업의 경영단계에 이르기까지 세무적 관점에서 모든 계획을 점검하고 확인을 해야 한다.

국세기본법 및 국세징수법, 그리고 부가가치세 및 법인세에 대해 알아보고 아울러 4대보험, 근로기준법 및 최저임금제에 대해 알아본다.

1. 국세기본법 및 국세징수법의 이해

세무처리에 있어 기본이 되는 법은 우리나라 조세제도의 근본이 되는 국세기본법과 국세징수법이다. 헌법에서 정하는 조세총론에 대한 개념을 파악하고 국세기본법 및 국세징수법에 대해 알아보자.

1) 조세총론

조세 즉, 세금은 국가나 지방자치단체가 필요한 국가 및 지방자치단체의 사업경비를 충당하기 위해 국민으로부터 강제적으로 거두는 금전이나 재물을 말한다. 국가가 거두는 것을 국세라 하고, 지방자치단체가 거두는 것을 지방세라고 한다. 국민이 세금을 납부하는 것은 국민의 의무이다.

헌법 제38조에서 '모든 국민은 법률이 정하는 바에 의하여 납세의 의무를 진다.'라고 규정하고 제59조에서 '조세의 종목과 세율은 법률로 정한다.'라고 규정하고 있다.

이는 세금은 법률의 근거에 따라 국가는 국민에게 조세를 부과하고 징수하며 국민은 법률에 따라 조세납부의무를 진다는 조세의 법률주의를 말한다.

또 헌법 제11조 ①항은 '모든 국민은 법 앞에 평등하다. 누구든지 성별·종교 또는 사회적 신분에 의하여 정치적·경제적·사회적·문화적 생활의 모든 영역에 있어서 차별을 받지 아니한다.'라고 규정하고 있다. 이는 국민에게 공평한 조세부담이 되도록 하며 '소득이 있는 곳에 세금이 있다'는 일반 원칙을 실현하는 것을 의미한다.

2) 국세기본법의 이해

국세기본법은 우리나라의 국세에 관한 기본적이고 공통적인 사항을 규정한 법이다. 각 세법이 규정하여야 할 공통적인 내용을 모두 담아 종합적으로 규정한 조세총칙법이다. 조세총칙관련 법에는 국세기본법과 국세징수법, 조세범처벌법 등이 있다. 국세기본법은 조세 중에서 내국세만을 적용대상으로 하고, 지방세는 그 속에 총칙편과 개별세목으로 구성되어 있고 관세는 별도로 규정하고 있다.

국세기본법은 국세기본법 제1조에서 "국세에 관한 기본적이고 공통적인 사항과 위법 또는 부당한 국세처분에 대한 불복 절차를 규정함으로써 국세에 관한 법률관계를 명확하게 하고, 과세를 공정하게 하며, 국민의 납세의무의 원활한 이행에 이바지함을 목적으로 한다."라고 규정하고 있다.

국세기본법의 조세부과의 원칙으로서 실질과세·신의성실·근거과세가 있다. 실질과세의 원칙(국세기본법제 14조)은 과세요건 사실에 대한 세법의 적용에 있어서 경제적 실질과 법적 형식이 일치하지 않는 경우 경제적 실질에 따라 과세한다는 원칙이다. 신의성실의 원칙(국세기본법제 15조)은 납세자가 그 의무를 이행할 때에는 신의에 따라

성실하게 하여야 한다는 원칙이다. 세무공무원이 직무를 수행할 때에도 또한 같다. 근거과세의 원칙(국세기본법제 16조)은 과세표준 확정과 세액 산출을 1차적으로 납세자 자신이 수행하고, 이에 불성실할 경우에만 과세관청이 조사·결정하는 것을 말한다. 국세의 종류는 다음과 같다.

표 10.12 국세의 종류

구분	내 용
소득세	근로계약에 따라 비독립적 지위에서 근로를 제공하고 받는 대가인 '근로소득'에 대해 부과되는 세금
법인세	법인의 각 사업년도의 소득과 청산소득을 과세표준으로 하여 부과하는 세금
상속세와 증여세	사망으로 그 재산이 가족이나 친족 등에게 무상으로 이전되는 경우에 당해 상속재산에 대하여 부과하는 세금
종합부동산세	세대별 또는 개인별로 전국의 부동산을 유형별로 구분하여 합산한 결과, 일정 기준을 초과하는 보유자에게 과세되는 세금
부가가치세	상품(재화)의 거래나 서비스(용역)의 제공과정에서 얻어지는 부가가치(이윤)에 대하여 과세하는 세금
개별소비세	부가가치세의 단일세율에서 오는 불합리성 제거와 사치성물품의 소비를 억제하기 위한 세금으로 특별소비세법에서 개별소비세법으로 변경
교통·에너지·환경세	교통시설의 확충 및 대중교통 육성을 위한 사업, 에너지 및 자원 관련 사업, 환경의 보전과 개선을 위한 사업에 필요한 재원 확보를 위한 세금
주세	주류에 과세하는 소비세, 재정확보와 국민보건향상을 위한 세금
인지세	재산상 권리변동을 증명하는 증서나 장부, 재산상의 권리를 승인하는 증서 등을 대상으로 그 작성자에 대해 부과하는 세금
증권거래세	주식 및 채권 등 유가증권의 이전 또는 매각시 양도자와 양수자의 양측 또는 일방에게 부과하는 거래세
교육세	교육의 질적 향상 도모에 소요되는 교육재정확충을 목적으로 하는 세금
농어촌특별세	농어업의 경쟁력강화와 농어촌산업기반시설의 확충 및 농어촌지역 개발사업을 위하여 필요한 재원확보를 목적으로 과세하는 세금

3) 국세징수법의 이해

국세징수법은 국세의 징수에 필요한 사항을 규정하여 국세수입을 확보함을 목적으로 제정된 법이다.(국세징수법 제1조) 이 법은 국세의 징수에 관하여 필요한 사항을 담고 있으며 국세를 체납한 경우 체납세금을 징수하기 위한 각종 절차를 정하고 있다.

이 법은 일반적이고 공통적인 사항을 규정하고 있고 국세징수에 관한 개별적인 사항은 각 세법에 규정되어 있다. 총칙에 국세·가산금, 체납처분비의 징수순위, 납세완납증명서 등을 규정하고, 징수절차·징수유예·독촉·체납처분 등을 각 장, 절에 나누어 규정하고 있다.

징수절차(8조-23조), 체납처분절차(24조-37조), 동산과 유가증권의 압류(38조-79조), 청산(80조-84조), 체납처분의 중지, 유예(85조-88조) 등을 규정하고 있는데 체납에 대한 제반 압류대책은 강력한 효력을 지닌다.

일반적인 징수절차는 납세고지 또는 독촉에 따라 납세자가 납세기한 내에 납세자가 세법이 정하는 바에 따라 국세를 세무서장에게 그 국세의 과세기간, 세목, 세액 및 납세자의 인적사항을 납부서에 적어 신고 납부하여야 한다. 세무서장은 국세를 징수하려면 납세자에게 그 국세의 과세기간, 세목, 세액 및 그 산출 근거, 납부기한과 납부장소를 적은 납세고지서를 발급하여야 한다.

그러나 이러한 임의징수절차가 이행되지 않은 경우에는 강제징수절차를 진행하게 되는데 이는 체납자의 재산에 대한 압류, 교부청구, 압류재산의 매각 등의 절차를 밟게 된다.

2. 부가가치세

부가가치세는 창업과정에서 발생하는 증빙을 잘 모아야 하며, 사업자용 신용카드를 사용해야 하고 부가가치세 공제항목을 잘 파악하고 거래당사자의 사업자 유형을 확인하는 등 창업초기의 부가가치세 관리는 매우 중요하다.

부가가치세의 의의, 부가가치세의 과세기간 및 신고납부, 그리고 부가가치세 사업자 구분에 대하여 알아보자.

1) 부가가치세의 의의

부가가치세란 상품(재화)의 거래나 서비스(용역)의 제공과정에서 얻어지는 부가가치(이윤)에 대하여 과세하는 세금이다. 사업자가 납부하는 부가가치세는 매출세액에서 매입세액을 차감하여 계산한다.

$$부가가치세 = 매출세액 - 매입세액$$

부가가치세는 물건 값에 포함되어 있어 최종소비자가 부담하는 것이며 따라서 최종소비자가 부담한 부가가치세를 사업자가 세무서에 납부하는 것이다. 그러므로 부가가치세 과세대상 사업자는 상품을 판매하거나 서비스를 제공할 때 거래금액에 일정금액의 부가가치세를 징수하여 납부하여야 한다.

2) 부가가치세의 과세기간 및 신고납부

부가가치세는 6개월을 과세기간으로 하여 신고·납부하게 되며 각 과세기간을 다시 3개월로 나누어 중간에 예정신고기간을 두고 있다.

표 10.13 부가가치세 과세

과세기간	과세대상기간		신고납부기간	신고대상자
제1기 1.1~6.30	예정신고	1.1~3.31	4.1~4.25	법인사업자
	확정신고	1.1~6.30	7.1~7.25	법인·개인일반 사업자
제2기 7.1~12.31	예정신고	7.1~9.30	10.1~10.25	법인사업자
	확정신고	7.1~12.31	다음해 1.1~1.25	법인·개인일반 사업자

일반적인 경우 법인사업자는 1년에 4회, 개인사업자는 2회 신고한다. 개인사업자(일반과세자) 중 사업부진자, 조기 환급발생자는 예정신고와 예정 고지세액납부 중 하나를 선택하여 신고 또는 납부할 수 있다. 개인 간이과세자는 1년을 과세기간으로 하여 신고·납부하게 된다.

표 10.14   부가가치세 신고납부

과세기간	신고납부기간	신고대상자
1.1~12.31	다음해 1.1~1.25	개인 간이사업자

3) 부가가치세 사업자 구분

부가가치세 사업자는 일반과세자와 간이과세자로 구분되며 일반과세자는 1년간의 매출액이 4,800만 원 이상인 경우이며 간이과세자는 1년간의 매출액이 4,800만 원 미만의 사업자를 말한다.

표 10.15   일반과세자와 간이과세자의 구분과 세액계산

구분	기준금액	세액 계산
일반과세자	1년간의 매출액 4,800만 원 이상	매출세액(매출액의 10%) − 매입세액(매입액의 10%) = 납부세액
간이과세자	1년간의 매출액 4,800만 원 미만	(매출액×업종별 부가가치율×10%) − 공제세액 = 납부세액 ※ 공제세액 = 세금계산서에 기재된 매입세액 × 해당업종의 부가가치율

표 10.16   간이과세자의 업종별 부가가치율

업종	부가가치율 (2013년)
전기·가스·증기·수도	5%
소매업, 음식점업, 재생용 재료수집 및 판매업	10%
제조업, 농·임·어업, 숙박업, 운수 및 통신업	20%
건설업, 부동산임대업, 기타 서비스업	30%

납부세액은 일반과세자의 경우 매출세액(매출액의 10%)에서 매입세액(매입액의 10%)을 차감한 금액이며, 간이과세자의 경우는 매출액에 업종별 부가가치율을 곱한 후 다시 10%를 곱한 금액에서 공제세액을 차감한 금액이 된다. 공제세액이란 세금계산서에 기재된 매입세액에 해당업종의 부가가치율을 곱한 금액이다.

3. 법인세와 종합소득세

창업을 법인으로 하는 경우에는 법인세를 납부하게 되며 개인으로 하는 경우에는 종합소득세를 납부해야 한다. 법인세와 종합소득세에 대해 알아보자.

1) 법인세

(1) 법인세의 의의

법인은 권리능력이 인정되고 인격이 부여된 법적 인격체로서 자연인과 마찬가지로 권리와 의무의 주체가 된다. 법인은 그 구성원인 개인과 완전히 분리된 법적, 경제적 존재라는 법인실재설과 법률의 힘에 의하여 법인을 자연인에 의제한 것이라는 법인의 제설이 있다.

법인은 공법인과 사법인으로 구분되며 공법인은 국가 또는 지방자치단체를 말하며 사법인은 영리사단법인인 상법상 주식회사, 유한회사, 합명회사, 합자회사 등이 있고 비영리사단법인과 비영리재단법인 등으로 구분할 수 있다.

법인세는 법률상 독립된 인격체인 법인조직이 얻은 소득에 대하여 과세하는 조세이다. 자연인은 개인의 소득에 대하여 소득세가 과세되는 것과 같이 법인의 소득에 대하여는 법인세가 과세된다.

이는 법인실재설에 의하여 과세하는 것이며 법인의 소주 주주에게 다시 배당소득에 대해 소득세를 과세하는 등 이중과세문제가 대두되는데 이를 조정하기 위하여 우리나라 소득세법에서는 배당세액공제를 두고 있다.

법인세는 국가가 과세권자인 국세이며 특정목적이 아닌 일반적 지출의 재원이므로 보통세다. 납세의무자와 담세의무자가 동일한 직접세이며 소득세와 같이 누진세율 제도를 채택하고 있다.

(2) 법인세의 납부

법인세는 먼저 각 사업연도 소득을 계산하고 과세표준을 결정한 다음 세율을 곱해 산출세액을 계산하여 신고납부를 한다.

각 사업연도의 소득은 결산서상 당기순이익에 익금산입과 손금불산입 항목을 더하고 손금산입과 익금불산입 항목을 차감하여 각사업연도 소득을 계산한다. 그리고 여기에 이월결손금, 비과세소득, 소득공제 항목을 차감하여 과세표준을 계산한다. 과세표준에 세율을 곱하여 산출세액을 계산하고, 또 가감항목을 감안하여 결정세액을 계산한 후 기 납부세액을 공제한 후 차감 납부세액을 납부하게 된다.

법인세율은 과세표준을 기준으로 2억 원 이하인 경우에는 10%, 2억 원 초과 200억 원 이하의 경우 20%, 200억 원을 초과한 금액에 대해서는 22%이다. 한편, 각종 공제·감면으로 기업이 납부할 세금이 지나치게 낮아지는 것을 방지하기 위한 제도로 최저한세율제도를 두고 기업소득 중 일정 비율, 중소기업은 7%, 일반기업은 과세표준 100억 원 이하는 9%, 1천억 원 이하는 12%, 1,000억 원을 초과하는 경우에는 17%로 규정하고 있다. 법인세의 납부와 관련하여 국세청에서 공지하는 매년 법인세 신고안내를 참고하면 유익하다.

2015년도 법인세율은 과세표준이 2억 원 이하에 대해서는 10%, 200억 원 이하금액은 20%, 200억 원을 초과하는 금액에 대하여는 22%로 규정하고 있다.

표 10.17 법인세율

과세표준	2010.1.1.~2011.12.31. 기간 중에 개시하는 사업연도	2012.1.1. 이후 개시하는 사업연도
200억 원 초과	22%	22%
2억 원~200억 원 이하		20%
2억 원 이하	10%	10%

2) 종합소득세

(1) 종합소득세의 의의

종합소득세는 개인이 지난해 1년간의 경제활동으로 얻은 소득에 대하여 납부하는 세금으로서 모든 과세대상 소득을 합산하여 계산하고, 다음해 5월 1일부터 5월 31일까지 주소지 관할 세무서에 신고·납부하여야 한다. 성실신고확인 대상 사업자는 6월 30일까지 신고·납부하여야 한다.

(2) 종합소득세의 납부

종합소득이란 이자소득, 배당소득, 사업(부동산임대 포함)소득, 근로소득, 연금소득, 기타소득을 말한다. 여기서 개인사업자로 창업을 한 경우 사업소득이 발생하므로 모든 사업자는 장부를 비치·기록하고 스스로 본인의 소득을 계산하여 종합소득세를 신고·납부하여야 한다.

표 10.18 종합소득세율

과세표준	2014년도 귀속 세율	누진공제
12,000,000원 이하	6%	–
12,000,000원 초과 46,000,000원 이하	15%	1,080,000원
46,000,000원 초과 88,000,000원 이하	24%	5,220,000원
88,000,000원 초과 150,000,000원 이하	35%	14,900,000원
150,000,000원 초과	38%	19,400,000원

제3절 회계처리

창업기업의 회계처리는 세무와 직결되며 창업초기의 회계처리는 매우 중요하다. 회계의 개념, 부기의 개념 그리고 기업재무정보를 위한 회계와 세무처리를 위한 회계로 구분하여 알아보자.

1. 회계의 개념

회계처리를 위하여 회계의 의의와 과정, 창업 중소기업이 준수하여야 할 중소기업회계기준에 대하여 알아보고 흔히 간과하기 쉬운 법인자금과 개인자금의 구분 문제, 마지막으로 사업용 계좌 개설에 대해 살펴본다.

1) 회계의 의의와 과정

회계란 회계정보이용자가 경제적 실체에 대하여 합리적인 판단이나 의사결정을 할 수 있도록 경제적 실체에 관한 유용한 회계정보를 식별, 측정, 전달하는 과정이다. 회계는 기업실체에 대한 정보를 식별, 전달하는 정보제공시스템이라 할 수 있다. 회계정보이용자란 외부정보이용자와 내부정보이용자로 구분한다. 외부정보이용자는 투자가, 채권자, 종업원, 거래처, 정부기관, 고객 및 기타 지역사회를 말하고 내부정보이용자는 기업 내부경영의 의사결정 과정에서 의사결정을 하는 경영자 및 이사회 등을 의미한다.

회계의 과정은 기업경영활동 중 회계처리대상을 추출하여 회계시스템에 입력을 하고 그 처리과정을 거쳐 재무정보가 나오며 이를 기업의 이해관계자인 회계정보이용자에게 전달하는 과정을 말한다. 기업경영활동 중 회계처리대상이 될 수 없는 내용은 최고경영자의 경영능력이나 성향, 노사문제 등 정량평가 대상이 아닌 정성평가 대상이 되는 것을 말한다.

2) 중소기업회계기준

기업경영활동에 대한 회계처리가 기업의 자율로 인식될 수도 있으나 기업의 정보이용자에게 정확한 자료를 주기 위하여 '주식회사의 외부감사에 관한 법률' 제13조에 외부감사를 받는 기업은 기업회계기준의 적용을 받도록 하고 있다. 또 기업회계기준에 대상 이외의 기업의 회계처리에도 적용을 받도록 규정하고 있어 모든 기업을 대상으로 하고 있다.

따라서 기업회계기준은 기업 스스로 준거해야 할 규범인 동시에 외부 감사인이 재무제표를 감사하여 보고하는 데 근거해야 할 판단기준이다.

우리나라의 기업회계기준은 1959년 '기업회계 원칙과 재무제표규칙' 제정으로 시작돼 1981년 '기업회계기준'으로 변경됐고 1990년에 개정되었다. 이후 국제회계기준(IFRS : International Financial Reporting Standards)의 도입이 추진되어 2011년 한국채택 국제회계기준(K-IFRS)의 적용을 받고 있다.

그러나 일정자신 이상의 규모의 기업이나 상장기업은 '한국채택 국제회계기준', '일반기업회계기준'의 적용을 받으며, 창업 중소기업은 2013년 2월 1일에 고시된 '중소기업회계기준'의 적용을 받고 있는데 이는 상법 시행령 제15조제3호에 따른 회계기준으로 외부감사 대상 및 공공기관이 아닌 주식회사가 적용하는 회계기준이다.

3) 법인자금과 개인자금의 구분

'개인기업'으로 창업을 하는 경우 설립절차가 간단하고 창업비용이 적게 소요되는 반면 '법인기업'은 법원에 설립등기 등 절차가 필요하며 법인설립비용이 필요하다. 따라서 개인기업의 경우는 비교적 소규모의 사업이나 자본이 적게 드는 사업에 적합하며 '법인기업'의 경우는 비교적 규모가 큰 기업에 적합하다.

'개인기업'은 자본조달의 한계로 대규모 자금이 소요되는 사업은 불가하나 이익의 분배에는 아무런 제약이 없다. '법인기업'은 주주로부터 자금을 조달하므로 보다 규모가 큰 자금을 모을 수 있으나 이익의 배당은 주주총회 등 적법한 배당절차로 이루어져야 한다. 또 주주가 법인의 돈을 사용할 경우 이자를 지불해야 한다.

'개인기업'은 경영자가 경영상의 모든 책임을 져야 하나 '법인기업'은 출자한 주식지분한도 내에서 책임을 지게 된다. '개인기업'은 대외신인도가 '법인기업'보다 낮게 평가를 받는다.

'법인기업'으로 창업을 한 경우 법인자금과 개인자금의 엄격한 구분이 필요하다. 1인 주주의 경우라도 법인자금을 가지급금의 형태로 인출을 할 경우 이자를 법인에 지불하여야 하며, 가지급금의 규모가 크고 오래 갈 경우 법인자금 횡령 등의 처벌 가능성도 있다.

2. 회계의 분류

창업기업의 회계는 재무회계와 관리회계, 기업회계와 세무회계로 그 목적에 따라 구분할 수 있다.

1) 재무회계와 관리회계

재무회계는 해당 기업의 외부 정보이용자의 의사결정에 유용한 정보를 제공한다. 재무제표를 통해 재무상태, 경영성과 그리고 현금흐름을 알 수 있다. 외부 정보이용은 기업의 자금조달원인 채권자나 투자자를 말한다.

관리회계는 내부 정보이용자 즉 경영자의 경영관리의사결정에 필요한 정보를 제공한다. 기업회계기준에 정해진 보고수단과 관계없이 내부 정보이용자인 경영자가 필요로 하는 일별, 월별, 분기별, 반기별 등 수시보고를 말한다.

2) 기업회계와 세무회계

기업회계는 기업의 회계처리기준에 의한 회계처리를 말한다. 주주, 채권자 등 불특정 다수 이해관계자들의 의사결정을 위해 필요한 기업의 재무정보 제공을 목적으로 한다. 기업의 당기순이익은 수익에서 비용을 차감하여 계산하는 실현주의와 발생주의를 채택하고 있다. 이는 수익비용 대응의 원칙에 의한 수익과 비용의 계산을 말한다.

세무회계상의 발생주의는 권리확정주의 또는 권리발생주의라고 말하는데, 수입을 가져오는 권리의 발생을 수입으로 취급하며, 수입이 실제 유무에 구애받지 않고 수익을 측정한다. 발생주의는 현금주의 회계에 있어서는 수익을 현금 수입할 때에 인식하고, 비용을 현금 지출할 때에 인식한다는 것이다.

세무회계는 세법의 규정에 따라 법인세 과세표준과 세액의 산출을 목적으로 한다. 각사업연도 소득은 익금에서 손금을 차감하여 계산한다. 순자산증가설과 권리의무 확정주의에 의한 익금과 손금의 계산방식이다. 세무회계는 소득계산의 통일성과 조세부담의 공평성을 유지하기 위한 회계라 할 수 있다.

3) 사업용계좌 개설

2007년 7월 1일부터 사업용계좌개설이 시행되고 있다. 복식부기의무자는 사업과 관련된 거래대금, 인건비, 임차료를 지급하거나 지급받는 경우에는 사업용계좌를 사용하여야 한다.(소득세법 제160조5) 사업용계좌 최초 신고자는 과세기간 개시일로부터 6월 이내 「사업용계좌신고(변경·추가)서」를 작성하여 관할세무서에 우편 또는 홈택스를 통해 신고하여야 한다.

사업용계좌를 사용하지 않은 경우와 신고를 하지 않은 경우는 가산세가 부과되거나 세액감면의 혜택이 배제된다.

표 10.19 사업용계좌 미사용 및 미신고 가산세

구분	내 용
• 사업용계좌 미사용 및 미신고 가산세	① 사업용계좌를 사용하지 않은 경우 : 미사용금액 × 0.2% ② 사업용계좌를 신고하지 않은 경우 : 다음 ㉠과 ㉡ 중 큰 금액 ㉠ 해당 과세기간의 수입금액 × 미신고기간/365(366) × 0.2% ㉡ 거래대금, 인건비, 임차료 등 사용대상금액의 합계액 × 0.2%
• 창업중소기업 세액감면, 중소기업특별세액감면 등 각종 세액감면 배제	

표 10.20 복식부기의무자(2014년 수입금액이 업종별 기준금액 이상)

업종별	기준금액
가. 농업·임업 및 어업, 광업, 도매 및 소매업(상품중개업을 제외한다), 제122조제1항에 따른 부동산매매업, 그 밖에 제2호 및 제3호에 해당하지 아니하는 사업	3억 원 이상자
나. 제조업, 숙박 및 음식점업, 전기·가스·증기 및 수도사업, 하수·폐기물처리·원료재생 및 환경복원업, 건설업(비주거용 건물 건설업은 제외하고, 주거용 건물 개발 및 공급업을 포함한다), 운수업, 출판·영상·방송통신 및 정보서비스업, 금융 및 보험업, 상품중개업, 욕탕업	1억5천만 원 이상자

업종별	기준금액
다. 법 제45조제2항에 따른 부동산 임대업, 부동산관련 서비스업, 임대업 (부동산임대업을 제외한다), 전문·과학 및 기술 서비스업, 사업시설관리 및 사업지원 서비스업, 교육 서비스업, 보건업 및 사회복지 서비스업, 예술·스포츠 및 여가관련 서비스업, 협회 및 단체, 수리 및 기타 개인 서비스업, 가구내 고용활동	7천5백만 원 이상자
전문직사업자(수입금액 규모에 관계없이 복식부기의무자임) 의료업, 수의업, (한)약사업, 변호사업, 심판변론인업, 변리사업, 법무사업, 공인노무사업, 세무사, 회계사업, 경영지도사업, 통관업, 기술지도사업, 감정평가사업, 손해사정인업, 기술사업, 건축사업, 도선사업, 측량사업	

3. 4대 보험과 근로기준법

사회보장기본법 제3조 제1호에 의하면 "사회보장이란 질병·장애·노령·실업·사망 등 각종 사회적 위험으로부터 모든 국민을 보호하고 빈곤을 해소하며 국민생활의 질을 향상시키기 위하여 제공되는 사회보험, 공공부조, 사회복지서비스 및 관련 복지제도를 말한다."라고 정의한다.

근로기준법은 헌법에 따라 근로조건의 기준을 정함으로써 근로자의 기본적 생활을 보장, 향상시키며 균형 있는 국민경제의 발전을 꾀하는 것을 목적으로 한다. 창업에 있어서 가장 기본이 되는 4대 보험과 법으로 지켜야 할 근로기준법에 대해 알아보자.

1) 4대 보험

4대 보험은 산재보험, 건강보험, 국민연금, 고용보험 등을 말한다. 우리나라의 4대사회보험제도는 업무상의 재해에 대한 산업재해보상보험, 질병과 부상에 대한 건강보험 또는 질병보험, 폐질·사망·노령 등에 대한 연금보험, 실업에 대한 고용보험제도로 구분된다.

사회보험제도는 국민에게 발생한 사회적 위험을 보험방식에 의하여 대처함으로써 국민의 건강과 소득을 보장하는 제도이다. 여기서 사회적 위험이란 질병, 장애, 노령, 실업, 사망 등을 의미하는데 이는 사회구성원 본인은 물론 부양가족의 경제생활을 불안하게 하는 요인이 된다. 따라서 사회보험제도는 사회적 위험을 예상하고 이에 대처함으로써 국민의 경제생활을 보장하려는 소득보장제도이다.

표 10.21 4대 사회보험제도

구분	사업장 적용대상	보험료
국민연금	• 1인 이상의 근로자를 사용하는 모든 사업장 • 대사관 등 주한외국기관으로서 1인 이상의 대한민국 국민인 근로자를 사용하는 사업장	기준소득월액 * 9.0% • 사용자(50%) : 4.5% • 근로자(50%) : 4.5%
건강보험	• 상시 1인 이상의 근로자를 사용하는 모든 사업장 • 공무원 및 교직원을 임용 또는 채용한 사업장	건강보험료 : 보수월액 * 6.07% • 사용자(50%) : 3.035% • 근로자(50%) : 3.035% 노인장기요양보험료 : 건강보험료 × 6.55%(=0.398%) • 사용자(50%) : 0.199% • 근로자(50%) : 0.199%
고용보험	• 일반사업장 : 상시 근로 1인 이상의 근로자를 고용하는 모든 사업 및 사업장(다만, 농업, 임업, 어업, 수렵업 중 법인이 아닌 경우 5인 이상) • 건설공사 : 주택건설사업자, 건설업자, 전기공사업자, 정보통신공사업자, 소방시설업자, 문화재수리업자가 아닌 자가 시공하는 총공사금액 2천만 원 미만 건설공사 또는 연면적이 100제곱미터 이하인 건축물의 건축 또는 연면적이 200제곱미터 이하인 건축물의 대수선에 관한 제외한 모든 공사	연말정산 갑근세 원천징수 대상 근로소득*1.3% 공동부담 • 사용자(50%) : 0.65% • 근로자(50%) : 0.65% 고용안정, 직업능력 • 사용자 : 0.25%
산재보험	• 일반사업장 : 상시근로자 1인 이상의 사업 또는 사업장(다만, 농업, 임업(벌목업제외), 어업, 수렵업 중 법인이 아닌 경우 5인 이상) • 건설공사 : 고용보험과 동일	업종별 고시 • 사용자 : 사무직 0.9, 　　　　　금융업 0.7

(4대 사회보험정보연계센터 자료 재구성)

2) 근로기준법

근로자와 사용자간의 근로조건은 원칙적으로 양 당사간의 자유로운 계약에 의하여 결정되어야 한다. 그러나 근로조건 협상에 있어 불리한 위치에 있는 근로자들을 법으로 보호가기 위해 근로의 최저기준을 정한 근로기준법과 근로자들의 단결과 단체교섭 그리고 단체행동을 보장하는 노동조합 및 노동관계조정법을 두고 있다.

근로기준법에서 정하는 근로조건은 최저기준이므로 근로관계 당사자는 이 기준을 이유로 근로조건을 낮출 수 없다. 또 근로자와 사용자는 각자가 근로조건을 정한 단체협약, 취업규칙과 근로계약을 지키고 성실하게 이행할 의무가 있다.

사용자는 근로계약을 체결할 때에 근로자에게 임금, 소정근로시간, 휴일, 유급휴가, 기타 근로조건 등을 명시하여야 한다. 근로계약 체결 후 변경하는 경우에도 또한 같다. 또 사용자는 이와 관련한 임금의 구성항목·계산방법·지급방법 등이 명시된 서면을 근로자에게 교부하여야 한다.

3) 최저임금제도

헌법은 "국가는 사회적·경제적 방법으로 근로자의 고용의 증진과 적정임금의 보장에 노력하여야 하며, 법률이 정하는 바에 의하여 최저임금제를 시행하여야 한다"고 규정하고 있다.

임금은 사용자와 근로자가 서로 합의하여 결정하는 계약자유주의가 적용되는 것이 원칙이지만 당사자의 자유로운 협상에 의존할 경우, 불공정한 노동시장에서 근로자들이 저임금을 받아들일 수밖에 없다. 근로자의 최저생활보장을 위하여 임금의 최저기준을 정하고 그보다 낮은 임금 설정을 금지할 목적으로 이 법이 제정되었다. 2015년도 최저임금은 시간당 5,580원이고 2016년도는 6,030원이다.

1) 중소기업회계기준 해설(2013.3.19. 법무부, 한국회계기준원)

2) 상법 제447조(재무제표의 작성) 제1항과 동법 시행령 제16조(주식회사 재무제표의 범위 등) 제1항

3) 법인세법 제60조제2항

4) 은행대출이나 개인사채 등의 부채를 활용하여 그 이율이상의 자기자본의 이익률을 높이는 효과

5) Business-to-Business : 기업간 매출 및 매입금액의 결제자금 대출

6) Commercial Paper기업이 자금조달을 목적으로 발행하는 어음형식의 단기 채권

7) Money Market Fund : 고객의 예금을 금리가 높은 CD(양도성예금증서), CP(기업어음), 콜 등 단기금융상품에 집중 투자해 여기서 얻는 수익을 되돌려주는 실적배당상품

8) Money Market Deposit Account : 시장금리부 수시입출식예금. 은행의 단기 금융상품

9) 어음관리계좌. 고객의 예금을 투자금융회사가 단기국공채나 기업 어음(CP), 양도성예금증서(CD) 등에 투자해서 얻은 수익을 고객에게 돌려주는 상품

10) Repurchase agreement : 환매조건부 채권. 일정 기간이 지난 후에 다시 매입하는 조건으로 채권을 매도해여 수요자가 단기자금을 조달하는 금융거래방식

11) Certificate of Deposit : 양도성예금증서

제 11장

업종별 창업 형태 I

업종별 창업 형태 Ⅰ

제1절 제조업, 벤처기업 창업

1. 제조업 창업

1) 제조업의 정의

제조업이란 원재료(물질 또는 구성요소)에 물리적, 화학적 작용을 가하여 투입된 원재료를 성질이 다른 새로운 제품으로 전환시키는 산업활동을 말한다. 따라서 단순히 상품을 선별·정리·분할·포장·재포장하는 경우 등과 같이 그 상품의 본질적 성질을 변화시키지 않는 처리활동은 제조활동으로 보지 않는다. 이러한 제조활동은 공장이나 가내에서 동력기계 및 수공으로 이루어질 수 있으며, 생산된 제품은 도매나 소매형태로 판매될 수 있다.

즉, 농업, 수산업 등 1차 산업에서 제공되는 원료를 가공하여 자연에 존재하지 않는 형태나 성질의 재화를 만들어 사용가치를 창조, 증대하는 것으로 광업, 건설업 등과 함께 2차 산업을 말한다. 통계청의 한국표준산업분류에는 제조업을 ① 음식료품, 담배 제조업 ② 섬유, 의복, 가죽산업 ③ 목재, 나무제품 제조업 ④ 종이, 종이제품 제조업 ⑤ 화합물, 석유, 석탄, 플라스틱 제품 제조업 ⑥ 비금속, 광물제품 제조업 ⑦ 제1차 금속산업 ⑧ 조립금속제품, 기계, 장비 제조업 ⑨ 기타제조업 등으로 분류하고 있다.

단, 자기가 특정 제품을 직접 제조하지 않고, 다른 제조업체에 의뢰하여 그 제품을 제조케 하여, 이를 인수하여 판매하는 경우라도 다음의 4가지 조건이 모두 충족된다면 제조업으로 분류된다.

- 생산할 제품을 직접 기획(고안 및 디자인, 견본제작 등) 하고,
- 자기계정으로 구입한 원재료를 계약사업체에 제공하여
- 그 제품을 자기명의로 제조케 하고,
- 이를 인수하여 자기책임 하에 직접 시장에 판매하는 경우

2) 제조업의 특징 및 변화

(1) 제조업의 특징

제조업의 특징은 ① 전문지식, 기술, 경험을 갖춘 인력이 주류를 이루며 ② 기계설비와 공장을 확보하는 비용과 시간이 많이 필요하다. ③ 공장설립이 복잡하면 기존공장 매입이나 임대를 고려한다(임가공제조업과 연구제조업) ④ 허가, 신고, 등록 등의 인허가 업종이 있다. 즉, 상품을 디자인하고 만들고 판매하는 실체를 가진 제조품이라는 점이다.

이처럼 제조업의 전통적인 비즈니스 모델이 IT산업의 급격한 발전과 함께 아래와 같이 변화의 조짐을 보이고 있다.

> ■ "사물인터넷 눈여겨 보면, 제조업 부활의 길 보인다"
>
> 제조업의 근본을 뒤흔들 혁명적 변화는 다음의 네 가지 요인에 의해 촉발된다. 첫째, 소비자 욕구의 변화이다. 표준화된 대량생산 제품에 싫증을 느끼기 시작한 소비자들이 자신만의 욕구를 만족시킬 개인화된 상품을 원하고 있다. 자동차 튜닝 시장의 확대, 맞춤형 가구의 등장 등은 이런 트렌드를 잘 보여준다. 더불어 소비자들은 만들어진 상품을 수동적으로 소비하는 수준을 넘어 자신이 원하는 상품을 콘셉트 개발과 기획 단계부터 참여하는 프로슈머로 진화하고 있다.

둘째, 사물인터넷의 확산에 따라 거의 모든 소비재가 스마트화하고 있다. 전문가들은 2020년까지 무려 260억개의 상품에 센서가 부착되고 인터넷에 연결되어 새로운 효용을 창출할 것으로 예상한다. 또한 소유의 개념보다 상품의 사용가치에 초점을 맞추는 소비자가 늘어남에 따라 원할 때만 일정 가격을 지불하고 상품을 사용하게 되는 '공유 경제'가 더욱 확대될 것이다. 이런 추세는 GE의 항공기 제트엔진 판매 방식으로부터 카셰어링에 이르기까지 다양한 분야에서 이미 나타나고 있다.

셋째, 분업과 대량생산으로 대표되는 생산의 경제성이 변하고 있다. 3D프린팅은 과거 불가능하게 여겨지던 복잡한 디자인의 부품이나 완성품을 손쉽게 적은 비용으로 만들 수 있는 길을 열어주었으며 활용 가능한 소재도 플라스틱 위주에서 목재, 금속, 강화유리 등으로 다양화 되고 있다. 이에 따라 아직까지 시제품이나 거푸집 등의 제조에 머물러 있는 수준에서 3D프린팅이 다품종 소량생산의 경제적 대안이 될 날이 멀지 않았다. 한편 소재 부문의 혁신도 생산의 경제성을 바꾸는데 큰 역할을 하고 있다. 이러한 변화는 신제품의 출시 비용을 현저하게 낮추는 효과를 가져옴으로써 제조업의 양상을 크게 바꾸는데 기여할 것이다.

넷째, 제조업과 유통업의 경계가 모호해지면서 전통적 가치 사슬이 해체되고 있다. 과거 재고 생산에 의존하던 방식에서 탈피하여 주문생산이 가능해졌으며 택배 시스템의 발달에 따라 무재고 직접 생산 및 배송이 손쉬워졌다. 이에 따라 재고와 정보 제공 역할을 담당하던 중간유통의 역할이 점차 줄어들고 있으며 심한 경우 공장도 가격의 3~4배에 이르던 소비자 가격이 절반으로 줄어들 여지가 생기게 되었다. 이렇게 절감된 비용은 소비자의 효용을 증가시키는 맞춤 서비스나 낮은 가격으로 소비자에게 환원되어 대량생산 방식의 해체를 가속화하는 동력이 되고 있다. 제조업의 미래가 어떻게 변화할지에 촉각을 곤두세우고 소비자 욕구, 생산의 경제, 소재분야의 혁신, 유통 변화 등에 민첩하고 유연하게 대처하는 기업만이 새로운 제조의 경쟁 우위를 구축할 수 있을 것이다.

(조선경제, 2015.05.28.송기홍 딜로이트컨설팅 대표)

(2) 우리나라 제조업의 현황

우리나라 제조업이 높은 원가 구조 등으로 어려움에 직면하고 있으며, 아래 조사에 따르면 주요 10개국 비교 자재, 인건비 등 매출원가 비중이 82.5%로 세계 최고를 보이고 있고, 영업이익율은 최저를 보이는 등 경기 침체나 환율 변동 등 국제 경영 환경 변화의 대응에 어려움을 겪고 있다.

표 11.1

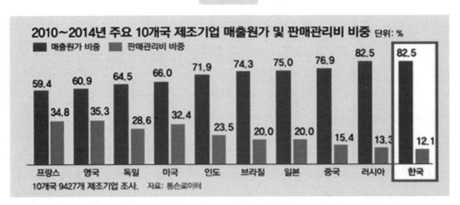

2010~2014년 주요 10개국 제조기업 매출원가 및 판매관리비 비중 단위: %
■ 매출원가 비중　■ 판매관리비 비중

	프랑스	영국	독일	미국	인도	브라질	일본	중국	러시아	한국
매출원가 비중	59.4	60.9	64.5	66.0	71.9	74.3	75.0	76.9	82.5	82.5
판매관리비 비중	34.8	35.3	28.6	32.4	23.5	20.0	20.0	15.4	13.3	12.1

10개국 9427개 제조기업 조사. 자료: 톰슨로이터

표 11.2

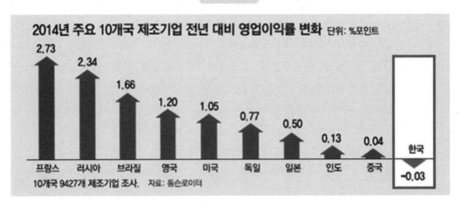

2014년 주요 10개국 제조기업 전년 대비 영업이익률 변화 단위: %포인트

프랑스	러시아	브라질	영국	미국	독일	일본	인도	중국	한국
2.73	2.34	1.66	1.20	1.05	0.77	0.50	0.13	0.04	-0.03

10개국 9427개 제조기업 조사. 자료: 톰슨로이터

표 11.3

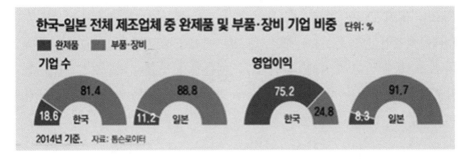

한국-일본 전체 제조업체 중 완제품 및 부품·장비 기업 비중 단위: %
■ 완제품　■ 부품·장비

기업 수
한국: 18.6 / 81.4
일본: 11.2 / 88.8

영업이익
한국: 75.2 / 24.8
일본: 8.3 / 91.7

2014년 기준. 자료: 톰슨로이터

국내 제조업체의 기술력을 끌어올리고 글로벌 판로를 확대하여 가격 경쟁에만 얽매이지 않는 구조로 만드는 것이 필요하다. 향후 기존 제조업체는 물론 창업기업들 대부분의 국내 제조업체가 머물러 있는 '겨우 생존하는 국내 영세 중소기업 수준'에서 벗어날 수 있도록 원천기술 개발과 글로벌 판매처 다변화 등으로 매출원가 비중을 낮춰 글로벌 경쟁력을 확보하는 창업 전략이 필요하다.

3) 제조업의 창업 기본절차

새롭게 사업을 시작함에 있어서 기본적으로 이행해야 할 절차는 업종과 기업형태 그리고 공장설치 여부에 따라서 많은 차이가 있다. 도·소매업이나 서비스업에 비해서는 제조업이 더 복잡하고 제조업 중에서도 공장을 임차하여 제조활동을 하는 것보다 자기 공장을 마련하여 생산을 해야 하는 경우에 더욱 복잡하다. 그래서 여기서는 제조업을 경영하는 법인 창업을 중심으로 설명하고자 한다. 이 경우가 다양한 절차를 수행하는 사례가 되기 때문에 각 창업자는 이 사례 중에서 창업자에게 필요한 절차만 발췌하여 활용하면 될 것이다.

제조업 창업의 기본절차는 크게 ① 창업 예비절차, ② 회사설립 및 신고절차, ③ 공장설립 및 자금 조달절차, ④ 개업 준비절차의 4단계로 나누어 볼 수 있다.

(1) 창업 예비절차

창업 예비절차는 사업 구상을 좀 더 구체화하여 사업의 골격을 세우는 단계를 말한다. 체계화되지 못하고 실현가능성의 검증되지 않은 사업구상은 망상에 불과할 수 있으므로 사업 구상은 좀 더 체계화되고 객관화되어야 사업 성공 가능성이 인정되고, 이들 내용이 구체적으로 사업계획서 작성에 이르는 모든 과정을 총칭하는 의미로 받아들일 수 있다.

이런 관점에서 창업 예비절차에서 결정되어야 하거나 검토되어야 할 핵심요소는 크게 나누어 사업 핵심요소의 결정, 사업타당성 분석, 사업계획서 작성 등이 있다.

(2) 회사 설립절차

창업 예비절차가 사업 예비단계라 한다면 회사 설립 단계는 창업을 구체화하기 위한 법률적인 회사의 설립과정이라고 볼 수 있으므로, 회사설립 절차에서 수행해야 할 핵심요소에는 창업예정 업종에 대한 정부의 각종 인·허가 또는 신고의 이행, 사업을 수행하기 위해 세법에서 규정하고 있는 사업자 등록신청, 그리고 법인설립의 경우 법인설립 등기와 법인설립 신고 등의 절차를 이행하여야 한다. 다음으로는 각종 법률에서 규정하고 있는 사업 인·허가 내지는 사업신고를 하여야 한다. 창업자가 선택한 업종이 인허가 대상인지, 신고만 하면 되는 업종인지 아니면 별도의 인·허가 내지는 신고절차 없이 사업을 할 수 있는지를 사전에 검토하여 해당 인·허가 절차를 완료한 후 사업을 개시하여야 한다.

(3) 제조시설 결정

제조업 창업의 경우 일단 회사 설립절차가 완료되면 다음 단계가 공장설립단계이다.

공장설립이 필요한 때에는 먼저 사업계획 수립단계부터 자신이 설립하고자하는 공장의 업종·규모 등에 대한 이해를 충분히 한 후에 관계법령에 맞추어 설립절차를 이행하여야 시행착오를 줄일 수 있다.

공장건축공사 이외에 공장건축공사를 전후해서 관할관청에 공장설립신고, 공장설립 완공보고 등 각종 보고를 하여야 하고 준공검사 등 공장건축과 관련되는 각종검사도 함께 받아야 한다. 최근에 창업과 관련하여 불필요한 각종 인·허가 업무를 대폭 삭제하거나 간소화하여 종전보다는 창업절차가 많이 간소화되었으나, 아직도 선진국이나 경쟁국가에 비해 불필요하고 복잡한 절차나 규제가 많아서 신규 창업에 어려움을 겪고 있으며 이로 인해 기업 경쟁력이 약화되고 있는 것도 사실이다. 따라서, 정부의 강력한 주도 하에 앞으로는 창업절차가 더욱 간소화될 것으로 기대된다. 공장설립 단계에서는 공장건축과 병행하거나 공장 준공 예정일에 맞춰 생산설비의 설계, 시설발주 등이 필요하게 되며 생산설비설치 등에 따라 자기자금 이외에 금융기관을 통한 추가 자금조달이 이루어지지 않으면 안 된다.

공장 신축의 신고 또는 허가지역의 구분과 공장건축 행정절차 등을 표로 정리하면 다음과 같다.

표 11.4 신고 또는 허가지역의 구분

범위	내 용
공장설립 신고지역	공장설립 허가지역 외의 전지역
공장설립 허가지역	수도권 전지역(과밀억제권역, 성장관리권역 및 자연보전권역) 부산직할시(강서구 명지동, 녹산동, 천가동, 가락동, 사하구 신평동, 장림동, 다대동, 구평동, 감천1동, 영도구 봉래동 및 청학동을 제외)

표 11.5 공장건축 행정절차 및 관련사항

건 축 단 계	행 정 절 차
건축허가 (시, 군, 구)	건축허가신청서, 도시계획확인원(국토이용계획확인원), 건축설계도서, 기타허가신고를 위한 신청서 등을 구비, 행정기관과 협의 하에 15일 이내에 허가
건축착공신고 (시, 군, 구)	건축물공사 계획신고, 착공 전 공사감리, 공사시공자 날인을 받은 후 제출, 건축주와 맺은 계약서 사본(설계자, 감리자, 시공자), 설계도서
건축감리중간보고 (시, 군, 구)	공사감리자가 보고서 작성, 거푸집 또는 주춧돌의 시공을 완료한 때, 기초공사시 철근배근을 완료한 때(철골조, 조적조 등)
건축물 사용 승인 (시, 군, 구)	사용검사신청서, 설계도서, 공사감리보고서, 사용승인 확인서류 확인내역서

기타 공장의 또 다른 확보 방법으로는 다음과 같은 것이 있다.

① 공장신축과 함께

② 공장매입

창업업종의 특성상 창업기간이 짧아야 하고 자금조달 능력이 있는 경우에는 사업규모에 맞는 기존 공장을 매입하는 것이 좋다. 그리고 매입비용을 줄이기 위해서는 법원이나 기타 공공회사의 경매에 참여하여 공장을 확보할 수도 있다. 경매를 통해 공장을 확보할 경우에는 경매절차 및 공장저당법 등에 대한 법률지식이 필요하다.

③ 공장임차

생산활동을 신속히 시작하기 위해서는 공장을 임차하는 방법이 초기 창업 자금의 부담을 줄이는 등 신축의 경우보다 훨씬 유리할 수 있다. 임대공장에 입주할 때

계획입지 안에서는 공장임대 허용 범위 내에서 기존 공장을 합법적으로 임대할 수 있으며, 자유입지에서는 기존공장의 사용용도, 행정규제사항 유무, 임차조건 등을 확인하여 실질적인 공장소유자와 임대차 계약을 체결하면 된다. 기존공장을 임차하기 위해서는 우선적으로 임대공장이 법적으로 제한받는 사항이 있는지 여부를 확인하여야 한다.

④ 아파트형 공장 입주

아파트형 공장은 소규모 기업을 위한 입지지원 사업 중 하나이다. 아파트형 공장은 분양과 임대의 두 가지 방식으로 입주업체를 모집하고 있다. 입주업체에 대해서는 분양가의 50~70% 범위 내에서 장기저금리의 융자정책과 함께 공동식당, 공동회의실, 체육시설, 여러가지 부대시설 등 쾌적하고 편리한 공장운영체계를 갖추고 있다.

(4) 개업 준비절차

개업 준비절차는 창업의 마지막 단계로 회사설립, 공장건축 및 생산설비 설치가 완료됨으로써 이제 회사의 골격은 갖추어진 것이다. 이 골격을 어떻게 운영할 것이냐가 개업준비 절차에서 이행되어야 할 창업절차인 것이다. 생산 및 영업에 필요한 조직을 구성하기 위해 필요 인력을 충원하고 훈련하여 회사실정에 맞는 조직이 구성되면 각 분야별로 생산파트에서는 원부자재 조달, 생산설비 시운전 및 시제품 생산 과정을 거친 후 본격 생산에 돌입해야 한다. 그 다음 공장등록, 공장설립 완료보고, 부동산등기 등의 절차도 이행하여야 한다. 관리분야에서는 급여규정, 회계규정 등 각종 회사 내규의 제정, 업무에 필요한 각종 장표와 서식의 제정과 더불어 직원연수도 집중적으로 실시해야 한다. 그리고 대외기관에 신고할 각종 사규, 즉 취업규칙 신고, 사업장설치계획 신고, 산업재해 보험관계성립 신고, 기타 대외기관 신고 등을 이행해야 한다.

영업분야에서는 영업체계 확립, 시장개척 활동 및 시장조사 등을 병행하여 실시함으로써 본격 영업에 대비하여 자사제품을 홍보하고 소비자 반응을 체크하여 제품의 성공가능성을 타진해 보는 등 보다 좋은 제품으로 발전해 갈 수 있다.

2. 벤처기업 창업

1) 벤처기업의 정의와 특성

(1) 벤처기업의 정의

벤처기업이라는 용어는 High-Tech Business, High Technology Business, NTBF (New Technology-Based Firm), Risky Business 등으로 다양하게 사용되고 있다. OECD는 벤처기업을 'R&D 집중도가 높은 기업' 또는 '기술혁신이나 기술적 우월성이 성공을 위한 주된 요소인 기업'으로 정의한다. Bollinger, Hope & Utterbaket(1983)는 '소수의 핵심 창업가가 기술혁신의 아이디어 개발과 상업화가 동기가 되어 위험부담은 높으나 기술 축적을 통해 성공할 경우 기대 수익이 큰 사업을 운영하는 중소기업'으로 정의했다.

Cooper(1971)는 연구개발을 강조하거나 새로운 기술적 지식을 이용하는 데 중점을 둔 회사로 정의했다. 일본에서는 벤처 비즈니스(Venture Business), 한국에서는 벤처기업(모험기업, 기술집약적 중소기업)으로 알려져 있다. 연구개발이나 기술개발에 중점을 두는 기업, 소수의 핵심 창업자가 기술혁신으로 개발한 아이디어를 상업화하기 위해 설립된 기업, 위험성은 크나 성공할 경우 높은 기대수익이 예상되는 기술 집약형 기업(high risk, high return)으로 요약할 수 있다.

표 11.6 벤처기업의 일반적 개념

범위	내용
한국	「벤처기업 육성에 관한 특별 조치법」 기준 중 1가지를 만족하는 기업을 의미
미국	「중소기업 투자법」에서 "위험성이 크거나 성공할 경우 높은 기대 수익이 예상되는 신기술 또는 아이디어를 독립기반 위에서 영위하는 신생기업(New business with high risk - high return)"으로 규정
일본	「중소기업의 창조적 사업활동 촉진에 관한 임시조치법」에서 "중소기업으로서 R&D투자 비율이 총매출액의 3%이상인 기업, 창업 후 5년 미만인 기업"을 규정
OECD 국가	"R&D 집중도가 높은 기업" 또는 "기술혁신이나 기술적 우월성이 성공의 주요 요인인 기업"을 규정

(2) 벤처기업의 특성

벤처기업은 새로운 기술, 새로운 제품으로 세계적 수준의 경쟁력을 목표로 하는 기술집약적인 측면과 새로운 패러다임의 경영철학과 경영방식을 추구하고 활용하는 기업조직이라는 지식집약적인 측면을 아울러 나타내고 있다. 결과적으로 벤처기업은 급격한 변화에 적응하면서 역동적 성장을 하는 동태적 특성을 가지고 있어서 슘페터 (J.A.Schumpeter)가 말하는 창조적 파괴를 통해서 새로운 혁신을 주도하는 환경 창조적 특성을 보여주고 있다. 따라서 우리나라에서 불가능하게 보이고 있는 일, 즉 규제 위주의 정책 환경을 극복하면서 새로운 질서와 윤리, 아울러 새로운 정책 환경까지 만들어 내고 있는 것이다. 벤처기업의 경영방식을 다음과 같이 7가지 특성으로 설명할 수 있다.[1]

① 벤처기업은 절대적인 위기의식하의 경영을 하고 있다.

② 벤처기업은 하나의 기술로 시장을 창출하고 독점하고 있다.

③ 벤처기업에서는 '스피드 경영'이 힘과 부를 창출하고 있다.

④ 벤처기업은 잉여인력을 철저히 배제한 '근육질 조직'을 갖추고 있다.

⑤ 벤처기업에서는 인사부서나 경영전략실 등 스텝기능을 가능한 배제하고 있다.

⑥ 벤처기업에 있어서 유일한 자산은 '기업=두뇌'이므로 인재의 신진대사가 벤처기업의 흥망을 결정하고 있다.

⑦ 벤처기업은 창업 후 조직성장의 과정에서 초기단계에서 자본부족, 주식상장 이후 일반주주의 안전경영요구, 기술성숙화로 나타나는 3번의 위기(Death Valley)를 맞게 되는데 이러한 위기를 효과적으로 관리·극복해야 한다.

즉, 벤처기업이 일반기업과 다르게 지니는 특성은 아래와 같다.

① 독자적이고 차별화된 비전과 전략으로 기업을 운영한다.

② 사업활동에서 역동성을 보이고, 정보의 공유 및 원활한 의사소통을 하고, 계층구조의 단순화 및 신속한 의사결정 등을 특징으로 하는 동태적인 조직이다.

③ 시장지향적인 제품 개발, 그리고 초기에 틈새시장에 집중하는 등 공격적인 마케팅을 한다.

④ 연구개발, 지식기반, 디자인개발 등 기술집약 중심으로 뉴트렌드와 변화지향의 산업 및 제품에 몰입한다.

⑤ 기술 전문성이 높은 구성원들로 형성된 인적자원이 경쟁력이자 세일즈 포인트가 된다. 때로는 폭 넓은 외부 네트워크를 활용하기도 한다.
⑥ 높은 보상과 스톡옵션 등의 방법으로 이익을 공유하는 경우가 많다. 고용 증가율과 이직률이 모두 높은 편이다.
⑦ ICT 기술의 진보에 따라 제품 개발과 제품의 수명주기가 초단기로 짧아지고 있어 끊임없는 경영혁신 전략이 요구된다.

2) 벤처기업의 창업 유형

(1) 분사(Spin-off)

가장 전형적인 형태로서 개별 기업가가 독립적으로 벤처기업을 창업하여 운영하는 것이다. 개별 기업가는 대학, 연구소, 기업에서 일하다가 그들이 가지고 있는 기술을 상업화하기 위해 자신의 사업을 시작하는 경우가 많다. 이때 개별 기업가들의 전 직장을 인큐베이터 조직이라고 하며 여기서 떨어져 나왔다는 의미에서 스핀-오프라고 표현한다.

(2) 합작벤처(New Style Joint Venture)

중소규모의 벤처기업들은 고도의 기술을 제공하고 대기업은 자본과 판매망 또는 기술개발 결과의 활용과 적용에 역점을 두는 경우이다.

(3) 벤처합병(Venture Merging)

대기업이 전략적 필요에 의해 벤처기업을 흡수합병하여 자회사나 사업부로 운영하는 것을 말한다.

(4) 사내벤처(Internal Venture)

대기업이 회사 내부에 모험자본을 마련해 놓고 기업 내부의 종업원들에게 사업 아이디어를 제안하게 하여 벤처기업을 스스로 하거나 참여하도록 하는 방식이다. 최근 대기업들이 적극적으로 추진하고 있는 전략으로서 기업 내부에서 기업가정신을 발현하여 새로운 사업을 개발하는 것이다. 사내벤처는 대규모 기업조직 내에서 내부자원을 독특한 방식으로 활용하여 제품이나 서비스, 기술 등을 만들어내는 상대적으로 작고 효율적 혹은 반자율적인 사업단위를 개발하는 것이다. 사내벤처는 과거와는 다른 새로운 방식의 신규사업 개발 형태라고 할 수 있다.

대규모 기업이 사내벤처에 관심을 갖는 이유는 급격한 시장환경의 변화에 적응하기 위해서이다. 사내벤처는 경영의 다각화를 용이하게 해주며, 또한 시장경험을 할 수 있는 기회와 능력을 제공해 준다는 점 때문에 필요성이 더욱 커지고 있다.

(5) 벤처캐피탈(Venture Capital)

벤처캐피탈은 벤처기업을 창업하는 회사의 기술과 사업전망에 기대를 걸고 투자하는 자본금이다. 이런 자금을 가지고 전문적으로 투자하는 회사를 벤처캐피탈회사라 하고 벤처 자본가는 이런 돈을 운영하는 사람이다. 벤처캐피탈은 원칙적으로 자본참여만 할 뿐 경영에는 참여하지 않는다.

벤처캐피탈은 주식 소유와 자본 이득을 원하는 자금이다. 따라서 투자한 회사가 실패하면 투자자금을 회수할 수 없다.

이 점에서 은행에서 이자 소득을 목표로 빌려주는 융자와 그 성격이 다르다.

벤처캐피탈이 회사에 투자하는 형태는 다음의 몇 가지 방식이 있다.

첫째, 사업 초기나 회사의 성장 과정에서 자본금으로 직접 투자하는 방식,

둘째, 벤처캐피탈 주식회사와 기업 간의 계약에 의해서 일정한 이자율로 발행된 사채를 인수하는 방식(전환사채),

셋째, 투자자가 회사에서 발행한 사채를 인수하는 방식인데, 이 때 회사는 별도로 신주 인수권을 투자자에게 교부한다(신주인수권부사채).

이밖에 한국종합기술 금융에서 취급하는 조건부 융자, 중소기업 창업투자회사에서 취급하는 약정 투자방식이 있다.

(6) 엔젤 캐피탈(Angel Capital)

벤처기업은 설립 초기에 자기 자본을 중심으로 사업을 경영하고 부족한 자금은 새로운 투자자 또는 친구, 친척, 지인들의 투자를 통해 조달하게 된다. 엔젤은 개인 투자자가 신기술을 상업화할 목적으로 새로 창업하는 벤처기업에 투자하는 것, 즉 엔젤투자가를 말한다.

각국 정부에서도 엔젤에 대해 세제상 지원을 해줌으로써 벤처캐피탈 회사들의 재원 조달의 한계를 극복하고 벤처기업의 창업을 촉진하는 방법으로 이용하고 있다. 엔젤제도는 미국과 유럽을 중심으로 경제적 여유가 있는 6~8명의 자본가들이 벤처기업의 씨앗자금을 투자하는 방식으로 활발히 운영되고 있다.

3) 벤처기업의 기준요건과 확인

중소기업기본법에서 규정한 중소기업으로서 다음의 요건 중 하나 이상에 해당하는 기업을 벤처기업으로 인정하고 있다.

(1) 벤처기업 유형과 그 유형별 기준 요건

유형	기준조건	확인기관
유형1 벤처투자기업	1) 벤처투자기관으로부터 투자받은 금액이 자본금의 10% 이상일 것 　※ 벤처투자기관 　　창업투자회사(조합), 신기술금융사(조합), 한국벤처투자조합, 한국벤처투자(주), 기업은행, 산업은행 　※ 국내 투자조합에 직접 투자실적이 있는 외국투자회사로부터 투자받은 중소기업도 확인신청 가능(2015.8.11개정) 2) 투자금액이 5천만 원 이상일 것 3) 상기 1), 2)의 투자내역을 벤처확인요청일의 직전 연속하여 6개월 이상 유지할 것. 　※ 다만 산업은행, 기업은행으로부터 투자 받은 경우 개정법 시행일('2006.6.4)을 기산점으로 투자유지기간 산정	한국 벤처캐피탈 협회

유형	기준조건	확인기관

유형2
 	
연구개발기업
	1) 기술개발촉진법 제7조 규정에 의한 기업부설연구소 보유
	   (필수조건)
	2) 업력에 따라 아래기준에 부합할 것
	   ① 창업 3년이상 기업 : 확인요청일이 속하는 분기의 직전 4
	     분기 연구개발비가 5천만 원 이상이고, 매출액대비 연구
	     개발비 비율이 산정기준 이상일 것.
	   ② 창업 3년미만 기업 : 확인요청일이 속하는 분기의 직전 4
	     분기 연구개발비가 5천만 원 이상일 것.
	     (연구개발비 비율 적용 제외)
	3) 연구개발기업 사업성평가기관으로부터 사업성이 우수한 것으로 평가
		기술보증기금
		중소기업
		진흥공단

유형3
 	
기술평가보증
기업대출기업
	1) 기보의 보증 또는 중진공의 대출을 순수신용으로 받을 것
	   ※ 기　보 : 기술평가보증에 한함.
	   ※ 중진공 : 개발 및 특허기술사업화지원자금 또는 벤처창업
	     자금과 기초제조기업 성장자금, 고성장 기업전용자금 등.
	2) 상기 1)의 보증 또는 대출금액이 8천만 원 이상이고, 당해 기업
	   의 총자산에 대한 보증 또는 대출금액 비율이 10% 이상일 것
	   ※ 창업 후 1년 미만 기업 : 보증 또는 대출금액 4천만 원 이
	     상(총자산대비 비율은 적용배제)
	3) 기보 또는 중진공(청년전용 창업자금을 지원받은 39세 이하
	   청년기업은 기술평가기준 완화, 2015.8 개정)으로부터 기술
	   성이 우수한 것으로 평가
		기술보증기금
		중소기업
		진흥공단

유형4
 	
예비벤처기업
	1) 벤처기업의 창업을 위해 법인설립, 사업자등록을 준비 중인
	   자 또는 창업 후 6개월 이내인 자
	2) 상기 1)의 준비 중인 기술 및 사업계획이 기보, 중진공으로
	   부터 우수한 것으로 평가
		기술보증기금
		중소기업
		진흥공단

(2) 벤처기업 확인 신청 요령

① 벤처기업 확인 신청 개요

벤처기업 요건을 충족하는 경우에는 벤처인(www.venturein.or.kr)을 통해 벤처 확인을 신청할 수 있으며, 벤처 확인 신청은 벤처인을 통해 온라인으로만 가능하며 오프라인으로는 신청이 불가능하다.

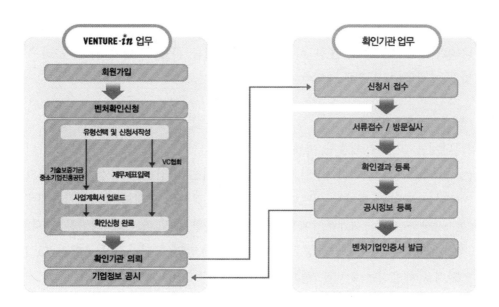

4) 벤처기업의 발전단계

많은 연구자들은 기업이 다양한 성장단계를 통하여 발전하며, 이에 따른 다양한 경영문제가 발생하고 다양한 경영기법, 관리 우선순위, 구조조정 등의 필요성이 요구된다고 주장하여 왔다. 기존의 연구들은 다양한 형태의 모형들을 제시하였으나, 많은 연구자들이 4단계 모형, 즉 1) 창업 또는 개발단계, 2) 성장 또는 상업화단계, 3) 확장단계, 4) 안정 또는 성숙단계로 구분하였다.

이러한 각 단계에서는 해결해야 할 경영과제가 차이를 보이며, 자금의 용도나 조달방법도 달라진다. 또한 경영조직 관리에 있어서도 각 성장단계마다 그 상황에 적합한 조직구조와 경영행동을 형성하게 되므로 이러한 단계별 특성을 고려해야 한다.

이와 같이 성장단계별 경영조직의 변화는 대체로 성장규모의 변화에 일관성있는 관계를 보이고 있다. 따라서 기업이 커지고 성장해 갈수록 직무구조는 전문화되고 기능은 다양화되어 이를 효율적으로 관리하는 문제가 중요해진다.

(1) 창업단계

창업단계는 새로운 기업이 하나의 개체가 되기 위해 준비하는 기간이다. 이 단계는 하나의 아이디어 또는 벤처를 사업체로 변환시키는 단계로 특징지어질 수 있다. 이 단계에서 주요한 업무는 시제품개발, 기술개발, 목표시장 설정 및 시장세분화를 포함한다. 즉, 기업은 다른 분야보다 마케팅 및 생산·운영시스템 분야에서 컨설팅 지원이 필요한 단계라고 볼 수 있다. 또한 이 단계에서는 현금 확보, 창업자 기술, 조직구조, 종업원 확보 등의 경영문제가 대두될 수 있다.

(2) 상업화단계

상업화단계는 기업이 제품과 마케팅에 대한 상업적인 접근이 가능하므로 강력한 성장전략을 구축하는 단계이다. 상업화단계에 해당되는 기업들은 특정 경영문제가 야기되지 않는다고 말하는 학자도 있으나, 이와는 대조적으로 모형의 초기성장단계에 있는 기업들은 생산과 재무·회계분야에서 문제가 야기될 수도 있다고 지적하는 학자들도 있다. 창업자와 자금관련요인의 중요성이 감소되는 반면에 관리적 시스템의 도입이 요구되는 단계로 대응하는 전략도 필요하다.

(3) 확장단계

확장단계는 성장이 둔화되기 시작하는 단계이다. 이 단계에서 주요관심은 생산과 판매를 포함한 유통문제라고 볼 수 있다. 즉, 구매, 생산계획, 산업공학, 재고·품질관리를 포함한 문제와 제조·운영에 관한 관리가 초점이 될 것이다. 더욱이 임금, 재무, 보수유지에 관한 관리시스템은 이 단계와 관련성을 가지고 있다고 볼 수 있다. 기존연구에서 보면, 이 단계에 있는 기업은 경영관리 또는 재무분야 보다 마케팅분야에서 더 많은 문제가 야기되고 있는 것으로 제시되었으며, 그들의 CEO들은 가장 중요한 문제로 조직시스템, 판매·마케팅, 외부관계 등으로 평가하는 경향이 있다.

기업의 가치가 증대되어 기업과 벤처캐피털 모두 양호한 수익성과 성장성을 확보할 수 있는 단계이다.

(4) 성숙단계

성숙단계는 다른 단계에 비해서 낮은 성장률을 보이는 경향이 있다. 이 단계에서는 판매수준이 안정화되고 혁신의 정도가 낮으며 관료적 조직구조의 특성을 지니고 있다. 이 단계에서 기업은 수익성 증가, 조직의 효율성, 공식화된 계획 및 통제시스템 구축에 대해서 관심을 가지고 있는 경향이 있다.

이 단계에서는 기업공개에 의하여 금융시장에서 직접 자금을 조달할 수 있게 되므로 기업 입장에서는 새로운 사업계획을 수립하여 실행에 옮기기에 적합한 시기이다.

벤처캐피털은 투자한 자본이득(capital gain)을 시현하기 위해 이 단계에 이른 기업에 대하여 기업공개를 권유하게 된다. 기업의 성장과 경영의 투명성 확보 등을 위해서 기업 입장에서도 가능하다면 주식상장을 추진하는 것이 유리하다.

5) 벤처기업의 현황과 활성화 방안

(1) 벤처기업의 현황(자료 : 벤처인)

표 11.7 국내 벤처기업 수 추이 (단위 : 개)

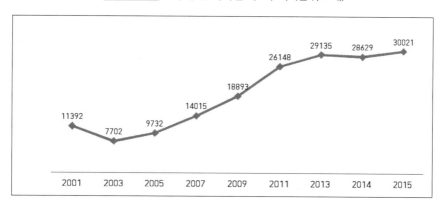

(2014년 6월, 2015년 3월말 기준)

표 11.8 국내 벤처기업 유형별 현황

기술평가보증 기업 수	86.11%	24,653개
기술평가 대출기업 수	6.06%	1,735개
연구개발 기업 수	5.10%	1,461개
벤처투자 기업 수	2.52%	722개
예비벤처기업 수	0.2%	58개

2014.06월 28,629개 기준

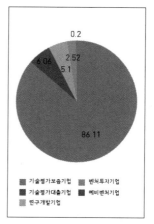

| 표 11.9 | 국내 벤처기업 설립 후 존속기간별 현황 |

(단위 : 개)

존속기간	개수
6개월 미만	261
6개월~1년미만	670
1~3년 미만	5876
3~5년 미만	5479
5~10년 미만	7459
10~20년 미만	7406
20년 이상	1478

| 표 11.10 | 2013년 벤처기업 총 매출액 |

(198조 7,000억 원/국내 총생산 GDP의 13.9%)

	매출액	평균고용
벤처 평균매출액	68억 4,000만 원	24.7명
중소기업 평균매출액	28억 4,000만 원	3.9명

■ 중국과 우리나라의 벤처창업 비교

마윈의 후예 291만 명 … 중국 '촹커 열풍'

작년 창업 한국 100배 … 서부 우루무치까지 확산
리커창 "중국경제 새 엔진, 촹커 1억 명 키우겠다"
2015년 양회 핵심의제로 "한국, 틀 안 바꾸면 위기"

'촹커'는 정보기술(IT)을 기반으로 한 혁신 창업자를
뜻한다. 이제 촹커는 중국 큰손 관광객 '요우커(遊
客)'처럼 중국을 뛰어넘어 세계 경제 지형도를 바꿔
버릴 태세다.

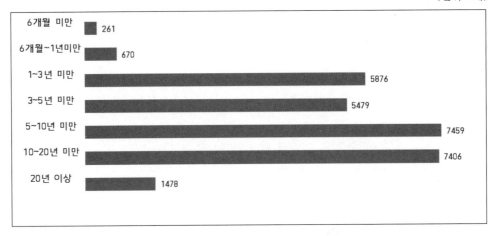

| 표 11.11 |

벤처 창업 건수
중국　291만
한국　2만9910

벤처 투자액(원)
중국　16조9000억
한국　1조6393억

자료:한국 중소기업청·중국 공상국(2014년)

2014년 중국의 신규 벤처창업자는 291만 명에 달했다. 한국(2만9910건)의 100배 수준이다. 또 2014년 중국에서 유치한 벤처투자금액은 155억3000만 달러(약 16조9000억 원)를 기록해 전년 대비 세 배 이상 급증했다. 2014년도 한국의 벤처투자(1조6393억 원)와 비교하면 15배 이상이다.

중국에서 촹커 열풍이 가능한 이유는 뭘까.

첫째, 규제가 덜한 데다 지원을 아낌없이 퍼붓는다. 실제로 촹커 육성을 위해 중국 정부는 2015년 4월 400억 위안(약 7조 원)에 달하는 창업 기금을 조성했다.

둘째, 중국 경제 동력의 패러다임이 바뀌고 있기 때문이다. 인프라·부동산 위주의 과거 성장 모델이 힘을 잃은 대신 스마트폰·O2O(Online to Offline) 기업 등 스타트업이 경제 동력으로 부상하고 있다. 경제를 떠받치기 위해서라도 2015년 3월 열리는 양회(兩會)에서 창업은 핵심 의제로 부각될 전망이다.

셋째, 마윈 알리바바 창업주와 레이쥔 샤오미 회장 등 중국 토종 촹커의 성공 스토리도 촹커 현상에 불을 지폈다. '하니까 되더라'는 자신감도 충만하다. 중국 촹커 세대에 창업은 '밥벌이'이면서도 즐거운 '창조 놀이'다. 한국에서 창업하면 '카페·치킨집'을 떠올리는 것과는 근본적으로 다른 양상이다.

풍부한 인적자본, 14억 내수시장, 여전히 세계의 공장인 중국의 제조업 능력, 외국 기업에 대한 확실한 진입장벽, 실패도 용인하는 창업문화까지 많은 요소가 복합적으로 뭉쳐 창업국가 중국을 가능케 한다.

(중앙일보, 2015.02.16, 특별취재팀)

창업에만 지원 쏠려… 벤처 생존율(5년차 기준) 겨우 30%

이데일리가 중기청으로부터 입수한 '창업·벤처 예산 추이'에 따르면 2013년부터 벤처기업 지속 성장과 관련된 예산은 계속해 감소하고 있는 것으로 나타났다.

기업생멸조사에 따르면 2014년 창업 5년차 기업 생존율은 30.9%에 불과하다. 이는 미국(47%), 유럽(43%) 등 선진국에 비해 크게 떨어지는 수치다. 반면 2014년 신설법인은 지난해 같은 기간보다 9.1% 증가한 2만2652개로 역대 최다를 기록했다.

이에 대해 중기청은 "창조경제의 핵심 과제인 일자리문제를 해결하기 위해 창업에 선택과 집중을 하고 있는 것"이라고 변명했다. 중기청 관계자는 "창조경제의 핵심은 일자리 창출"이라며 "이를 위해 창업에 집중하고 있는 것은 사실이다. 벤처기업의 지속적 성장을 위한 지원은 민간 자본을 유치하거나 간접 지원으로 전환하고 있다"고 설명했다.

정부의 정책이 창업이라는 양적성장에만 치중돼 있다. 창업 기업수를 늘리는 것이 창업한 기업을 유지시키는 것보다 빠른 효과를 보일 수 있기 때문으로 진정한 벤처기업 생태계 조성을 위해서는 기업의 지속적인 성장을 제고할 수 있는 정책이 필요하다.

(이데일리, 2015.05.08.)

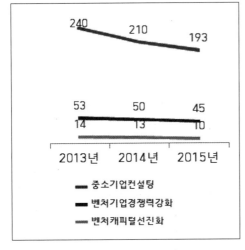

표 11.12 벤처 성장 관련 예산은 줄고

(단위 : 억 원)

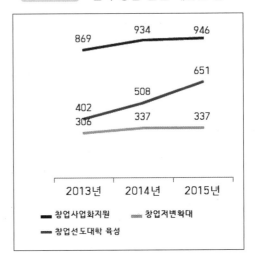

표 11.13 밴처 창업 관련 예산은 늘고

(단위 : 억 원)
자료 : 중소기업청

(2) 벤처기업의 활성화 방안

① 창업 및 퇴출의 유연화

벤처기업의 본질은 새로운 기술과 아이디어를 바탕으로 실패할 위험이 높은 반면에 성공할 경우 큰 수익을 올릴 수 있는 사업을 하는 것이다. 따라서 기술과 아이디어의 신속한 사업화와 그 사업의 실패에 따른 정리 및 성공으로부터의 이익회수 시스템의 존재가 필수적이다. 따라서 벤처기업 정책의 초점은 생존을 지탱해주는 것이 아닌 벤처기업에의 진입과 퇴출을 용이하게 하는 것에 맞추어야 한다. 그러므로 법적·제도적 뒷받침, 실패한 기업의 정리를 위한 파산관련 법적·제도적 정비, 성공적 벤처기업이 M&A를 통해 이익을 실현할 수 있는 시장환경의 조성 등이 이루어져야 한다.

② 시장의 효율성 지향

기존의 자원과 보호중심의 벤처기업을 포함한 중소기업 정책은 근본적으로 이들의 경쟁력을 약화시키고 한계기업의 퇴출 장벽을 형성해 불필요한 사회적 비용을 초래하고 있다. 특히 정부가 벤처기업을 선정하여 직접 자금을 투입하는 정부정책은 수혜기업의 도덕적 해이와 과다한 감독비용을 초래하므로 근본적으로는 수혜기업의 독자적 경쟁력 구축을 어렵게 만든다. 그러므로 벤처기업을 포함한 중소기업 관련 지원과 보호에 관한 각종 제도를 점차 완화하거나 폐지하고 중소 벤처기업에 대한 직접 자금지원을 축소하는 대신 시장에 공정한 경쟁의 장을 마련하고 시장을 통한 정책자금의 간접지원으로 시장이 지원기업을 선택할 수 있는 인센티브를 제공해야 한다.

③ 벤처기업에 대한 투·융자 개선

벤처기업의 자금시장은 이미 공급자 시장이 아니라 수요자 시장으로 전화되었기 때문에 투자가치가 있는 벤처기업의 자금수요에 비해 과다한 투자자금 공급으로 인한 부작용이 우려되고 있다. 따라서 정부가 공공 벤처펀드를 통한 투자 확대를 지속해서는 안 된다. 벤처기업에 대한 자금배분은 벤처캐피털, 코스닥 등 자본시장에 맡기고 정부는 미래에 벤처기업들이 활용할 수 있는 생명공학 등 지식자산의 축적에 직접 투자해야 한다.

④ 벤처산업의 국제화

해외 인큐베이터 사업은 자국 내에서 지방정부, 학교, 벤처캐피털 등을 위주로 운영되고 있다. 이 사업의 성과를 실질적으로 얻기 위해서는 해외진출을 한국기업들이 궁극적으로 해외 현지의 네트워크를 직접 활용하는 것이 바람직하다. 한국기업의 해외진출 목적 달성을 위해 중요한 것은 한국기업들 간의 네트워크와 정보교류보다는 현지의 판매법인, 첨단기술기업, 벤처캐피털 및 투자자와의 네트워크 구축이다.

⑤ 인터넷 비즈니스 및 전자상거래의 촉진

인터넷 사용의 증가와 함께 급속하게 확산되고 있는 인터넷과 모바일, SNS 비즈니스는 경제전반에 커다란 변화를 야기시키고 있다. 인터넷을 활용한 전자상거래는 기업활동의 전 과정을 통해 비용절감을 가져와 인터넷 비즈니스 종사기업의 생산성을 크게 향상시키는 직접적인 요인이 될 것으로 기대되고 있다. 인터넷 비즈니스는 디지털 시대의 주역으로서 기존의 경제활동 패러다임을 전혀 다른 모습으로 변화시킬 수 있는 잠재력을 지니고 있다. 따라서 벤처기업의 활성화하는 방안의 하나로써 인터넷 기반 강화 노력과 함께 산업·무역분야 전자상거래 기반이 조속히 구축되어야 한다. 이를 위해 전자무역거래 포털 사이트 구축 및 중소기업 인터넷 무역지원 강화 등 사이버무역의 기반이 강화되어야 한다.

전자상거래 환경에 부합되도록 법과 제도가 정비되어야 한다. 그리고 전자상거래 확산으로 유발되는 부수적인 문제에 대한 대응방안도 수립되어야 한다. 즉, 인터넷으로 인한 기업 간 경쟁력 격차, 중간 유통업 및 수출입 전문업체의 퇴조 등 산업구조의 변화, 내국세와 관세 간의 비중변화 등에 대한 대응방안도 적절히 마련되어야 한다.

⑥ 벤처확인 제도의 유연성

벤처기업 인증에 신기술 인증방식 부활을 통한 벤처 활성화 정책의 확대.

⑦ 사물인터넷(IOT), 3D프린팅, 린 스타트업, Fin Tech 등 새로운 형태의 벤처기업 육성과 글로벌화에 적극적 지원 등이 활성화되어야 한다.

제2절 유통업 창업

1. 도소매 유통업

1) 유통의 개념

유통이란 재화와 서비스를 생산자로부터 소비자에게 이전시키는 중간 단계의 활동으로서 재화와 서비스를 판매하는 일이다. 유통의 중간 단계의 활동은 일반적으로 생산업자 ⇨ 도매상 ⇨ 소매상 ⇨ 소비자에 이르는 인적 거리, 장소적 거리, 시간적 거리 등을 좁히거나 제거하고 연결시키는 역할을 한다. 이러한 역할은 유통경로의 흐름 속에서 수요를 충족시키고 때로는 수요를 조절한다. 유통은 생산과 소비를 연결함으로써 소유 효용, 장소 효용, 시간 효용, 형태 효용 등의 부가가치를 창출한다.

국가경제적인 측면에서도 유통은 생산과 소비를 통합하고 연결하기 위한 상적 유통과 물적 유통 그리고 정보 유통의 기능을 한다. 도소매 유통은 국가경제에 큰 부분을 차지하는데, 국내총생산(GDP,2012년 기준)에서 도소매업이 차지하는 비중은 7.6%이며, 전 산업에서 차지하는 비율은 사업체수로서 약 26%, 종사자수로서 약 15%인 것이 그 중요성을 대변하고 있다. 그러나 지금까지 제조업의 성장과 소비수준의 향상이 이루어진 것에 비하면 유통산업은 그에 따른 발전을 못해 왔다. 아직도 유통산업은 구조적 취약성과 전근대성, 중소유통업체의 상권 위축, 물류체계의 낙후 등 많은 문제점과 과제를 안고 있다.

현대적인 의미에서 유통 기능은 상품의 생산(공급)과 소비(수요) 사이에서 경제적 불일치를 활용하여 이익을 도모하는 것이다. 물론 이러한 유통 기능 중에 가장 본질적인 기능은 교환 기능으로 구매와 판매라는 매매 기능을 통한 소유권의 이전기능이다.

유통의 기능을 아래와 같이 7가지로 분류할 수 있다.

① 이전적 상류(商流) 교환 기능 : 수집(구매), 분산(판매), 매매거래
② 장소와 시간적 물류(物流) 공급 기능 : 운송, 시간 및 계절적 보관 그리고 유통 조성적 기능
③ 양적 조정 기능 : 생산과 소비의 수량적 조정(수집·분산)
④ 품질적 통일 기능 : 등급화, 표준화 제공
⑤ 위험 부담 기능 : 물리적 위험, 경제적 위험의 부담
⑥ 시장 정보 기능 : 시장 조사·정보의 제공
⑦ 금융적 기능 : 생산자 및 소비자에 대한 금융 제공 및 지원

2) 도매유통

도매상은 제품을 구입하여 소매상 또는 다른 도매상, 산업재 생산자, 기관 사용자 등에게 재판매하는 개인이나 조직체를 의미하며, 최종 소비자와의 거래를 제외한 모든 거래를 포함한다. 도매 유통은 그 경로의 구조가 복잡하고 다양한 형태로 나타나며, 다른 이름도 중개상, 상인 배급자 등 다양하다. 제조업자 대리인, 판매대리상, 브로커, 위탁상인 등도 모두 도매상의 범주에 들기 때문에 도매상을 설명하는 데 한층 어려움이 있다.

표 11.14	도매유통의 기능	

생산자와의 기능	소매유통과의 기능
(1) 거래비용 부담을 통한 시장 기능	(1) 상품 공급의 기능
(2) 판매 대리인 기능	(2) 구색 맞춤의 기능
(3) 재고 유지의 기능	(3) 신용, 재고비용, 위험의 부담
(4) 고객 지원 또는 A/S 기능	(4) 소비자 지원 또는 A/S 기능
(5) 시장 정보의 제공	(5) 기술지원 및 정보, 조언의 제공

3) 소매유통

소매활동의 발생은 넓은 의미에서 가치 있는 특정한 물품이 처음으로 화폐 또는 다른 물품과 교환됐을 때부터이다. 전문적인 상업으로서 소매활동이 시작된 것은 오래전에 물품을 팔러 다니는 행상(보부상)이 처음 등장하고 최초의 시장이 형성되면서 시작되었다.

소매란 개인, 가정 또는 일반 소비대중에게 제품의 변형없이 재판매하는 경제활동을 말한다. 생산자가 공장에서 제품을 생산하면, 그 제품을 구매하려는 소비자와는 물리적으로 멀리 떨어져 있을 뿐만 아니라 시간, 소유, 형태에 대한 차이가 생기게 된다. 이로서 소매 유통은 소비자가 원하는 장소에서, 원하는 시간에, 원하는 형태의 제품을 소유할 수 있도록 하는 기능을 창출한다.

소매 상인은 다수의 소비자에게 낱개 또는 소량으로 상품을 판매한다. 따라서 일반 소비자를 판매 대상으로 하는 소매상은 아래와 같은 특성을 가진다.

첫째, 최종 소비자에게 상품을 판매한다.

둘째, 소량 판매를 위주로 한다.

셋째, 일정한 범위의 상권 내에서 주로 거래가 이루어진다.

넷째, 단위당 높은 가격으로 상품을 판매한다.

다섯째, 판매가격이 대체로 일정하다.

여섯째, 소매점 내의 점포구성을 중시한다.

소매상은 상품의 제조와 판매와 관련해 기본적 판매기능, 상품관리, 신용기능, 정보기능, 구매환경 제공 등과 같은 다양한 기능으로써 효용을 창출하며, 이러한 기능은 크게 생산자와 도매상을 위한 기능, 그리고 최종소비자를 위한 기능으로 구분할 수 있다.

표 11.15 소매상의 기능

	소비자에 대한 기능	제조업자.도매상에 대한 기능
판매기능	• 상품의 선택과 구매 • 적절한 상품 진열 • 상품의 분할과 소량화 • 구매 만족감과 효용 제공 • 배송서비스 • 수요에 대응하는 재고관리	• 상품 수요와 판매촉진 협력 • 매장관리와 머천다이징 조언 • 생산자의 상품개발 협력 • 품질보증, 상품 특성의 홍보 • 배송 활동의 협력 • 상품보관과 위험부담을 분담
상품 관리	• 상품의 구색 맞춤	• 유통활동 협력
신용 기능	• 할부판매 및 팩토링 공여	• 제조업자·도매상과 제휴하여 소비자 신용의 부분 수행
정보 기능	• 상품 품질과 특성의 조언 • 상품유행 및 생활정보 제공 • 소비자 요구의 창구	• 품질과 특성의 정보수립 • 상품유행 및 생활정보 수립 • 소비자 요구의 정보수립
구매환경 제공	• 구매 편의성과 접근성 제공 • 장소의 쾌적성, 오락성 제공	• 점포, 소매시장, 상점가 구성 • 사회문화 공간의 형성

4) 업종과 업태

유통업에 있어서 영업 형태를 세분하면 업종(types of business)과 업태(types of operation)로 나눌 수 있다.

업종이란 소매업에서 비즈니스의 타입 내지는 소매업의 종류라는 의미로 '무엇을 판매하고 있는가(Who to sell)'를 의미한다. 즉, 컴퓨터판매점, 가전판매점, 채소가게, 생선가게, 정육점, 의류점, 가구점, 완구점등 상품의 종류에 의한 분류 방법이다. 그래서 업종은 생산과 밀접한 관련을 맺고 있다.

반면에 업태는 상기에서 말한 바와 같이 "소매업의 형태"라는 의미로 '어떠한 방법으로 판매하나(How to sell)'를 의미한다. 즉, 백화점, 편의점, 전문점, 슈퍼마켓, 드럭스토어 등 상품의 종류보다는 소비자의 구매행동과 관련된 판매시스템과 밀접한 관계를 맺는다.

표 11.16 업종과 업태

구분	업종(types of business)	업태(types of operation)
의미	무엇을 판매하고 있는가(what to sell)	어떠한 방법으로 판매하나 (How to sell)
종류	컴퓨터 판매점, 가전판매점, 채소가게, 생선가게, 정육점, 의류점, 가구점, 완구점 등	백화점, 편의점, 전문점, 슈퍼마켓, 드러그스토어 등
관점	생산자적인 측면의 관점	소비자 구매행동과 관련된 판매시스템

(1) 업종점에서 업태점으로 진화

근대화된 소매업의 등장이 업태라는 용어의 출현을 가져오게 된 동기가 되었다. 근대화 이전에는 업태라는 용어가 중요하지 않았다. 업종점으로 소매업이 구성되었기 때문이다. 그러나 근대화되면서 체계화된 업태점이 등장하게 된다. 이를 통하여 업태의 전략이 중요성을 더해지고 있다. 소매업태는 소매환경에 크게 의존하기 때문에 그 환경이 어떠한 방향으로 흘러가느냐에 따라 계속적으로 소매 업태의 다양화는 이루어진다. 또한 소비자행동의 변화, 특히 소비자 구매행동의 변화에 의해서 소매 업태의 변화가 심화될 것이다.

결국, 시대의 변화에 따라 변화되고 계속 진화하는 유통업의 특징을 살펴볼 때, 새로운 업태의 등장과 더불어 살아남기 위한 기존업태의 진화는 계속될 수밖에 없을 것이다.

동일 업종에서도 대상 고객과 가격 설정이 다르면, 식료품점의 경우에 슈퍼마켓과 편의점이 있듯이 업태는 달라진다. 업태의 분화와 통합은 소비자 행태의 변화에 반응하여 이루어지고, 업종의 분화는 생산의 분화에 따라 영향을 받는다. 상품의 구성 범위에 따르는 업태의 분류를 아래 그림과 같이 나타낼 수 있다.

표 11.17 상품의 구성 범위와 업태

상품 구성의 깊이		
깊음	전문점	백화점 및 복합쇼핑몰
얕음	편의점	대형마트 및 쇼핑센터
	낮음	높음

상품 구성의 폭

① 대형마트

식품·가전 및 생활용품 등을 점원의 도움 없이 소비자에게 소매하는 점포의 집단.

② 전문점

의류·가전 또는 가정용품 등 특정 품목에 특화한 점포의 집단.

③ 백화점

다양한 상품을 구매할 수 있도록 현대적 판매시설과 소비자 편익시설이 설치된 점포로서 직영의 비율이 30% 이상인 점포의 집단.

④ 쇼핑센터

다수의 대규모 점포 또는 소매점포와 각종 편의시설이 일체적으로 설치된 점포로서 직영 또는 임대의 형태로 운영되는 점포의 집단.

⑤ 복합 쇼핑몰

쇼핑, 오락 및 업무기능 등이 한 곳에 집적되고, 문화·관광시설로서의 역할을 하며, 1개의 업체가 개발·관리 및 운영하는 점포의 집단.

⑥ 연쇄점(Chain Store)

점포 소매상의 경우도 여러가지 형태가 생겨나고 있는데, 전통적으로 구멍가게로 불리는 로드샵(road shop), 전문 소매점, 카테고리 킬러(전문할인점), 할인점(DS : Discount Store), 편의점, 슈퍼마켓, 슈퍼센터, 슈퍼 슈퍼마켓(SSM : Super Super Market), 상설할인매장, 버라이어티 스토어(VS : Variety Store), 창고형 도소매점, 아울렛(Outlet), 홈데포(HD : Home Depot), 재래시장, 드러그스토어, 카탈로그 쇼룸, 무점포 소매업 (통신, 방문, 자판기, 홈쇼핑, e-쇼핑) 등이 있다.

새로운 소매 업체인 할인점, 백화점, 편의점들이 그들의 영역을 확대해 감에 따라 전통적인 재래시장과 소형 점포의 상인들은 입지가 크게 작아지고 있다.

그리고 재래시장들은 현대식 상가로 리모델링하고 이벤트 및 할인 행사 등 여러 가지 변화를 시도하고 있지만 새로운 유통 채널의 지각변동을 막기에는 역부족인 경우가 대부분이다.

5) 유통업의 진화

(1) R-Tech

최근 유통업계의 큰 화두 중의 하나는 진보하는 기술을 어떻게 유통에 적용할지 여부이다. 이른바 유통(retail)과 기술(technology)의 만남, 즉 R테크(소비자 경험을 포함해 유통의 모든 단계에 필요한 다양한 모바일 및 위치기반 서비스, 온-오프라인 융합 시스템을 의미한다)가 향후 유통의 미래를 바꿀 것이다.

모바일이 소비자의 '신체의 일부'가 되면서 소비자가 정보를 얻고, 물건을 구매하고, 결제하는 모든 것이 달라지면서 생긴 변화다. '구매-재고관리-소비자경험 및 관리-결제- 배송'까지의 유통의 모든 단계에 누가 먼저 새로운 기술을 최적화하느냐가 중요한 화두가 된 것이다.

유통업체들은 이렇게 온-오프라인 융합의 R테크, Omni-channel 등 O2O전략을 앞세워 진화하는 소비자들에게 접근해야 한다.

표 11.18	온-오프라인 쇼핑 경험 설문조사

단위 : %

나는 오프라인 매장에서 물건을 살 때 스마트폰으로 가격 비교를 해본다.	나는 오프라인 매장에서는 제품을 체험해 보기만 하고 구매는 인터넷이나 모바일에서 한다.	나는 오프라인 매장과 인터넷 사이트(혹은 모바일앱)가 모두 있는 곳이 믿음이 간다.

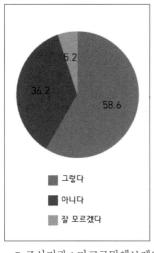 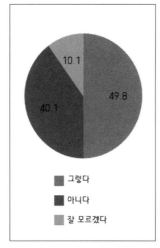 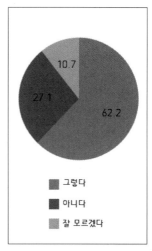

■ 조사기관 : 마크로밀엠브레인 ■ 조사대상 : 19~59세 1000명 ■ 조사기간 : 2014.09.04.~11

(2) 역직구 창업

수출에 의한 연간 취업인원 수가 1990년 360만 명에서 2012년 600만 명으로 늘었다(한국무역협회 산하 국제무역 연구원, 2012년 기준). 2013년 이후에는 직구(해외직접구매)와 역직구(해외소비자 대상 직접 판매)의 급격한 활성화로 관련 산업의 창업이 활발해지고 있다.

2000년대 초반 국내 온라인 쇼핑몰의 태동기를 이끌었던 '4050세대'가 역직구몰 창업에 뛰어들고 있다. 국내 최대 쇼핑몰 플랫폼 '심플렉스인터넷(카페24)'에 의뢰해 지난 2014년 쇼핑몰 창업자 9만 1643명을 전수 조사했다. 조사 결과 역직구몰 창업자 7857명 가운데 40대가 29.1%(2287명)로 20대(1261명·16.4%)보다 2배 가까이로 많았다. 같은 기간 국내 판매용 쇼핑몰 창업자 8만 3786명 중에서는 20대가 30.0%(2만 5140명)로 40대(1만5890명·18.9%)보다 많았다. 50대의 비중도 역직구몰에서

9.3%로 국내 쇼핑몰(6.1%)에 비해 높았다. 30대는 국내외 온라인 쇼핑몰 모두에서 가장 높은 연령 비중을 차지했다.

역직구몰 창업에서 40대 이상 장년층이 20대 창업자를 앞서는 이유는 ① 온라인 쇼핑몰 창업경험과 인맥이 있고, ② 국내 시장에서 안정적 기반을 마련했기 때문인 것으로 분석된다.

초기벤처세대의 복귀는 최근 창업시장에서 나타나는 트렌드로서 특히 부침이 심한 온라인 쇼핑몰에서 기존 운영경험을 바탕으로 무역업 창업을 하는 경우가 많다.

역직구몰 창업이 가장 많은 아이템은 의류(35.1%)이며 이어 화장품(11.5%), 생활가전·가구(6.6%), 패션잡화(5.8%)순이다.

그러나 우리나라의 수출은 대외환경의 영향이 절대적으로 크다. 전 세계 경기침체로 초과공급이 이루어져 각국 수출 가격 경쟁력을 높이려 자국통화가치를 평가 절하시키는 글로벌 환율전쟁으로 세계 시장의 교역량도 급감하고 주력시장인 중국의 성장도 둔화되고 있으며 특히 일본의 양적완화 조치에 따른 엔화의 급격한 평가절하로 일본과 경쟁하는 우리나라의 주요 품목의 국제 경쟁력이 크게 상실되고 있다.

수출시장에서 3년 연속 살아남는 기업은 3분의 1에 그쳤다. 산업연구원에 따르면 2009년 처음으로 수출을 시작한 기업 2만 2164개사 중 1년 뒤에도 수출을 지속하는 기업은 1만1269개사(50.8%), 2년 뒤는 9000개사(40.6%), 3년 뒤는 7813개사(35.3%)에 불과했다.

수출환경은 갈수록 어려워지고 있다. 중소기업연구원에 따르면 중국 정부의 가공무역 금지품목 수는 2010년 1800개에서 2014년 1871개로 늘었다. 국내 중소기업들은 원자재를 중국에 수출한 뒤 저임금 노동력을 이용해 중간제품을 만들어 한국으로 들여오고, 마무리 작업만 거쳐 '메이드 인 코리아'제품으로 재수출하는 사업을 많이 해왔다. 그러나 중국이 자국제조업을 육성하기 위해 가공무역 금지를 확산시키면서 사업모델에 변화가 불가피하게 되었다.

과거 고환율의 이득을 본 중소기업들이 엔저, 유로화 약세 등으로 대외경쟁력이 낮아진 시점으로 기술력과 생산력 향상이 불가피하며 고급 부품이나 소재를 개발해 중국 제조업체에 수출하거나, 브랜드의 힘을 갖춘 제품으로 중국 내수시장을 직접 공략하는 방향으로 사업전략을 수정해 나가야 한다.

표 11.19

역직구몰 창업 연령대 비중(단위 : %)

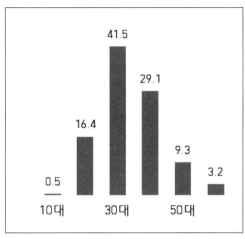

창업아이템 순위(단위 : %)
역직구몰

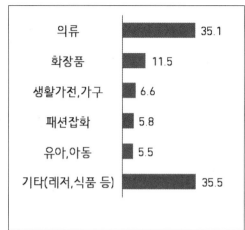

국내 쇼핑몰 창업 연령대 비중

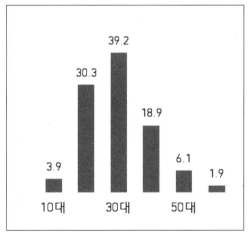

국내 쇼핑몰

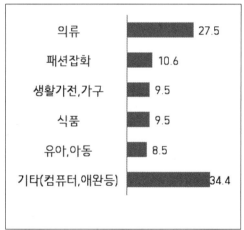

자료 : 심플렉스인터넷

표 11.20	신규 수출 기업의 생존 비율

2009년 처음 수출을 시작한 2만 2164개 기업 대상(단위 : %)

년도	비중	개
2009년	100%	22,164
2010년	50.8%	11,269
2011년	40.6%	9,000
2012년	35.3%	7,813

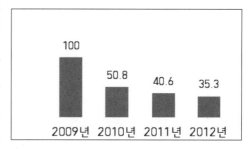

2. 유통업의 창업절차

유통기능은 계속 변화하며 발전한다. 어디에 새로운 수익모델이 있을까? 도소매 유통과 전자무역이 변화하는 새로운 흐름과 방식을 살펴보며 비즈니스의 기회를 찾고 자신의 경쟁력과 접목시킨다면 창업의 수익모델이 될 것이다.

도소매 유통업은 제조업 창업에 비해 그 절차가 상당히 간단하다. 소규모로 사업을 시작하기 때문에 법인설립 절차도 필요없는 경우가 많고 개업준비 절차도 제조업에 비해서 단순하지만 도소매 유통업의 경우에는 점포입지가 매우 중요하다. 점포가 어디에 입지하느냐에 따라서 사업 승패가 좌우되기 때문에 각별한 신경을 써야 한다.

도·소매 창업의 기본 절차는 크게 나누어 사업아이템 선정단계인 창업 예비절차와 점포입지 선정절차 및 개업 준비절차의 3단계로 나누어 볼 수 있다.

유통업의 창업 예비절차는 제조업과 마찬가지로 체계화되지 못하고 실현 가능성의 검증되지 않은 사업구상을 좀 더 구체화하여 사업의 골격을 세우는 단계이다.

1) 창업 예비절차

창업 예비절차에서 결정되어야 하거나 검토되어야 할 핵심요소는 크게 나누어 사업 핵심요소의 결정, 상권 및 시장분석, 사업계획서 작성 등이 있다.

첫째, 사업핵심요소의 결정요소는 업종의 선정, 사업유형 결정, 인·허가사항 등의 요소로 구성되며, 창업을 하는 과정에서 가장 우선되고 중요한 항목으로 창업자가 반드시 고려하고 확인해야 할 기본사항이며 철저한 시장조사가 요구된다.

둘째, 상권 및 시장분석은 어떤 업종을 막론하고 창업을 하고자 하는 업종에는 매우 중요한 일이다. 제품 수요계층, 유동인구, 교통 편리성, 경쟁관계 등에 대한 정확한 시장분석 후에 창업을 하는 것은 그만큼 창업의 성공률을 높일 수 있기 때문이다.

셋째, 사업계획서 작성은 창업의 목표, 창업아이템을 타인에게 타당성 있게 받아들여질 수 있도록 객관적 근거로 작성되어야 하며 수요조사와 점포입지에 대한 분석을 수행하고, 예상 매출액과 수익성도 합리적 객관적인 방법으로 추정할 수 있어야 한다.

또한 구체적인 자금조달계획과 소요자금 그리고 현재의 사업계획상 문제점과 향후 발생 가능한 문제점들을 분석하여 정상적으로 창업이 이루어 질 수 있는지를 정확히 명시해야 한다.

소상공인지원센터 및 기타 창업관련 사이트 등을 이용한 정보 수집을 바탕으로 체계적이고 객관적인 사업계획을 수립하는 것이 바람직하며, 이를 위해서는 업종과 시장현황, 고객만족도 등에 대한 사전조사가 절대적으로 필요하다.

2) 점포입지 선정절차

유통업의 기본적인 특성은 고객과 직접적으로 대면하여 판매한다는 것이므로 입지선정이 사업성공의 대부분을 점한다고 해도 과언이 아니다. 점포의 입지는 상권내에 소비 대상인구가 많고 장래에도 인구가 증가할 것이 예상되며 소득수준 및 소비성향이 높고 구매력이 왕성한 연령층의 거주자, 즉 계획업종 및 업태에 적합한 소비자가 다수 존재하는 곳을 선택하여야 한다.

또한 도로, 지하철, 버스 노선 등 교통체계를 비롯하여 다수의 소비자를 유인할 수 있는 시설이 주변에 존재하고 기존 상권이 형성되어 있는 곳이 경험이 적은 창업자에게는 유리하다. 소매업도 업종에 따라 차이가 있지만, 특히 도매업인 경우 유사업종 상권이 형성된 곳을 선정하는 것이 바람직하다.

(1) 입지선정시 고려할 사항

점포의 입지를 선정할 때는 계획하고 있는 입지와 창업할 업종 및 업태와의 적합성 여부를 먼저 확인하고 다음의 내용을 충분히 검토하여야 한다.

첫째, 점포 후보지의 환경에 대한 조사가 필요하다.

둘째, 점포 후보지의 장래성에 대한 조사가 필요하다.

셋째, 새로운 점포가 창업자 자신의 능력에 적합한가를 사전에 확인하여야 한다.

넷째, 점포규모의 적정성과 기존 점포들과의 경쟁요소를 면밀히 조사한다.

(2) 매장 입지 결정단계에서 확인할 사항

위에서 설명한 제반 고려사항을 검토한 결과 신규 점포 후보지가 확정되면 계약에 앞서 점포의 상태와 소유주의 의도를 파악하는 것이 중요하다.

점포를 완전히 매입해서 입주하는 경우는 창업자의 의사에 따라 입주 후의 개선이나 준비절차를 자유롭게 추진할 수 있으나, 전세 또는 월세로 임차하여 입주하는 경우는 점포소유자가 권리금 상쇄를 위한 일시적 임대인지 아니면 인근에 대형점포를 신축하기 위한 확장이전인지 등 의도를 확인하여야 한다.

(3) 매장 계약시의 조건 및 하자 확인

매장 입지에 대한 계약과정에서 창업자는 점포매매 또는 임차를 위한 조건과 하자의 내용을 확인하여야 한다. 해당 대지와 건물에 대한 법적 주인과 계약 체결자와의 관계. 근저당, 가등기 및 가압류 여부는 등기부등본을 발급받아 확인하고, 도시계획에 따른 용도는 도시계획확인원, 토지대장, 건축물대장을 발급받아 무허가 건물인지의 여부와 함께 도시계획상의 철거대상인지 여부를 확인하여야 한다.

창업자는 계약조건에 대해서도 철저히 확인하여야 한다. 즉, 임차보증금의 조건, 월세액, 각종 공과금 및 세금납부 유무 등이 계약서상 명시되어야 하며, 계약할 때 인수할 물품과 비품목록, 계약기간, 명도일, 계약기간 만료 후 재연장조건, 향후 사업성패에 따른 업종변경 시의 제약조건 여부, 월세금 지불방법, 연체시의 이자, 해약조건, 하자보수 등도 명시하여야 한다.

계약금, 중도금, 잔금, 중개료의 액수 및 지급일 그리고 권리금, 보증금 등을 일괄인수할 때에 권리승계 및 인증 유무를 명시하고 매도인, 매수인, 중개인의 이름, 주소, 연락처, 날인상태를 확인하여야 한다.

또 등기부상의 법률상 주인과 바르게 계약한 것인지 주민등록증을 서로 보여줌으로써 본인여부를 확인하는 것이 바람직하다.

3) 개업준비 절차

(1) 직원채용

유통업에서는 특히 종업원의 의식구조와 능력은 판매액에 직접적인 영향을 끼치므로 신뢰를 바탕으로 인간적인 유대관계가 형성, 유지되도록 해야 한다.

(2) 상품조달

상품을 거래처(또는 브랜드)에서 약정된 품질수준으로 적정가격에 안정적인 공급을 받으려면, 다수의 거래처를 물색하여 볼 필요가 있다. 이 중에 선택된 거래처가 있다면 거래하기 전에 문서화가 매우 필요하다. 계약사항에는 납품방법, 가격, 발주 후 입고까지의 시간, 하차 및 진열유무, 선수금, 하자 반품조건, 결제방법, 재고품의 반품방법, 유사상품을 취급할 때의 계약조건, 계약기간, 해약조건, 위약금 등을 계약서에 명시하여 책임소재를 명확히 하여야 한다. 또한 자금조달 범위 내에서 적정한 상품종류와 적정구매량을 발주한다.

(3) 매장구성(매장인테리어공사 및 내부 장식)

점포의 외관 디자인은 고객이 노력하지 않고도 쉽게 발견할 수 있게 구성하고, 충동구매가 필요한 업종의 점포는 고객이 외부에서 점포내의 분위기를 느낄 수 있도록 설계하며 고객흡인기능을 강화하여야 한다. 반면 목적구매가 필요한 업종인 점포는 목표고객만이 점포 내로 들어오도록 점포 성격을 알릴 수 있는 외관설계에 치중하여야 한다.

점포의 내부디자인은 고객의 구매욕구를 높이기 위해 점포내의 분위기를 상품의 특성에 맞추어야 한다. 또한 밝고 즐겁게, 상품을 보다 매력적으로 느낄 수 있도록 설계하며, 내부면적의 배분은 매장 및 후방시설(비매장) 면적의 비율과 매장면적을 상품구색별로 구분하여 가장 효율적인 비율로 구성하는 것에 신경써야 한다. 이를 위해서는 신중한 동선계획이 필요하다.

점포의 바깥 조명은 고객을 흡인하고 인도하며 영업시간외에도 점포의 존재를 기억시키는 역할을 할 수 있도록 하는게 매우 중요하다. 또한 점포 안의 조명은 고객으로하여금 상품에 시선을 끌게 하여 품질과 가격 검토에 도움을 주어 구매욕구를 불러일으키게 설계하는 등 상품을 돋보이게 하는 색채배합과 상품의 분위기에 알맞는 상점

색채를 선정하여 고객의 구매심리를 적극적으로 유발시키는 것이 중요하다.

(4) 상품 매입과 진열

초도상품의 매입은 매출계획에 따라 진행되어야 한다. 또한 고객을 만족시킬 수 있는 상품과 고객이 원하는 상품을 위주로 하는 상품구색과 재고수량을 감안하여 상품 매입을 결정하여야 한다.

첫째, 상품의 레이아웃(layout)시는 점포를 하나의 종합시스템으로 보고 모든 기능이 매끄럽게 연결되도록 배치하여야 한다. 특히 고객 동선과의 연계성을 중요시해야 한다.

둘째, 상품의 디스플레이(display)는 고객의 눈에 구매하고자 하는 상품이 가장 잘 보이도록 진열하는 것이 원칙이다. 따라서 상품진열의 구성요소인 상품(무엇을), 진열량과 수(얼마만큼), 진열면, 진열의 위치, 진열의 형태를 신중히 검토하여 선택하여야 한다.

셋째, 재고관리는 고객이 원하는 상품의 구색을 충분히 갖추고 적정 수준의 재고를 유지하기 위해서는 꼭 필요하다. 특히 기초재고, 상품구색재고, 신규재고를 적정선에서 유지하려면 매장과 창고에 있는 상품수량, 상품별 판매빈도, 주문해야 할 상품의 유형과 수량에 대한 정확한 데이터가 확보되어야 한다.

(5) 판촉 · 홍보전략

점포의 성공적인 창업을 위하여 개업을 전후하여 다음과 같이 광고, 홍보, 인적판매 등 판매 및 홍보활동을 추진하여야 할 필요가 있다.

첫째, 홍보활동은 비교적 손쉽고 비용이 저렴하고, 꾸준한 효과를 볼 수 있는 전단을 활용하는 것이 좋다.

둘째, 광고마케팅전략을 실행한다. 즉, 광고매체를 이용하고, 전화광고, 정리, 정돈, 청소, 청결, 종업원의 마음가짐(친절, 예절)의 영업전략, 스마일접객, 소문난 영업방식 등의 전략을 실행한다.

셋째, 소비자에 의한 구전광고(입소문)이 가장 중요하다.

넷째, 개업판촉과 지속적인 프리미엄 판촉활동이 매우 필요하다.

(6) 개업준비 최종검토(사업자 등록 신청)

개업 전 인·허가는 잘 되어 있는지, 개업 시 상품진열이나 시설 집기류는 제대로갖
춰져 있는지 등 여러 가지 준비사항에 대해 체크 리스트를 만들어서 최종적으로 체크
한다. 개점 전에 최종검토를 해도 체크사항에서 빠지기 쉽다.

마지막으로 사업자 등록 신청절차에서는 인·허가를 받아야 하는 업종은 해당 기관
에 필요한 서류를 제출하여 인·허가를 받아야 하고, 인·허가가 필요하지 않은 업종에
서는 사업개시일로부터 20일 이내에 사업자 등록을 하는 것으로 영업활동을 시작할
수 있다.

---

1) 이진주(1998), "벤처경영의 특성과 발전과제", 벤처경영연구, 창간호.

제 12장

업종별 창업 형태Ⅱ

업종별 창업 형태 Ⅱ

제1절 서비스업 창업

1. 서비스의 정의

서비스의 정의를 미국 마케팅협회는 판매를 위해서 제공된 혹은 제품의 판매와 관련된 활동, 편익, 만족이라 하였고, 힐(T.P.Hill)은 서비스는 관련 당사자의 합의 하에 혹은 그 재화를 소유한 경제단위의 합의 하에 인간이나 재화의 상태에 어떤 변화를 초래하는 것이라 했다. 그리고 그랜루스(C,Gronroos)는 고객과 서비스 종업원과의, 재화 간의, 서비스 제공자의 시스템 간의 상호작용에서 생기는 일련의 무형적 활동으로 정의했다.

서비스를 정확하게 정의내리기 위해서는 서비스 요소에 대한 지식이 필요한데 대체로 서비스에 대한 정의들이 서비스의 핵심 요소에 대한 언급이 적고, 제조업자나 판매업자의 입장에서 본 것이지 소비자 입장에서 본 것이 아니다. 따라서 서비스에 대한 정의는 서비스가 발생하는 과정에서 출발하는 바, 투입요소로서의 행위측면과 산출요소로서의 편익과 만족이 동시에 고려되어야 한다.

여기서 투입과 자원은 구별되어야 하는데 서비스에서 투입은 고객 자신이 되기 때문이다. 이를 종합해 보면, 서비스란 고객의 욕구충족을 목적으로 개인 또는 조직이 편익과 만족을 제공하는 노력과정이나 제3자의 장비, 시설, 물품, 지식, 기술, 아이디어 등의 자원을 통해 제공되는 무형의 행위나 활동수행으로 해석할 수 있다.

2. 서비스업의 이해와 현황

한 국가의 경제가 발전하면 산업 간의 소득격차와 소비의 고도화현상이 일어난다. 그 결과 산업구조와 고용구조에서 제조업의 비중은 점점 줄어들고 서비스산업은 상대적으로 빨리 성장하면서 서비스업 활성화는 일자리 창출의 원동력으로서 높은 비중을 차지해 가는 특징을 보인다.

이것을 좀 더 구체적으로 설명하면 재화와 서비스 중 서비스에 대한 수요가 증대되어 큰 비중을 차지하게 되고 산업구조면에서도 방송 · 통신, 금융, 물류, 교육, 보건 · 의료, 정보산업 등 서비스산업의 생산 및 고용 비중이 증대될 뿐 아니라 개인 소비구조면에서도 교육, 문화, 레저 등 서비스 지출이 높아지는 서비스의 경제화 현상이 진전하고 있는 추세를 의미하는 것이다.

따라서 장차 서비스 산업은 선진국이나 개발도상국을 막론하고 모든 국가에 있어 중요한 산업으로 진전되어 국내에서만 한정되지 않고 국제적으로 확대되어 서비스 무역을 활성화시킬 것이며 공업화를 추진하는 개도국에서도 상품수출을 지원할 서비스 산업이 필요할 것이다. 그리고 금융, 정보, 법률, 회계 등 전문 서비스와 컨설턴트, 엔지니어링 등 대사업자 서비스가 중요한 비중을 차지하게 될 것이며, 개방화 국제화의 진전으로 상품무역이 증대하고 그에 따라 동시에 서비스 무역도 크게 확대될 것이다.

아래에 서비스업의 중요성과 현황을 설명한 자료와 기고문을 게재하여 이해도를 높이고자 한다.

■ 서비스산업은 왜, 어떻게 키워야 하나요?

한국 경제의 재도약을 위해 서비스업을 활성화해야 하는 이유

2014년 4월 정부는 저성장 함정을 극복하고 한국 경제의 재도약을 위해 경제 혁신 3개년 계획을 발표했습니다. 경제혁신 핵심 세부과제 중 하나가 서비스업 활성화입니다. 정부는 보건 · 의료, 교육, 관광, 금융, 소프트웨어 등 5대 유망서비스업을 선정하고 해당 서비스업을 육성할 세부전략을 제시했습니다.

◇ 한국의 서비스업은 현재 어떤 상황인가요?

서비스업이란 눈에 보이지 않는 무형의 용역을 생산해 부가가치를 창출하는 산업을 말합니다. 한 국가의 경제가 성장할수록 1차 산업(농축산업)이나 2차 산업(제조업)보다 3차 산업인 서비스업 비중이 커지는 경향이 있습니다. 따라서 선진국일수록 제조업보다 서비스업 비중이 높습니다. 하지만 한국은 다른 선진국들보다 서비스업 비중이 낮은 편입니다. 한국은행 발표에 따르면 국내 산출액에서 제조업이 차지하는 비중은 2005년 45.2%에서 2010년 기준 49.0%로 증가했으나, 서비스업 비중은 42.3%에서 40.3%로 감소했습니다. 제조업 비중은 OECD 21개국 가운데 제일 높지만, 서비스업 비중은 OECD국가 중에서 최하위에 머물러 있습니다.

그런데 우리나라 근로자 중에서 자영업자 비중은 28.2%(2011년 기준)로 OECD국가의 평균인 16.1%(2010년 기준)보다 훨씬 높습니다. 즉, 서비스업에 종사하는 인력은 많지만 이들의 부가가치 창출 비중은 OECD국가 보다 훨씬 낮은 수준(OECD 평균 대비 82.8%)입니다. 이에 따라 고부가가치를 창출할 수 있는 유망 서비스업육성 필요성이 제기되고 있습니다.

◇ 서비스업이 성장하면 어떤 효과가 있나요?

무엇보다 제조업 의존을 낮출 수 있습니다. 글로벌 금융 위기 이후 저금리·저성장 기조가 이어지고 있어 예전 같은 제조업 기반의 고성장을 이루기는 어려운 상황입니다. 게다가 세계 경기가 더 나빠지기라도 한다면 한국경제는 큰 위기에 직면할 수 있습니다. 서비스업 성장은 이런 위기를 극복하는 완충 역할을 할 수 있습니다.

서비스업은 비용 대비 생산성이 높다는 점에서도 매력적입니다. 서비스업은 제조업과 달리 공장 시설 등 대규모 무형자산이 필요하지 않습니다. 실제 서비스업은 비용 대부분을 인건비, 임대료 등이 차지합니다. 동시에 서비스업은 무형의 연구·개발(R&D)과 기술 혁신을 바탕으로 무한한 수요를 창출할 수 있어 사업 성공 시 기대 수익률이 매우 높습니다. 수요 기반이 글로벌 시장인 것도 높은 기대 수익을 가능하게 합니다. 한류를 대표하는 미디어 콘테츠 산업과 게임·소프트웨어 사업이 대표적인 예입니다.

아울러 서비스업은 일자리 창출 효과가 뛰어납니다. 최근 통계에 따르면, 10억 원당 서비스업의 취업 유발 효과(15.8명)는 제조업(8.7명)의 약 두 배에 이릅니다. 산출액 10억 원을 생산을 위해 투입된 취업자 수를 뜻하는 취업 계수 역시 서비스업의 12.0명으로 제조업(2.4명)의 5배나 됩니다. 가수 "싸이"를 예로 들어볼까요? '강남스타일'의 성공으로 음반 제작 회사는 공연, 캐릭터, 모바일 콘텐츠뿐 아니라 관광에 이르기까지 연관 산업에 수많은 일자리를 창출했습니다.

◇ **서비스업 활성화를 위해 논의되는 방안은 무엇인가요?**

서비스업 활성화를 위해서 무엇보다 규제완화가 최우선 과제로 논의되고 있습니다. '학교 주변 호텔 건립 금지'처럼 서비스업 성장의 발목을 잡고 있는 각종 규제를 과감히 풀어야 창업과 투자가 활발하게 이뤄질 수 있습니다.

다음으로는 분야 간 융합이 필요합니다. IT와 금융의 융합을 통한 금융 보안 인프라 확충, 의료와 관광이 융합한 호텔식 병원 등이 서비스업 간 융합의 예입니다. 서비스업은 제조 업과도 융합이 가능합니다. 최근 정부가 발표한 울산·여수의 동북아 오일 허브는 석유 제품 저장 시설의 하드웨어와 트레이딩, 석유 거래소 등 서비스업 기반의 소프트웨어를 융합한 사례입니다.

마지막으로 서비스업 활성화를 위해서는 유망 서비스업 분야의 인재를 육성하는 전략이 필요합니다. 인재 육성 없이는 서비스업의 지속 성장은 불가능하기 때문이죠. 인재 육성을 통해 첨단 기술을 축적하고, 축적된 기술을 바탕으로 성공적인 서비스업 모델을 만들어 다시 신규 고용을 창출하는 선순환효과를 누릴 수 있습니다.

(조선일보 2014.04.10. 이효섭 자본시장연구원 연구위원)

■ 서비스산업과 ICT 융합이 우리의 희망

중국 최대 전자상거래 업체 알리바바가 미국 증시 상장(IPO)에 대성공을 거뒀다. 시가총 액(2314억달러)으로도 세계 4대 정보기술(IT)기업으로 등극했다.

이제 알리바바뿐 아니라 서비스산업(경제 금융 유통 무역 등)에 정보통신기술(ICT)이 녹아 있는 서비스 융합 기술은 소비 경제에도 큰 영향을 미치고 세계경제에서도 큰 흐름을 형성하는 시대가 도래했다.

금융을 뜻하는 파이낸셜(Financial)과 기술(technique)의 합성어로 모바일 결제 및 송금, 개인 자산 관리, 크라우딩 펀딩 등을 총칭하는 핀테크(Fin Tech)가 뜨고 있다. '금융·IT 융합형 산업'이다.

그 중심에는 이메일, 전자상거래, 카메라, 동영상 등 모든 ICT기능의 총화인 스마트폰이 있다. 스마트폰은 '생활에 편리한 도구'가 아니라 사용자의 욕망(UD·User Desire)을 충족시키는 '생존에 필요한 반려자'가 돼야 한다.

앞으로는 '직업이 없어도 스마트폰만 있으면 먹고살 수 있고, 학비도 벌 수 있는 시대'가 올 것이다. 그래서 우리 청년들이 일용직 아르바이트에 의존하는 이른바 '88만 원 세대'를 벗어나게 될 것이다.

중국 샤오미가 팬클럽의 도움으로 중국에서 스마트폰 1위로 단숨에 올라섰지만 샤오미가 의존하는 델(DELL) 방식의 사전주문 방식도 이제는 올드 모델이 될 것이다. 그만큼 IT 생태계는 광속으로 변화하고 있다. 또 프리미엄 스마트폰으로 샤오미보다 훨씬 부담이 적은 작은 구매 생태계가 곧 창조될 것이다.

더욱이 프리미엄 스마트폰의 차세대 버전과 시스템반도체 모바일 애플리케이션프로세서 (AP)의 핵심 로직이 준비되고 있다. 최첨단기술로 빚어진 자동차의 판매 방식만 봐도 아직까지 구태의연한 백화점 상품 나열 방식이다.

중국 유커와 일본 관광객을 ICT 한류 모바일 서비스만으로 한국을 다시 찾아오게끔 감동의 경지를 만들어내는 문제, ICT 사각지대인 로펌 등 전통 기업의 개인 고객 확보와 운영 자금 조달 문제, 디지털신문 구독자의 획기적인 증대, 문제 해소 등을 위해 서비스 융합 기술이 혁신적 솔루션을 만들어 내야 한다.

그러나 이 모든 변화를 주도해야 할 정부는 여전히 경직된 정책 프레임에 갇혀 있다. 경제 관료들이 창조경제의 비전을 갖고 능동적으로 움직여 줘야 한다.

대한민국은 자타가 공인하는 무역대국이며 IT강국인데도 글로벌급 전자상거래 솔루션 하나 만들어내지 못했다.

이제 대한민국은 내수와 무역을 하나의 시장, 하나의 네트워크로 엮어내기 위해 전자상거래 혁명과 유통 혁명, 소비자 혁명이 동시에 진행되는 시대를 열어나가야 한다. 15년간 상상력의 고뇌를 숙성시킨 대한민국만의 '신의 한 수'를 던져야 한다. 서비스산업과 ICT산업을 융합한 기술은 투자를 최소화하면서도 엄청난 부가가치를 창출할 수 있다는 점에 다시한번 주목하자.

미래 대한민국의 신성장동력을 찾기 위해 기업과 정부, 국민이 모두 고민하고 있다. 대한민국의 저력을 제대로 발휘할 수 있는 서비스융합기술에서 희망을 길어 올리려 한다.

(이원일, 2014년 서비스 융합 포럼 공동대표 기고문)

3. 서비스의 특성

제품은 순수제품, 제품과 서비스의 결합제품, 순수서비스의 연속체로서 구성되는데 이 연속체 내에서 제품과 서비스를 구분짓는 특성은 유형성(tangibility), 부패성 (perishability), 표준화(standardization) 제품생산과 유통에서 구매자의 참여(buyer participation)가 된다. 이들 네 가지 기준으로 볼 때 서비스는 다음과 같은 특징을 지니고 있다.

서비스는 무형의 활동에 의하여 효용 가치가 이루어진다. 제조업에서는 구체적 형태가 있는 유형의 상품 자체가 고객의 욕구를 충족시켜주는 반면에 서비스는 주로 서비스의 주체인 인간의 활동으로 고객 욕구를 충족시킨다는 점이 다르다.

1) 무형성(intangibility)

서비스는 그것이 무형적이어서 만질 수 없으며 정신적으로도 파악하기가 힘들다는 점이다. 이것은 구매하기 전에는 감지할 수가 없고 서비스가 산출되어 그 효과가 한동안 지속되더라도 서비스 산출은 무형적이다. 따라서 서비스의 차별화가 힘들고 서비스의 광고에서도 서비스자체를 강조하지 못하고 서비스의 사용결과로 얻게 되는 편익을 강조하게 된다. 또한 서비스는 소비자가 구매하기 전에는 객관적 평가가 곤란하므로 소비자는 자주 높은 위험인식을 경험하게 되고, 이를 줄이기 위해 서비스 구매에 대한 보다 적극적인 정보탐색을 하게 된다. 그러나 서비스는 무형성 때문에 특허권이 없어 모방이 쉬운 관계로 새로운 서비스 라이프사이클이 짧다.

2) 소멸성(perishability)

서비스의 소멸성은 무형성과 밀접한 관련이 있다. 고객의 욕구충족 그 자체가 무형이기 때문에 제품과 달리 저장이 불가능하고 시간이 지나면 창출과 동시에 소멸하는 순간적 가치를 갖는다. 이러한 이유로 서비스는 물적 유통기능이 없어지고 유통경로도 거의 없거나 매우 짧기 때문에, 서비스는 제품처럼 성수기나 비성수기에 발생하는 수요변동을 완충시킬 축적과 재판매가 불가능하다는 점에서 상품과 구별된다.

따라서 보통 1회의 사용으로 소비되고 동시에 사라지는 소멸성의 문제점을 해결하기 위해서는 서비스의 수요 및 공급의 균형을 이루는 전략이 필요하다. 그래서 서비스의 성과는 종사자의 능력에 의한 활동에 매우 크게 의존하는 것이 대부분이다.

3) 동시성(inseparability : 불가분성)

서비스는 생산과 소비가 동시에 이루어진다. 제품에서는 생산된 제품을 소비자가 구매하여 소비하지만 서비스는 구매 혹은 계약체결을 한 다음 생산과 소비가 동시에 일어난다. 이런 동시성(inseparability)은 생산자와 판매자가 동일체임을 의미하고 대부분의 경우 직접 경로만을 가능케 만든다.

이와 같이 개인적인 친교관계가 영업에서 중요한 요소가 된다. 이런 특성 때문에 서비스가 어떻게 제공되느냐가 중요한데 서비스 창출 현장의 생산 참여자로서 고객에 대한 서비스의 질적인 관리와 확신을 줄 수 있는 행동이 고객의 구매의사 결정에 큰 영향을 미친다.

4) 이질성(heterogeneity)

서비스의 이질성(heterogeneity)은 서비스를 수행하는 조직이나 개인 간의 업무수행 능력과 상태에 따라 서비스의 산출이 다양하다는 것을 의미한다. 이것은 세 가지 경우로 발생된다.

첫째, 서비스 조직간에도 서비스 수행의 질이 차이가 난다는 것이다.

둘째, 동일 서비스 조직이라 할지라도 서비스는 서비스 수행자에 따라 달라진다.

셋째, 동일 서비스 수행자라 해도 성격, 능력, 솜씨, 훈련정도에 따라 상이한 서비스의 질을 산출할 것이다. 연예인이나 운동선수의 경우 관중의 반응이나 자기 몸의 컨디션에 따라 다른 결과를 낳게 된다.

따라서 이질성을 극복하기 위해서는 질적이고 표준화된 서비스를 일관되게 제공해야 하는데, 그 방법으로는 우선 우수한 종사원을 채용하여 체계적이고 지속적인 교육훈련을 시켜야 하고, 두 번째는 종사원들의 업무분석을 통한 서비스의 표준화작업이 중요하다. 마지막으로는 미스테리 쇼퍼(Mystery shopper)를 활용한 고객 불만족 조사와 개선 조치가 필요하다.

4. 서비스업의 전략

서비스업의 경쟁 환경은 제조업의 경제환경과는 많이 다르다. 서비스업에 대한 외부 환경에 대한 이해는 서비스업의 경쟁을 위한 기본적 전략을 세우는데 도움이 될 것이다.

1) 서비스업의 상대적 차이

서비스업의 경쟁 환경의 특성을 제조업과 비교하여 상대적인 차이를 살펴본다.

① 진입장벽이 낮다.

② 규모의 경제가 어렵다.

③ 수요의 변동이 심하다.

④ 종업원 만족이 고객만족이다.

2) 서비스의 전략

서비스업은 특히 고객의 감성적 그리고 심리적 욕구(need)를 충족시키고 고객만족을 통해 고객충성심을 이끌어내야 하므로 고객 중심(customer-based)의 사고로부터 서비스 전략의 해답을 찾아야 한다.

따라서 서비스의 기본 전략은 아래와 같은 핵심적인 3가지 질문에서 출발한다.

① 우리의 고객은 누구인가?

　서비스해야 할 목표고객(target customer)을 선택한다.

② 그 고객의 요구는 어떠한 서비스인가?

　고객가치의 체험이 가능한 서비스 패키지의 제공을 결정한다.

③ 그러한 서비스를 어떻게 개발하고 제공할 것인가?

　제공할 서비스의 원칙(principles)과 전달시스템을 결정한다.

　이와 함께 서비스 전략은 아래의 실질적 의미를 갖추어야 한다.

　ⅰ) 사업의 의도와 방향을 담는다.

　ⅱ) 고객 관점에서 가치 있는 서비스이다.

　ⅲ) 실제적으로 제공 가능한 서비스이다.

　ⅳ) 경쟁자와 차별화 된다.

3) 서비스업의 핵심 성공 요인

산업분야별로 해당 산업에 성공을 좌우하는 동인(動因,drivers)을 발견하여 핵심적인 성공요인으로 규정하고 이를 관리하는 것이 성과를 이루는데 도움이 될 것이다. 산업 구조상 산업유형이 다르므로 산업별 관리의 초점인 핵심성공요인(KFS : Key Factors for Success)이 각각 다르다.

산업별 핵심성공요인(KFS)은 아래에서 보듯이 특히 대표산업인 제품산업에 있어서는 설계 및 개발 기술력, 판매 및 유통 능력이고, 서비스산업에 있어서는 인재를 통한 질적 품질과 적절한 대응이라고 할 수 있다.

표 12.1 산업분야별 핵심성공요인

분야	핵심성공요인의 내용
소 재	• 값싼 원료의 확보 • 설비와 양의 확대
부품과 기계	• 우량고객의 확보 • 생산 및 가공 기술에 의한 품질 차별화
제 품	• 설계 및 개발 기술력 • 판매 및 유통 능력
시스템	• 시스템 설계력 • 고객 니즈의 대응과 절충력
서비스	• 질적 품질 • 적절한 대응

5. 서비스업 창업 절차

서비스업은 제조업, 유통업에 비해 창업절차가 더욱 간단한 편인데, 크게 개인 서비스업과 사업 서비스업으로 나누어진다. 개인 서비스업이라 하면 일반 개인을 그 고객으로 하여 각종 서비스용품을 제공하는 것을 말하며, 부동산관련 서비스업, 여행 알선업, 수리업, 음식점업 등이 여기에 해당한다.

반면 사업 서비스업은 주로 사업체를 주 고객대상으로 하여 각종 서비스 용역을 제공하는 사업을 말하며, 전기통신업, 보관 및 창고업, 정보처리 및 기타 컴퓨터 운용 관련업, 교육 서비스업 등이 여기에 해당된다. 이들 서비스업 중 규모 면에서는 개인 서비스업보다 사업 서비스업이 더 크며, 업무 자체도 전문적이고 복잡하다. 사업 서비스업은 법인 형태로 설립되는 경우가 많은데 제조업에서와 똑같이 법인설립 절차가 필요하며, 고객 왕래가 쉬운 곳 등 사무실 입지조건도 중요하다.

서비스업 창업의 기본절차는 크게 나누어 창업 예비절차, 회사 설립절차, 사무실입지 선성절차, 개업 준비절차의 4단계로 나누어 볼 수 있다.

1) 창업 예비절차

창업 예비절차는 구상하고 있는 사업을 좀 더 구체화시키고 실현가능할 수 있도록 체계화시키는 단계를 말한다. 따라서 사업구상은 좀 더 체계화되고 객관화되어야 사업 성공가능성이 인정되고, 이들 내용이 구체적으로 사업계획서 작성에 이르는 모든 과정을 총칭하는 의미로 받아들일 수 있는 것이다. 이런 관점에서 창업 예비절차에서 결정되어야 하거나 검토되어야 할 핵심요소는 제조업과 마찬가지로 크게 나누어 사업구상에 대한 사업 핵심요소의 결정, 사업타당성 분석, 사업계획서 작성이라 할 수 있다.

먼저 사업 핵심요소의 결정이란 사업을 시작함에 있어서 미리 결정하여야 할 사업의 중요한 요소를 말한다. 이들 요소에는 업종 및 사업아이템 선정 사업, 규모 결정, 기업형태 결정, 창업 핵심 멤버와 경영조직의 구성요소의 결정문제 등이 있다.

둘째, 사업타당성 분석은 사업 성공가능성을 분석하기 위한 절차로서 몇 개의 아이템을 대상으로 면밀한 분석을 실시해야 한다. 사업타당성 분석결과에 따라 창업을 결정하는 경우가 대부분이므로 이에 대한 철저한 준비 및 조사가 이루어져야 한다. 분석된 사업타당성을 바탕으로 최종적인 창업 아이템을 선정하고, 선정 이후 전문가의 자문을 한 번 더 받는 것이 바람직하다. 사업 성공가능성을 분석하기 위한 절차로써 주로 창업자의 경영능력 제품의 기술성, 시장성 및 판매전망, 수익성 등이 분석된다.

사업타당성 분석내용을 기초로 해서 작성되는 사업계획서는 사업 성공가능성이 인정된 후 성공 가능한 사업내용을 좀 더 체계화하는데 목적이 있다. 사업계획을 체계화하기 위해서는 일정한 양식에 사업계획 내용을 알기 쉽게 표현할 필요가 있으며, 이렇게 작성된 사업계획서는 주주, 금융기관, 동업자, 거래처 등 이해관계인에게 제출하거나 브리핑하는 자료로 활용된다.

사업 계획은 창업자 자신의 머리속에 있는 내용에 의존하여서는 창업자 이외에 제3자를 설득하기에는 부족하다. 창업자의 구상을 좀 더 체계화하고 객관적으로 가시화하기 위해서는 반드시 사업계획서를 작성하여야 한다.

2) 회사 설립절차

회사설립은 창업을 구체화하기 위한 제1단계 과정이다. 창업예비 절차가 사업 예비단계라 한다면 회사설립단계는 법률적으로 정당하게 회사가 설립되는 과정이다. 따라서 회사설립절차에서 수행하여야 할 핵심요소에는 창업예정 업종에 대한 정부의 각종 인·허가 내지는 사업신고를 하여야 한다. 창업자가 선택한 업종이 인·허가 대상인지, 신고만 하면 되는 업종인지 아니면 별도의 인·허가 절차를 완료한 후 사업을 개시하여야 한다.

또한 창업 예비절차에서 기업형태가 법인(주식회사)으로 설립하는 경우에는 자본규모의 결정, 주주구성 등을 결정한 후, 상법 등에서 규정하는 절차에 따라서 법원에 법인설립 등기를 한다.

법인설립 등기 후 발급되는 법인 등기부 등본 등을 첨부하여 관할 세무서에 법인신고와 사업자등록 신청을 함으로써 일단 법적으로는 회사가 성립하는 것이다. 그리고 개인기업 설립 시에는 사업 인·허가와 사업자등록만으로 사업수행을 위한 법적 절차를 수행할 수 있게 되는 것이다.

사업 인·허가는 도·소매업에서와 마찬가지로 창업하려는 업종이 인·허가가 필요한지를 확인하여, 만일 인·허가를 필요로 하는 업종인 경우, 소정의 절차를 거쳐 인·허가를 받아야 한다. 인·허가가 필요치 않은 업종의 경우에는 사업자 등록을 함으로써 영업활동을 시작할 수 있다.

3) 사무실·점포 입지 선정 절차

사무실·점포 입지선정 시에는 후보상권에 대한 철저한 시장조사와 입지 타당성 조사를 통해 입지 결정을 하여야 한다. 입지를 선정할 때 고려해야 할 사항은 먼저 사무실의 입지가 창업할 업종 및 업태와 적합해야 하고 고객들의 접근이 용이해야 한다.

일반적으로 서비스 업종은 접근의 편의성이 사업의 성패를 좌우하는 중요한 요소가 되기 때문에, 창고를 필요로 하는 업종의 경우 창고와 가까운 곳이어야 한다. 이는 물류비에도 많은 영향을 준다.

다음은 경쟁관계를 파악하여 유사한 업체가 밀집한 곳, 혹은 경쟁업체가 없는 곳을 선택하되 선정한 입지가 자신의 능력에 맞는지를 검토한다.

4) 개업 준비절차

창업을 마무리하는 단계로 골격이 갖추어진 회사를 어떻게 운영할지 계획하는 단계이다.

우선적으로 인력을 구성하고 조직하며, 필요한 사항은 분야별 업무의 규정 및 필요인원을 채용한다.

직원에 대한 교육훈련과 사업을 영위하는데 필요한 마케팅과 사업 운영의 방향성을 제시하는 사업전략을 수립한다.

사업전략의 수립은 가격을 대체할 수 있는 차별성 유지, 경쟁업체와 비교되는 우월한 서비스 수준, 비용의 절감과 수익성의 향상을 위한 높은 서비스 생산성 유지 등을 포함한다.

제2절 e-Business 창업

1. e-Business

1) e-Business 특성 및 유형

(1) e-Business에 대한 정의

일반적으로 인터넷이 보급되기 이전부터 추진되어 온 1) 전자문서교환(EDI), 2) 제품의 설계 및 개발로부터 생산에서의 물류, 폐기에 이르기까지의 전반에 걸친 데이터를 복수기업이 공유하고 교환함으로써 원가절감, 제품개발 및 리드타임(lead time) 단축을 꾀하는 CALS(Commerce At Light Speed), 3) 인터넷을 기반으로 일반소비자를 대상으로 마케팅과 판매활동을 수행하는 소위 사이버 비즈니스(Cyber Business)라는 3가지 개념으로 분류하며 IT기술의 발달과 보급에 따라 세분화할 수 있다.

e-Business의 가장 대표적인 사업방식인 인터넷 쇼핑몰의 경우 소자본 창업자들에게 적합한 사업자 유형이라고 할 수 있다.

인터넷 쇼핑몰은 상대적으로 기존의 사업방식과 달리 다음과 같은 특징이 있다.

① 인터넷을 활용하기 때문에 다른 어떠한 방법보다 사용하기 편리하고, 1년 365일 하루 24시간 활용이 가능하다.

② 상대적으로 적은 창업자금 및 자본금을 가지고 사업할 수 있다.

③ 사업을 하는 데 있어 시간적·공간적 제약이 없다.

④ 일정지역의 소비자만이 아니라 전 세계 네티즌을 소비자로 삼을 수 있다.

⑤ 유통비용과 건물 임대료 등의 운영비도 크게 줄일 수 있다.

⑥ 사업을 영위하는데 있어 마케팅 측면에 다음과 같은 이익이 많다.

　ⅰ) 비용 : 웹을 이용한 광고는 TV나 대중매체를 이용하는 것보다 저렴하다.

　ⅱ) 실행 : 교통과 날씨에 상관없이 하루 24시간, 1년 365일 이용 가능하다.

　ⅲ) 자유 : 고객은 정보의 위치만 알면 얼마든지 많은 정보를 값싸게 얻을 수 있다. 그리고 정보가 어디에 있는지를 알려주는 검색엔진이 있기 때문에 항상 원하는 정보를 찾아낼 수 있다.

　ⅳ) 상품 : 인터넷을 통해 가장 최근 잘 팔린 물건은 꽃, 책, CD, 티켓, 케이크와 음식물, 가전제품, 장난감 등이 있고 소비자는 주인을 의식하지 않는 상태에서 상품을 충분히 파악 할 수 있다. 더구나 Web은 소리(Sound), 이미지(Dynamic Image), 응답(Interactive Response)이 가능하므로 소비자에게 실제 상점보다 더욱 생생한 전달이 가능하다.

이러한 e-Business의 대표적 유형은 B to B(Business to Business), B to C(Business to Customer), B to G(Business to Government), C to G(Customer to Government), C to C(Customer to Customer)로써 다음과 같이 구분할 수 있다.

(2) e-Business 유형

① 기업과 기업간 전자상거래(Business to Business : B to B, B2B)

기업간 전자상거래는 EDI를 활용하면서부터 도입되기 시작해 기업과 소비자간 전자상거래에 비해 시장이 크고 형태가 다양하며 역사가 깊지만, 정보 활용에 대한 사업체의 인식부족, 인프라 구축의 부족 등의 이유로 선진국에 비하여 매우 낮은 활성화 정도를 보여 왔다. 인터넷과 웹의 보급이 확산됨에 따라 급속도로 B2B 전자상거래가 발전하였고 향후 더욱 활성화될 전망이다.

기업 간 전자상거래도 인터넷을 수용하기 시작함에 따라 새로운 전자상거래 유형이 대두되고 있는데, 이런 비즈니스 유형은 기존의 폐쇄적인 네트워크에 의하지 않고 불특정 다수기업이 참여 가능한 개방적 전자시장의 형태로 발전하고 있다. B2B는 거래주체에 의한 비즈니스 모델 중 거래 규모가 가장 크다.

② 기업과 개인 간 전자상거래(Business to Customer : B to C, B2C)

B2C는 기업과 소비자 간에 컴퓨터 네트워크를 통하여 거래하는 행위를 말한다. 기업 소비자간 전자상거래는 주로 전자소매(Electronic Retailing)에 해당하는 것이며, 인터넷의 출현에 따라 급속도로 성장하였다. 이 유형의 전자상거래는 인터넷을 통하여 케익·와인에서부터 컴퓨터·자동차에 이르기까지 소비자 제품을 각종 방법으로 공급하는 가상 쇼핑몰(Cyber shopping Mall)을 중심으로 하여 이루어진다. 우리에게 익숙한 미국의 아마존(www.amazon.com)이나 국내의 인터파크(www.interpark.com) 등이 이와 같은 B2C 형태의 기업들이다.

표 12.2　B2B와 B2C의 비교

구분	B2B	B2C
주　체	원자재, 생산업체, 제조업체, 물류센터, 소매업체 등	고객과 소매업체
적용업무	원자재 생산, 제품의 기획 및 설계, 생산 및 물류	제품, 서비스 및 정보의 광고중개, 판매, 배달 등 제반 상거래
적용범위	기업, 업종 및 산업군	시장(불특정 다수의 수요자 및 공급자)
핵심기술	정보의 공유, 시스템 간 연계 및 통합 기술	인터넷 기반의 응용기술
구현형태	SCM, e−Marketplace, 전자입찰 등	전자상점, 1 : 1마케팅 등

③ 소비자와 기업 간의 전자상거래(Customer to Business : C to B, C2B)

기존 B2C 거래는 기업이 거래 주체가 되는 반면, C2B거래는 소비자가 거래의 주체가 되는 것이 다르다. 소비자 중심의 전자상거래를 의미하는 것으로 공동 구매, 역경매 등이 여기에 속한다. 소비자가 기업에게 원하는 상품의 가격과 조건을 제시하는 거래 방식으로 최근 들어 많은 각광을 받고 있다. 고객 유치 경쟁이 치열해짐에 따라 최근 대부분의 쇼핑몰에서도 C2B거래를 도입하고 있다.

④ 기업과 정부 간 전자상거래(Government to Business : G to B, G2B)

기업과 정부조직 간의 모든 거래를 포함하는 것으로 아직 초기단계이나, 정부활동에서 경쟁력 강화 등을 위해 전자상거래를 이용한다면 급속히 성장할 수 있는 부문이다. 기업과 정부 간 전자상거래 분야에 있어서 가장 중요한 분야는 정부의 조달업무에 관한 분야이다. 세계 각국의 조달업무는 매우 큰 규모이며, 이로 인해 비용절감의 효과를 가져 올 수 있어서 정부의 조달업무를 전자상거래 체제로 전환하는 것은 전 세계 모든 국가들의 당면과제로 부각되고 있다.

⑤ 개인과 정부 간 전자상거래(Customer to Government : C to G, C2G)

개인과 정부(행정기관)와의 거래로 현재까지 거래가 크게 활성화되지 않고 있으나, 정부는 생활보호지원금(Walfare Payment), 자진신고 세금환불(Self-assessed Tax returns) 등을 전자적으로 수행하고 있다. 또한 국내에서는 2000년 7월부터 세금 및 공공요금을 인터넷상에서 납부 가능하게 함으로써 이 방식의 전자상거래도 크게 활성화될 전망이다.

⑥ 개인과 개인 간 전자상거래(Customer to Customer : C to C, C2C)

C2C는 소비자 간에 1대1 거래가 이루어지는 것을 말하며, 이 경우 소비자는 상품의 구매 및 소비의 주체인 동시에 공급의 주체가 된다. 개인과 개인 간의 전자상거래가 활성화되어 있는 분야로는 인터넷 경매분야, 생활정보지, 개인 홈페이지 활용 등이 있다. 개인간 전자상거래의 가장 큰 특징은 실수요자 간에 편리하고 싸게 구입할 수 있다는 것이다.

⑦ 기업과 임직원간 거래(Business to Employee : B to E, B2E)

기업들이 임직원에게 선물하거나 여행 알선 등의 복지 혜택을 주기 위해 개설하는 전용 쇼핑몰로, '임직원 복지몰' '사이버 복지매장' 등으로도 불린다. 기업은 근로자의 날, 창립기념일 등에 임직원에게 이 몰에서 현금처럼 쓸 수 있는 포인트를 지급하는 방식으로 활용한다.

⑧ 개인과 개인 간의 전자상거래(Peer to Peer : P to P, P2P)

이는 기존의 server to client와 상반되는 개념으로 개인 대 개인이라는 뜻의 네트워크 용어에서 비롯되었다. 즉 개인 PC와 PC간에 이루어지는 전자상거래를 의미한다. 자료를 중앙 서버에 등록하여 공유하는 것이 아니라 개인의 PC에서 바로 교환하는 방식이다.

2) e-Business 거래 절차

(1) 상품의 광고 및 전시(정보교류)

공급자는 광고와 마케팅 등의 효과적인 통신수단을 통하여 자사의 제품과 서비스를 고객에게 알리고 고객과 관련된 정보를 수집하여야 하며, 구매자는 필요로 하는 제품에 대한 정보를 수집하고 필요한 정보를 제조회사에 요청하여 습득함으로써 원하는 제품의 구매 여부를 결정한다.

(2) 상품의 선택

구매자들이 원하는 상품 이름을 입력하면, 인터넷 쇼핑사이트를 돌아다니면서 판매 중인 상품정보를 찾아서 가격 및 다양한 상품서비스를 비교·구매할 수 있도록 도우미 역할을 해주는 쇼핑사이트를 이용해 상품을 선택한다.

(3) 주문(Order)

필요한 상품을 고른 구매자가 거래 신청서를 통해 가상상점 운영자에게 매도할 것을 요청하면, 공급자는 인증국(CA : Certificate Authority)에 거래요청자가 본인이고 믿을만한 사람인지를 가려줄 것을 요구한다.

(4) 인증(Authority)

전자상거래가 이루어지는 과정상에서 법적 효력을 갖게 하는 것으로 공급자 측에서 구매자가 거래대금을 지불할 사람인가 혹은 제품을 구매하기로 요청한 사실이 있는가를 확인해주는 행위이다.

(5) 대금결제(Payment)

인증국(CA : Certificate Authority)으로부터 구매자에 대한 신용인증이 떨어지면 상점운영자는 구매자의 거래요청을 승낙한 뒤 대금을 지불할 것을 요구한다. 국내에서는 SSL(Secure Socket Layer)프로토콜을 이용한 신용카드 결제가 주류를 이루고 있으며, 인증서비스로는 SET(Secure Electronic Transaction)프로토콜이 널리 사용되고 있다. 최근에는 Fin Tech라는 신개념으로 급속히 활성화되고 있다.

(6) 상품의 배달(Delivery)

대금의 지불이 완료되면 상품이 고객에게 제공된다. 디지털 상품은 네트워크를 통하여 제공하며, 물리적 상품의 경우는 운송업체를 통하여 물품을 제공한다. 주문한 상품을 고객에게 정확한 날짜에 정확한 장소로 배달해주는 것은 인터넷 경쟁력 제고에 반드시 필요한 부분으로 고객이 주문한 상품에 대한 정보의 처리, 재고현황 파악, 고객에게 전달된 상품에 대한 정보제공, 시스템과 통합된 효율적 상품배달체계를 갖추어야한다. 최근 현대화된 물류시스템으로 개선·발전되고 있는 분야이다.

(7) 서비스 및 지원(Service and Support)

구매자는 제품이나 서비스에 대한 추가적인 회사의 지원을 필요로 하게 되며, 공급자는 미래의 다른 고객에게 제공할 상품의 디자인을 위하여 자사의 제품을 사용하는 고객의 기호를 면밀히 파악해야 한다.

3) e-Business 장·단점

(1) e-Business의 장점
① 제품이나 서비스를 시간과 공간(world wide)의 제약없이 거래가 가능하다.
② 소비자는 다양한 제품이나 서비스를 비교할 수 있어 양질의 제품을 저가에 구입할 수 있으며, 기업은 관리비용(유통비, 인건비)을 절감할 수 있다.
③ 판매점포나 입지조건에 대한 제약을 받지 않으며 건물임대료와 부대비용을 최소화할 수 있다.
④ 제품이나 서비스의 대금결제가 네트워크 상에서 처리되므로 소비자는 간편하게 처리할 수 있으며 기업은 대금결제과정의 일원화로 간접비용을 절감할 수 있다.
⑤ 소비자와 고객 간에 양방향 의사소통이 가능하므로 고객만족(소비자)과 광고(기업)가 1 : 1로 원활하게 이루어질 수 있다.

(2) e-Business의 단점
① 제품이나 서비스의 대금을 전자지불시스템에 의해서 결제할 경우 개인정보의 누출

로 인한 피해가 발생할 수 있다.

② 국가 간의 거래로 인한 관세 등의 법적 조치가 미흡하다.

③ 반품이나 교환에 대한 분쟁이 발생할 수 있다.

④ 제품이나 서비스의 판매가 인터넷 이용자들을 중심으로 편중될 가능성이 있다.

4) e-Business 창업 절차

e-Business의 가장 대표적인 사업방식인 인터넷 쇼핑몰의 창업 절차는 다음과 같이 「사업계획 수립 → 시스템 구성 → 운영」의 절차를 갖는다.

(1) e-Business 사업계획 수립
① 사업아이템의 선정

어떠한 분야의 창업을 하는 경우에도 창업아이템의 선정이 중요하듯 e-Business 창업도 인터넷을 이용한 사업환경에 적합한 아이템의 선정이 성공의 중요한 조건이 된다. 온라인에서의 창업과는 달리 자본이나 시설투자보다는 수요를 창출할 수 있는 아이디어와 기업가정신이 성패를 좌우할 수 있다.

② 사업성 분석

사업의 규모를 떠나서 모든 사업을 시작하는 첫 단계는 사업성 분석이다. 사업성 분석은 목표고객에 대한 분석과 시장규모 및 가능성을 진단함으로써 구체적인 사업계획서 작성을 위한 사전분석이라고 볼 수 있다. 즉, e-Business 창업을 위한 사업성 분석의 주요 내용은 누가 주요 고객이고, 현재 시장규모는 얼마이며, 판매 가능성 및 잠재 수익성은 있는지를 검토하는 것이다.

③ 경쟁력 분석

창업하고자 하는 아이템과 관련하여 경쟁관계에 있는 사이버몰이 있는지를 검토해야 한다. 경쟁 사이버몰이 있을 경우, SWOT 분석에 의한 강점과 약점, 기회와 위협요인을 고려하여 적절한 경쟁우위 전략을 도출할 수 있을 것이다.

④ 사업계획서 작성

사업계획서는 e-Business 창업을 구체적으로 추진하기 위한 의지를 체계적으로 기술해야 한다.

(2) e-Business 시스템 구성

① 네트워크

e-Business 실행에서 요구되는 인터넷 회선, 네트워크 장비, 웹서버, 홈페이지 등을 구비해야 한다. 창업 아이템의 특성에 따른 네트워크 장비의 선정과 설치는 전문가를 통한 최적의 선택이 필요하다.

② 하드웨어

e-Business를 실행하기 위한 하드웨어는 서버 컴퓨터와 시스템 운영 지원 장비가 있다. 서버 컴퓨터는 창업하고자 하는 e-Business 모델에 적합한 성능을 고려하여 구매, 임대, 리스, 위탁관리 방법 등을 선택할 수 있다. 시스템 운영 지원 장비는 하드웨어가 원활히 작용하도록 지원하는 장비를 말한다.

③ 소프트웨어

e-Business의 실행을 관리하는 데 필요한 소프트웨어를 설치함으로써 시스템이 가동된다. 이에 관련된 소프트웨어는 OS(Operating System), 웹 어플리케이션 서버(Web Application Server), 유틸리티 프로그램(Utility Program) 등이 있다. OS는 하드웨어 및 소프트웨어의 효율적인 운영과 통제를 담당하며, 웹 어플리케이션 서버는 인터넷 기반의 정보시스템 구현을 위해 필요한 소프트웨어이고, 유틸리티 프로그램은 사용자들의 편의성을 제공하기 위한 프로그램이다.

④ 기타 필요 시스템

그 밖의 e-Business의 실행을 위해 필요한 시스템으로는 자료와 정보의 보안을 위한 보안시스템, 네트워크 환경에 이용되는 전자결제 시스템 등이 있다.

(3) e-Business 운영

① 결제방법

e-Business 창업을 하는 경우에 가장 문제시 될 수 있는 중요한 부분이 결제시스템이다. 결제방법으로 무통장 입금방식, 신용카드 결제, 계좌이체, 배달 후 직접 수금, 전자지불결제, Fin Tech의 활용 등이 있다.

② 택배방법

물품의 배송방법은 자체 운송수단과 우체국을 이용한 우편배송과 전문택배회사를 이용하는 방법이 있다. 가볍고 물량이 적은 경우에는 우편배송을 이용하고, 배송물

량이 많거나 무거운 경우에는 전문택배회사를 이용하는 것이 효율적이다.

③ 반품 및 재고관리

고객으로부터 반품이나 환불 요청은 장기적 고객확보 차원에서 전략적으로 이용해야 한다. 또한 고객과의 신뢰를 유지하기 위한 재고관리가 이루어져야 한다. 고객에게 재고 유무, 주문 대기시간, 취소, 환불 처리사항 등에 대한 서비스가 실시간으로 제공될 수 있어야 한다.

5) e-Business의 사업전략

(1) 마케팅 전략

e-Business 마케팅 전략은 전통적 마케팅 전략과 비교했을 때 마케팅 수단과 접근방식의 변화라고 볼 수 있다. 즉, 전통적인 마케팅 전략의 4P(Price, Product, Promotion, Place)에 4A(Any way, Any product, Any time, Any where)를 추가하여 효율적인 마케팅 활동을 수행할 수 있는 전략을 수립해야 한다.

① 인터넷 쇼핑몰 마케팅 전략을 위한 접근법

인터넷 마케팅 전략을 수립하는 데 유용한 두 가지 접근방법으로 STP전략과 CBP전략을 들 수 있다. 일반적으로 인터넷 마케팅 전략은 시장세분화(Segmentation), 표적시장 선정(Targeting), 포지셔닝(Positioning)의 세 단계로 구성되는데, 이를 STP전략이라고 한다. 마케팅 전략은 우리 고객이 누구인지를 파악하고 그들의 행동이나 생각을 이해하는 것에서부터 출발하면 기업은 비슷한 특성을 가진 사람끼리 쉽게 묶을 수 있게 된다. 이와 같이 자사제품이나 서비스를 이용할 가능성이 있는 잠재고객을 확인하여 이들을 구매행동이나 특성에서 비슷한 집단으로 구분하는 과정을 시장세분화라고 한다. 다음단계로 세분화된 고객집단들 중에서 우리 기업에 가장 잘 맞는 집단을 선정하여야 하는데 이를 표적시장의 선택이라고 한다. 표적시장이 선정되면 이 시장내의 고객들을 경쟁사보다 더 잘 공략할 수 있도록 비즈니스 모델 혹은 제품이 차별적 이미지를 정립해야 하는데 이를 포지셔닝이라고 한다. 다만 모든 인터넷 마케팅 전략이 이러한 순서대로 구상되어지는 것은 아니다. 인터넷 기업은 CBP전략(Competitiveness factoring, Business modeling, Positioning)을 토대로 마케팅 전략을 수립할 수도 있다. CBP전략은 경쟁시장을 정확하게 분석해서 시장에서 경쟁력을 결정하는 주요 요소들을 파악하고, 경쟁력 결정요소들 중에서 자사기업에 경쟁우위를 제공하는 것을 선정하여 이를 토대로 경쟁사들과 차별적인 비즈니스모델을 구축하고, 이를 소비자들에게 잘 알리는 것이다.

표 12.3 STP 전략과 CBP 전략

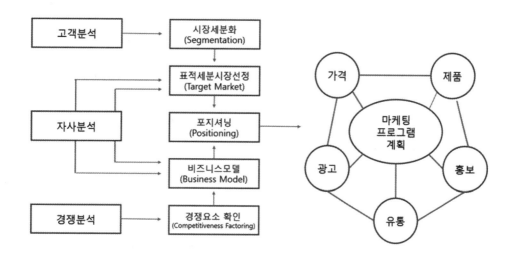

STP와 CBP는 사실 동일한 마케팅 전략수립과정이다. STP는 고객을 이해하는 것에서부터 출발하는 반면 CBP는 경쟁전략 혹은 경쟁사들의 행동을 이해하는 것에서부터 출발하는데 결과적으로는 같은 포지셔닝 전략대안이 도출되어야 한다.

즉, 자사에 가장 잘 맞는 고객을 선정하고 이들의 욕구에 부합되는 혜택을 제공하는 전략은 여러 경쟁력 결정요소 중에서 가장 좋은 반응을 얻으면서 경쟁사보다 우월하다고 평가받을 수 있는 경쟁요소들을 통합하여 최적의 비즈니스 모델을 선정하는 전략과 같아야 한다는 것이다.

STP와 CBP전략의 공통 구서요소인 포지셔닝 전략은 경쟁사에 비해 차별적 우위를 제공하는 비즈니스 모델을 개발하여 이를 표적고객의 마음속에 정확히 정립하는 과정이다. 포지셔닝 전략을 통해 비즈니스 모델의 차별적 포지션이 결정되면 표적고객들이 이를 정확하게 인식하도록 하기 위해 제품, 가격, 유통, 광고, 판촉 등의 구체적 마케팅 믹스 프로그램이 개발·실행되어야 한다.

기존의 off-line 마케팅에서는 주로 STP에 근거하여 마케팅 전략을 수립해 왔다. 하지만 on-line기업들은 마케팅 전략을 수립하는데는 STP보다는 비즈니스모델을 정하고 이를 실행하기 위한 마케팅믹스 프로그램을 수립하는 CBP접근법을 주로 따르고 있다. 어떤 접근법으로 마케팅 전략을 수립하더라도 정확하고 효과적으로 전략이 수립되었다면, 동일한 포지셔닝 전략과 마케팅믹스 프로그램이 도출될 수 있다. 하지만 하나의 접근법으로 마케팅 전략을 수립하기 보다는 두 가지 접근법을 함께 사용하는 것이 보다 효과적인 마케팅 전략의 수립에 도움이 될 것이다.

(2) 기술전략

e-Business시스템을 구성하는 요소인 네트워크, 하드웨어, 소프트웨어, 기타 필요 시스템을 어떻게 구성할 것인가 하는 문제이다. 효율적인 e-Business를 실행하기 위해서 최적의 대안을 선택할 수 있도록 해야 한다.

(3) 투자전략

안정된 투자와 e-Business의 수익성은 불가분의 관계를 가지고 있다. 따라서 자금 조달 원천인 정부의 벤처지원자금, 엔젤, 금융기관 대출, 벤처캐피탈 등의 투자자원 마련을 위한 창업 준비과정에서 창업 후까지의 구체적인 전략수립이 필요하다.

(4) 운영전략

e-Business 실행을 위한 좁은 의미의 운영은 자금, 종업원, 하드웨어 및 소프트웨어, 홍보 및 광고 등을 고려할 수 있으며 넓은 의미로는 e-Business 시스템, 고객 서비스, 조직 구성원, 자금조달, 외부환경(경쟁업체, 기술변화, 정부정책, 금융환경)등을 종합적으로 고려한 계획을 말한다.

6) e-Business의 현황과 활성화 방안

(1) e-Business의 창업업체 현황

최근 가장 많이 창업하고, 가장 많은 부실이 발생한 업종은 온라인 쇼핑몰 등 e-Business분야인 것으로 나타났다. 또 창업자 연령대를 기준으로 부실기업 가운데 사회경험이나 직장경력이 짧은 20대가 창업한 업체가 90%로 나타났다. 2013년 8월 현재 신용보증기금이 신용 보증 취급 및 부실이 발생한 기업을 분석한 '창업기업 업종 특성 및 동향분석'보고서에 따르면 2009~2012년 창업 기업 중 가장 크게 증가한 업종은 전자상거래이다. 창업기업은 창업 5년 이하인 업체이다.

표 12.4

부실기업 중 창업기업 비중	기업주 연령대별 부실기업	창업기업의 부실발생 상위업종
(단위 : %)	(단위 : %, 2008-12년)	(단위 : 건, 5년 누적)

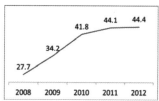

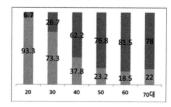

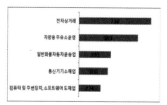

자료 : 신용보증기금

전자상거래 업종 창업은 2008년 612개에서 해마다 증가(2009년 1,027→2010년 1,903→2011년 2,616개→2012년 2,836개)하여 5년 새 무려 5배 가까이 늘었다. 창업 2위 업종인 일반화물자동차운송업(2008년 1,918개→2012년 2,320개)과 비교하면 전자상거래 업종의 큰 증가세를 가늠할 수 있다.

하지만 전자상거래 업종은 부실도 가장 많이 발생했다. 지난해 말까지 5년간(누적) 부실 발생 상위업종 중 전자상거래는 738개로 2위인 차량용주유소운영업(599개)을 크게 웃돌았다.

전자상거래 업종이 창업은 물론이고 부실도 많은 것은 적은 초기 투자비용, 무점포 →무종업원 등으로 인한 가격경쟁력이 양날의 칼로 작용하는 탓이다. 누구나 쉽게 창업할 수 있지만 역설적으로 이로 인한 과당경쟁 심화로 쉽게 무너지기도 한다는 얘기다. 실제 통계청에 따르면 2008년 3,625개였던 전자상거래 업체는 2011년 6,815개로 급증했으나, 같은 기간 업체 평균영업이익은 8,900만 원에서 5,300만 원으로 크게 감소하였다.

5년간 성별 창업은 남성(81.5%)이 여성(18.5%)을 압도했다. 남성은 일반화물자동차운송창업이 가장 많았고 전자상거래가 뒤를 이은 반면, 여성은 전자상거래가 1위, 셔츠 및 기타 의복소매업, 차량용 주유소운영업 순이었다.

창업자 연령은 '43562'(40대-30대-50대-60대-20대 순을 의미)법칙이 5년간 불변했다. 지난해 신보가 취급한 창업기업 보증 창업 중 40대와 30대는 각각 4만 3,112건과 2만 9,268건으로 전체의 76%를 차지했다.

특히 창업자의 나이가 어릴수록 부실위험은 높아졌다. 전체 부실기업 가운데 최근 5년 내 창업한 기업의 비중은 39.1%였으나, 20대가 창업한 기업은 93.3%가 부실한 것으로 평가됐다. 30대가 창업한 기업도 부실비중이 73.3%에 달해 평균을 크게 웃돌았다.

신용보증기금 조사연구부 관계자는 "20~30대 창업기업의 부실이 높은 점을 감안해 틈새시장을 공략할 수 있는 사업 아이템을 확보하고 업계에 대한 사전 조사와 관련 업종 근무경험을 토대로 신중히 창업하는 것이 필요하다"고 조언했다.

(2) e-Business의 활성화 방안

인터넷 시장이 활성화되면서 많은 업체들이 시장에 뛰어들면서 콘텐츠 비즈니스나 전자상거래를 아이템으로 선정하여 자신의 영역으로 확장하려고 노력하고 있다. 요즘에는 대규모 자본과 조직을 가진 대기업들의 적극적인 전자상거래 시장참여로 인터넷 시장경제의 규모가 커져가고 있다.

세계적인 추세를 살펴보면 중국 전자상거래업체 알리바바의 리서치부문 '알리리서치'와 컨설팅기업 '액센츄어'의 2015년 7월 보고에 의하면 2014년 2330억$(258조원)의 국경간 전자상거래 규모가 향후 5년간 평균 27.4%씩 성장해 2020년에는 9940억$(약 1100조 원)에 달하며 이는 전 세계 전자상거래 규모의 30%에 달하는 규모라 했다. 전자상거래 쇼핑객 수도 증가해 2014년 3억 9천만 명에서 2020년에는 9억 4300만 명에 달할 것으로 예측했다.

새롭게 전자상거래에 진입하는 기업들 대부분이 전자상거래를 온라인에서 모든 것을 해결할 수 있어서 신기술에만 집착한 시스템 구축과 무리한 계획으로 실패를 하는 경우가 많이 생겨날 것이다.

전자상거래는 단지 기업이 기존 판매채널을 제외한 인터넷 상에서 소비자에게 물품을 전달하여 판매하는 것이 아닌 소비자에게 다양한 정보와 서비스 기업 간의 커뮤니케이션 및 기존 오프라인(off-line)의 유통이나 마케팅 채널이 연동되지 않으면 성공하기 어려운 비즈니스모델이다. 또한 새로운 시장기회 창출을 위한 철저한 시장조사와 경쟁사 파악 등의 분석과 마케팅 전략 등의 수립도 성공의 중요한 관건 중 하나다.

따라서 인터넷 쇼핑몰을 창업하려는 예비창업자들은 다음의 사항을 충분히 검토하여 전략적이고 체계적인 준비와 활성화가 필요할 것이다.

① 인터넷 마케팅의 활성화

현재 국내의 전자상거래시장에서 가장 시급한 부분이 전자상거래 환경에 맞는 마케팅 전략의 구사이다. 우선 마케팅의 대상이 되는 네티즌의 구매특성에 대한 파악이 우선되어야 할 것이다. 그리고 기존의 매장에서는 불가능하지만 사이버공간이라는 독특한 특성 때문에 가능한 마케팅 전략을 구사해야 한다.

② DB마케팅의 활성화, Big Data산업의 활성화

인터넷쇼핑몰을 통한 상거래의 가장 큰 장점은 DB마케팅을 할 수 있다는 것이다. 기존의 상점에서 DB를 기반으로 마케팅을 하는 경우에는 고객을 대상으로 일일이 정보를 수집해야 하며 이를 다시 DB화하는 노력을 필요로 한다. 하지만 인터넷 쇼핑몰의 경우 회원정보를 온라인상에서 받기 때문에 부가적인 작업이 필요 없게 된다. 이러한 개인적인 기록과 고객이 상품을 거래할 때마다 쌓이는 거래기록(Transaction Record), Big Data산업의 급격한 성장으로 더욱 활성화될 것이다.

③ 다양한 상품과 상품콘텐츠의 제공

종합쇼핑몰은 생산자 측면에서는 자체적인 서버를 보유하지 않고서도 인터넷상으로 판매 및 마케팅을 할 수 있다는 장점이 있고, 소비자의 측면에서는 다양한 상품을 한꺼번에 구매할 수 있다는 장점이 있는 인터넷쇼핑몰이다.

④ 쉬운 사용자 인터페이스 구축

기술적으로 화려하게 쇼핑몰을 꾸며놓았더라도 상품이 어디에 있는지 쉽게 찾을 수 없다면 디자인이 훌륭하다고 할 수 없을 것이다. 너무 의욕을 앞세워 상품정보 및 각종정보를 찾기 힘들게 하는 것보다는 소비자가 정보를 일목요연하게 찾을 수 있도록 전체화면을 구성해야 한다.

⑤ 멀티미디어콘텐츠의 개발

콘텐츠란 출판, 음반, 영상, 게임 등 모든 정보형태를 포괄하는 정보내용물과 이를 이용한 전반적인 서비스 활동을 통칭한다. 정보화로의 빠른 진전이 계속될수록 콘텐츠에 대한 관심이 높아지고 있다.

국내의 경우 가장 시급한 과제는 기존에 우리가 가지고 있는 소스들을 콘텐츠화하고 새로운 콘텐츠를 개발하는 일이다. 기존에 가지고 있는 영상자료, 출판자료 및 국가적인 문화자료들을 빨리 콘텐츠화하고 이러한 디지털 소스들을 공동으로 활용할 수 있는 체제로 전환해야 한다. 그리고 새로운 영상물의 창출과 이러한 영상물을 콘텐츠로 이어가는 지속적인 노력이 필요할 것이다. 또한 콘텐츠 제공자에 대한 보호조치가 필요하다.

⑥ 사이트의 브랜드인지도 확립

브랜드의 이미지는 하루아침에 만들어지는 것은 아니다. 하지만 좋은 브랜드 이미지를 만든다면 전자상거래시장에서 사업을 성장시킬 수 있는 발판을 마련한 것이다. 사이버공간에서 한번 만들어진 나쁜 이미지를 다시 회복하는 것은 정말 어려운 일임을 명심해야 한다. 지속적으로 품질관리와 서비스개선에 신경을 써야 한다.

⑦ 새로운 비즈니스 모델의 개발

우리나라 전자상거래시장의 진입장벽이 낮은 것은 사실이지만 기존에 비즈니스모델을 가지고 진입하는 경우에는 기존의 비슷한 유형을 가진 인터넷쇼핑몰을 앞지르기 쉽지 않다. 네티즌은 특별한 요소가 없는 한 자주 가던 사이트를 바꾸지 않는 특성을 가지고 있기 때문이다. 전자상거래시장은 진입과 퇴출이 자유로운 시장이다. 하지만 경쟁이 치열하고 급속하게 성장하는 국내외 상황을 고려하면 성공하기 힘든 시장이기도 하다. 남들이 시작하지 않은 새로운 아이템, 새로운 비즈니스모델을 만들어서 남보다 먼저 행하는 것이 시장에서 성공할 수 있는 비결이다.

⑧ 보안 문제의 해결

지속적인 관심을 가져야 할 보안에는 크게 두 가지로, 첫 번째가 외부의 침입자로부터 서버 및 DB를 보호해야 하는 것이다. 두 번째로는 인터넷상에서 송수신되는 소비자의 신용정보 및 지불정보를 안전하게 보호하는 것이다. 그리고 소비자를 대상으로 전자상거래의 안전성에 대해 적극 홍보해야 한다. 지속적으로 보안에 투자하는 동시에 소비자들의 보안에 관련된 잘못된 인식을 개선함으로써 전자상거래를 활성화시켜야 할 것이다.

⑨ 효율적인 물류시스템 구축 지원

국내 쇼핑몰 중에서 기존에 물류망을 가지고 있던 큰 유통업체를 제외하고는 자체적을 물류시스템을 구축하고 있는 업체는 드물다. 대부분 택배서비스, 퀵서비스 등 기존의 물류서비스를 이용하고 있지만 그 비용이 만만치 않아서 부담으로 작용하고 있다.

따라서 인터넷쇼핑몰들이 공동으로 물류시스템을 구축하는 방안을 고려해 볼 수 있는데 중요한 것은 정보시스템을 충분히 활용해야 한다는 점이다. DHL, FedEx, UPS 등 미국의 배송업체들은 배송시스템과 정보시스템을 효율적으로 연결하여 소비자에 대한 서비스 질을 높일 뿐만 아니라 비용도 절감하고 있다. 국내에서도 인터넷쇼핑몰 사이에 상품주문 및 배송처리를 전자적으로 연계 처리 할 수 있는 공용 정보인프라를 구축해야 한다. 이러한 공동물류관리의 핵심은 물류활동에 참여하는 주체 간 파트너십의 형성과 정보의 공유에 있으며, 특히 '신속대응체계(QR, Quick Response)', '효율적 소비자대응체계(ECR, Efficient Consumer Response)' 등을 활용하여 제조업체와 유통업체 간의 공동 물류체계의 구축이 필요하다.

⑩ 가상공동체 형성에 주력

가상공동체의 형성은 인터넷쇼핑몰과 고객을 동시에 만족시킬 수 있는 전략이다. 가상공동체는 특정한 주제에 관심을 가진 사람들이 만나는 사이버공간을 의미한다. 예를 들어 컴퓨터를 판매하는 인터넷쇼핑몰이 컴퓨터에 관련된 각종 글을 올릴 수 있고, 관련된 자료를 공유할 수 있는 사이버공간을 만든다면 단지 컴퓨터를 사러 오는 사람뿐만 아니라 컴퓨터에 관심이 있고 관련된 정보를 얻기 원하는 사람들이 이 인터넷쇼핑몰을 방문하게 된다. 가상공동체의 참가자는 일반소비자와는 달리 그 분야에 대하여 충분히 구매의사가 있는 특화된 계층이라는 점을 명심해야 할 것이다.

⑪ ICT 환경변화에 신속 대응

전자상거래가 단지 거대한 PC의 화면을 통해서 일어나는 특정인의 활동이 아닌 누구나 생활 속 어디서나 전자상거래의 구매가 이루어질 수 있도록 끊임없이 생활 속에 침투해야 한다.

대중화되어 있는 PC를 통한 상품 판매, 휴대전화 등 모바일을 이용한 상품 판매, 가정의 스마트 가전제품을 통한 주문형 판매, 최근 새로운 개념으로 확산되고 있는 Omni Channel을 활용한 판매 방식 등 인터넷과 모바일 등을 활용한 우리 생활 곳곳에서 필요한 물건들을 쉽게 구매할 수 있는 구매기회를 제공하도록 다방면으로 상품의 판매채널을 넓혀나가도록 하여야 한다. 우리가 가까운 슈퍼에서 물건을 구매하듯이 생활의 일부분으로 전자상거래가 확대되어지도록 노력해야 한다.

이러한 발 빠른 움직임에 신속하게 대응하도록 사용자들이 언제 어디에서 접속하더라도 빠르고 쉽게 상품을 검색할 수 있도록 ICT환경 변화에 따른 시스템을 구축해야 하며, 구매 물품들을 신속하게 배송하도록 물류체계를 갖추어야 이러한 시장 환경에 대응할 수 있다.

⑫ 기타 정부에도 급변하는 통신기술의 발달에 따라

　　ⅰ) 진보된 5G와 LTE 등 차세대 고속통신망의 구현

　　ⅱ) 지속적인 관련법과 제도의 정비

　　ⅲ) 보안시스템과 개인 정보 보조 등 안전장치

　　ⅳ) 인터넷, 모바일 시스템 사용자의 안전한 저변 확산 정책 등의 지속적인 정책과 제도의 정비가 요구된다.

2. M-Commerce

1) 모바일 커머스

2014년 모바일 쇼핑 거래액이 125.8%나 급증했다. 모바일로 쇼핑하는 '엄지족'의 구매력이 급속하게 확대돼며 온라인 쇼핑액 중 모바일 거래는 17%에서 32.7%로 크게 증가했다.

2014년 연간 온라인 쇼핑액은 45조 2440억 원으로 전년보다 17.5% 증가했다. 특히 온라인 쇼핑 거래액 중 모바일 쇼핑 거래액은 14조 8090억 원으로 125.8% 급증했다.상품별로 보면 온라인 쇼핑 고객은 △예약서비스(1.9%), △화장품(0.4%), △생활·자동차용품(0.3%) 구매를 늘렸다. 반면 △컴퓨터 및 주변기기(-0.4p) △음·식료품(-0.4%p) △농수산물-0.4%p) 등은 구매를 줄였다,

한편 2014년 4분기 기준으로도 온라인쇼핑 거래액은 12조 7410억 원으로 전년 동기 대비 20.1% 증가했다.

■ 모바일 쇼핑 어디가 싸나, 라면·기저귀는 '옥션' 콜라는 '11번가' 제일 싸

'신라면·기저귀는 옥션, 코카콜라는 11번가…'

2014년 5월 20일 현재 국내 주요 모바일 쇼핑몰 5곳에서 파는 인기 생필품 5종의 가격을 비교·조사한 결과 옥션은 5개 중 4개 품목이 제일 싼 것으로 드러났다. 옥션은 '신라면' '하기스 기저귀' '임금님표 이천쌀' '미장센 염색약' 등 4개의 품목이 가장 저렴했다. 11번가는 콜라가 제일 쌌다.

스마트폰을 이용해 물건을 사고파는 모바일쇼핑은 폭발적으로 성장하고 있다. 옥션은 전체 매출에서 모바일 쇼핑 비중이 작년 초 5%에서 현재 22%로 늘었다. CJ오쇼핑은 1분기 모바일 쇼핑 매출이 1453억 원으로 1년전에 비해 3배 이상 증가했다.

◇ 옥션이 5개 생필품 중 4개 저렴

국내 대표적인 쇼핑몰인 G마켓·옥션·11번가·CJ몰·GS샵의 모바일 쇼핑앱에서 판매중인 생필품 가격(20일 기준)을 비교해 봤다. 조사 대상 5개 품목은 모바일 판매가 많은 품목이다. 부피가 크고 무거워 직접 매장에 가서 사오기 불편하기 때문. 모바일 쇼핑은 지하철 등 이동중에 많이 사용하는 것으로 나타나 규격이 정해져 있는 공산품이나 티켓 등이 많이 팔린다.

'신라면 10개 묶음' 가격은 옥션이 4600원으로 제일 쌌다. CJ몰(5980원), GS샵(7,175원)은 다소 비쌌다. CJ몰과 GS샵에서는 10개 묶음이 없어 20개 묶음 제품의 가격을 반으로 나눠 비교했다. 코카콜라(500ml,24개)는 11번가만 1만 4300원으로 가장 쌌다. G마켓은 1만 4800원, 옥션은 그보다 100원 비싼 1만 4900원이었다.

가격만 따지면 대체적으로는 옥션·G마켓·11번가 등 오픈마켓(인터넷 장터)이 대기업이 운영하는 홈쇼핑 기반 쇼핑몰보다 저렴했다. 오픈마켓은 여러 사업자가 각각 상품을 올리고 치열하게 가격경쟁을 하기 때문이다. 누군가 가격을 내리면 경쟁 업체가 따라서 가격을 내리는 일이 비일비재해 특정 품목은 날마다 가격이 바뀌기도 한다. 모바일 전용 쿠폰, 반짝 할인 행사가 시도 때도 없이 열린다. 소비자는 배송료를 따로 받는지, 사용할 수 있는 쿠폰이 무엇인지를 일일이 따져봐야 저렴한 가격에 제품을 살 수 있다.

대기업 쇼핑몰은 다소 비싸나 상대적으로 서비스가 좋은 대형마트와 비슷하다. 정찰제를 시행하기 때문에 어느 것을 사야 할지 고민할 필요가 없다. 물건이 마음에 안들어서 교환·반품·환불을 하거나 애프터서비스도 잘돼 있는 편이다.

각 쇼핑몰은 모바일 시장을 키우기 위해 다양한 추가 할인 혜택을 준다. 11번가와 G마켓은 모바일앱으로 처음 구매하는 고객에게 20%할인 혜택을 준다. 같은 상품을 사도 모바일로 사면 유선보다 마일리지(적립금)도 많이 준다.

11번가는 모바일에서 현대카드로 제품을 사는 고객에게 제품 가격을 5% 할인해준다. CJ오쇼핑은 구매 금액에 따라 지급하는 적립금(CJ원포인트)을 모바일 고객에게 최대 5%까지 추가 지급한다. 옥션 서민석 이사는 "모바일 마케팅 경쟁이 치열해 인터넷 쇼핑보다 모바일 쇼핑 판매가가 5% 정도 저렴한 상황"이라고 말했다.

◇ GS샵·CJ몰은 홈쇼핑 연계 서비스 강점

11번가·옥션·G마켓·CJ몰·GS샵 등 5개의 앱은 특장점이 뚜렷하다. SK플래닛이 운영하는 11번가는 SK텔레콤 가입자에게 유리하다. 대금을 결제할 때 T멤버십과 OK캐쉬백 포인트를 이용할 수 있기 때문. 앱을 실행하면 나오는 첫 화면의 '바로마트' 메뉴는 대형마트 진열대처럼 물건이 나란히 배치돼 있어 고르기 편리하다.

G마켓은 시원하고 간결한 디자인이 특징이다. 각 상품이 사진과 함께 큼지막하게 구성돼 있어, 마치 잡지 보듯이 편하게 상품을 고를 수 있다. 옥션은 소비자의 호기심을 자극하는 경매형 이벤트를 매일 운영한다. '잭팟7'이란 서비스는 인기 제품을 하루에 5~10개쯤 걸어 놓고 3분에 1%씩 할인한다. "머뭇거리고 있다간 금새 매진되기 때문에 원하는 가격이 될 때 곧바로 구매해야 한다"는 것이 회사 측 설명이다.

GS샵과 CJ몰은 홈쇼핑 방송과 연계 서비스가 강하다. TV화면으로 제품 소개 동영상을 보면서 꼼꼼하게 살필 수 있다. 규격화된 생필품보다는 제습기, 화장품, 가죽소파와 같은 중·고가 제품을 구매할 때 좋다.

(조선경제, 2014.05.22)

표 12.5　모바일 쇼핑으로 어떤 걸 사보셨습니까?(복수 응답)

자료 : 한국인터넷진흥원, 단위 : %

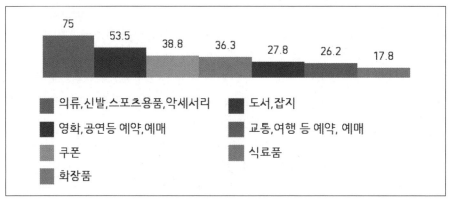

의류,신발,스포츠용품,악세서리 75
영화,공연등 예약,예매 53.5
쿠폰 38.8
화장품
도서,잡지 36.3
교통,여행 등 예약, 예매 27.8
식료품 26.2
17.8

표 12.6 급증하는 국내 모바일 쇼핑 시장

표 12.7 줄어드는 pc 쇼핑족,
늘어나는 모바일 쇼핑족

단위 : 억 원

단위 : 만 명

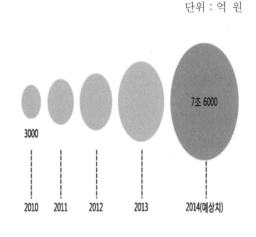

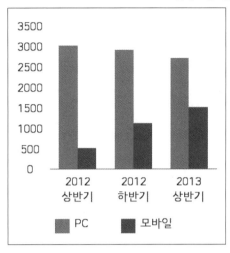

자료 : 한국온라인쇼핑협회

자료 : 대한상공회의소

무선통신 속도가 향상된 무선데이터서비스와 PC가 서로 융합되는 모바일인터넷이 가능한 이동단말장치(Smart Phone, Mobile Phone, PDA 등)의 보급 확대로 언제 어디서나 인터넷에 접속하여 다양한 정보 검색과 전자상거래를 위한 커뮤니케이션을 하는 M-Commerce 사업이 성장기에 들어섰다. 이는 M-Business의 상품, 서비스, 정보로 구분된 사업기회의 영역을 의미한다. 따라서 모바일이 적용될 수 있는 수익 모델의 영역을 신규 비즈니스 창출, 비즈니스 영역의 확장, 연관 산업과 통합, 기존 프로세스의 축소 및 지원 등의 관점에서 찾을 수 있다.

디지털라이언스(Digitalliance)가 가속화되고 있다. 디지털라이언스는 인터넷 시대의 환경을 의미하는 디지털(Digital)과 제휴를 의미하는 얼라이언스(Aliance)의 합성어로 사이버공간에서 기업 간 그리고 다자간 협력네트워크의 형태가 다양한 유형으로 이루어지는 기업협력을 의미한다.

모바일시대의 진입은 Application, 인프라, 단말기 등의 세 가지 수단에서 가능하다. 손안의 PC인 스마트폰은 휴대전화 산업뿐만 아니라 소비자들의 라이프스타일까지 변화시키고 있다. 광고 문자나 전자쿠폰 제공 등으로 한정되던 기업들의 모바일 마케팅 역시 새로운 전환점을 맞이하고 있다. 스마트폰은 일반 휴대폰과 달리 자체적인 운영 체계(operating system)를 가지고 있다. 따라서 풀 인터넷 브라우징이 가능하고 다양한 애플리케이션을 다운받아 사용할 수 있다. 이러한 스마트폰의 특성을 활용하여 다양한 마케팅 활동을 전개하면서 '애플리케이션 마케팅', '스마트 마케팅'이라는 신조어까지 탄생했다.

스마트폰을 활용한 마케팅은 기존의 매스 마케팅이나 인터넷 마케팅에 비해 많은 장점을 가지고 있다.

① 고객과의 연결성(connectivity)이다. 스마트폰은 장시간 고객과 함께 하기 때문에 시간과 공간의 제약없이 고객과 항상 연결되어 있다.

② 세분화된 타겟 마케팅이 가능하다. 최근 기업들은 위치기반 서비스나 QR(Quick Response) 코드 등을 이용해 다양한 마케팅 활동을 펼치고 있다.

③ 사용자에게 경험적인 요소를 부여할 수 있다. 다양한 기능을 활용한 애플리케이션을 통해 소비자는 정보를 제공받는 것 이상으로 해당 상품 및 서비스를 간접적으로 경험하는 것이 가능하다.

④ 상대적으로 저렴한 비용을 들 수 있다. 애플리케이션 마케팅의 경우 적은 애플리케이션 개발비와 일정한 관리 비용만 소요된다.

스마트폰의 장점을 살려 유용하게 활용되는 마케팅 기능을 살펴본다.

(1) 증강현실(AR : Augmented Reality)

증강현실의 기술은 소비자에게 편리함과 재미를 준다. 증강현실이란 가상현실처럼 가상공간을 만들어 내는 것이 아니라 실제 이미지를 기반으로 3차원의 가상정보를 결합해서 실시간으로 보여주는 기술을 의미한다. 스마트폰은 증강현실을 구현하기 위해 필요한 요소인 카메라, 센서, 컴퓨터 그래픽 및 디스플레이 기술과 가상정보와 현실정보의 정합기술 등을 대부분 갖추고 있다. 스마트폰의 카메라로 현실의 이미지를 인식하면 그 대상과 관련된 가상의 정보가 태그(tag)형식으로 표시된다.

Ronald Azuma(1997)는 증강현실이란 현실의 이미지(Real-world elements)와 가상의 이미지를 결합한 것, 실시간으로 인터랙션이 가능한 것, 3차원의 공간 안에 놓인 것이라고 정의했다. 증강현실은 현실 세계의 환경과 기반위에 가상의 대상과 사물을 합성하여 물체를 겹쳐 보여주는 기술로서 현실 세계의 현실감에 추가적으로 부가적인 정보들을 입체영상으로 보강해 현실의 효과를 더욱 증가시키는 것이다. 머리에 쓰는 형태의 컴퓨터 화면 장치는 사용자가 보는 실제 환경에 컴퓨터 그래픽과 문자 등을 겹쳐 실시간으로 보여줌으로써 증강현실을 가능하게 한다. 모바일 분야, 게임산업, 방송광고분야, 전자학습, 의료분야, 제조분야, 건축분야 등 응용분야의 폭이 넓어지고 있다.

(2) 위치기반 서비스

기업들은 LBS(Location-based Service)로 불리는 위치기반 서비스를 마케팅수단으로 활용하고 있다. 위치기반 서비스란 스마트폰에 탑재된 GPS나 이동통신 기지국을 통해 얻은 위치정보를 활용하여 고객에게 다양한 서비스를 제공하는 방법이다. 최근에 위치기반서비스에 SNS(Social Network Service)적인 요소를 결합한 애플리케이션으로 가상의 체험을 즐기는 것이 가능하다. 예를 들어 복잡한 설명 대신 3D화면으로 사용자의 이해를 돕거나, 제품을 구매하기 전에 집안 인테리어와 잘 어울리는지 확인하는 것도 가능하다.

(3) QR(Quick Response) 코드

스마트폰의 대중화와 함께 기업들의 마케팅 활동은 QR 코드 사진을 찍으면 제품이나 서비스 관련정보가 제공되고 홈페이지로 바로 연결되기도 한다. 각종 TV 및 지면광고에 QR코드를 삽입하여 고객들의 호기심을 느끼는 순간에 곧바로 고객행동으로 연결될 수 있다. 기업들이 실시하는 고객과의 마케팅 커뮤니케이션은 스마트한 기기의 등장으로 인해 더욱 스마트해져야 할 것이다.

① 모바일 정보제공 모델의 경우 기존의 제품에 모바일을 통한 실시간 정보 제공 서비스를 더해 새로운 제품서비스 모델을 통합한 솔루션을 개발하는 것으로 제품+서비스 유형이 가능하다. 고급 자전거에 GPS 위치추적 센서를 내장하면 분실에 대한 고객의 우려를 해소할 수 있다. 욕실제품에 고객의 배설물을 분석하여 휴대폰으로 건강상태를 전송해주는 서비스를 제공할 수 있다.

② 기존의 서비스에 실시간 정보제공 서비스를 더해 차별화된 서비스를 제공하는 서비스+서비스유형이 가능하다. 모든 스마트폰에는 기본적을 LBS기능이 내장되어 있어 이를 통해 PC에서는 경험하지 못한 새로운 서비스를 제공한다. 소셜미디어기반

으로 개인화된 상품과 가격으로 거래에 참여가 가능하고 쇼핑경험이 실시간으로 공유되는 스마트커머스가 확산됨에 따라 커머스 패러다임이 본격적으로 성장하는 계기가 되었다.

유비쿼터스 네트워크도 소비자 대상 마케팅에 새로운 스타일을 추가되고 있다. 소비자가 처한 시간, 장소, 행동 등의 상황에 따르는 요구를 위치 정보 및 추적의 기술을 이용하는 컨텍스트 마케팅(Context Marketing)을 통하여 소비자로부터 안내자(Concierge)의 지위를 획득할 수 있다. 이제는 디지털 시대가 모바일화 시대로 가고 있다.

이러한 변화들은 기존의 핵심적 마케팅의 영역이 3R의 개념(Reality, Realtime, Relation)으로 커머스의 플랫폼, 커머스의 영역, 소비행태의 변화가 일어나게 된다. 이러한 특성에 따라 소비자들은 과거와 다른 구매기준과 구매가치를 갖게 된다.

지역기반의 서비스 상품을 파격적 할인 가격으로 소셜미디어의 지인끼리 구매를 유도하여 소비자와 판매자 모두에게 가치를 제공하는데 소비자에게는 소셜쇼핑이 확대되어 저렴한 가격 및 지인과의 쇼핑경험의 공유와 가치 제공, 공동구매 등이 가능하고, 판매자는 집중광고 및 소비자의 입소문 등을 통한 홍보 효과를 갖는다.

실제 위치기반을 통해 즉시성의 개념이 온라인의 쇼핑의 개념처럼 오프라인의 지역성과 서비스가 모바일을 통해 판매가 되는 형태의 새로운 쇼핑영역이 등장한다. 구매활동 자체가 One-stop이 가능하고 개인의 위치와 상황에 맞는 맞춤형 감성적 Pull 서비스의 확대가 될 것이다.

M-Commerce는 분명히 광의의 e-Commerce 개념의 연장이며 이동성(mobility)이나 휴대성(portability)을 부가한 wireless commerce이다. M-Commerce는 기본적으로 최종 이용자뿐만 아니라 잠재적으로 정보통신, 금융부문, 그리고 소매 부문과 미디어 부문에 이르기까지 산업 전반에 지대한 영향을 미칠 것으로 전망된다.

스마트 모바일의 빅뱅 시대는 통신과 미디어 등의 산업과 기업에 직접적인 영향을 줄 뿐 아니라 서비스업을 비롯한 많은 기업들에게도 모바일과 융합을 통한 새로운 사업 기회를 제공하고 있다.

2) 소셜커머스

소셜커머스(Social Commerce)는 소셜 미디어와 온라인 미디어를 활용하는 전자상거래의 일종이다. 소셜커머스라는 용어는 야후에 의해 2005년에 처음 소개되었다. 한 명의 소비자가 다른 소비자를 불러오고 무수히 많은 네트워크를 통해 입소문처럼 확산디는 '바이럴 루프(viral loop)' 구조는 소셜네트워크가 수익모델로 성장할 수 있음을 증명했다.

소셜커머스는 크게 소셜 링크형, 소셜 웹형, 공동 구매형, 오프라인 연동형의 네 가지로 구분할 수 있다. 그 예로는 고객 평가 및 리뷰, 사용자 추천, 온라인 소셜 쇼핑, 포럼 및 커뮤니티, 소셜 미디어 최적화, 사회, 응용 프로그램 및 사회적인 광고를 포함한다.[1] 무엇보다 중요한 것은 이용자의 충족을 도출할 다양한 콘텐츠와 비즈니스 모델이다. 아래 그림은 소셜 커머스의 개념도이다.

표 12.8 소셜커머스 개념도

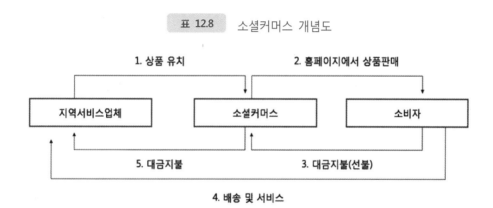

기존 유통업체가 가진 유통채널에서 다(多)채널(multi-channel)에 대한 개념 즉 오프라인, 온라인의 복합구매를 유도하는 전략에서 나아가 고객중심으로 채널을 복원하는 옴니채널(omni-channel)로의 유통플랫폼이 전환되고 옴니채널의 구축을 위한 유통업계의 많은 투자가 진행 중이다.

즉, 옴니채널은 온라인과 오프라인을 넘나드는 O2O(online to offline)서비스를 근간으로 삼아 모바일기능을 총동원해 특화된 마케팅을 펼치겠다는 것으로 전제조건은 빅데이터(Big Data)산업이다. 이를 통해 '고객이 원하는 언제, 어디서나 쇼핑이 가능한

다양한 매체에 접근이 가능'하게 된다.

이렇게 모바일과 페이스북 등 IT를 활용한 진화된 소비행태의 발전은 소셜커머스라는 새로운 개념의 상거래를 탄생시켰다. 현재 소셜커머스 시장에서 다양한 모델을 창출하며 급성장 중이며, 2011년 1조 원, 2012년 약 2조 원 규모, 2014년 3조 원 이상으로 성장하였으나 가격비교에 의한 경쟁심화로 인해, 고객의 방문(traffic)확대에 따른 매출은 급성장하고 있으나 가격할인으로 수익성은 저하되고 있다.

소셜 커머스 시장에서의 비즈니스 모델 유형은 일반적인 형태의 공동구매(group buy)와 플래시 세일(flash sale), 소셜 큐레이션(social curation), LBS Social Apps, Purchase Sharing, F-Commerce 등 6가지의 유형으로 운영되고 있다.

---

1) 강홍렬, 권지인, 모바일 산업의 패러다임 변화와 향후 산업전략의 변화, 정보통신정책연구원, 정책연구, No. 73, 2009, pp.11-15

제 13장

업종별 창업 형태 Ⅲ

업종별 창업 형태 Ⅲ

제1절 외식업 창업

1. 외식업의 개념

외식업이란 식사와 관련한 음식, 음료, 주류 등을 제공할 수 있는 일정장소에서 직간접적으로 생산·및 제조에 참여하여 특정인 또는 불특정다수에게 상업적 또는 비상업적으로 판매 및 서비스 경영활동을 하는 모든 업소들의 군이라고 정의할 수 있다.

다시 말하면 한식, 중식, 일식, 양식 등의 업종과 패스트푸드, 패밀리 레스토랑, 캐주얼 레스토랑 등의 업태를 갖춘 일반 외식업소, 호텔 식음료업장, 출장 연회, 단체 급식, 아이스크림, 커피숍, 제과점, 카페 등을 통해서 다양하게 이루지고 있는 포괄적인 의미의 외식경영활동을 하는 사업들의 집합체가 외식산업이다. 최근에는 외식산업의 규모가 점차 확대되어 감에 따라 중요한 산업분야로 자리를 잡아가고 있다.

2. 외식업의 특성

외식산업이란 외식활동에 대응하여 성립된 일단의 산업군으로 식생활에 있어서 외식의 범주에 연관된 산업이다. 종래의 요식업, 접객업, 음식점업 등으로 불리우던 음식점 영업이 오늘날 외식산업으로 발전한 것은 전체적인 시장 규모의 확대와 단순히 음식을 제공하는 역할에서 탈피하여 음식과 서비스의 제공, 분위기의 연출, 가치의 창출 등을 상품으로 제공하는 발전된 개념으로 발전하였다.

이는 외식산업이 제조업과 서비스업을 함께 추구하는 복합산업으로 자리하였기 때문이다. 이러한 외식산업은 제조업인 동시에 서비스산업이며 인간의 기본 욕구를 다루는 복합산업으로 다음과 같은 특성이 있다.

(1) 복합산업

외식산업은 생산과 판매가 동시에 이루어지는 서비스산업이며, 시간과 장소의 제약이 존재하며 식품제조, 유통, 서비스산업의 성격을 띤 복합산업이다.

(2) 입지의 의존성이 높은 산업

사업성의 측면에서 외식산업은 업소의 위치를 우선으로 하는 입지산업의 특성을 가지고 있다. 즉, 입지전략과 상권분석을 통하여 사업의 타당성조사가 이루어지고 수익성 위주의 효율적 사업경영이 요구된다.

(3) 서비스연출 산업

외식산업은 고객, 직원, 경영자가 삼위일체가 되는 서비스연출 산업이다. 즉, 인간관계를 중심으로 하는 고감도 연출이 필요한 인재산업이다.

(4) 프랜차이즈산업이며 매뉴얼 산업

외식산업은 업소 경영경험과 노하우를 통하여 규모의 경제와 표준화, 단순화, 전문화 시스템을 실현하는 프랜차이즈산업이며 매뉴얼 산업이다.

(5) 노동집약적이고 QSC와 ATV가 강조되는 산업

오늘날의 외식산업은 기존의 품질(Quality), 서비스(Service), 청결(Cleanness)의 핵심 요소에 분위기(Atmosphere), 시간(Timing), 가치(Value)가 강조되는 산업이다. 즉 품질, 서비스, 청결을 바탕으로 제공시간의 최적화와 분위기의 연출, 메뉴와 가격 면에서 고객만족의 가치를 추구한다.

3. 외식업의 유형 및 경영형태

외식사업의 주 서비스 품목은 무엇보다 음식 그 자체이며 그 음식을 제공하기 위해 여러 부수적인 서비스가 동반된다. 하지만 요즘은 외식사업의 많은 부분이 서구화의 흐름에 따라 변화되어 가고 있고, 메뉴의 종류와 서비스의 형태도 매우 다양하게 전개되는 추세를 보이고 있다.

1) 외식업의 유형별 분류

외식사업의 유형은 다양한 형태를 보이고 있으며 또한 사회와 국가 경제의 변화에 따라 많은 변화도 가져오고 있다. 하지만 마케팅적 차원인 시장침투전략이 아닌 단순한 경쟁적 저가전략은 장기적 안목에서는 사업에 도움이 되지 않는다는 것이 통설이다. 고객의 미각을 끌어당길 수 있는 흡인력은 맛이 우선하겠지만 경영자의 마인드와 직원의 활기찬 서비스, 인테리어, 위생, 한발 앞서가는 감각들이 조화를 이루어 나가야 한다.

다음은 현재 우리나라 외식사업 업계 현황을 근거로 한 유형별 분류이다.

① 일반 음식점 : 대중음식점(끼니형 음식점, 간이음식점), 일반한식점(중간규모 음식점, 고깃집), 횟집

② 패밀리 레스토랑(F/R) : 서양식 F/R. 한식 가족 및 모임 음식점(고급 또는 대형 규모 음식점)

③ 패스트푸드점 : 햄버거(샌드위치), 치킨, 피자, 우동 및 김밥 등

④ 외국요리 전문점 : 일본음식점, 중국음식점, 서양음식점, 피자 · 파스타 전문점, 퓨전 요리점, 민족음식(ethnic food) 전문점

⑤ 연회전문점 : 뷔페식당, 호텔 연회, 출장연회(catering) 전문회사

⑥ 특급호텔 내 음식점

⑦ 고급음식점 : 최고급 양식점, 한정식 코스 요리점

⑧ 포장음식점 : 테이크아웃(take-out, To-Go)점, 드라이브 인(drive-in), 배달전문점(delivery shop), 가정대용식(HMR), 자동판매기점(vending machine restaurant)

⑨ 커피 앤 케이크점 : 커피, 케이크, 아이스크림, 도넛 전문점

⑩ 단체급식회사

⑪ 기타 : 고속도로 휴게실, 기내식, 식당차, 이동식당, 포장마차 등

2) 외식업의 업종 및 업태

외식사업의 업종은 사업체에서 판매하고 있는 음식의 종류에 따른 분류를 말하는 것으로 우리나라에서는 크게 한식·양식·일식·중식으로 구분된다.

현재는 복합매장, 퓨전 푸드 등 새로운 형태의 영업방식과 메뉴 개발로 다양화되어 가고 있는 외식사업의 변화 속에서 업종 간, 업태 간 또는 업종과 업태 사이의 개념이 명확하게 구분되지 않고 있어 새로운 재정립이 요구되며 우리 음식문화의 특성을 간과하고 외국의 업태분류에 끼워 맞추는 방식도 재고되어야 할 것이다.

3) 외식사업의 경영형태

외식사업의 경영형태는 독립경영과 체인경영, 제약경영 등 크게 세 가지의 관리형태로 구분된다.

(1) 독립경영

독립경영(independence management)이란 소유 직영방식과 같은 경영형태로 투자에서 운영까지 그 모든 영업활동상의 권한과 책임이 경영자에게 부여되는 제도이다. 대부분의 외식업소가 독립경영의 형태를 띠고 있으며 수익성이 높고 통제가 용이하며 시장 환경에 대응하는 정책에 대한 의사 결정이 빠르나 자금운영의 어려움과 효율성이 낮은 관계로 사업에 대한 위험도가 높다.

(2) 체인경영

체인경영(franchise)이란 프랜차이즈 경영이라고도 하는데 본사가 일정 지역의 가맹점에 대하여 자기의 상호, 상표 등 영업을 상징하는 표식을 사용하게 하여 상품 또는 서비스를 판매하게 하고, 그 댓가로 가맹점은 가맹 본부에 가맹비, 보증금 또는 로열티나 상품 대금 등을 지급하는 계속적 채권 관계를 말한다. 체인경영 운영방식으로는 일반체인(regular chain), 임의체인(voluntary chain), 프랜차이즈체인(franchise chain)이 있다.

(3) 경영계약

경영계약(management contract)은 근래에 들어 각광을 받기 시작한 관리형태로 부동산이나 자본은 있으나, 경영능력이 부족한 경우 외식전문 기업으로 하여금 대리경영토록 하는 방법이다.

소유주는 토지, 건물, 시설과 운영자금을 제공하고 외식기업은 경영에 필요한 모든 권한을 위임받아 경영한다. 이른바 외식산업의 소유와 경영의 분리가 일어나는 형태로 외식기업은 경영의 책임을 지지만 법적 책임의 당사자는 소유주가 된다.

경영계약은 전문가의 경영노하우와 시스템, 경영방침을 적용하여 운영됨으로써 안정성과 높은 수익을 기대할 수 있는 반면 소유주와 경영자의 갈등이 있을 수 있고 영업부진에서 오는 손실을 소유주가 부담해야 한다.

4. 외식산업의 동향 및 당면과제

우리나라의 외식산업계는 몇 차례의 계기를 기점으로 괄목할 만한 성장을 이루었다. 예전의 낙후된 외식산업과는 달리 새로운 양상이 1980년대에 등장하게 된다. 해외여행 자유화 등 문화개방정책으로 인한 국민 의식수준의 변화, 3저(저달러, 저금리, 저유가) 현상으로 인한 개인의 가처분소득 증가, 중산층의 확대 등은 외식 산업 발전을 가속화했으며 86아시안게임, 88서울올림픽, 2002월드컵 등은 성장을 더욱 가속화시켰다.

국내 산업의 전반적인 호황 속에 꾸준히 연평균 20% 이상의 고속성장을 거듭하던 외식시장은 90년대 초에 들어 다소 성장세가 둔화되었다가 문민정부 후반기인 90년대 중반에 다시 성장이 가속화되었는데 이는 햄버거, 치킨, 피자 등으로 대표되는 패스트푸드가 "세대"로 지칭되는 20대 이하의 청소년층에 의해 폭발적인 인기를 얻기 시작했기 때문이다. 더불어 간편하고 편리한 식생활을 구가하려는 국민 행동의식 변화와 다양한 외식의 추구성향, 여성 직업관의 변화 등으로 가정 내 어머니의 역할이 점차 변하면서, 패밀리 레스토랑 등을 통한 외식의 기회가 증가하는 추세로 바뀌게 된다.

더구나 IMF 이후 다른 산업에 비해 외식산업은 더 좋은 기회를 잡을 수 있었다. 기업의 퇴출, 조기퇴직 등으로 쏟아져 나온 실직자들이 쉽게 생각하고 접근할 수 있는 사업이 음식업이었기에 체인점 확장과 인력난이 동시에 해결되는 효과를 누릴 수 있었다.

그러나 2000년대에 들어서 외식산업은 질적인 성장을 보여준다. IMF 체제 이후 우후죽순처럼 난입되었던 닭튀김, 우동, 김밥, 탕수육, 닭갈비, 조개구이 등의 체인형 프랜차이즈 시스템에 문제점이 있는 체인 본사와 가맹점 간의 관계가 정리되고 업소들도 적응력 있는 점주들만이 생존력을 발휘하면서 다소간의 체계를 잡아가고, 롯데리아, 맥도날드, 피자헛, KFC 등 다국적기업들이 메뉴 개발, 교육훈련, 마케팅 등의 자체 노하우를 통해 안정된 관리기반을 구축하여 소비자들의 미각을 사로잡아 가면서 사업 안정권에 들어갔다.

미국이나 일본의 경향으로 미루어 볼 때 조만간 우리나라에서도 반가공 가정대용식인 HMR(Home Meal Replacement) 전문식당이나 자동판매기(vending machine) 전문식당의 등장도 예측할 수 있다.

1) 외식산업의 최근 동향

최근 우리나라 외식산업에는 다음과 같은 특징들이 나타나고 있다.

(1) 독자브랜드의 개발
① 최근 일부 해외 브랜드에 대한 소비자들의 심리적 기피현상 배경, 충분한 경쟁력과 노하우 겸비. 예) VIPS, 새마을 식당, BBQ 등
② 산업개발로 다국적 해외 브랜드의 국내시장 직접 진출 예) KFC, 아웃백스테이크하우스 등

(2) 가정식 대용품의 등장
① 테이크아웃 형태의 업종으로 활발한 상품 개발(김밥, 비빔밥 등)
② GS슈퍼마켓의 경우 단체급식사업부의 노하우를 활용, 당일 조리제품을 당일 판매하는데, 김밥, 튀김, 반찬류 등 100여 가지 상품이 있음.
③ 저렴, 위생, 간편성의 편의 음식

(3) 외식산업이 다양한 형태로 발전
단체급식, 출장 연회(catering), 테이크아웃점, 드라이브인(drive-in), 가정대용식(HMR), 자동판매기 등

(4) 프랜차이즈 황금시대

① 유통구조의 개선, 상품의 반가공 처리기술 발달

② 소비자들의 다양한 외식기호 성향

③ 손쉬운 가맹본부 설립 요건 : 주의해야 할 비전문적 가맹본부의 형태

(5) 다양한 마케팅 활동

① 고객 분산 마케팅 : 덜 붐비는 시간대의 할인 정책

② 연계마케팅 : 연관 사업자, 카드사·영화사 등과의 공동 마케팅

③ 인터넷 마케팅 : 쿠폰 전문 사이트 등 인터넷 활용

④ 포인트 마케팅 : 단골 확보를 위한 누적 보너스제, 고객정보의 효율적 관리로 활용

(6) 점포규모의 변화

① 대형복합점포화(멀티샵, 샵인샵)

② 점포의 다운사이징(체인경영식 다점포화, 인력감축 효과)

(7) 상권축소현상

① 1차 상권 중심으로 축소

② 맛의 평준화 : 유명 맛집의 명성 퇴색

③ 고객의 원거리 이동 기피현상 : 시간의 중요성, 주차난, 음주단속 등

2) 식생활 가치관의 변화

과거 식생활 가치관과 비교해 볼 때, 현대 우리나라 식생활 가치관에는 다음과 같은 변화가 나타났다.

(1) 편리성 추구

① 여성의 사회참여 증가로 가사노동시간 감소

② 가공식품, 반조리식품, 전자렌지용 냉동식품의 선호 추세

③ 김치, 된장, 간장, 젓갈, 조리용 양념류 등의 전통음식 인스턴트

(2) 개별적 식문화 현상

① 핵가족 중심의 가족형태

② 구성원 각자의 개성에 맞는 음식 직접 조리

③ 여성의 사회진출에 따른 결과

(3) 다양한 식도락과 건강식 추구

① 건강식, 채식, 자연식 선호현상

② 성인병·현대병의 예방, 비만과 다이어트 문제

③ 퓨전 음식(fusion food)의 개발, 만족음식의 선호 추세

④ 세계적인 젠(zen : 절제미·심플) 스타일의 음식문화의 영역 확장

(4) 분위기 중시

① 소비자는 먹는 것 이상의 요소를 요구

② 차별화된 개성적인 분위기 중요시

③ 맛은 기본, 고품질 서비스의 대우를 요하는 고객층 확산

④ 청결과 위생에 대한 인식과 철저한 교육

(5) 요리의 레저화

① 요리의 취미생활화, 여가선용의 의미

② 직접 만드는 요리 선호

③ 케이블 TV의 요리채널, 각종 매체의 요리프로그램 확대(백종원 쉐프 등 각종 TV 프로그램)

④ 인터넷의 활성화로 활발한 미식(요리) 동호회 활동

3) 외식산업의 당면과제

오늘날의 외식산업은 양적 성장과 질적 성장이 함께 이루어지고 있으나, 그 성장의 방향은 양에서 질로 변화되고 있다.

① 경영자의 의식문제

외식산업을 비하시키는 직업관과 의욕 부족 그리고 제조와 판매 서비스의 복합 산

업이 외식산업에 대한 전문 경영 지식의 부족 등을 들 수 있다.

② 인적 자원의 문제

성장기 시장에 대응할 인적 자원의 문제로 교육훈련의 미비와 자질개선 노력의 부족, 3D 업종 기피에 따른 생산성 향상 방안의 부재 그리고 우수한 인재양성프로그램의 미비와 조직의 구성문제 등을 들 수 있다.

③ 품질수준의 문제

품질기준과 실제 품질간의 차이에서 파생되는 음식의 품질 메뉴에 적합한 적정 설비의 도입 및 레시피의 미비, 품질의 비균일성과 품질관리의 미비 등을 들 수 있다.

④ 원가회계의 미숙

주요 식자재 시장가격의 변화와 인건비의 상승 등 제반원가의 증가 그리고 수익성과 최적원가의 산정능력 부족 등을 들 수 있다.

⑤ 운영자금의 부족

자금한계에 따른 우선 투자문제, 운영자금의 부족과 현금 흐름에 관한 계획의 부재 등을 들 수 있다.

⑥ 관리상의 문제

업소 이미지 관리의 인식 결여, 열악한 근무환경과 높은 이직률 그리고 중간관리자의 부족과 업무조정능력 부재 등을 들 수 있다.

⑦ 식품에 관한 지식의 부족

식품에 관한 지식과 조리경험의 부재, 조리사에 대한 지도 감독 능력 부족 그리고 연구하는 자세의 부족 등을 들 수 있다.

⑧ 메뉴계획의 부재

고객의 욕구 파악, 원가와 수익성의 함수관계 해석, 인력과 숙련도의 부족, 메뉴분석 능력 부족, 고객 지향적 메뉴가치 창출 미비 등을 들 수 있다.

⑨ 주방설비의 문제

고품질의 상품가치를 창조하기 위한 주방시설의 성능 문제, 주방설비에 대한 지식 부족 및 사용상의 부주의 등을 들 수 있다.

4) 외식산업 시장의 전망

앞으로 외식산업은 새로운 감각의 업태 출현과 기존 업소의 근대화가 함께 이루어지며 외식산업 전방에 걸친 독창적 아이디어가 추가된 차별화된 브랜드가 주도하게 될 것으로 전망된다.

1996년부터는 대기업 등 자금력, 조직력, 전문성과 노하우 등을 구축한 업체 중심으로 외식산업은 대변혁을 맞이하였고, 고객가치와 고객만족을 지향하고 있다. 특히 프랜차이즈 산업의 활성화가 이루어지고 있다.

기존의 맛과 분위기에 대한 식상함에서 벗어난 새로운 맛, 식사 형태가 감각연출과 차별화된 공간을 제공하는 민족요리점의 출현 등이 이루어지고 있다. 그리고 메뉴별로 이에 적합한 고성능 주방설비의 개발과 활용 그리고 표준화와 매뉴얼화된 관리로 고질적인 문제이던 품질수준의 유지가 이루어질 것으로 전망된다.

앞으로 외식산업은 창의적 아이디어와 고객가치를 창출하는 업종 및 업태만이 시장을 주도하며 변화와 발전을 모색할 것이다.

시대적인 소비패턴에 맞는 감각적인 업소 연출과 서비스가 필요한 것이다. 외식사업을 경영하는 입장에서 우선 시스템화, 매뉴얼화, 기술 혁신화 등의 문제부터 시작하여 외식산업 발전을 추진해 나가야 할 책임과 사명이 필요한 때이다.

5. 외식업 창업절차

외식업은 제조업 창업에 비해 그 절차가 상당히 간단하다. 소규모로 사업을 시작하기 때문에 법인 설립절차도 필요 없는 경우가 많고, 개업 준비 절차도 제조업에 비해서 단순하지만 외식업의 경우에는 점포 입지가 매우 중요하다. 점포가 어디에 입지하느냐에 따라서 사업 승패가 좌우되기 때문에 각별한 신경을 써야만 한다.

외식업 창업의 기본 절차는 크게 사업아이템 선정단계인 창업 예비절차와 점포입지 선정절차 및 개업 준비절차의 3단계로 나누어 볼 수 있다.

1) 창업 예비절차

외식업의 창업 예비절차 역시 타업종과 마찬가지로 체계화되지 못하고, 실현 가능성이 검증되지 않은 사업 구상을 좀 더 구체화하여 사업의 골격을 세우는 단계이다.

이런 관점에서 창업 예비절차에서 결정되어야 하거나 검토되어야 할 핵심 요소는 크게 나누어 사업목표 설정과 이념 및 아이템 구상, 사업 핵심요소의 결정, 상권 및 시장분석, 사업계획서 작성요소 등이 있다.

먼저 외식사업에 참여를 결정했다면 사업의 목적과 이념을 설정해야 하고 아이템 구상에 따른 대내외적 창업환경에 대한 이해가 필요하다. 그리고 사업 핵심요소의 결정요소는 업종의 선정, 자본규모, 사업형태 등의 결정 요소로 구성되며 제품 수요계층, 유동인구, 교통 편리성, 경쟁관계 등에 대한 정확한 상권 및 메뉴의 시장성 분석, 기술성 분석, 자금조달 가능성 분석, 재무 분석 등을 통한 사업타당성 분석을 실시하여 사업 실현가능성 여부를 철저히 조사한다.

그리고 사업계획서 작성은 사업타당성 조사 내용을 기본으로 창업의 목표 아이템을 타인에게 타당성 있게 받아들여질 수 있도록 객관적 근거로 작성되어야 하며 수요조사와 점포입지에 대한 분석을 수행하고, 특히 마케팅 계획, 운영 계획, 자금 및 수지계획이 합리적이고 객관적인 방법으로 추정될 수 있어야 한다.

또한 구체적인 자금조달계획과 소요자금 그리고 현재의 사업계획상 문제점과 향후 발생 가능한 문제점들을 분석하여, 정상적으로 창업이 이루어질 수 있는지를 정확히 명시해야 한다. 결론적으로 사업계획서는 사업의 추진방향과 성공 여부를 결정하는 매우 중요한 문서이다.

2) 점포입지 선정절차

입지선정시에는 점포의 업종별 특성을 감안하되 수익성을 고려하여 선정하는 것이 원칙이다. 후보상권에 대한 철저한 시장조사와 입지 타당성 조사를 통해 점포를 둘러싼 환경을 이해하고 대응책을 마련한 후 입지 결정을 하여야 한다.

점포계약 체결시에는 권리금, 보증금, 월세, 매입 등에 관한 검토 외에 임대차계약, 도시계획 건물등기관계, 재개발 여부 사항에 대한 내역을 확실하게 조사하는 것이 중요하다.

체인점 사업을 희망하는 경우에는 창업자 자신이 직접 체인본부를 방문하여 본부의 재정능력이나 홍보력, 제품과 서비스 경쟁력, 가맹점 지원사항 등에 대한 사전조사가 반드시 필요하다.

또한 현재 성업 중에 있는 체인점을 직접방문하여 가맹주로부터 사업에 대한 자문을 구하기도 하고, 판매현황을 관찰해 본 후 사업에 대한 확신성과 자신감이 생기고 체인본부에 대한 신뢰감이 형성되었다고 판단되었을 때 계약한다.

3) 개업 준비절차

외식업에서의 개업 준비절차는 판매할 상품을 준비하고 직원을 채용하고 교육훈련을 시키는 일이 제일 중요하다. 외식업의 특성상 종사원들의 높은 이직률과 시간제 근무가 많다는 것이 경영상 애로사항이 될 수 있는 만큼, 이들에 대한 강한 동기부여가 중요하다.

매장 시설공사는 크게 건축, 위생, 가스, 전기, 환기 등의 공조공사, 방화, 방재 등의 소방시설로 구분되며 제반법규 사항을 검토하여 진행한다. 특히 소방법, 식품위생법, 세무 관련법의 법규를 신중하게 점검한다.

채용된 종사사원들에 대한 교육은 메뉴와 매뉴얼에 의한 접객 서비스 교육이 가장 중요하다.

개업안내문 배포는 점포의 개업을 전후로 인근 주택가 및 유동인구를 대상으로 광고 및 전단지를 배포해야 하고, 다양한 마케팅 믹스와 계절적 이벤트와 같은 판촉 전략을 이용하여 초기에 많은 고객을 확보하는 것이 중요하다.

표 13.1 [참고자료] 창업아이템 체크리스트(외식창업)

검토항목	구분항목	검토 내용	점수	평균
아이템조사	업종 요소	상품적인 가치가 있는가? 사업전망은 밝은 편인가? 성장가능성이 있는 아이템인가? 입지는 안정적인 곳인가?		
창업자분석	개인 요소	사업에 적합한 편인가? 체력은 건강한 편인가? 사업과 적성은 맞는 편인가? 자신의 생각을 잘 전달하는 편인가? 사업에 관한 직장 경력이 있는가?		
	사업 요소	사업에 관한 메뉴개발 운영능력은 갖고 있는가? 투자금액이 과다하게 지출되지는 않는가? 근무 시간이 너무 길지는 않은가?		

검토항목	구분항목	검토 내용	점수	평균
상품성분석	상품 성격	손익분기점 달성기간이 길지 않은가? 상품의 라이프사이클은 성장기인가? 가동시간이 길며 준비성이 큰 메뉴인가? 계절성이 있는 메뉴는 아닌가? 관리 및 운영이 쉬운 메뉴인가?		
	상품 특징	인건비 비중이 높은 메뉴는 아닌가? 대중적인 인기가 있는 메뉴인가? 지명도를 갖고 있는 메뉴인가? 지속적으로 판매될 수 있는 메뉴인가? 지역에 맞는 메뉴인가?		
	상품경쟁력	식재료의 발주와 입고가 신속하고 구매하기 쉬운가? 구매 식재료의 결제방식은 적절한가? 판매가격은 소비자에게 적절한가? 상품의 품질은 적절한 수준인가? 경쟁업체는 많지 않은가?		
시장성분석	시장 조사	자료조사를 실시하였는가? 현장조사를 실시하였는가? 경쟁업체 조사를 실시하였는가?		
	시장 동향	경제전망은 밝은 편인가? 시장의 참여가 제한을 받지 않는가? 시장 수요가 증가하고 있는가?		
상권(입지) 분석	위치선정	식당의 위치는 선정하였는가?		
	상권 및 입지조사	해당지역의 통계조사를 실시하였는가? 해당지역의 구매습관을 조사하였는가? 주변 지역의 상권은 조사하였는가? 교통과 도로는 편리한 지역인가? 점포 앞 통행인 수는 많은 편인가? 사람들의 눈에 잘 띄는 곳인가?		

■ 자영업자 數 539만 명(2015년 1월)... 외환위기(1999년 2월)시절로 급감

경기침체 장기화·과당 경쟁으로 폐업 속출
영세 1인 자영업자 퇴출 빨라져 … 중산층 위기

경기침체가 이어지면서 2015년 1월 자영업자 수가 1999년 외환위기 수준으로 떨어졌다. 과당경쟁에 따른 수익성 하락 등으로 폐업이 큰 폭으로 늘어난 반면 창업 열기도 시들해지고 있기 때문이다. 특히 종업원이 없는 1인 자영업자들이 빠른 속도로 줄어들고 있다.

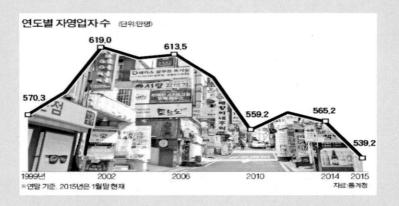

◆ 2013년 이후 급격히 퇴조

통계청이 2015년 2월 발표한 '1월 고용동향'에 따르면 자영업자 수는 539만 2000명으로 글로벌 금융위기 직후인 2011년 1월(528만 명) 이후 가장 낮았다. 외환위기 직후인 1999년 2월(539만 명)과 비슷한 수준을 기록했다.

자영업자는 외환위기 이후 기업 구조조정 여파로 실직한 사람들이 대거 창업에 뛰어들면서 2000년대 중반까지 꾸준히 증가해왔다. 1999년 말 570만 명이었던 자영업자는 2000년 말 586만 명으로 늘었고, 2002년에는 619만 명까지 증가했다. 2004년 611만 명으로 다소 주춤했지만 2005년에는 다시 617만 명으로 늘었다. 이후 자영업자 수는 등락을 거듭했으나 570만 명대 안팎을 유지해오다가 2015년 1월 들어 540만 명 밑으로 떨어진 것이다.

통계청 관계자는 "2000년대 중반까지 급격하게 늘어났던 자영업자가 2012년을 전후로 감소세를 보이고 있다"며 "창업에 비해 폐업이 더 많아졌기 때문"이라고 설명했다. 2011년 신규 자영업자는 79만 4000명으로 퇴출된 자영업자(76만 7000명)보다 많았고 2012년에도 신규 창업(72만 7000명)이 퇴출(58만 7000명)을 앞질렀다. 하지만 2013년에는 퇴출이 65만 6000명으로 신규(58만 2000명)를 넘어섰다.

김광석 현대경제연구원 선임연구원은 "글로벌 경제위기가 2009년 본격화된 뒤로 조기 퇴직자 등이 창업에 뛰어들었지만 3~4년 뒤 상당수의 '준비 안 된 창업'이 실패로 돌아가면서 퇴출이 늘어난 것"이라고 분석했다.

◆ 중산층 기반 흔들 수도

통계청은 1인 자영업자가 급감하고 있는 것에 주목하고 있다. 전체 자영업자 가운데 종업원이 없는 '1인 사장'은 전체 자영업자 수 등락에 상관없이 매년 450만 명 안팎을 유지해 왔으나 최근 들어 크게 감소하고 있다. 2014년 8월 422만 명에서 11월 409만 명으로 감소한 데 이어 2015년 1월에는 384만 명으로 급감했다. 5개월여 만에 38만 명이나 줄어든 셈이다. 반면 종업원이 있는 자영업자는 같은 기간 158만 2000명에서 154만 5000명으로 3만 7000명 줄어드는 데 그쳤다. 종업원이 없는 자영업자가 상대적으로 더 영세하고 불황에 취약하다는 점에서 퇴출속도가 빨라지고 있다는 해석이 가능하다.

김 연구원은 "요식업, 미용 등 영세 자영업이 몰려있는 특정업종에 창업이 과도하게 몰리다 보니 폐업도 덩달아 늘어나고 있다"며 "이 같은 추세가 몇 년간 이어지면 중산층이 크게 얇아질 수도 있다"고 지적했다.

(한국경제신문)

■ 커피에 뛰어드는 한식업체

최근 벌써 3곳째 … "성장 가능성", "과열경쟁"

한식(韓食) 프랜차이즈 기업들이 잇따라 커피 전문점 시장에 진출하고 있다. 국내 커피 시장이 계속 성장할 것이라는 판단에서지만 일각에서는 차별화된 제품이나 서비스 없는 진출에 대해 우려하는 시각도 나온다. 놀부보쌈·놀부부대찌개&철판구이 같은 프랜차이즈를 갖고 있는 ㈜놀부는 올 4월 커피 전문점 브랜드 '레드머그' 1호점을 열며 커피 전문점 사업을 시작했다. 지난달에는 에코랑 한정식·에코랑 찜&탕 등을 운영하는 JTP인터내셔널도 커피 전문점 '에코빈'을 출범했다. 새마을식당 등을 운영하는 더본코리아는 작년 8월 '빽다방' 브랜드로 커피 가맹점 사업에 뛰어들었다.

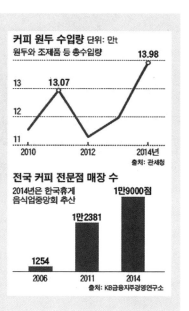

커피 원두 수입량 단위: 만t
원두와 조제품 등 총수입량
13.98
13   13.07
12
11
2010   2012   2014년
출처: 관세청

전국 커피 전문점 매장 수
2014년은 한국휴게음식업중앙회 추산
1만9000점
1만2381
1254
2006   2011   2014
출처: KB금융지주경영연구소

이들의 커피 전문점 사업진출 이유는 높은 성장 가능성 때문이다. 이지만 ㈜놀부 마케팅 부장은 "보쌈이나 부대찌개는 매월 한두 번 먹지만 커피는 하루에도 몇 번씩 마신다"며 "대형 커피 브랜드와 겹치지 않는 상권을 택하면 성공 가능성은 충분하다"고 말했다.

실제로 업계에서는 커피 수입량을 바탕으로 최근 5년간 커피 전문점 시장이 매년 두 자릿수의 성장률을 보인 것으로 추정한다. 지난해 커피 수입량은 2013년 대비 15% 정도 늘어나 사상 최대를 기록했다.

하지만 최근에는 스타벅스·엔젤리너스 같은 기존 업체 외에 맥도날드 등 패스트푸드 업체와 편의점들까지 원두커피 판매에 나서 과열 경쟁 양상이 빚어지고 있다. 강병오 중앙대 산업창업경영대학원 겸임교수는 "업종을 초월한 커피 경쟁이 벌어지는 상황에서 새로운 메뉴나 아이템 개발 같은 노력이 없으면 생존이 힘들 것"이라고 말했다.

(2015.6.11. 조선닷컴)

표 13.2

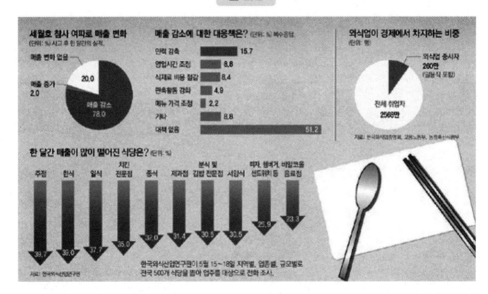

■ 외식창업 꿈꾸는 이들에게... 청년 사장 3人의 3大 조언

① 아이디어–패기가 최고 무기... 무일푼 창업 도전하라
② 식당 분위기 팔아라
③ 상생 목표 가져라

평균 연령 30.6세.

서양 가정식을 파는 '장진우식당'의 장진우 씨(29)와 태국 음식점 '까올리포차나'의 민필기 씨(30), 착즙주스 브랜드인 '머시주스'의 문정한 씨(33)에게는 세 가지 공통점이 있다. 첫째, 서울에서 '핫플레이스'로 꼽히는 이태원과 강남에서 소위 말해 '먹는 장사'로 성공한 청년 사장이라는 점. 둘째, 식당을 창업했지만 먹는 것과 관련 없는 이력을 가진 것도 비슷하다. 장 씨는 음대(국악과), 민 씨는 미대(섬유미술과), 문 씨는 의대 입학 후 전공을 바꿔 경영학과를 졸업했다. 셋째, 이들은 식당으로 돈 버는 것뿐만 아니라 사업과 사회의 상생을 새로운 목표로 삼고 있었다. 세 사람으로부터 외식창업을 꿈꾸는 청년들을 위한 조언을 들어봤다.

○ 무일푼이 창업의 가장 큰 무기
세 사람 모두 창업 밑천이 두둑했던 건 아니었다. 문 씨는 대학 졸업 후 의류사업을 시작하려다 선배로부터 1억 원을 사기당했다. 다음번 그가 사업자금을 마련한 방법은 조금 달랐다. 소셜벤처 경연대회에 출전해 펀딩을 받은 것이다. 그는 "사업하는 데 반드시 나의 자본이 필요한 것은 아니더라"며 "아이디어와 패기만 있으면 창업을 할 수 있는 방법은 생각보다 많다"고 조언했다.
장 씨도 5년 전 경리단길 뒷골목에 보증금 500만 원과 월세 35만 원을 주고 '장진우식당'을 차렸다. 그는 "돈이 없는 게 창업의 가장 큰 밑천"이라고 조언했다. 대출금을 갚다 보면 이자 계산이 빠삭해지고 자연스레 경제 공부가 된다는 것이다. 홍대 근처 레스토랑에서 일하며 번 돈을 모아 창업 자금을 마련한 민 씨도 "세상에 공짜 점심이 없다는 걸 알게 되면 더 열심히 일하게 된다"고 말했다.

○ 음식만이 아니라 식당 분위기를 팔아라
서양 가정식을 판매하는 '장진우식당'에는 정해진 메뉴가 없다. 신선한 재료를 사다가 그날그날 다른 음식을 판매한다. 사전 예약도 필수다. 이곳 손님들은 갈 때마다 나만의 요리를 만들어준다는 느낌을 받는다고 입을 모은다.

값싸고 맛있는 음식은 유명한 식당들의 성공 비결이다. 하지만 음식 재료와 맛에만 집중해서는 젊은 고객을 끌어들일 수 없다는 게 이들의 생각이다.

장 씨는 "외식 업체가 잘 안 되는 고질적인 문제는 대박 아이템에 집중했기 때문"이라며 "수익을 따질 때 음식에 들어가는 비용만 생각하기보다 주인의 철학을 담아 매장 전체 분위기를 만드는 데 투자하라"고 말했다. 민 씨가 '까올리포차나'를 만들었을 때도 가장 공을 들인 건 태국 방콕의 거리인 카오산을 떠올리게 하는 인테리어였다. '똠양꿍에 소주 한 잔' 기울일 수 있는 서민 태국 음식점을 표방했고 이런 철학을 음식과 음식을 담는 그릇, 매장 인테리어에 반영했다.

○ 개인과 사업, 사회가 상생할 목표를 가져라

조금 생뚱맞지만 장 씨의 꿈은 지역균형발전을 통해 전국을 관광지로 만드는 것이다. 그는 지방 상권 부활을 위해 변호사와 세무사 등을 '모셔와' 대학 졸업생과 예비 창업자를 대상으로 '장진우 창업스쿨'(하루 4시간씩 16회, 200만 원)을 운영하고 있다. '창업도 교육이 중요하다'는 모토 아래 창업에 필요한 컨설팅을 지원한다. 이곳의 일부 졸업생들은 최근 충남 아산에 '농부바베큐'라는 식당을 열었다.

문 씨의 목표도 가게 직원들이 저마다 자기 가게를 열 수 있도록 창업을 돕는 것. 1년간 회사에 근무하면 회사의 지원을 받아 창업을 할 수 있는 '소셜프랜차이징' 사업 모델은 올 10월에 첫 열매를 맺게 된다. 물론 사회 발전만큼 개인의 행복도 중요한 법. 민 씨는 "아시아 각국의 요리를 다루는 음식점을 성공시킨 후 결혼하면 한적한 시골마을에 가서 고기를 구워먹으며 평화롭게 살고 싶다"고 말했다.

(동아일보, 2015.05.21. salthj@donga.com)

제2절 프랜차이즈 창업

1. 프랜차이즈 시스템

1) 프랜차이즈 : 프랜차이저, 프랜차이지의 의의

프랜차이즈는 사업전략 혹은 마케팅 방법의 하나로 프랜차이저(Franchisor : 체인점 본부)의 상호 및 상표, 경험, 노하우, 인지도를 프랜차이지(Franchisee : 체인점)가 일정한 대가를 지불하고 사용하도록 계약을 맺어 일정의 방식으로 사업을 운영하는 시스템을 말한다. 결국 프랜차이즈란 체인본부와 체인점 간의 협력사업 시스템이라고 할 수 있다.

여기서 프랜차이저(Franchisor)는 상호 및 상표, 경험, 노하우, 인지도를 갖고 이를 제공하는 회사 혹은 사람이고, 프랜차이지(Franchisee)는 일정 대가를 내고 이를 이용하는 사람이다. 이렇게 함으로써 프랜차이저 입장에서는 우수한 상품, 노하우를 일정한 대가를 받고 다른 사람을 통해 유통시킬 수 있으며, 프랜차이지 입장에서는 우수한 상품과 노하우를 공급받아 사업을 운영할 수 있다는 이점이 있다. 프랜차이저와 프랜차이지와의 관계를 정리하면 다음과 같다.

표 13.3 프랜차이즈 시스템 모형

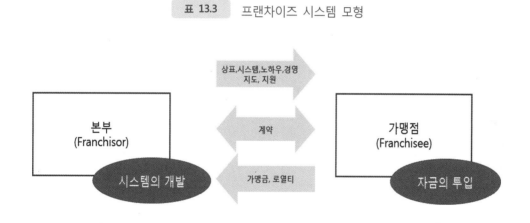

2. 프랜차이즈 시스템의 종류와 형태

프랜차이즈 시스템은 다양한 업종과 업태에 적용될 수 있다. 즉, 이 시스템에는 많은 패턴과 비즈니스 방식이 존재하고 있다.

1) 가맹점주의 권한 범위에 따른 분류

(1) 단일지역 프랜차이즈

계약 가맹점에 한하여 일정한 지역 내에 가맹기간 동안 가맹본부가 가지고 있는 권리 및 영업권의 일체를 부여하는 가장 보편적이고 전형적인 프랜차이즈 시스템이다.

이러한 방식은 소지역단위 가맹점에 일정한 지역범위의 독점영업권(Exclusive Right)을 확보해 주는 것이 장점이며, 우리나라 대부분의 가맹본부들이 채택하고 있는 가맹점 모집방식이기도 하다.

(2) 지역단위 프랜차이즈

일반적으로 중·소 도시 내에서 일정기간동안 하나의 가맹점에 여러 개의 점포개설권을 부여하는 방식을 말한다. 이 경우에는 지역단위 가맹점이 본사와 지역별 사업개발 계약을 맺고, 개발에 대한 대가를 지불한 후 일정지역의 사업개발에 대한 권리를 취득하게 되는 형태를 말한다. 따라서 만약 지역단위 가맹점이 계약서의 약정대로 사업을 개발하지 못할 경우 계약을 취소하여 프랜차이즈 권리를 박탈할 수도 있는데, 이같은 시스템은 우리나라에는 아직 보편화되어 있지 않다.

(3) 지역분할 프랜차이즈

지역분할 프랜차이즈란 일정기간 내에서 일정기간동안 어떤 개인이 또는 집단에게 가맹본부로서의 권리를 부여하고 이러한 권리를 부여받은 분할지역 가맹본부(Master Franchise)가 다시 프랜차이즈 권리를 최종가맹점(Sub Franchise)에게 하나 또는 수개의 점포에 대하여 가맹점 영업을 하도록 하는 형태이다. 최상위 가맹본부는 최하위 가맹점에 교육을 포함한 가맹본부로서의 모든 노하우를 제공하고 그에 따른 대가를 취하는 방식이다.

2) 본사가 채용하는 목적에 따른 분류

상품유통을 통한 판매가 효과적으로 이루어지도록 개발되었느냐 아니면 프랜차이즈 패키지를 만들어 개발되었느냐에 따라 상품판매형 프랜차이즈와 비즈니스 패키지형 프랜차이즈로 분류할 수 있다.

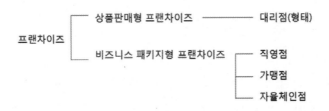

(1) 상품판매형 프랜차이즈

(Product & Trade-Name Franchise or Product Distributing Franchise)

프랜차이즈회사는 자사의 상품을 일정지역이나 위치를 기준으로 프랜차이지에게 제공하고 팔 권리를 주는 것으로 브랜드 파워가 강한 상품의 제조회사가 주로 적용하는 기법이다. 자동차딜러, 주유소, 타이어 판매처럼 실제 상품이나 대표적 브랜드를 프랜차이즈화하여 매출하는 것으로 국내에서는 SK주유소, 삼성전자 등 대부분 대리점의 형태로 국내에 소개되어 있다.

(2) 비즈니스 패키지형 프랜차이즈(Business-format Franchise)

우리나라에서는 최근 급속히 발전해 가고 있는 프랜차이즈 사업의 형태이다. 이랜드, 파리바게트, 롯데리아 등 우리에게 잘 알려진 익숙한 프랜차이즈 모두가 이 형태의 기업이다. 즉, 매장을 패키지화하여 가맹점주(Franchise)를 모집한 뒤 동일한 매장을 통해서만 소비자에게 제품이나 서비스를 판매하는 프랜차이즈 형태이다. 직영점, 가맹점, 자율체인점으로 나누어진다.

① 직영점(Regular chain)

프랜차이즈 본사가 직접 매장을 운영하는 방식을 말한다.

② 가맹점(Franchise chain)

본사가 아닌 가맹점주가 자본을 투자하고 매장을 직접 운영하는 경우를 말한다. 본사의 기술과 노하우가 가맹점들의 자본가 서로 만나 빠른 속도로 사업이 전개될 수 있는 합리적인 유통시스템으로 프랜차이즈의 꽃이라 불린다. 흔히 말하는 체인점, 전문점, 가족점 등이 모두 여기에 속한다.

③ 자율체인점(Voluntary chain)

업종별 또는 분야별로 특정한 상호를 전국에 동시에 사용함으로써 상호의 지지도를 높이고 이용자에게 신뢰감을 안겨줄 수 있도록 공동브랜드, 즉 상호만을 서로 함께 쓸 뿐 매장 내의 상품이나 서비스에 대해서는 전혀 규제나 간섭을 하지 않는 형태의 체인이다. 국내 프랜차이즈 중 동네에서 볼 수 있는 25시 마트(편의점)나 키친나라(잡화체인점)의 경우 자율체인의 형태로 전개 중이다.

체인본부는 최소한의 기능만 하고 점포주가 자기만의 특성을 살려 융통성에 있게 경영해 나갈 수 있다. 하지만 자율은 있으나 체인본부의 강력한 통제에 따른 브랜드이미지를 만들어 갈 수 없다는 단점이 있다.

3. 프랜차이즈 발전과정과 현황

국내 프랜차이즈 산업의 시장규모는 한국프랜차이즈협회에 따르면 2012년 100조 원 규모이며, 고용 인원은 약 130만 명에 이르고 있다.

그 중에서 영업 중인 프랜차이즈 체인점의 약 60% 가량은 치킨 등 외식관련 업종이다. 최근 외식업종에서는 황태요리, 낙지 등 전통음식체인점이 확산되는 추세이며 국민들의 Well-Being에 대한 관심이 높아지면서 참치 전문점 등 생선과 야채를 취급하는 프랜차이즈 전문점이 급부상하고 있다.

유통관련업에서는 할인점이 유행이다. 유명브랜드의 아동복을 중저가로 판매하는 아동복 할인점, 다양한 사무용품 등을 시중가보다 20%~50% 할인가격에 판매하는 사무용품 할인점, 패션속옷을 싸게 파는 속옷 할인점 등이 인기를 끌고 있다.

맞벌이 부부의 증가로 각종 가사를 대행해주거나 개인의 생활을 편리하게 해주는 서비스업도 부상하고 있다. 가족고객을 대상으로 미용서비스를 제공하는 패밀리 헤어살롱, 피자배달 전문점 등도 늘고 있다.

신규 프랜차이즈 업종도 잇따라 등장하고 있다. 21세기는 인터넷과 컴퓨터시대라는 사실을 입증하듯 인터넷 비즈니스가 본격적으로 모습을 드러내고 있다. 정보화 관련 아이템은 네트워크를 이용해 상거래가 가능하기 때문에 소자본으로 사업을 시작할 수 있다는 것이 장점이다.

최근에는 온라인과 오프라인을 결합한 형태의 O2O(online to offline)비즈니스에 대한 관심도 높아지고 있다.

유통산업에 있어서 프랜차이즈 시스템은 미국에서 탄생하여 세계화의 물결을 타고 전 세계적으로 확산·보급되는 과정에서 우리나라에도 1978년 외식업 위주로 도입되었다. 현재 미국에서는 전 도소매 매출액의 3분의 1이상을 프랜차이즈가 차지하고 있고, 일본의 경우에는 매출액이 20조 엔에 육박하고 있으며, 우리나라에 있어서도 2012년을 기준으로 연간 매출액이 약 100조 원, 도소매 매출액의 약 35%로 추정되며, 130여 만의 고용을 창출하는 등 크게 발전하고 있다.

원래 프랜차이즈(Franchise)라는 말은 자유, 면제, 특권과 같은 뜻을 가진 보통명사, 또는 "특권을 부여한다"와 같은 타동사를 의미한다.

1) 프랜차이즈의 발전과정

최초의 상업적 소매 프랜차이즈는 1858년 이삭 싱어(Isaac Singer)가 개발한 싱어 재봉틀회사이다. 싱어는 두 가지의 목적이 있었다. 하나는 고객들에게 재봉틀의 사용방법을 가르치는 것이었고, 다른 하나는 재봉틀을 대량생산하는 데 필요한 자금을 확보하는 것이었다. 싱어는 기계의 사용 방법을 가르칠 훈련교사를 파견하는 권리를 지역사업가들에게 팔고 그 권리의 대가로 권리허가 수수료를 받아 상품을 대량으로 제조할 수 있는 자금을 모았다. 싱어 본사는 각 지역 센터에 배치할 매니저만 고용하였다. 그 결과 재봉틀의 판매는 크게 증가하고 성장했다.

코카콜라 본사는 상품의 유통 촉진을 위해 소비자 마케팅을 담당하고, 지역도매업자(Bottler)에게 프랜차이즈를 판매해 가맹점을 모집했다. 가맹점들은 코카콜라에서 농축원액을 구입하여 원액에 탄산수를 타고 병에 담아 소매점에 판매하는 역할을 담당했다. 이로써 코카콜라는 적은 비용으로 대량 생산과 판매량 확대를 할 수 있었다.

20세기에 포드자동차는 대량 생산과 유통을 위하여 대리점방식의 시스템을 만들고 지방의 판매딜러가 독립된 자동차 판매권을 부여받아 자동차를 판매하고 서비스를 제공하는 전국적인 유통체계를 구축했다.

맥도날드는 Richard와 Morice라는 형제가 1937년 시작한 캘리포니아의 드라이브인에서 시작되었다. 맥도날드 드라이브인에서는 스피드 서비스시스템을 개발하여 햄버거를 주문받아 신속하게 조리하여 바로 포장지에 넣어 판매하자 매우 잘 팔렸다. 이 가게에 밀크쉐이크 제조기계를 판매하던 영업사원으로 Ray Kroc은 맥도날드가게의 시스템을 프랜차이즈할 수 있는 권한을 매입하여 전국에 확산시켰다. 2차 세계대전 이후 다른 패스트푸드 기업들이 맥도날드의 노하우를 벤치마킹하여 본받았고, 오늘날 프랜차이즈는 다른 산업과 국가로도 확대 발전되고 있다.

KFC 창업주인 커넬 할랜드 샌더스(Colonel Harland Sanders, 1890~1980)는 삼남매의 장남으로 태어나 6세 때 아버지를 잃고 7세 때부터 어머니 대신 빵을 굽는 등 힘든 역경을 거쳤는데, 그는 농장일꾼, 직업군인, 보험외판원 등을 거쳐 29세 때는 주유소를 차려 세차를 먼저 해준 뒤 기름을 넣는 서비스 정신을 발휘해 번창했으나 대공

황으로 파산했다. 40세 때 주유소 모퉁이에 식당을 차려 인기를 끌었지만, 다시 4년만에 화재로 모든 걸 잃고 남은 건 단돈 105달러와 낡은 트럭 한 대와 압력솥 몇 개뿐이었다.

그러나 그는 포기하지 않고 하나님께 기도했고, 1952년 기도 중 환상 속에 나타난 통닭 한 마리를 보고 양념 닭튀김을 개발할 수 있겠다는 지혜와 용기가 생겼다.

할아버지의 주위에선 그만 쉬라고 권유하였지만 낡은 고물 트럭 뒷칸에 압력솥을 싣고 전국의 레스토랑을 찾아다니며 치킨요리를 선보이고, 전국 체인점을 하기 위해 68세가 될 때까지 미국 전역을 돌아다녔다.

심지어 설거지하는 개숫물을 온 몸에 뒤집어쓰고 쫓겨나기도 했고 무려 1,101곳의 레스토랑에서 퇴짜를 놓았지만 할아버지는 끝까지 도전했다. 마침내 80세에 세계 최고의 치킨 요리사가 되었다. 이것이 지금 우리가 즐겨 먹는 켄터키 후라이드 치킨이다. 물론 가난했던 할아버지는 억만 장자가 되었다. 1955년 샌더스 할아버지가 65세에 프랜차이즈를 창업하여 현재는 전 세계에 3만 대리점이 생겼으며, 연매출 5조 2천억 원 이상 그 중 중국시장만 2조 원 넘게 달성하고 있다.

우리나라 프랜차이즈 산업은 1975년 개점한 '림스치킨'과 1979년 커피전문점으로 개점한 '난다랑'도 있었지만, 1979년 선진화된 프랜차이즈시스템을 갖춘 '롯데리아'가 처음 개점했었고, 1980년 미국의 '맥도날드'가 진출하면서 기업형 외식프랜차이즈사업이 본격적으로 활성화되기 시작했다.

그리고 국내기업으로 '이랜드'가 1980년에 첫선을 보였다. 지금도 여전 프랜차이즈 산업은 커피전문점, 베이커리, 치킨점 등 외식업이 주류를 이루고 있으나 최근 전문 서비스업에도 급격히 확산되고 점차 대형화되는 추세이다. 최근에는 인터넷쇼핑몰 분야에서도 오프라인의 프랜차이즈시스템처럼 운영해주는 인터넷 프랜차이즈 쇼핑몰솔루션이 개발되었다.

공정거래위원회의 자료에 따르면 국내 프랜차이즈 브랜드수는 2010년 2,550개에서 2014년 4,288개로 증가하였으며, 가맹점수는 2010년 148,719개에서 2014년 194,199개로 증가하였고, 매출액은 2005년 61.3조 원에서 2008년 기준으로 77.3조 원으로 급증하여 2012년 이후 100조 원을 돌파하고 있다.

이처럼 프랜차이즈 산업이 성장하고 있지만 중장기적인 프랜차이즈 산업의 발전에 필수요소로 전문인력의 양성 부문이 미흡하다는 지적이 많다.

표 13.4

프랜차이즈 개수 ●단위 개 ●자료 공정거래위원회

	2010년		2014년
브랜드수	2,550	→	4,288
가맹점수	148,719	→	194,199
직영점수	9,477	→	12,869

자영업자 추이 ●자료 현대경제연구원

	2000년		2015년 4월
자영업자(만명)	779	→	658
취업자 중 자영업 비중(%)	36.8	→	25.9

OECD 평균 15.8%

OECD 주요 회원국들의 자영업자 비중 ●자료 OECD, 2012년 기준

37.1% 터키　36.8% 그리스　33.7% 멕시코
28.2% 한국　11.8% 일본　6.8% 미국

4. 프랜차이즈의 장·단점

1) 체인본사의 장점

① 본사는 소자본과 소규모 조직을 가지고 상표사용 허가와 기술지원에 의한 가맹비나 로열티 등으로 큰 위험부담 없이 많은 이익을 얻을 수 있고, 가맹점이 도산해도 재무적으로 직접피해를 입지 않는다.

② 본사는 체인화에 필요한 노하우만 가지고도 자금과 인력을 충분히 갖지 못해도 가맹점들의 자본과 인력을 이용하여 단시간에 전국적·국제적인 가맹점 체인화를 구축할 수 있다.

③ 본사는 직영점 운영에 필요한 최소 인력만 고용하면 되고, 가맹점 운영에 필요한 종사원 고용문제는 별도로 본부의 종사원 파견 없이 가맹점 자체에서 책임을 지기 때문에 노동문제에 대한 관리가 수월하다.

④ 가맹점은 보통 그 지역 사정에 익숙한 사람에 의해 개점운영되기 때문에 본사의 인력이 별도로 파견되지 않아도 지역사회와의 갈등이 야기되지 않고 효율적인 사업 운영이 지속 가능하다.

2) 체인본사의 단점

① 가맹점의 지속적인 지도관리를 위해서는 많은 비용과 노력이 필요하고 자기자본이 적게 투자될수록 가맹점에 대한 강력한 경영통제에 한계가 발생하여 본부의 브랜드 이미지가 손상 받을 가능성이 있다.

② 노출된 본사의 가맹점관리 노하우나 경험을 축적한 가맹점들이 입지와 영업실적을 앞세워 유사 체인본부로 독립을 한다거나 타 브랜드로 상호변경을 해서 영업을 하는 행위가 발생되면 브랜드 이미지에 치명적 손상이 초래될 수 있다.

③ 본사와 가맹점간의 의사소통 문제나 불신이 발생하여 해결책을 찾지 못하는 최악의 경우 프랜차이즈 계약을 일반적으로 파기하는 상황으로 소송까지 가게 됨으로써, 본연의 사업에 전념을 못하고 시간적 금전적 손실을 볼 수 가 있다.

④ 가맹점의 수가 늘어나고 매출이 증가되면 지역에 따라서 가맹점주들의 힘이 강해지고, 각각 서로 다른 의견을 주장할 수 있는 관계로 발전하여 시장 상황에 문제가 발생했을 때 본사 차원에서의 합리적인 의견 수렴과 변화에 빠르게 대처할 수 없는 경영정책 변화의 어려움에 봉착하게 된다.

3) 가맹점 경영의 장점

체인본사의 가맹점이 되어 체인점을 경영하게 되면 자영점포를 운영하는 것에 비해 다양한 이점을 얻게 된다. 우선 체인본사가 프랜차이즈 패키지를 개발하여 사업경영의 노하우를 제공하고, 경영지도와 함께 여러 방면에서 지원을 해주기 때문에 성공확률이 높다는 점, 그리고 소액자본으로 시작할 수 있다는 것이다.

예를 들면, 개점 시 체인본사로부터 설비, 도구, 비품 등을 일괄 구매하기 때문에 비교적 싸게 공급받을 수 있으며, 상품 및 소모품에 대한 개점 초기의 재고 투자비용이 경감된다. 아울러 사업 경험이 없는 가맹점주도 체인본사로부터 교육·훈련의 지원과 지도를 '받을 수 있을 뿐만 아니라 본사가 제공하는 우량상품, 점포디자인, 브랜드 등을 이용하여 사업경영을 하기 때문에 개점초기부터 지명도를 갖고 효과적으로 경영할 수 있다.

또한 체인본사가 일괄적으로 광고를 해주므로 판매촉진에 큰 도움이 되고, 대량구매로 상품 및 원재료를 싼 값으로 제공받을 수 있다. 따라서 가맹점 이익이 비교적 높게 창출되고, 좋은 품질의 상품을 지속적으로 공급받게 된다. 또 소비자 행동과 경영환경 변화에 대한 정보를 체인본사가 가맹점에 제공해주므로 가맹점은 사업경영에만 전념할 수 있으며 본사가 컴퓨터에 의한 전표처리, 노무관리 등을 측면지원하여 주기 때문에 보다 손쉬운 사업경영이 가능하다.

그리고 가맹점은 체인 본사가 보유한 법률전문가, 점포 디자인전문가, 경영컨설턴트 등을 초빙하여 그들의 자문을 받을 수도 있다.

4) 가맹점 경영의 단점 및 보완책

① 사업의 독립성과 독자성을 살릴 수 없다.

프랜차이즈 사업은 본사의 영업정책에 순응하기로 당초 계약을 맺고 사업을 시작하기 때문에 본사가 승인하지 않은 독자적인 사업 아이템이나 서비스 방식을 임의로 도입하는 것은 불가능하다.

따라서 가맹점은 자신이 속한 지역상권의 민감한 변화에 신속하게 대처하지 못할 수 있고 스스로 보다 좋은 경영방법을 개발하더라도 이용할 수 없으므로 점주 스스로 자구책 강구가 결여될 수 있다.

② 지속적인 추가지출의 부담이 따른다.

프랜차이즈 가맹점은 초기 계약 당시 약정한 로열티를 정기적으로 지급해야 하는 동시에 광고비나 체인점 개보수 비용 등을 필요에 따라 부담해야 한다. 그러므로 독립점포를 운영하는 자영업자에 비해 추가지출 부담이 높다.

③ 본사에 비해 상대적인 약자의 위치에 서게 된다.

프랜차이즈 사업은 가맹본사가 주도하는 사업아이템에 가맹점은 동참하는 형태를 취하기 때문에 상대적인 약자의 위치에 설 수밖에 없다.

또한 본사와의 이해가 상충될 경우 일방적인 손해를 볼 수도 있으므로 가맹점 상호 간 특히 이웃 가맹점과의 수시로 정보를 교환하고 사업을 독려함으로써 자신의 점포가 간접적인 피해를 보지 않도록 협력해야 한다.

④ 본사의 약화나 도산은 사업실패의 치명적인 요인이 될 수 있다.

본사가 약화될 경우 상품공급, 경영지도, 판촉지원 등의 지원업무가 원활하지 못하여 영업에 큰 차질을 가져올 수 있다. 더구나 본사가 경영부실로 인하여 도산되는 경우 가맹점의 입장에서는 치명적일 수 있다.

일반적으로 초보 창업자의 경우 프랜차이즈 창업에 많은 관심을 가지게 된다. 매장 인테리어부터 물품공급, 홍보활동까지 본사에서 지원해 주는 프랜차이즈는 분명히 매력적인 사업이다. 그러나 일부 본사는 부실한 영업력과 과장광고로 창업자를 기만하기도 하고, 가맹점이 너무 많아 경쟁력이 없거나, 계약해지가 어렵거나, 비싼 설비 및 인테리어 비용을 요구하는 경우도 있다. 그러므로 프랜차이즈 창업은 준비 단계에서부터 실제 개업하고 있는 가맹점을 직접 찾아가서 사업내용과 문제점들을 치밀하게 파악하고 계약시점에서는 계약서를 꼼꼼히 살펴보는 지혜가 필요하다.

5. 프랜차이즈의 제반 비용부문

1) 체인점이 본사에 납부하는 비용

소자본으로 가맹본사의 가맹점이 되어 가맹점을 경영하게 되면 가맹본사의 브랜드 사용권과 노하우를 제공받는 대가로 가맹점은 다음과 같은 5가지를 본사에 납부해야 하는 것이 일반적이다. 이를 나누어 설명하면 다음과 같다.

(1) 가맹비

가맹비는 본사의 노하우를 제공받는 것에 대한 대가이다. 가맹비는 본사에 납부하면 돌려받지 못하는 돈이다. 업종에 따라 다르지만 300만 원에서 500만 원 수준이 가장 많이 통용된다. 프랜차이즈에 있어서 가맹비는 본사 프랜차이즈 시스템 확장을 위해서 필요한 재정을 확보하는데 필수적인 비용이 된다. 그러나 요즘은 가맹비를 받지 않는 경우도 있는데, 이 경우는 다음과 같다.

첫째는 가맹비를 받지 않아도 가맹매장이 늘기만 하면 본사의 유통망이 확대되어 본사의 고정수익에 기여도가 매우 높은 경우이다.

둘째는 지적재산권에 대한 가치인정이 미약한 사회분위기 탓에 가맹 희망자들이 납부한 후 돌려주지 않는 가맹비를 부정적으로 보는 고객심리에 편승하여 가맹비를 받지 않는 경우이다. 이런 경우 결국 가맹비에 해당하는 비용을 초도 상품비나 시설비 혹은 인테리어에 전가시켜 받기 때문에 명목상 가맹비가 없는 것이지 실제 투자비용이 줄어들거나 본사 개설이익이 줄어드는 것은 아니다.

오히려 가맹비는 본사의 노하우를 제공하는 것에 대한 대가이므로 이를 정식으로 요구하는 본사가 더 건전하고 바람직한 형태로 운영된다고 볼 수 있다.

(2) 보증금

가맹점주가 본사에 납부하는 비용 중에 유일하게 돌려받을 수 있는 것이 보증금이다. 보증금은 외식업의 경우 식재를 공급하는데 따른 외상공급이 발생하게 되므로 이에 대한 보증금을 본사가 미리 받아두는 것이다. 그러므로 보증금 규모는 대략 300~500만 원 내외에서 결정되는 것이 보통이다.

판매업의 경우는 매장에서 판매되는 상품의 외상공급에 대한 보증금의 성격이므로 그 보증금의 규모는 배송되는 상품량과 가격에 따라 그 폭이 크다. 보통 수백만 원에서 귀금속 같은 고가의 상품을 취급하는 경우는 수천만 원을 웃돈다.

서비스의 경우는 본사로부터 공급받은 물품이 많지 않은 경우가 대부분이므로 보증금의 규모가 200~300만 원 이내에서 결정된다. 적정수준의 금액을 많이 초과하는 보증금을 납입해야 하는 회사는 주의해야 한다.

(3) 인테리어비

인테리어비는 프랜차이즈에 가맹할 때 어느 아이템이든 50% 이상을 차지하게 되는 가장 높은 비중의 본사 납입비이다. 인테리어비의 책정은 일반인이 접근해서 분석해낼 만큼 결코 쉬운 것은 아니다.

(4) 초도 상품(물품)비

초도 상품 또는 초도 물품비라고도 불린다. 이 비용은 말 그대로 처음 팔리는 상품의 비용이다. 의류 매장이 오픈하고 고객을 맞이하기 위해 쇼윈도와 진열대에 놓이게 되는 오픈 초기의 상품들을 말하고, 외식매장이라면 회사 로고가 새겨진 그릇, 접시, 물컵 등과 같이 영업을 하기 위해 초기 인테리어 공사 때는 준비될 수 없는 모든 물품들의 대금을 말한다. 서비스업의 경우 청소 용역 프랜차이즈라면, 청소도구, 장비, 유니폼 그리고 청소약품 등이 이에 해당된다.

(5) 로열티

프랜차이즈 회사가 지속적으로 제공하는 각종 서비스와의 혜택에 대해서 지불하는 비용이고, 브랜드파워를 가진 프랜차이즈의 경우는 브랜드의 사용에 따른 비용이라고도 할 수 있다. 본사는 이 로열티 수입을 통해서 프랜차이즈 시스템을 운영해 나가는 기본 재원으로 활용한다.

판매업 프랜차이즈는 상품을 공급하므로 로열티 수급이 안 되더라도 공급 상품의 물류마진을 통해 받고, 외식업이나 특히 서비스업의 경우는 그 로열티 수급이 어려우므로 우리나라는 월 5~30만 원 수준의 정액제 또는 기본 월 10만 원에 평당 5천 원씩, 놀부와 같이 1년 재계약시 100만 원을 일시불로 받는 경우도 있다.

6. 프랜차이즈 사업 실무

1) 프랜차이즈 사업 선택 시 주의사항

① 본사의 직영점이 몇 개인지 확인한다.

많을수록 견실하다. 최소한 3개 점포 이상은 되어야 한다. 직영점이 많다는 것은 재무상태가 양호하고 사업 아이템이 수익성이 있다는 증거이다.

② 본사의 조직구성을 체크한다.

거래은행이나 하청업체, 가맹점 등을 통하여 확인한다. 대표자와 간부사원의 능력이나 인간성 등도 탐색한다.

③ 본사의 조직구성을 체크한다.

가맹점 지원을 위한 슈퍼바이저(가맹점 지도, 지원, 체크 등 운영을 지원해 주는 요원)나 식재생산, 물류(납품)요원 등을 체크한다.

④ CK(중앙공급방식 주방, 식재 제조공장)가 있는지 확인한다.

CK(Center-fed Kitchen)가 없으면 거래업체들의 식자재 공급이 불완전하고 납품가격도 비교적 높다.(가격인상요인)

⑤ 하청업체나 고객들로부터 평판이 좋은지 조사한다.

하청업체가 본사에 대한 신인도가 높으면 고객들로부터의 평판이 좋다. 납품업자도 고객이기 때문이다.

⑥ 매스컴을 통하여 광고를 지나치게 많이 하는 본사는 피하라.

단기에 떼돈을 벌려고 하는 사업은 망한다. 식당업은 구전(口傳)을 통해서 광고가 되어야 한다. 유명체인점은 광고를 하지 않는다.

⑦ 본사의 가맹점수가 많을수록 성공확률이 높다.

점포수가 30개정도는 되어야 CK가 손익분기점을 맞출 수 있기 때문이다. 가맹점수가 많을수록 리스크가 적다. 본사가 다양한 입지에서 시행착오를 겪으면서 노하우(Know-How)를 축적했기 때문이다.

⑧ 본사의 가맹점지도를 위한 종합 매뉴얼(Manual)이 있는지 체크한다.

가맹점 몇 개 업소를 방문하여 상담해 본다. 본사의 설명과 일치하는지 체크한다. (계약내용, 영업상태, 메뉴의 구성, 맛 등)

⑨ 본사에서 지역상권을 보호해 주는지 확인한다.

일정 지역 내에서 독점영업 권한을 보장해 주어야 한다.

⑩ 법률적으로 문제가 업는 업종·업태인지를 확인한다.

2) 프랜차이즈 계약서 작성시 주의사항

계약서는 체인본부와 가맹점간에 상거래상 법적분쟁이 발생하더라도 거래 사실에 대한 확인증거가 될 수 있기 때문에 발생될 수 있는 모든 가능성을 염두에 두고 쌍방 합의하에 구체적으로 작성한다.

계약서 작성 시 주의할 사항은 다음과 같이 요약할 수 있다.

① 계약서는 반드시 거래처 쌍방간의 대표가 체결한다. 개인은 사업자등록증상의 대표자가 법률상의 대표가 되고 법인의 경우에는 대표이사가 법률상의 대표가 된다. 공동대표이사일 경우에는 공동대표이사 전원의 기명날인이 필요하다.

② 가계약금을 요구하는 업체는 피해야 한다. 사업설명회에 참석하거나 본사를 방문해 문의만 하려고 하는데 경쟁자가 많다든지 오늘까지 마감이라며 계약을 서두르고나, 정식 계약 전에 '가계약금은 환불이 불가능하다'며 가계약을 요구하는 업체는 주의하야여 한다.

③ 홍보 및 판촉활동에 관련된 내용을 계약서에 기재한다. 계약시 광고비를 누가 부담할 것인가, 홍보는 어떻게 할 것인가 등을 명확히 해두어야 한다.

④ 독점 영업권을 설정하고 보장사항을 기재한다. 체인본사가 지역상권을 철저히 보장할 수 있도록 계약시 정확한 구역을 설정하여 인근 지역에 같은 체인점이 추가로 들어서는 것을 방지할 수 있도록 해야 한다.

⑤ 특약사항은 반드시 서면으로 기재한다. 본사가 강조하는 신규체인점의 예상 매출액과 예상 수익률 보장 등 주요 사항에 대해서는 구두가 아닌 문서계약을 해야만 피해를 막을 수 있다.

3) 프랜차이즈 성공조건

프랜차이즈를 창업할 때는 우선 매년 수백여 개의 프랜차이즈 가맹점이 문을 열지만 그만큼 가맹점이 문을 닫는다는 점을 명시해야 한다.

(1) 본사의 경쟁력이 승패를 결정

프랜차이즈 가맹점은 '본사의 브랜드와 노하우, 인테리어 등 핵심노하우를 로열티를 주고 구매하는 소매업태'이기 때문에 무엇보다 본사의 경쟁력이 중요하다. 프랜차이즈 본사의 경쟁력이 있는지 꼼꼼히 살펴봐야 한다. 본사의 재무구조, 가맹점관리 조직, 제조공장 및 유통라인도 살펴봐야 한다.

재벌 대기업이 운영하는 프랜차이즈라고 해서 믿어서는 안 된다. 프랜차이즈는 자본 싸움이 아니기 때문에 고객에 밀착한 영업전략과 시장을 꿰뚫어 보는 마케팅 능력이 없으면 실패하기 쉽다.

(2) 상권분석

상권은 밀집 번화가인 대형상권, 소형상권보다는 약간 큰 중형상권, 동네상권인 소형상권, 대학가 등 특수상권으로 나뉜다. 자신이 선택한 프랜차이즈가 어떤 상권에 맞는 아이템인지를 확인해야 한다.

대형상권은 패밀리레스토랑, 외국음식 전문체인점, 패스트푸드점이 해당되고, 중형상권은 의류점, 패스트푸드점, 간이주점, 팬시점, 액세서리 전문점, 미용실, pc게임방, 외식업 등이 해당된다.

7. 기타 검토할 사항

1) 체크리스트

가맹점과 가맹본부가 검토할 사항들을 아래에 살펴본다.

(1) 가맹점이 검토할 사항
① 가맹본부의 매출과 수익은 어떠한가?
② 브랜드에 대한 시장인지도 및 잠재력은 어떤가?
③ 본부의 계획과 실제의 차이는 없는가?
④ 프랜차이즈 운영에 대한 이해의 수준은?
⑤ 프랜차이즈 가맹본주의 목표는 무엇인가?
⑥ 프랜차이즈 가맹본부의 영업과 판촉지원은 어떤 것이 있는가?
⑦ 교육 프로그램에는 무엇이 있는가?
⑧ 본부가 파견하는 슈퍼바이저의 수준과 열의는 어떠한가?

(2) 가맹본부가 검토할 사항
① 후보자가 사업을 성공적으로 운영할 능력과 자질은?
② 후보자의 목표와 희망은 무엇인가?
③ 후보자의 재무구조는 건전한가?
④ 후보자의 상권과 입지선정은 양호한가?
⑤ 후보자가 시스템에 따를 수 있을 것인가?
⑥ 후보자가 갖는 불안요소는 무엇인가?
⑦ 후보자가 어떻게 수익을 얻는 것으로 이해하고 있는가?
⑧ 후보자가 가맹본부와의 운영을 어떻게 할 것인가?
⑨ 사업운영에 누가 관련되어 있는가?

(3) 가맹계약에 검토할 사항

① 영업지역의 보호에 대한 사항이 분명한가?

② 상표와 기술사용권과 영업권양도에 관한 사항이 분명한가?

③ 보증금, 수수료 등 지급금에 관한 사항이 분명한가?

④ 본부와 가맹점간의 책임과 의무사항이 분명한가?

⑤ 계약해지 및 손해배상 등에 관한 사항이 불공평하지 않은가?

기타 가맹본부가 가맹점을 위해 제공해야 할 관리지원시스템에 관한 체크리스트를 종합적으로 정리한다.

제14장

창업 시뮬레이션

창업 시뮬레이션

제1절 청년창업자의 자질과 역량

1. 창업가에게 필요한 자질

① 자금조달능력
② 영업능력
③ 진취적 개척정신과 열정
④ 신통과 신뢰감
⑤ 원만한 대인관계

2. 선천적 자질

① 새로운 것에 도전하는 모험심이 유별난 사람
② 가능성에 대한 집념이 강한 사람
③ 스케일이 크고 큰일을 해내는 사람
④ 사람을 잘 부릴 줄 아는 사람
⑤ 쉽게 좌절하지 않고 의지력이 강한 사람

3. 후천적 자질

① 본인의 창업과 관련 분야에 경험이 있는 사람
② 지금까지의 학문과 자질
③ 본인의 성격, 체질, 체력적인 소질
④ 자격, 사회적 지위, 전 직장에서의 신용
⑤ 인간관계에서의 교제 인물의 폭과 깊이
⑥ 창업환경을 둘러싼 인간관계

4. 청년창업자의 역량

청년 창업자에 필요한 창업자세는 열악한 창업환경 속에서 기업가 정신을 발휘할 수 있는 창업 지식과 Skill 및 창업에 임하는 적극적 태도이다.

① 기업가 정신 역량
   사업에 대한 비전을 수립하고, 풍부한 창의적 사고를 기반으로 사업에 대한 무한한 도전과 열정적 자세를 보여주는 것
② 어려운 창업환경 극복역량
   다양한 사업환경을 인식하는 틀을 가지고, 창조경제사회에서 창업의 중요성과 동향을 파악, 창업 인프라에 맞도록 창조적으로 사업목표에 연관을 지어 나가는 역량
③ 사업기회 선점 역량
   시장에 대한 지식과 정보를 기반으로 새로운 사업기회를 탐색하여, 성공적인 사업 아이템 발굴을 선도적으로 이끌어감.
④ 사업절차 숙지 역량
   사업계획의 완성과 조기 사업전개에 필요한 제반 절차적 지식과 관련 기술을 체계적으로 전개해나감.
⑤ 사업 분야에 전문성 보유역량
   사업 관련 분야에 대한 종합적이고 체계적인 지식을 토대로 해당 사업에 대한 사업 타당성 및 사업전개를 심화시켜 나가는 실행 차원의 역량을 보유

제2절 창업자의 사업기회와 아이템에 대한 재검증

1. 창업 구성의 핵심 3요소 재점검

(1) 기업가 정신
창업가의 자질·지식·역량 등은 창업기업의 효율성, 기업환경과의 적응력, 성장 등에 막대한 영향을 미치므로 창업가의 자질과 역량에 대한 객관적 재평가 필요

(2) 아이템과 사업아이디어 결합
수집된 아이디어와 정보에 대한 분석·비교를 통해서 최상의 아이템이 선택되었는지를 다시 한 번 점검한다.

(3) 자본조달
직접조달과 간접조달의 다각적인 조달 가능성을 점검하고, 타인 자본에 대해서는 집중적인 상환 가능성을 재확인한다.

2. 선정된 창업 아이템 재평가

(1) 적합성
아이템이 창업자 본인과 적합한지를 점검하고 목표 고객층과 판매 혹은 제공하고자 하는 대상물이 조화를 이루고 있는지를 점검한다.

(2) 영속성
창업은 단기간에 큰 성과를 내는 것이 아니므로 상품 혹은 서비스가 지속적인 판매를 통하여 영속적인 성장 가능한 아이템인지를 타진해본다.

(3) 수익성
수익성이 약한 아이템은 사업으로서 가치가 없는 아이템이므로 제품별 수익구조를 고려한 전체 포트폴리오를 확인한다.

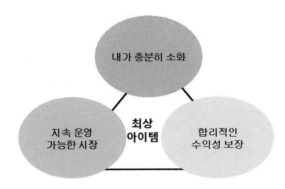

(4) 창업자의 창업 관여도

창업자 자신의 사업위험에 대한 관리가 어느 정도 가능한 수준인지, 창업자 본인이 핵심분야를 다룰 수 있는가에 대해 재점검한다. 예를 들어 요식업, 기술서비스업 업종은 상품의 품질이 매우 중요하므로 창업자 자신이 직접 품질을 제어할 수 있어야 하며 도소매업종은 입지여건과 창업자의 서비스 정신이 핵심 관여도가 되는 것이다. 창업 관련한 통계적 데이터를 보면 청년 창업자들은 기술적 요소가 내재한 생산제품이 온라인 판매방식을 선택한 경우에는 대다수가 성공적으로 시장에 진입한 것으로 나타나고 있다.

3. SWOT에 의한 창업전략 도출

1) 환경 분석

법·정치적 환경, 경제·기술적 환경, 사회문화적 환경으로 구분하여 기회와 위협 요인을 분리하여 이래와 같이 점검한다.

① 법, 정치적 특징적 변화내용을 기회 요인과 위협 요인으로 분류한다.

② 경제, 기술적 환경 변화의 내용을 생각나는 대로 발굴한다

③ 경제 문제로부터 파생되는 결과는 사회, 문화에까지 큰 변화를 몰고 온다. 따라서 창업 방향에 직접적인 영향을 끼치는 문화적 변화들은 기술의 체계적 정리를 통하여 환경변화에 활용되는 것이다.

2) 창업자의 강점과 약점 분석

창업자의 성품과 대인관계, 창업 전문지식 자기 계발 능력에 대한 강점과 약점을 분석한다. 환경분석에 나타난 기회와 위협요인을 매트릭스 기법으로 결합하여 단점은 보완하고 장점은 차별화 요소로 강조하는 SO, ST, WO, WT 세부전략을 도출한다. 이를 통하여 창업자는 자신이 갖는 약점을 보완하고 강점을 적극적으로 활용하는 창업전략을 구사하여 사업계획서 작성 시에 활용하게 된다.

SWOT Matrix 경영학과 출신으로 기획력, 영업감각이 뛰어난 A군의 SWOT 분석에 의한 창업 전략 도출의 실전 사례		기회 요인(O) - 유동인구가 많음. - 버스 정류장, 지하철역 등, 교통 요지 위치 - 주변에 대학, 고교 인접 - 음식점과 회사가 많음.	위협 요인(T) - 주변에 동종업종 많음. - 유흥가에 위치 - 대학의 방학 기간이 김. - 인테리어 콘셉트 불명확
강점 (S)	- 탁월한 컴퓨터 능력 - 폭넓은 대인관계 - 영업 경험. 뛰어난 기획능력 - 탁월한 문장력 보유자	(SO) 위치적 특성과 차별화된 서비스를 이용한 영업전략이 중요	(ST) 회사 등 큰 건물을 중심으로 별도 홍보 필요 영업, 여유 자금을 이용한 리모델링 필요
약점 (W)	- 디자인 감각 부족 - 부족한 외국어 능력 - 부족한 자금력	(WO) 음식점 및 유동인구를 중심으로 홍보하여 매출을 늘려야 함.	(WT) 공간 활용, 회전율을 높여 전용공간을 늘리면서 쾌적한 환경을 조성

4. 창업가의 성공창업을 위한 자가진단

(1) 성공한 창업가의 특징
① 큰 그림을 볼 줄 아는 시각
② 독특한 사업기회를 찾아내는 능력
③ 대의에 전적으로 헌신하는 성향
④ 완전한 통제에 대한 욕구

⑤ 정의에 대한 효용 주의적 관점

⑥ 불확실성에 대한 취향

⑦ 인맥을 활용하는 성향

⑧ 탁월한 능력을 환영하는 태도

⑨ 자기만의 노하우(know-how)

(2) 창업가의 Self-Check List

창업가의 Self-Check List를 결정할 경우에는 자신의 성격적 특성과 건강, 대인관계, 신념, 전문지식 자기 계발력 요소에 대한 자가 진단을 시행하여 스스로 자신에 대한 창업역량을 진단해 보아야 한다.

문 항	예 (5점)	아니오 (0점)
1) 나의 생활방식을 다른 사람에게 구체적인 설명이 가능하다.		
2) 일을 계획적으로 하는 편이다.		
3) 일을 맡으면 적극적으로 하고 싶은 생각이 든다.		
4) 실패해도 실망하지 않는 편이다.		
5) 약속을 지키는 편이다.		
6) 창업을 위해 정보를 수집하고 있다.		
7) 친구가 많다.		
8) 다른 사람이 나와 다른 의견을 내도 귀를 기울이는 편이다.		
9) 어려울 때 함께 고민해줄 친구가 세 명 이상 된다.		
10) 도전 정신이 왕성한 편이다.		
11) 자신의 의사가 확고한 편이다.(그 의사를 타인에게 전달 가능)		
12) 건강에 자신이 있다.		
13) 기초적인 재무지식이 있어 재무제표 정도는 이해할 수 있다.		
14) 좋아하는 일이라면 먹고 자는 일도 잊어버린다.		
15) 창업을 하는 데 있어 가족들을 설득할 자신이 있다.		

문 항	예 (5점)	아니오 (0점)
16) 잘될 줄 알았던 일이 생각처럼 안 되어도 곧 잊어버릴 수 있다.		
17) 즐겁지 않은 모임에 가서도 참고 즐길 수 있다.		
18) 누군가에게 맞으면 반드시 반격한다.		
19) 외부 사람이 말을 걸어오면 일단은 들어준다.		
20) 친한 친구의 출세가 마음에 걸린다.		
총 점		

5. 사업 기회에 대한 재평가

창업기회는 타이밍에 대한 적절성이 전제되어야 하며, 이는 사업 환경분석을 종합적으로 점검하는 과정이므로 '기회의 창'이라고 한다.

최상의 아이템이라는 결론을 내렸다면 창업자는 사업의 기회를 탐색해 봄으로써 창업 시기를 저울질해야 할 것이다.

최근 미국 웨일스 창업주[1]는 한국의 청년 창업자들에게 뼈아픈 일침을 가하였다.

"일반적으로 한국 젊은이들은 실패를 두려워하지만 실리콘 밸리에서는 실패하면 커리어가 파괴되는 것이 아니라, 다시 구글과 같은 회사가 우선적인 채용을 한다"고 하였다. 따라서 창업에 실패하더라도 더 용감해지고 아이디어는 계속해서 발전시켜 나가야 한다고 하였다. 그는 한국에서 싸이월드는 페이스북보다는 4~5년보다도 앞서서 소셜네트워크 서비스를 시작했지만 글로벌화에는 실패하였다고 지적하였다. 시장에서 사업기회를 보는 눈은 글로벌화된 진취적인 시각으로 끊임없이 발전시켜 나가야 하겠지만, 사업 개시 이후에는 언제든지 수정된 사업계획으로 필요하다는 것이다.

기회의 창
Window of Opportunity
=> 시장진입의 타이밍

따라서 청년 창업자들에는 시장 진입 타이밍이 적절한지를 꾸준히 관찰하면서 기회를 선점하는 것이 무엇보다도 중요하며, 사업분석 기준에 의하여 자신을 둘러싼 환경적 요소와 성공 가능성을 분석해보아야 할 것이다.

기　준		매　력　도	
대분류	세부 항목	높은 잠재력	낮은 잠재력
경쟁 우위 요소	생산비용(고정비/변동비)	최저	최고
	마케팅비용(고정비/변동비)	최저	최고
	분배비용(고정비/변동비)	최저	최고
	가격 통제 가능성	적절하거나 강함	약함
	비용 통제 가능성	적절하거나 강함	약함
	공급/자원 경로 통제 가능성	적절하거나 강함	약함
	분배 경로 통제 가능성	적절하거나 강함	약함
	진입 장벽 1 : 독점적 보호/규제로 인해 유리한 점	보유 또는 획득 가능	없음
	진입 장벽 2 : 반응과 리드 타임에서의 유리점**	탄력적·반응적임 ; 보유 또는 획득 가능	없음
	진입 장벽 3 : 법적 또는 계약상의 유리 점 여부	독점적 또는 배타적	없음
	진입 장벽 4 : 접촉과 네트워크로 인한 장벽 여부	잘 발달됨 ; 높은 품질 ; 접근 가능	조악함 ; 제한됨 ; 접근 불가능

기 준		매 력 도	
대분류	세부 항목	높은 잠재력	낮은 잠재력
경영팀 요소	경영팀의 팀워크	존재, 강한 입증된 능력	약하거나 고립된 창업인
	경영팀으로서의 자세	상호보완적이고 호환성 있음	상호보완적이지 못함 ; 없음
치명적 결점	치명적 결점	없음	하나 또는 이상

기 준		매 력 도	
대분류	세부 항목	높은 잠재력	낮은 잠재력
시장성	욕구	확인됨	초점이 없음
	소비자들	도달 가능/수용 가능	도달이 불가능/ 다른 기업에 충성
	사용자에로의 회수 기간	1년 이내	3년 이상
	부가 또는 창출된 가치	높음	낮음
	제품 수명*	적절함	부적절함
	시장 구조	불완전 경쟁 또는 신생 산업	완전함/경쟁, 성숙, 쇠퇴 산업
	시장 규모	적정 매출규모	모르거나 적음
	시장 성장성	30~50% 이상 성장	계약 또는 10% 이하
	총 마진	40~50% 이상, 지속적	20% 이하, 불안함
	획득 가능한 시장 점유율 (5년째)	20% 이상 ; 선도자	5% 미만
	비용 구조	낮은 비용 제공	쇠퇴

기　준		매　력　도	
대분류	세부 항목	높은 잠재력	낮은 잠재력
경제적 /성과	세후 이익	10~15% 이상 ; 지속적	5% 미만 ; 불안함
	손익분기까지의 시간	2년 미만	3년 이상
	현금흐름이+될 때까지의 시간	2년 미만	3년 이상
	잠재 투자수익률(ROI)	25% 이상 ; 높은 가치	15% 이하 ; 낮은 가치
	가치	높은 전략적 가치	낮은 전략적 가치
	자본 소요량	적거나 적당 조달 가능	매우 높음 조달 불가능
	종료 시 형태	결실의 실현 가능	불명확함 ; 유동성　불량 투자

제3절　Start-up과 Give-up의 차이

청년 창업에 관심이 있는 사람은 먼저 자신의 성격적 특성을 판단하여 진로목표로써 취업이냐, 창업이냐를 먼저 결정해야 할 것이다. 만약 창업인의 길을 선택한 사업 개시 이후에도 지속적으로 사업목표대비 사업계획서상의 실행솔루션을 검증하면서 최악에 상황에 직면한 경우에는 사업착수를 보류하는 결정이 필요할 수도 있다. 대부분 창업기업의 실패는 사업준비의 부족에 기인한 문제로 나타나고 있으며, 이는 사업 타당성 분석이 부족한 상태에서 자신의 주관적으로 설계한 비즈니스 모델에 의하여 불안전한 제품을 출시하기 때문이다. 따라서 사업계획서를 실행하면서 자신의 사업목표를 검증하면서 현재 상태를 측정·진단하는 과정이 필요하다.

만약 사업계획서를 게임으로 생각한다면 창업자는 상황에 따라서 언제든지 게임 포기(Give-up)와 게임 재시작(Start-up)을 견지할 수 있다는 굳은 자세가 필요하다.

1) 수익성 비율분석

(1) 총자산 회전율

예상 총자산회전율(1) = 예상 매출액 ÷ 자산총계(2)(창업기업은 총 투자 예정금액기준)

자신의 계획된 예상 매출액은 일반적인 투자금액의 1.5~2배가 되어야만 손익분기점을 초과하는 이익 금액이 나오게 되므로, 예상매출액이 예상투자금액 대비 어느 정도의 수준인지를 진단해 보아야 할 것이다.

(2) 총자산 대비 이익률

예상 총자산영업이익률 = 영업이익 ÷ 자산총계(창업기업은 총 투자 예정금액 기준)

추정 재무제표 분석을 통하여 예상되는 최소 영업이익률은 제조업의 경우에는 투자예정 금액의 1.6%~2%, 미제조업체의 경우는 투자 예정금액의 2.8%~3% 정도가 안정적인 수준이므로 추정재무제표의 영업이익을 반영한 총자산 영업이익률 예측이 필요하다.

(3) 인건비 비율

인건비 비율 = 인건비 ÷ 매출액
매출액 = 인건비 × 인건비 배수

추정재무제표 상에 나타나는 인건비 비율이 제조업과 외식업인 경우는 6~7배 수준이 적정한 것으로 나타나고 있다.

(4) 공장 및 사무실 임차료 배수

> 예상지급임차료 비율 = 예상지급임차료(1) ÷ 예상매출액
> 예상매출액 = 예상지급임차료 × 지급임차료 배수(2)

한국은행 경영비율분석(2013년)에서 나타난 지급 임차료의 평균매수율은 도매업의 13배, 교육 서비스 10배, 오락서비스 6배, 이동서비스 6배이므로 이를 적용하여 예상매출액의 적정성을 판단하여야 한다.

2) 끊임없는 Start-up의 재시도

Give-up이란 단어의 사전적 의미를 보면 야구에서는 투수가 실수로 상대 선수로부터 타격이나 도루를 허용하는 것이라고 명시되어 있다.

또한 PC 키보드를 움직이면서 장애물을 이리저리 피해 나가며 출구에 도착시키는 게임을 Give-up이라고 하는 것을 보면, 비즈니스에서의 Give-up은 조건 없는 포기가 아니라 골프경기의 18홀 중에서 불리한 한 게임만을 잠시 포기한다는 의미일 것이다. 창업기업은 사업기획을 통하여 Start-up을 했더라도 급변하는 시장상황에 따라서 끊임없이 목표 달성을 점검하고 개선하면서 최악의 시나리오에 직면했다고 판단되면 Give-up을 결정하는 결단력이 반드시 청년 창업자에게는 필요하다. 2보 전진을 위해서 1보 후퇴를 한다는 의미에서 Give-up은 작전상의 후퇴를 지칭하는 것이므로, 청년 창업인에게 Start-up은 성공을 위한 끊임없는 열정과 도전정신의 결정체가 될 것이다.

---

1) Jimmy Wales 위키피디아 창업자는 2015년 6월 15일 한국을 방문하여 실패 경험 글로벌 관점에서 창업인의 자세를 강조하였음.

찾 아 보 기

【한글】

ㄱ

ㄴ

ㄷ

참고문헌

- 강경모 외 2인, 「중소기업창업론」, 신광문화사 2006. 7.
- 강요셉·최동혁, 「창조경제시대 한국 창업생태계 현황과 과제」, 한국과학기술기획평가원, 2013.
- 김도관, "창업을 위한 청년일자리창출-생계형에서 창조형 창업으로 창업정책 기본방향 설정해야," 부산발전포럼, 2014.
- 김보람, 신규사업 타당성검토, 삼성경제연구소(SERI), 2007.
- 김범진, 함영복, 김은수, 「법인세법 총론」, 경영과 회계, 2002. 3.
- 김용성, 「고학력 청년층의 미취업 원인과 정책적 대응방안」, 한국개발연구원, 2012.
- 김진영 박사(창업경영컨설팅협회), 창업지식과 경영정보
- 문길모, 「기초회계실무」, ㈜세경멀티뱅크, 1999. 2.
- 박상범, 「중소기업의 전략 운영론」, 삼영사, 2001. 2.
- 박용희 외 6인, 「중소기업제도 총람」, 한국경제신문사, 1998. 12.
- 방용성 외 1, 「창업경영」, 학현사, 2014. 8.
- 박천수, 「박근혜정부의 청년창업 추진전략」, 한국능력개발연구원, 2013.
- 박천수 외, 「청년창업 지원 정책의 효율성 개선 방안」, 한국직업능력개발원, 2013.
- 박춘엽, 「창업학」, 동국대학교 출판부, 2011. 9.
- 서광석, 「세법총론」, 경영과 회계, 2002. 1.
- 서정헌, 「창업초보자가 꼭 알아야 할 102가지」, 원앤원북스, 2005. 3.
- 오영환·박구용·신상권·윤명수·노강석, 「금융개론」, MJ미디어, 2015. 1.
- 오해섭, "청소년 기업가 정신 함양 및 창업 활성화방안 연구 I," 한국청소년정책연구원, 2014.
- 윤원배·윤명길, 「창업실무론」, 도서출판 두남, 2013. 8.
- 윤주석, 조준희, 「창업과 사업계획서」, 도서출판 두남, 2013. 8.
- 이경의, 「중소기업정책론」, 지식산업사, 2006. 6.
- 이상석 외 1, 「기업가 정신과 창업」, 2011, 6.
- 이진욱, 「기업가치를 높이는 재무관리」, ㈜스타리치북스, 2015. 6.
- 자일스 루리(GILES LURY), 「시장조사의 기술」, 리더스북, 2006. 3. 20.
- 장문철, 「창업경영학원론」, 도서출판 두남, 2014. 5.
- 전영일·이종규, "창업위기에 대한 개념적 구조", 「경영논총」 vol.18. 1997.
- 정대용·임재석·엄명철, 「창업론」, 형설출판사, 2010.
- 조경동 외 6인 공저, 「창업론」, 형설출판사, 2015.
- 조성주, 「리스타트업 바이블」(Lean Start-up Bible), 새로운제안, 2014.

- 조형래, 「창업론」, 학현사. 2013.
- 차부근·김철호·최창선, 「창업과 경영의 이해」, 삼영사, 2014. 2.
- 최복수, "신규호텔의 재무타당성분석", 한국콘텐츠확회 9(1), 2008.
- 최용식, 「경영의 이해」, 창민사, 2014. 1.
- 법무부, 한국회계기준원, 「중소기업회계기준 해설」, 신영사, 2013. 4.
- 통계청, "2015년 5월 경제활동인구조사 청년층 및 고령층 부가조사 결과", 2015. 5.
- 중소기업청, 「2015년도 중소기업지원시책」(중소기업청) 2015. 1.
- 중소기업청, 「2015년도 중소기업지원시책」(지원기관) 2015. 1.
- 중소기업청, 「기술창업론」, 2012.
- 대한상공회의소, "청년실업 전망과 대책 보고서," 2015.
- 대한상공회의소, 「2015년 500대 기업 일자리 기상도」, 2015.
- 벤처기업협회, "기술기반 학생창업을 위한 교육과 투자 연계 방안 연구," 국가교육과학 기술자문회의, 2012.
- (사)한국경영기술지도사회, 벤처 전문가 양성교육 교재
- IBK기업은행, 「참! 좋은 창업기업 가이드북」, 2013. 12.
- 삼성경제연구소, "기업의 위기관리", 2000.
- 삼성경제연구소, 「혁신형 창업활성화의 비결」, 플랫폼, 2013.
- 한국국제협력단, "KOICA 프로젝트형 사업 위험관리방안 연구 보고서", 2014.
- 한국벤처창업학회, "창업자 사업역량 및 사업아이템 자가진단 키트 개발 연구," 창업진흥원, 2015.
- 한국창업경영연구원, 「유망 창업자 발굴을 위한 선정평가 모델 개발」, 창업진흥원, 2013.
- 현대경제연구원, "창업에 대한 대국민 인식조사", 현대경제연구원, 2013. 10.
- SERI CEO Information 405(2003. 6. 18.)

신문방송자료

- 중앙일보(2014. 2. 10., 2014. 2. 17., 2014. 5. 19., 2014. 8. 6., 2015. 7. 31.)
- 연합뉴스(2014. 5. 20., 2015. 7. 31.)
- 조선Biz http://www.e-journal.co.kr(e-Journal)
- 세바시(세상을 바꾸는 시간 15분)

인터넷사이트

- 통계청 http://www.kosis.kr
- 공정거래위원회 http://www.ftc.go.kr
- 중소기업청 http://m.smba.go.kr
- 대전·충남지방중소기업청 http://m.smba.go.kr/daejeon
- 서울특별시 소상공인경영지원센터 http://www.seoulsbdc.or.kr
- 경기도소상공인지원센터 http://www.gsbdc.or.kr
- 대한상공회의소 http://www.korcham.net
- 신용보증기금 http://www.kodit.co.k
- 벤처인 www.venturein.or.kr
- 창업경영연구소 www.icanbiz.co.kr(혈액형 알면 창업 아이템이 보인다)
- GEM(Global Entrepreneurship Monitor, 2012).
- 한국인터넷진흥원
- 한국온라인쇼핑협회
- mba.hunet.co.kr 마케팅시장/조사 방법론
- 고도톡 www.godotalk.com
- blog.naver.com/soreemart(행복소리)
- blog.naver.com/smkting(송재순, 시장세분화)
- blog.naver.com/an11778(경영지도사 안시현)

공저자 약력

■ 오영환
- 현 수원과학대학교 교양과 교수
- 금융감독원(종전 증권감독원 조사부) 근무
- 연세대학교 법학과(학사, 석사, 박사)

■ 신상권
- 현 안산대학교 금융정보과 교수, NCS 개발위원, NCS 학습모듈 대표집필위원
- IBK기업은행 지점장, 신탁연금부장, 영업부장 근무
- 성균관대학교 경영학과, 단국대학교 대학원, 건국대학교 대학원(경영학 박사)

■ 이태헌
- 현 안산대학교 경영과 교수, 소상공인공단 창업사관 교수
- 진도그룹, 고합그룹, 브이넷솔루션 근무
- 중소기업기술정보진흥원 전문위원, 한국경영기술지도사회 사무처장

■ 황우연
- 현 협성대학교 경영대학 관광유통경영학부 교수
- 중소기업진흥공단 청년창업사관학교 교수, IBK기업은행 지점장
- 한양대학교 경영학과, 대학원, 건국대학교 대학원(경영학 박사)

■ 김광현
- 현 IBK기업은행 지점장, 경영지도사
- 성균관대학교 경영학과(경영학사)
- 핀란드 알토(Aalto)대학교 경영대학원(경영학 석사)

■ 박미수
- 현 수원과학대학교 강사, 브랜드문화연구소
- 숙명여자대학교, 중앙대학교 신문방송대학원(문학 석사)
- 경기대학교 일반대학원(관광경영학 박사)

창업개론

2015년 8월 21일 제1판제1인쇄
2015년 8월 28일 제1판제1발행

공저자 오영환 · 신상권 · 이태헌
황우연 · 김광현 · 박미수
발행인 나 영 찬

발행처 **MJ미디어** ──────────

서울특별시 동대문구 천호대로 4길 16(신설동)
전 화 : 2234-9703/2235-0791/2238-7744
FAX : 2252-4559
등 록 : 1993. 9. 4. 제6-0148호

정가 18,000원